Dr. Oetker

Kohl

vielseitig & bekömmlich zubereiten

Dr. Oetker

Kohl

vielseitig & bekömmlich zubereiten

Dr. Oetker Verlag

Abkürzungen
EL = Esslöffel
TL = Teelöffel
Msp. = Messerspitze
Pck. = Packung/Päckchen
g = Gramm
kg = Kilogramm
ml = Milliliter
l = Liter
evtl. = eventuell
geh. = gehäuft
gestr. = gestrichen
TK = Tiefkühlprodukt
°C = Grad Celsius
Ø = Durchmesser
E = Eiweiß
F = Fett
Kh = Kohlenhydrate
kcal = Kilokalorien
kJ = Kilojoule

Kohl ist ein Gemüse, das sich schon immer großer Beliebtheit erfreut hat. Die Gründe dafür liegen auf der Hand. Es gibt wohl kaum ein Gemüse, das so vielseitig ist. Ob Weißkohl, Rotkohl, Grünkohl, Wirsing, Rosenkohl, Chinakohl, Kohlrabi, Broccoli, Blumenkohl oder Pak-Choi – die Vielfalt an Aussehen, Geschmack und Zubereitungsmöglichkeiten ist unbegrenzt. Frisch geerntet werden die meisten Kohlsorten das ganze Jahr über angeboten und belasten auch den Geldbeutel nicht.

Wir haben Ihnen leichte und herzhafte, vegetarische und deftige Rezepte zusammengestellt, damit Sie das gesunde Gemüse in vielen interessanten Variationen in Salaten, Suppen, Beilagen und Hauptgerichten genießen können.

Hinweise zu den Rezepten

Lesen Sie vor der Zubereitung das Rezept einmal vollständig durch. Oft werden Arbeitsabläufe oder -zusammenhänge dann klarer.
Die in den Rezepten angegebenen Backtemperaturen und -zeiten sind Richtwerte, die je nach individueller Hitzeleistung des Backofens bzw. Material der verwendeten Formen über- oder unterschritten werden können. Beachten Sie bei Gasherden die Gebrauchsanweisung des Herstellers.

Zubereitungszeiten

Die Zubereitungszeit ist ein Anhaltswert für die Zeit für Vorbereitung und die eigentliche Zubereitung. Längere Wartezeiten wie z. B. Kühl- und Marinierzeiten sind nicht einbezogen.

Inhalt

Salate

Kohlrabisalat mit Joghurtdressing 9
Rotkohlsalat mit Sesam und Tofubröseln 10
Chinakohlsalat mit Bündner Fleisch 11
Bunter Weißkohlsalat 12
Chinakohlsalat mit Sahnesauce 13
Rotkohl-Rohkostsalat 14
Rotkohlsalat mit Hähnchenbrust 15
Blumenkohlsalat 16
Weißkohlsalat mit Shiitake-Pilzen 18
Grünkohlsalat mit Entenbrust 20
Broccoli-Cocktail 22

Suppen & Eintöpfe

Sauerkrautsuppe mit Croûtons 25
Rosenkohlcremesuppe 26
Rotkohlschaumsuppe mit Rotwein 27
Wirsingsuppe mit weißen Bohnen 28
Kohlrabisuppe mit Lachsklößchen 30
Ungarische Sauerkrautsuppe 31
Chinakohleintopf 32
Broccolicremesuppe mit Mandeln 34
Rosenkohleintopf 36
Blumenkohlsuppe 38
Wirsingeintopf mit Bauernmettwurst 40
Bunter Weißkohleintopf 41
Chinakohl-Stew 42

Beilagen

Blumenkohl, klassisch 45
Broccoli, sizilianisch 46
Kohlrabi in Kressecreme 48
Rotkohl, klassisch 49
Wirsing mit Champignons 50
Broccoli in Walnussrahm 52
Wirsingrisotto 53
Rosenkohl in Kürbispüree 54
Chinakohl mit Porree 56

Kohlrabi mit Estragon 58
Blumenkohl mit Kräuter-Ei-Sauce 59
Siebenbürger Kraut 60
Sauerkraut mit Paprika 62
Wirsing-Möhren-Gemüse 63
Sauerkraut, klassisch 64
Esskastanien mit Rosenkohl 66

Aus dem Ofen

Blumenkohlauflauf mit Schinken 69
Sauerkrautkuchen mit Gitter 70
Kohlrabi-Schinken-Auflauf 72
Wirsing-Hack-Auflauf 74
Rosenkohl mit Quarkhaube 75
Krautsalat-Gyros-Auflauf 76
Rotkohl-Lasagne 78
Grünkohl-Kasseler-Pie 80
Pfannkuchentorte mit Blumenkohl 82
Sauerkrautrolle 84

Gerichte mit Fisch & Fleisch

Gefüllte Rotkohlröllchen mit Rotwein 87
Wachteln auf Wirsinggemüse 88
Romanesco mit Penne und Hähnchenbrust 90
Schweinelendchen im Wirsingmantel 92
Dorsch in der Kartoffelkruste auf Wirsing 94
Chinakohlrouladen mit Lachs-Füllung 96
Wirsingröllchen mit Tomaten 98
Rebhuhnbrustfilet mit Grünkohl 100
Wirsingrollen mit Senfsauce 102

Vegetarische Gerichte

Gefüllte Kohlrabi 105
Blumenkohl-Curry 106
Kohlrabi-Kartoffel-Gratin 108
Grünkohlkuchen mit Käsesauce 110
Schupfnudeln auf Sauerkraut 112
Wirsingrouladen mit Schafkäse 114
Blumenkohl und Broccoli im Bierteig 116
Rotkohlrouladen mit Grünkernfüllung 117
Kohlrabi-Möhren-Flan 118
Sauerkrautschiffchen 120
Chinakohl-Gratin 122

Salate

Kohlrabisalat mit Joghurtdressing 9

Rotkohlsalat
mit Sesam und Tofubröseln 10

Chinakohlsalat
mit Bündner Fleisch 11

Bunter Weißkohlsalat 12

Chinakohlsalat mit Sahnesauce 13

Rotkohl-Rohkostsalat 14

Rotkohlsalat mit Hähnchenbrust 15

Blumenkohlsalat 16

Weißkohlsalat
mit Shiitake-Pilzen 18

Grünkohlsalat mit Entenbrust 20

Broccoli-Cocktail 22

Schnell zubereitet

Kohlrabisalat mit Joghurtdressing

1. Kohlrabi schälen, die zarten grünen Blätter beiseite legen, Kohlrabi vierteln, waagerecht halbieren und in dünne Scheiben schneiden. Anschließend in 500 ml (1/2 l) kochendem Salzwasser 2 Minuten garen, abgießen und erkalten lassen.

2. Mandarinen auf ein Sieb geben und gut abtropfen lassen. Aus Joghurt, Tomatenmark und Honig ein Dressing anrühren. Den Apfel schälen, vierteln, entkernen, würfeln und mit den Rosinen zum Joghurt geben.

3. Kohlrabi unter den Joghurt heben, die Mandarinen hinzufügen. Den Salat mit Salz und Pfeffer würzen. Petersilie abspülen, trockentupfen, hacken und unterrühren.

Zutaten:

1–2 Kohlrabi (etwa 1 kg)
1 Dose Mandarinen (Abtropfgewicht 175 g)
300 g Naturjoghurt
1 EL Tomatenmark
2 EL Lindenblütenhonig
1 Apfel, z. B. Cox Orange
50 g Rosinen
Salz
frisch gemahlener Pfeffer
1 Bund Petersilie

Zubereitungszeit:

15 Minuten

Pro Portion:

E: 7 g, F: 3 g, Kh: 37 g, kJ: 899, kcal: 215

Tipp
Verwenden Sie statt Honig süße Sojasauce.

Vegetarisch

Rotkohlsalat mit Sesam und Tofubröseln

Zutaten:
1 kleiner Rotkohl (300–400 g)

Für die Marinade:
1 mittelgroße Zwiebel
2–3 EL Weinessig
Meersalz
gemahlener weißer Pfeffer
etwas Zucker
4 EL kaltgepresstes Sonnenblumenöl

2 EL Sesamsamen
125 g Tofu

Zubereitungszeit:
25 Minuten, ohne Durchziehzeit

Pro Portion:
E: 6 g, F: 13 g, Kh: 8 g, kJ: 700, kcal: 175

1. Vom Rotkohl die groben äußeren Blätter entfernen, den Kohl vierteln, Strunk herausschneiden, Kohl waschen und sehr fein schneiden oder hobeln.

2. Für die Marinade die Zwiebel abziehen, sehr fein würfeln, mit Weinessig, Salz, Pfeffer und Zucker vermischen und mit Öl verrühren.

3. Den Rotkohl in die Marinade geben, gut verrühren, etwa 30 Minuten zugedeckt stehen lassen, zwischendurch umrühren und nochmals abschmecken.

4. Sesam in einer trockenen Pfanne kurz anrösten, mit dem Rotkohl vermischen, Tofu mit den Händen zerbröseln, ebenfalls unter den Rotkohl mischen und den Salat servieren.

Für Gäste - raffiniert

Chinakohlsalat mit Bündner Fleisch

(2 Portionen)

1. Chinakohl putzen, vierteln, den Strunk herausschneiden. Die Blätter in Streifen schneiden, waschen und abtropfen lassen.

2. Das Bündner Fleisch ebenfalls in feine Streifen schneiden. Orangen und Grapefruit schälen, filetieren und dabei den Saft auffangen. Trauben waschen, halbieren und entkernen.

3. Für die Salatsauce Mayonnaise, Orangen- und Grapefruitsaft, Weinbrand mit Salz, Pfeffer und Zucker verrühren.

4. Die Salatzutaten in einer Schüssel anrichten, mit der Sauce übergießen und einige Minuten ziehen lassen.

Zutaten:

350 g Chinakohl
200 g Bündner Fleisch
3 Orangen
1 Grapefruit
125 g blaue Weintrauben
7 EL Salatmayonnaise
1 EL Weinbrand
Salz
frisch gemahlener Pfeffer
etwas Zucker

Zubereitungszeit:

35 Minuten

Pro Portion:

E: 22 g, F: 12 g, Kh: 20 g,
kJ: 842, kcal: 201

Gut vorzubereiten

Bunter Weißkohlsalat (Foto – 6 Portionen)

Zutaten:

300 g Möhren
500 g Weißkohl
4 süße Äpfel (etwa 500 g)
75 g Rosinen
125 ml (1/8 l) Orangensaft
3 EL Zitronensaft
Salz
frisch gemahlener Pfeffer
1 TL Currypulver
1 Msp. gemahlener Ingwer
1 Msp. gemahlener Koriander
3–4 EL Olivenöl

Zubereitungszeit:

40 Minuten, ohne Durchziehzeit

Pro Portion:

E: 2 g, F: 9 g, Kh: 23 g,
kJ: 781, kcal: 186

Tipp Der Salat schmeckt lange durchgezogen besonders gut.

1. Möhren putzen, schälen, waschen und grob raspeln.
2. Die äußeren Blätter des Weißkohls entfernen, den Strunk herausschneiden, Kohl waschen und auf einem Gurkenhobel in feine Streifen hobeln.
3. Die Äpfel abwaschen und abtrocknen, vierteln, entkernen und mit Schale grob raspeln.
4. Die Zutaten in einer Schüssel mit den Rosinen vermischen. Orangen- und Zitronensaft mit den Gewürzen und Öl vermengen, dazugeben und alles gründlich verrühren.
5. Den Salat 30 Minuten ziehen lassen, dann nochmals abschmecken und servieren.

Schnell

Chinakohlsalat mit Sahnesauce

Salate

Zutaten:
600 g Chinakohl

Für die Sauce:
2 EL Frischkäse
3 EL Schlagsahne
3 EL saure Sahne
2 EL Kräuteressig
Salz
frisch gemahlener Pfeffer
etwas Zucker
1 EL gehackte Petersilie
1 EL fein geschnittener Schnittlauch

Zubereitungszeit:
20 Minuten

Pro Portion:
E: 3 g, F: 6 g, Kh: 5 g, kJ: 385, kcal: 93

1. Chinakohl putzen, halbieren, den Strunk herausschneiden. Den Kohl waschen, in schmale Streifen schneiden und gut abtropfen lassen.

2. Für die Salatsauce Frischkäse mit Schlagsahne, saurer Sahne und Essig verrühren und mit Salz, Pfeffer und Zucker würzen.

3. Petersilie und fein geschnittenen Schnittlauch unterrühren, mit dem Chinakohl vermengen.

4. Den Salat evtl. nochmals mit Salz, Pfeffer und Zucker abschmecken und sofort servieren.

Schnell

Rotkohl-Rohkostsalat (Foto)

Zutaten:

600 g Rotkohl
2 Orangen (450 g)
1 Banane (150 g)
300 g Joghurt (1,5 % Fett)
1 EL (12 ml) Nussöl
2 EL Schnittlauchröllchen
Salz, Pfeffer
15 g gehackte Pinienkerne

Zubereitungszeit:

35 Minuten

Pro Portion:

E: 7 g, F: 6 g, Kh: 21 g, kJ: 750, kcal: 179

1. Den Rotkohl putzen, waschen und sehr fein hobeln. Die Orangen bis auf das Fruchtfleisch schälen und anschließend filetieren.

2. Für die Sauce die Banane schälen, mit Joghurt und Nussöl im Mixer pürieren. Sauce mit Schnittlauch verrühren und mit Salz und Pfeffer würzen.

3. Rotkohl mit Orangen mischen, die Sauce darüber gießen und mit den Pinienkernen bestreuen.

Rotkohlsalat mit Hähnchenbrust

1 Vom Rotkohl die groben äußeren Blätter ablösen, den Kohl vierteln und den Strunk herausschneiden. Rotkohl waschen und in sehr feine Streifen schneiden. In einem großen Topf Salzwasser mit Essig zum Kochen bringen. Den Kohl darin etwa 1 Minute blanchieren, abgießen und gut abtropfen lassen.

2 Honig, Zitronensaft, Essig, Salz und Pfeffer verrühren und unter den noch warmen Salat mengen. Etwa 1 Stunde marinieren, dabei öfter umrühren.

3 Die Hähnchenbrust abspülen, trockentupfen, in zerlassener Butter von jeder Seite etwa 3 Minuten braten, salzen und pfeffern.

4 Den Rotkohlsalat auf vier Teller verteilen. Die Hähnchenbrüste in Scheiben schneiden, neben dem Salat anrichten. Walnusskerne hacken und über den Salat streuen.

Tipp Dazu passen Mehrkornbrötchen oder Baguettes.

Zutaten:

500 g Rotkohl
2 EL Essig
1 TL flüssiger Honig
2 EL Zitronensaft
1 EL Rotweinessig
Salz
frisch gemahlener Pfeffer
2 Hähnchenbrustfilets (je etwa 150 g)
1 EL Butter
5 Walnusskerne

Zubereitungszeit:

30 Minuten, ohne Marinierzeit

Pro Portion:

E: 20 g, F: 5 g, Kh: 5 g, kJ: 641, kcal: 153

Preiswert

Blumenkohlsalat

1. Blumenkohl von Blättern und schlechten Stellen befreien, den Strunk herausschneiden und den Kohl in Röschen teilen. Röschen unter fließendem kalten Wasser waschen und einige Zeit in kaltes Salzwasser legen.

2. Anschließend in kochendes Salzwasser legen, zum Kochen bringen und in etwa 15 Minuten gar kochen lassen. Blumenkohlröschen herausnehmen, abtropfen lassen und erkalten lassen.

3. Für die Remouladensauce die Eier pellen, das gekochte Eigelb durch ein Sieb streichen, mit rohem Eigelb und Salz verrühren. Dann tropfenweise die Hälfte des Speiseöls unterschlagen.

4. Ist die Masse steif genug, Essig oder Zitronensaft und Senf hinzufügen. Dann erst den Rest des Öls unterrühren.

5 Das hart gekochte Eiweiß in kleine Würfel schneiden, mit den Kräutern unter die Masse rühren und mit Salz und Zucker abschmecken.

6 Die erkalteten Blumenkohlröschen vorsichtig mit der Sauce vermengen und den Salat gut durchziehen lassen.

7 Den Salat vor dem Servieren evtl. noch mit Zucker abschmecken.

Zutaten:

1 Blumenkohl (etwa 750 g)

Für die Remouladensauce:

2 hart gekochte Eier (Größe M)
1 frisches, rohes Eigelb (Größe M)
1 Prise Salz
125 ml (1/8 l) Speiseöl
2 EL Essig oder Zitronensaft
1 TL Senf
2 EL gehackte Kräuter
(z. B. Kerbel, Schnittlauch)
etwas Zucker

Zubereitungszeit:

35 Minuten

Pro Portion:

E: 7 g, F: 36 g, Kh: 3 g,
kJ: 1610, kcal: 384

Tipp

Weißkohlsalat mit

Zutaten:

300 g Weißkohl
200 g Shiitake-Pilze
4 EL Speiseöl

Für die Salatsauce:

2 EL Himbeeressig
4 EL Walnussöl
1 EL Honig
Salz
frisch gemahlener Pfeffer
1 EL Sojasauce

2 Frühlingszwiebeln

Zubereitungszeit:

30 Minuten

Pro Portion:

E: 2 g, F: 24 g, Kh: 8 g,
kJ: 1189, kcal: 284

Tipp Der Shiitake-Pilz ist ein japanischer Speise- und Würzpilz.

1. Weißkohl putzen, den Strunk herausschneiden, Kohl in feine Streifen schneiden. Salzwasser zum Kochen bringen und die Weißkohlstreifen 2 Minuten blanchieren, auf ein Sieb geben und abtropfen lassen.

2. Pilze putzen, mit Küchenpapier abreiben, evtl. abspülen, halbieren und etwa 5 Minuten in Öl anbraten. Pilze und Kohlstreifen mischen.

3. Für die Salatsauce Essig, Öl und Honig verrühren, mit Salz, Pfeffer und Sojasauce würzen.

4. Frühlingszwiebeln putzen, waschen, in feine Ringe schneiden und in die Sauce geben. Pilze und Kohlstreifen dazugeben und die Zutaten gut vermischen.

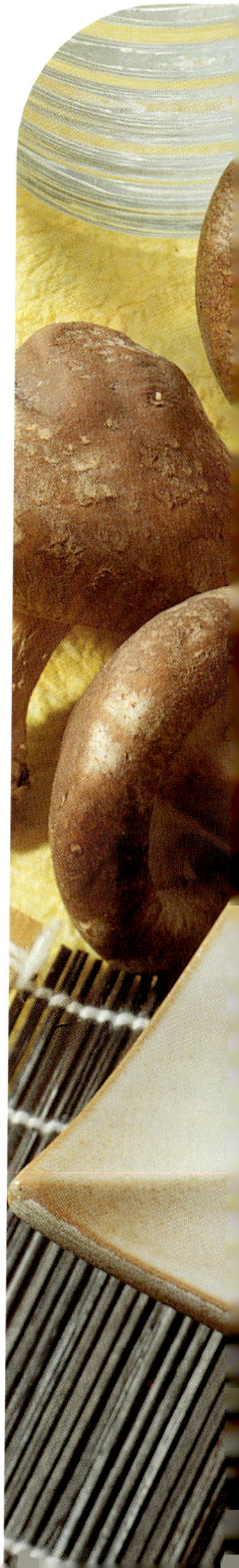

Shiitake-Pilzen

Grünkohlsalat mit Entenbrust

Zutaten:

500 g Grünkohl
2 Schalotten
2 EL brauner Zucker
3 EL Zitronensaft
3 EL Haselnussöl
frisch gemahlener Pfeffer
Salz
1 rote Paprikaschote
1 Birne
2 Entenbrüste (je 350 g)

Zubereitungszeit:

45 Minuten

Pro Portion:

E: 15 g, F: 20 g, Kh: 15 g, kJ: 1352, kcal: 322

1. Grünkohl von den Stängeln zupfen, Rippen entfernen. Den Grünkohl gründlich waschen und in kochendem Wasser 2 Minuten blanchieren. Kalt abschrecken und gut abtropfen lassen.

2. Schalotten abziehen, fein würfeln. Schalotten, Zucker, Zitronensaft, Öl, Pfeffer und Salz zu einem Dressing anrühren. Paprika halbieren, entstielen, entkernen, die weißen Scheidewände entfernen, waschen und fein würfeln. Die Birne schälen, achteln, entkernen und in Scheiben schneiden.

3. Entenbrüste unter fließendem kalten Wasser abspülen, trockentupfen und mit Salz und Pfeffer bestreuen. Das Fleisch in einer beschichteten Pfanne zuerst auf der Fettseite, dann von der anderen Seite kurz anbraten.

4. Entenbrüste in eine Auflaufform geben und Form auf dem Rost in den Backofen schieben.

   Ober-/Unterhitze: etwa 120 °C (vorgeheizt)
   Heißluft: etwa 100 °C (vorgeheizt)
   Gas: etwa Stufe 1 (vorgeheizt)
   Garzeit: etwa 15–20 Minuten.

5. Birne, Paprika und Grünkohl mit dem Dressing vermischen und mit in Scheiben geschnittenen Entenbrüsten servieren.

Beilage: Kräftiges Steinofenbrot.

Tipp Für diesen Salat eignet sich besonders der so genannte „Sprudelkohl", das ist Grünkohl, dessen Wurzel im Herbst nach der Ernte in der Erde stehen bleibt und im Frühjahr erneut austreibt.

Schnell

Broccoli-Cocktail

Zutaten:

250 g Broccoli
3 Tomaten
125 g Camembert

Für die Cocktailsauce:

1 Becher (150 g) Crème fraîche
2–3 EL Pernod
(französischer Anisschnaps)
Salz
frisch gemahlener Pfeffer
gewaschene Salatblätter
gehackte Pistazienkerne

Zubereitungszeit:

25 Minuten, ohne Abkühlzeit

Pro Portion:

E: 11 g, F: 20 g, Kh: 5 g,
kJ: 1147, kcal: 274

1. Vom Broccoli die Blätter entfernen, die Stängel am Strunk schälen und bis kurz vor die Röschen kreuzförmig einschneiden.

2. Broccoli waschen, in kochendes Salzwasser geben, zum Kochen bringen und 8–10 Minuten kochen. Broccoli abtropfen und erkalten lassen und in mundgerechte Stücke schneiden (einige Röschen zum Garnieren beiseite legen).

3. Tomaten waschen, abtropfen lassen, kreuzweise einschneiden und kurz in kochendes Wasser legen. Tomaten enthäuten, Stängelansätze entfernen, Fruchtfleisch würfeln. Camembert in Würfel schneiden.

4. Für die Cocktailsauce Crème fraîche mit Pernod verrühren und mit Salz und Pfeffer würzen. Vier Cocktailgläser mit Salatblättern auslegen, die Cocktailzutaten darauf anrichten und mit der Sauce übergießen.

5. Mit Broccoliröschen und Pistazienkernen garnieren.

Tipps

Sie können den Salat natürlich auch in einer Salatschüssel anrichten (Foto). Statt Pernod können Sie auch Raki oder Ouzo verwenden.

Suppen & Eintöpfe

Sauerkrautsuppe mit Croûtons 25

Rosenkohlcremesuppe 26

Rotkohlschaumsuppe mit Rotwein 27

Wirsingsuppe mit weißen Bohnen 28

Kohlrabisuppe mit Lachsklößchen 30

Ungarische Sauerkrautsuppe 31

Chinakohleintopf 32

Broccolicremesuppe mit Mandeln 34

Rosenkohleintopf 36

Blumenkohlsuppe 38

Wirsingeintopf mit Bauernmettwurst 40

Bunter Weißkohleintopf 41

Chinakohl-Stew 42

Raffiniert

Sauerkrautsuppe mit Croûtons

(8 Portionen)

Zutaten:

1 mittelgroße Zwiebel
2 EL Butter oder Margarine
250 g frisches Sauerkraut
200 ml Weißwein
500 ml (1/2 l) Rindfleischbrühe
125 ml (1/8 l) Schlagsahne
25 g Weizenmehl
Salz
frisch gemahlener Pfeffer
etwas Zucker

4 Scheiben Weißbrot
80 g Butter

Zubereitungszeit:
40 Minuten

Pro Portion:
E: 8 g, F: 34 g, Kh: 20 g
kJ: 1971, kcal: 471

1. Zwiebel abziehen und fein würfeln. Butter oder Margarine zerlassen, die Zwiebelwürfel darin andünsten. Sauerkraut locker zupfen, evtl. etwas klein schneiden, zur Zwiebel geben und mitdünsten lassen.

2. Weißwein hinzufügen, zum Kochen bringen, Rindfleischbrühe ebenfalls hinzugießen, zum Kochen bringen und Sauerkraut 25 Minuten kochen lassen. Schlagsahne mit Mehl verrühren, unter die Suppe rühren und aufkochen lassen, dann mit Salz, Pfeffer und Zucker abschmecken.

3. Weißbrot in kleine Würfel schneiden, in zerlassener Butter unter ständigem Wenden goldbraun braten. Die Suppe in vorgewärmte Suppentassen geben, die gerösteten Brotwürfel darauf verteilen und sofort servieren.

Rosenkohl-cremesuppe

(Foto)

Zutaten:

500 g Rosenkohl
250 ml (1/4 l) Salzwasser
500 ml (1/2 l) Gemüsebrühe
1 Eigelb (Größe M)
1 EL Crème fraîche
Salz
1 Prise Zucker
Cayennepfeffer
1 EL gehackte Petersilie

Zubereitungszeit:

35 Minuten

Pro Portion:

E: 6 g, F: 4 g, Kh: 7 g,
kJ: 363, kcal: 87

1. Rosenkohl putzen, die Röschen am Strunk kreuzförmig einschneiden. Den Kohl waschen, in kochendes Salzwasser geben, zum Kochen bringen und 10–15 Minuten kochen lassen.

2. Kurz vor Beendigung der Garzeit etwa 10 Röschen herausnehmen, vierteln und beiseite stellen. Restliche Rosenkohlröschen in der Flüssigkeit pürieren.

3. Brühe hinzugießen, zum Kochen bringen. Eigelb und Crème fraîche verrühren, unter die Rosenkohlsuppe schlagen und erhitzen (nicht mehr kochen lassen).

4. Die Suppe mit Salz, Zucker und Cayennepfeffer abschmecken, die zurückgelassenen Rosenkohlviertel hinzufügen, miterhitzen und die Suppe mit Petersilie bestreut servieren.

Tipp: Sie können auch Knoblauchcroûtons in die Suppe geben.

Dauert etwas länger

Rotkohlschaumsuppe mit Rotwein

(8 Portionen)

1. Grobe äußere Rotkohlblätter entfernen. Den Kohl vierteln und den Strunk herausschneiden. Anschließend den Kohl waschen und fein hobeln. Butter zerlassen, Kohl darin andünsten und mit Salz, Pfeffer, Zimt und Nelke würzen.

2. Äpfel schälen, vierteln, entkernen, grob raspeln und zum Kohl geben. Brühe und Wein angießen, etwa 1 1/2 Stunden kochen lassen und dann mit dem Pürierstab pürieren. Die Suppe mit Essig, Zucker und Gewürzen abschmecken.

3. Eiweiß steif schlagen und halbieren. Eine Schöpfkelle Suppe herausnehmen, unter die Hälfte des Eischnees ziehen und beiseite stellen.

4. Topf vom Herd ziehen, restlichen Eischnee zügig unter die Suppe ziehen, unter ständigem Rühren kurz aufkochen, dann Eigelb unterschlagen. Sofort auf tiefe Teller verteilen, rosa Eischnee und Konfitüre darauf geben.

Zutaten:

800 g Rotkohl
20 g Butter
Salz
frisch gemahlener Pfeffer
gemahlener Zimt
gemahlene Nelken
1–2 Äpfel
1 l Gemüsebrühe
400 ml Rotwein
1–2 EL Rotweinessig
etwas Zucker
2 Eiweiß (Größe M)
2 Eigelb (Größe M)
8 TL Preiselbeerkonfitüre

Zubereitungszeit:

2 Stunden

Pro Portion:

E: 3 g, F: 5 g, Kh: 13 g, kJ: 594, kcal: 141

Gut vorzubereiten

Wirsingsuppe mit weißen Bohnen

(6 – 8 Portionen)

Zutaten:

100 g trockene, weiße Bohnen
500 ml (1/2 l) Wasser
500 g magerer, durchwachsener Speck
1 l Wasser
1 Wirsing (etwa 1 1/2 kg)
3 Zwiebeln
4 Knoblauchzehen
2 Möhren (etwa 100 g)
2 Petersilienwurzeln
2 Stangen Porree (etwa 250 g)
1 Schinkenknochen (etwa 500 g)
1 l Wasser
2 Thymianzweige
2 Majoranzweige
2–3 Petersilienzweige
2–3 Sellerieblättchen
2–3 Lorbeerblätter
500 g fest kochende Kartoffeln
500 g Cabanossi (Knoblauchwurst)
Salz, Pfeffer

Zubereitungszeit:

2 1/2 Stunden, ohne Einweichzeit

Pro Portion:

E: 33 g, F: 74 g, Kh: 28 g,
kJ: 3953, kcal: 943

1. Bohnen waschen und in 1/2 l Wasser 12–24 Stunden einweichen.

2. Speck in 1 l Wasser geben, zum Kochen bringen, etwa 1 Stunde kochen lassen, herausnehmen und die Brühe zur Seite stellen.

3. Vom Wirsing die äußeren Blätter entfernen. Wirsing vierteln, den Strunk herausschneiden, Kohl waschen und in grobe Streifen schneiden. Zwiebeln abziehen, in Scheiben schneiden, Knoblauchzehen abziehen, durchpressen. Möhren und Petersilienwurzeln putzen, waschen und in Scheiben schneiden. Porree putzen, gründlich waschen und ebenfalls in Scheiben schneiden.

4. Den Schinkenknochen waschen, mit den eingeweichten weißen Bohnen und dem Einweichwasser in die Speckbrühe geben, 1 l Wasser hinzugießen und das vorbereitete Gemüse hinzufügen.

5. Den Topf wieder auf die Kochstelle stellen, Brühe zum Kochen bringen und etwa 45 Minuten kochen lassen. Thymian-, Majoran- und Petersilienzweige, Sellerieblättchen und Lorbeerblätter in die Wirsingsuppe geben.

6. Kartoffeln schälen, waschen und in Würfel schneiden. Cabanossi einige Male einstechen, mit den Kartoffelwürfeln in die Suppe geben, zum Kochen bringen, weitere 15–20 Minuten kochen lassen.

7. Schinkenknochen, Cabanossi und Kräuterzweige aus der Suppe nehmen. Das Fleisch vom Schin-

kenknochen lösen und in Würfel schneiden. Vom Speck die Schwarte abschneiden und den Speck würfeln. Die Cabanossi in Scheiben schneiden.

8 Fleisch, Speck und Wurst wieder in die Wirsingsuppe geben und erhitzen. Die Suppe mit Salz und Pfeffer abschmecken und servieren.

Für Gäste

Kohlrabisuppe mit Lachsklößchen

(6 – 8 Portionen)

Suppen & Eintöpfe

Zutaten:

750 g Kohlrabi
2 EL Zwiebelwürfel
40 g Butter
750 ml (3/4 l) Gemüsefond oder -brühe
125 ml (1/8 l) Schlagsahne
Salz
frisch gemahlener Pfeffer
1 Becher (150 g) Crème fraîche

Für die Klößchen:

200 g Lachsfilet
1 Ei (Größe M)
2 EL Schlagsahne
Salz
frisch gemahlener Pfeffer
300 ml Fischfond
1 EL Kerbelspitzen

Zubereitungszeit:

60 Minuten

Pro Portion:

E: 11 g, F: 15 g, Kh: 7 g, kJ: 942, kcal: 225

1. Kohlrabi schälen, würfeln und mit den Zwiebelwürfeln in zerlassener Butter andünsten.

2. Gemüsefond oder -brühe hinzugießen und Kohlrabi in etwa 25 Minuten weich kochen.

3. Alles im Mixer pürieren, zurück in den Topf geben, mit Sahne aufkochen und würzen. Mit Crème fraîche verfeinern.

4. Für die Klößchen Lachsfilet mit Ei und Sahne pürieren, würzen, mit 2 Teelöffeln zu kleinen Klößchen formen und im heißen Fischfond bei schwacher Hitze etwa 5 Minuten garen.

5. Kohlrabicremesuppe in Tassen anrichten, mit je 2 Lachsklößchen anreichern und mit Kerbelspitzen garnieren.

Klassisch

Ungarische Sauerkrautsuppe (Foto)

1. Speck in Würfel schneiden, Öl erhitzen und die Speckwürfel darin auslassen. Zwiebeln und Knoblauchzehen abziehen, würfeln, zum Speckfett geben und darin andünsten.

2. Sauerkraut locker zupfen und mit Fleischbrühe, Kümmelsamen, Lorbeerblatt und Mettwürstchen zu den Speckzwiebeln geben. Die Suppe etwa 25 Minuten garen.

3. Bohnen mit Tomatenmark und Paprika hinzufügen, mit Salz und Pfeffer würzen und einmal aufkochen lassen.

4. Die gegarten Würstchen aus der Suppe nehmen, in Scheiben schneiden, wieder in die Suppe geben und Suppe servieren.

Zutaten:

75 g durchwachsener Speck
3 EL Speiseöl
2 Zwiebeln
2 Knoblauchzehen
500 g Sauerkraut
750 ml (3/4 l) Fleischbrühe
1/2 TL Kümmelsamen
1 Lorbeerblatt
4 Mettwürstchen
1 Dose weiße Bohnen
(Einwaage 400 g)
2 EL Tomatenmark
1/2 EL Paprikapulver edelsüß
Salz
frisch gemahlener Pfeffer

Zubereitungszeit:

45 Minuten

Pro Portion:

E: 37 g; F: 69 g; Kh: 19 g; kJ: 3718; kcal: 887

Tipp: Dazu passen kräftiges Bauernbrot oder Zwiebelbrötchen.

Chinakohleintopf

Zutaten:
750 g Chinakohl
2–3 Zwiebeln
250 g Tomaten
375 g Kartoffeln
40 g Butter oder Margarine
375 g Gehacktes (halb Rind-, halb Schweinefleisch)
Salz
frisch gemahlener Pfeffer
250 ml (1/4 l) Gemüsebrühe
2 EL Tomatenmark

Zubereitungszeit:
65 Minuten

Pro Portion:
E: 22 g, F: 32 g, Kh: 16 g, kJ: 1953, kcal: 467

1. Chinakohl putzen, halbieren und den Strunk herausschneiden. Den Kohl vierteln, waschen, abtropfen lassen und in schmale Streifen schneiden. Zwiebeln abziehen und fein würfeln.
2. Tomaten waschen, abtropfen lassen, kreuzweise einschneiden und kurz in kochendes Wasser legen. Tomaten enthäuten, Stängelansätze entfernen, Fruchtfleisch würfeln.
3. Kartoffeln schälen, waschen und in Würfel schneiden.
4. Butter oder Margarine zerlassen, die Zwiebelwürfel darin goldgelb andünsten, Gehacktes hinzufügen, kurze Zeit mit erhitzen, dabei die Klümpchen zerdrücken und mit Salz und Pfeffer würzen.
5. Kartoffelwürfel und Gemüsebrühe dazugeben und etwa 10 Minuten schmoren lassen. Chinakohlstreifen zugeben und weitere 15–20 Minuten garen.
6. Tomatenstücke und -mark unterrühren, erhitzen und mit den Gewürzen abschmecken.

Tipp Rühren Sie nach Belieben noch etwas Kräuter-Crème fraîche unter.

Broccolicremesuppe mit Mandeln

1. Die Zwiebel abziehen und würfeln. Vom Broccoli die Blätter entfernen, die Stängel am Strunk schälen, waschen und in Röschen teilen. Die Stängel klein schneiden.

2. Die Butter zerlassen, Zwiebelwürfel darin andünsten. Broccoli dazugeben und andünsten. Die Gemüsebrühe hinzufügen, würzen und etwa 10 Minuten kochen lassen.

3. Die Suppe im Mixer oder mit dem Pürierstab pürieren, Crème fraîche unterziehen, nochmals erhitzen und mit Gewürzen abschmecken. Die Suppe auf Tellern anrichten und mit den Mandelblättchen und der Petersilie bestreuen.

Tipp Statt Gemüsebrühe können Sie für dieses Rezept auch Hühnerbrühe verwenden.

Zutaten:

1 Zwiebel
500 g Broccoli
1–2 EL Butter
500 ml (1/2 l) Gemüsebrühe
gerebelter Estragon
Salz
frisch gemahlener Pfeffer
geriebene Muskatnuss
Currypulver
Zucker
3 EL Crème fraîche
2 EL abgezogene, gehobelte, geröstete Mandeln
1–2 EL gehackte Petersilie

Zubereitungszeit:

40 Minuten

Pro Portion:

E: 5 g, F: 14 g, Kh: 7 g, kJ: 770, kcal: 184

Rosenkohleintopf

Zutaten:

1 kg Rosenkohl
500 g Kartoffeln
40 g Butter
250 ml (1/4 l) Gemüsebrühe
125 ml (1/8 l) Schlagsahne
Salz
frisch gemahlener Pfeffer
geriebene Muskatnuss
1 Becher (150 g) Crème fraîche
75 g durchwachsener Speck
40 g Butter
2 Zwiebeln

Zubereitungszeit:

45 Minuten

Pro Portion:

E: 15 g, F: 51 g, Kh: 30 g,
kJ: 2758, kcal: 660

1. Vom Rosenkohl die äußeren Blätter entfernen, Röschen halbieren. Kartoffeln schälen, waschen und in Würfel schneiden.

2. Butter zerlassen, Rosenkohl darin andünsten, Kartoffelwürfel dazugeben und kurz mit anbraten.

3. Brühe und Sahne hinzufügen, mit Salz, Pfeffer und Muskat würzen und etwa 25 Minuten garen. Crème fraîche unterrühren und nochmals abschmecken.

4. Speck in kleine Würfel schneiden. Butter zerlassen und die Speckwürfel darin auslassen. Zwiebeln abziehen, fein würfeln, zu den Speckwürfeln geben, glasig dünsten und beides auf dem Rosenkohleintopf verteilen.

Beilage: Wiener Würstchen.

Tipp Durch Crème fraîche verliert Rosenkohl seine Bitterkeit und wird schön mild.

Blumenkohlsuppe

1. Blätter und schlechte Stellen vom Blumenkohl entfernen und den Strunk abschneiden. Blumenkohl in kleine Röschen zerteilen, waschen und abtropfen lassen.

2. Gemüsebrühe erhitzen, Blumenkohl und Milch dazugeben, aufkochen und bei schwacher Hitze 15 Minuten köcheln lassen.

3. Blumenkohl und Sud mit einem Stabmixer pürieren (wenn Sie keinen Stabmixer zur Hand haben, alles durch ein feines Sieb streichen).

4. Frischkäse, Zitronensaft, Salz und Muskatnuss hinzufügen und alles nochmals kurz durchmixen.

5. Weißbrot in kleine Würfel schneiden, mit Traubenkernöl in einer Pfanne goldbraun rösten. Die Suppe anrichten, mit Brotwürfeln und Kerbelblättchen garniert servieren.

Zutaten:

1 kleiner Blumenkohl (etwa 800 g)
600 ml Gemüsebrühe
250 ml (1/4 l) Milch
80 g Doppelrahm-Frischkäse
Zitronensaft
Salz
geriebene Muskatnuss
2 Scheiben Weißbrot
4 EL Traubenkernöl
3 Kerbelzweige

Zubereitungszeit:

20 Minuten

Pro Portion:

E: 9 g, F: 18 g, Kh: 13 g, kJ: 1100, kcal: 262

Wirsingeintopf mit Bauernmettwurst

Zutaten:

1 kg Wirsing
375 g Kartoffeln
1 Zwiebel
50 g Schweineschmalz
Salz
frisch gemahlener Pfeffer
250 ml (1/4 l) Gemüsebrühe
300 g Bauernmettwurst

Zubereitungszeit:

50 Minuten

Pro Portion:

E: 30 g, F: 40 g, Kh: 22 g,
kJ: 2464, kcal: 587

1. Grobe äußere Blätter des Wirsings entfernen. Wirsing vierteln, den Strunk herausschneiden, Kohl waschen, abtropfen lassen und in feine Streifen schneiden. Kartoffeln schälen, waschen und in Würfel schneiden. Zwiebel abziehen und würfeln.

2. Schmalz in einem großen Topf zerlassen, Zwiebelwürfel darin hellgelb andünsten. Wirsing hinzufügen, kurze Zeit mitgaren lassen und mit Salz und Pfeffer würzen.

3. Kartoffelwürfel hinzufügen, Gemüsebrühe angießen und etwa 25 Minuten bei geschlossenem Topf dünsten. Mit Salz und Pfeffer abschmecken.

4. Wurst in Scheiben schneiden, in den Eintopf geben, heiß werden lassen und den Eintopf servieren.

Bunter Weißkohleintopf (Foto)

Zutaten:

500 g Weißkohl
2 Möhren (etwa 250 g)
1 Stück Sellerie (etwa 75 g)
1 Stange Porree (Lauch)
500 g Kartoffeln, mehlig kochend
100 g durchwachsener, geräucherter Speck
1 große Zwiebel
1 EL Butter oder Margarine
500 ml (1/2 l) heiße Gemüsebrühe
Salz
frisch gemahlener Pfeffer
gerebelter Majoran
4 Kohlwürstchen, geräuchert (je etwa 100 g)
frische Petersilie

Zubereitungszeit:
60 Minuten

Pro Portion:
E: 46 g, F: 42 g, Kh: 28 g, kJ: 2977, kcal: 711

1. Den Weißkohl putzen, vierteln, den Strunk herausschneiden, waschen und den Kohl in dünne Streifen schneiden oder hobeln. Möhren putzen, schälen, waschen und würfeln. Sellerie schälen, waschen und in feine Würfel schneiden. Porree putzen, längs halbieren, gründlich waschen und in Streifen schneiden. Kartoffeln schälen, waschen und in Würfel schneiden.

2. Speck in Würfel schneiden. Die Zwiebel abziehen und fein würfeln. Den Speck in einem großen Topf mit Butter oder Margarine auslassen, die Zwiebelwürfel darin anbraten, das Gemüse hinzugeben und andünsten.

3. Gemüsebrühe hinzugießen und mit Salz, Pfeffer und Majoran würzen. Die Kohlwürstchen mehrmals einstechen, auf das Gemüse legen und den Eintopf zugedeckt in etwa 25 Minuten gar kochen, ab und zu umrühren. Mit Petersilie garniert servieren.

Tipp Wenn Sie den Eintopf etwas dünner mögen, geben Sie noch 250 ml (1/4 l) Gemüsebrühe hinzu.

Chinakohl-Stew

(6 Portionen)

Zutaten:

250 g Rindfleisch
250 g Lammfleisch
250 g Schweinefleisch
2–3 EL Speiseöl
Salz
frisch gemahlener Pfeffer
1 Knoblauchzehe
2 Zwiebeln
250 ml (1/4 l) Wasser oder Fleischbrühe
1 kg Chinakohl
2 Tomaten
125 ml (1/8 l) Wasser oder Fleischbrühe
125 ml (1/8 l) Weißwein

Zubereitungszeit:

90 Minuten

Pro Portion:

E: 27 g, F: 20 g, Kh: 3 g, kJ: 1428, kcal: 341

1. Das Fleisch unter fließendem kalten Wasser abspülen, trockentupfen und in kleine Würfel schneiden. Speiseöl erhitzen, die Fleischwürfel darin anbraten, mit Salz und Pfeffer würzen.

2. Die Knoblauchzehe abziehen, durch die Knoblauchpresse drücken, Zwiebeln abziehen, in Ringe schneiden und beide Zutaten zum Fleisch geben, kurz mitbraten lassen. Wasser oder Brühe hinzufügen und etwa 45 Minuten schmoren lassen.

3. Vom Chinakohl die welken Blätter entfernen, den Kohl halbieren, Strunk herausschneiden, Kohl in schmale Streifen schneiden, waschen und gut abtropfen lassen.

4. Tomaten waschen, abtropfen lassen, kreuzweise einschneiden und kurz in kochendes Wasser legen. Tomaten enthäuten, Stängelansätze entfernen, Fruchtfleisch vierteln und mit dem Chinakohl und Wasser oder Brühe zum Fleisch geben.

5. Alles zum Kochen bringen, nochmals mit Salz und Pfeffer würzen und in einem gut schließenden Topf etwa 30 Minuten schmoren lassen. Das Stew vorsichtig umrühren, Weißwein hinzugießen und noch einige Minuten erhitzen.

Tipp Dazu schmeckt frisches Vollkornbrot.

Beilagen

Blumenkohl, klassisch 45

Broccoli, sizilianisch 46

Kohlrabi in Kressecreme 48

Rotkohl, klassisch 49

Wirsing mit Champignons 50

Broccoli in Walnussrahm 52

Wirsingrisotto 53

Rosenkohl in Kürbispüree 54

Chinakohl mit Porree 56

Kohlrabi mit Estragon 58

Blumenkohl mit Kräuter-Ei-Sauce 60

Siebenbürger Kraut 60

Sauerkraut mit Paprika 62

Wirsing-Möhren-Gemüse 63

Sauerkraut, klassisch 64

Esskastanien mit Rosenkohl 66

Schnell zubereitet

Blumenkohl, klassisch

1. Blätter und Strunk vom Blumenkohl abschneiden und die schlechten Stellen entfernen. Blumenkohl in Röschen teilen, waschen und abtropfen lassen.

2. Blumenkohlröschen in kochendes Salzwasser geben, zum Kochen bringen und in 15–20 Minuten gar kochen.

3. Blumenkohlröschen mit einem Schaumlöffel aus der Flüssigkeit nehmen, in eine Schüssel geben und warm stellen.

4. Butter zerlassen, Semmelbrösel unter Rühren darin leicht bräunen lassen, über den Blumenkohl geben und sofort servieren.

Zutaten:

2 kleine Köpfe Blumenkohl (je etwa 500 g)
50 g Butter
4 EL Semmelbrösel

Zubereitungszeit:

30 Minuten

Pro Portion:

E: 5 g, F: 11 g, Kh: 10 g, kJ: 696, kcal: 166

Tipp Mit Erbsen-Möhren-Gemüse zu Kalbsrücken reichen.

Raffiniert

Broccoli, sizilianisch

(8 Portionen)

1. Oliven in Scheiben schneiden. Sardellenfilets fein hacken, Zwiebel und Knoblauch abziehen und fein würfeln.

2. Broccoli putzen, in Röschen teilen, Stängel von den Röschen trennen, schälen und waschen. Broccoli etwa 5 Minuten in kochendem Salzwasser garen, in ein Sieb gießen, abtropfen lassen.

3. Zwiebel und Knoblauch in Öl glasig dünsten, von der Kochstelle nehmen, Oliven und Sardellen hinzufügen und vermischen.

4. Die Hälfte des Broccoli in eine Auflaufform geben, mit wenig Salz bestreuen, die Hälfte der Zwiebelmischung darauf verteilen. Mit den restlichen Zutaten genauso verfahren.

5. Den Käse klein würfeln und über den Broccoli streuen. Die Auflaufform auf dem Rost unter den vorgeheizten Grill in den Backofen schieben und den Käse 3–5 Minuten leicht bräunen. Den Broccoli sofort servieren.

Zutaten:

50 g schwarze Oliven (ohne Stein)
5 Sardellenfilets
1 kleine Zwiebel
1–2 Knoblauchzehen
1 kg Broccoli
4 EL Olivenöl
Salz
50–100 g pikanter Käse am Stück, z. B. Höhlenkäse

Zubereitungszeit:

30 Minuten

Pro Portion:

E: 13 g, F: 14 g, Kh: 3 g, kJ: 770, kcal: 184

Tipp

Dünsten Sie den Broccoli nach dem Kochen kurz in 100 ml Rotwein.

Für Gäste

Kohlrabi in Kressecreme

Beilagen

Zutaten:

1 kg Kohlrabi (mit Herzblättchen)

Für die Kressecreme:

1 Becher (150 g) Crème fraîche
3 EL gehackte Kresse
1 Prise Salz
frisch gemahlener Pfeffer
geriebene Muskatnuss
Zitronensaft

Zubereitungszeit:

35 Minuten

Pro Portion:

E: 4 g, F: 12 g, Kh: 9 g,
kJ: 664, kcal: 159

1. Kohlrabi schälen, waschen und in dünne Stifte schneiden. Kohlrabiblättchen in feine Streifen schneiden und beiseite legen.

2. Kohlrabistifte in Salzwasser geben, zum Kochen bringen, in 10–15 Minuten gar kochen, abtropfen lassen und warm stellen.

3. Für die Kressecreme Crème fraîche erhitzen, Kresse unterrühren, mit Salz, Pfeffer, Muskat und Zitronensaft würzen.

4. Kohlrabistifte und -blättchen hinzufügen, kurz erhitzen und evtl. nochmals abschmecken.

Tipp Zu kurz gebratenem Fleisch, gebratener Geflügelbrust oder gebratenem Fisch servieren.

Dauert etwas länger

Rotkohl, klassisch

Zutaten:

1 kg Rotkohl
2 Zwiebeln
2–3 Äpfel, z. B. Boskop
50 g Schweineschmalz
3 Gewürznelken
3 Wacholderbeeren
3 Pimentkörner
1 Lorbeerblatt
Salz
frisch gemahlener Pfeffer
etwas Zucker
2–3 EL Essig
2 EL Johannisbeergelee
125 ml (1/8 l) Wasser

Zubereitungszeit:

1 1/2 Stunden

Pro Portion:

E: 7 g, F: 14 g, Kh: 35 g, kJ: 1273, kcal: 302

1. Rotkohl vierteln, den Strunk herausschneiden, den Kohl waschen und in feine Streifen hobeln oder schneiden. Zwiebeln abziehen und würfeln. Apfel schälen, vierteln, entkernen und in kleine Scheiben schneiden.

2. Schmalz zerlassen. Zwiebelwürfel darin andünsten. Kohl und Apfel dazugeben und schmoren lassen. Gewürze, Zucker, Essig, Johannisbeergelee und Wasser zum Rotkohl geben.

3. Den Rotkohl mindestens 1 Stunde garen, mit den Gewürzen abschmecken und als Beilage zu herzhaften Gerichten servieren.

Wirsing mit Champignons

Zutaten:

1 kg Wirsing
200 g durchwachsener Speck
1 EL Butter oder Margarine
3 Zwiebeln
500 g frische Champignons
Salz
frisch gemahlener Pfeffer
etwas italienische Kräutermischung
200 ml heißes Wasser

Zubereitungszeit:

60 Minuten

Pro Portion:

E: 13 g, F: 36 g, Kh: 10 g,
kJ: 1801, kcal: 429

1. Vom Wirsing die äußeren Blätter entfernen und den Strunk herausschneiden. Den Wirsing achteln, waschen, abtropfen lassen und in etwa 2 cm breite Streifen schneiden.

2. Den Speck würfeln, Butter oder Margarine erhitzen und die Speckwürfel darin etwas ausbraten lassen. Die Wirsingstreifen hinzufügen und unter Rühren leicht bräunen lassen. Zwiebeln abziehen, würfeln, zum Gemüse geben und mitbräunen lassen.

3. Champignons putzen, waschen, in Scheiben schneiden und zum Wirsing geben. Kurz durchschmoren lassen und mit Salz, Pfeffer und Kräutern würzen.

4. Abgemessenes Wasser hinzugießen, das Gemüse im geschlossenen Topf noch etwa 15 Minuten schmoren lassen, evtl. nochmals mit Salz und Pfeffer abschmecken.

Raffiniert – vegetarisch

Broccoli in Walnussrahm (Foto)

Beilagen

Zutaten:

750 g Broccoli
30 g Butter
75 g Walnusskernhälften
Salz
frisch gemahlener Pfeffer
geriebene Muskatnuss
125 ml (1/8 l) Weißwein
125 ml (1/8 l) Schlagsahne

Zubereitungszeit:

30 Minuten

Pro Portion:

E: 7 g, F: 20 g, Kh: 6 g,
kJ: 1084 , kcal: 259

Tipp Zu Kurzgebratenem, Schmorgerichten (Rouladen, Braten) oder vegetarisch zu Kartoffelpuffern oder Reis servieren.

1. Broccoli putzen, in Röschen teilen, Stiele von den Röschen trennen, schälen, beides waschen und die Stiele in etwa 1 cm breite Scheiben schneiden.

2. Butter zerlassen, die Hälfte der Walnüsse hacken und zusammen mit den Walnusshälften darin andünsten.

3. Broccolistiele dazugeben, weitere 2 Minuten dünsten und mit Salz, Pfeffer und Muskat würzen.

4. Weißwein und Sahne hinzugießen und zugedeckt etwa 8 Minuten dünsten.

5. Dann erst die Röschen – Stielansatz nach unten – auf das Gemüse legen und etwa 5 Minuten garen.

6. Röschen auf einer Platte anrichten. Stielgemüse mit Salz, Pfeffer und Muskat abschmecken und zu den Röschen geben

Raffiniert – vegetarisch

Wirsingrisotto

Beilagen

Tipp Wenn Sie das Wirsingrisotto ohne Bacon zubereiten, freuen sich auch die Vegetarier.

Zutaten:

1 kleiner Kopf Wirsing (etwa 850 g)
2 Zwiebeln
2 Knoblauchzehen
3 EL Olivenöl
150 g Bacon
220 g Arborio-Reis (Rundkornreis)
1 l Gemüsebrühe
Salz
frisch gemahlener Pfeffer
frisch geriebene Muskatnuss
250 g Crème fraîche
120 g geriebener Parmesan

Zubereitungszeit:

etwa 30 Minuten

Pro Portion:

E: 25 g, F: 63 g, Kh: 56 g, kJ: 3785, kcal: 903

1. Vom Wirsing die groben äußeren Blätter lösen. Wirsing halbieren, den Strunk herausschneiden, Kohl abspülen und abtropfen lassen. Anschließend in 1 x 1 cm große Stücke schneiden, in kochendem Wasser 3 Minuten blanchieren, kalt abschrecken und gut abtropfen lassen.

2. Zwiebeln und Knoblauch abziehen, fein würfeln und in Olivenöl andünsten. Bacon in feine Streifen schneiden und mit dem Reis anbraten. Nach und nach mit Gemüsebrühe auffüllen, dabei 15 Minuten köcheln lassen und mit Salz, Pfeffer und Muskatnuss würzen.

3. Wirsing zum Reis geben, Crème fraîche dazugeben und unterrühren. Alles nochmals aufkochen lassen, weitere 3 Minuten köcheln, den Parmesan unterheben und servieren.

Rosenkohl in Kürbispüree

Zutaten:

500 g Kürbis
30 g Butter
1 Knoblauchzehe
1 Zwiebel
Salz
frisch gemahlener Pfeffer
etwas Kurkuma (Gelbwurz)
4 EL Schlagsahne
1 EL milder Senf
700 g Rosenkohl
Schlagsahne

Zubereitungszeit:

50 Minuten

Pro Portion:

E: 8 g, F: 13 g, Kh: 12 g, kJ: 846, kcal: 202

Tipp Das Kürbispüree schmeckt als Beilage zu würzigen Fleischgerichten. Mit Eiern und Bratkartoffeln entsteht eine Hauptmahlzeit.

1. Kürbis schälen, Fasern und Kerne entfernen und das Fleisch in grobe Würfel schneiden. Butter zerlassen und die Kürbiswürfel darin anbraten.

2. Knoblauch und Zwiebel abziehen, fein würfeln, dazugeben und mit Salz, Pfeffer und Kurkuma abschmecken. Sahne unterziehen und den Kürbis in etwa 30 Minuten ganz weich dünsten. Kürbis durch ein Sieb streichen, Senf dazugeben und das Püree nochmals kräftig abschmecken.

3. Rosenkohl von den fleckigen äußeren Blättchen befreien, etwas vom Strunk abschneiden. Rosenkohlröschen am Strunk kreuzförmig einschneiden, waschen und abtropfen lassen. Die Röschen in Salzwasser geben, zum Kochen bringen, in etwa 10 Minuten fast gar kochen und zum Abtropfen auf ein Sieb geben.

4. Rosenkohl zum Kürbispüree geben und bei kleiner Hitze in etwa 5 Minuten weitergaren. Evtl. während des Garens noch etwas Sahne hinzufügen.

Chinakohl mit Porree

Zutaten:

50 g durchwachsener Speck
1 EL Speiseöl
300 g Porree (Lauch)
750 g Chinakohl
3 EL Wasser oder Weißwein
Salz
frisch gemahlener Pfeffer
etwas Zucker
2 EL Butter
4 EL Semmelbrösel
1/2 TL Senf
1/2 TL abgeriebene Zitronenschale (unbehandelt)
4 hart gekochte Eier (Größe M)

Zubereitungszeit:
40 Minuten

Pro Portion:
E: 13 g, F: 20 g, Kh: 12 g,
kJ: 1227, kcal: 294

1. Speck in Würfel schneiden und in Öl knusprig ausbraten lassen. Speck herausnehmen und beiseite stellen.

2. Porree putzen, gründlich waschen, abtropfen lassen, in sehr dünne Scheiben schneiden und in dem Speckfett in der Pfanne dünsten lassen.

3. Chinakohl putzen, vierteln, den Strunk herausschneiden, waschen, abtropfen lassen und den Kohl in Streifen schneiden. Streifen zum Porree geben und 5–10 Minuten mitdünsten lassen.

4. Wasser oder Weißwein hinzugießen. Das Gemüse mit Salz, Pfeffer und Zucker würzen, noch einige Minuten dünsten lassen und dann auf einer vorgewärmten Platte anrichten.

5. Die Butter in einer Pfanne erhitzen, Semmelbrösel hineingeben, unter Rühren bräunen lassen, mit Senf und Zitronenschale verrühren und über das Porree-Chinakohl-Gemüse verteilen.

6. Eier pellen, achteln, um das Gemüse legen und den angebratenen Speck darüber streuen.

Schnell

Kohlrabi mit Estragon

(Foto)

Zutaten:
800 g Kohlrabi
Salz
2 Schalotten
40 g Butter
frisch gemahlener Pfeffer
1 EL Estragon, gehackt

Zubereitungszeit:
25 Minuten

Pro Portion:
E: 3 g, F: 8 g,
Kh: 7 g,
kJ: 488,
kcal: 117

1. Kohlrabi schälen, waschen, in Stifte schneiden und in gesalzenem Wasser etwa 8 Minuten blanchieren, anschließend auf einem Sieb abtropfen lassen.

2. Schalotten waschen, abziehen und würfeln. Butter in einer Pfanne erhitzen und Schalottenwürfel darin glasig dünsten.

3. Kohlrabistifte dazugeben, durchschwenken, mit Salz, Pfeffer und Estragon würzen und servieren.

Blumenkohl mit Kräuter-Ei-Sauce

(2 Portionen)

1 Strunk und welke Blätter vom Blumenkohl entfernen. Den Blumenkohl in große Röschen teilen und waschen. Salzwasser zum Kochen bringen, die Blumenkohlröschen hineingeben und bei schwacher Hitze 8–10 Minuten bissfest garen. Die Röschen aus dem Wasser nehmen und warm stellen.

2 Für die Sauce die Zwiebel abziehen, in sehr feine Würfel schneiden und im Fett glasig dünsten. Estragon abspülen und trockentupfen. Die Blättchen von den Stängeln zupfen und fein schneiden.

3 Die Eier 6–8 Minuten hart kochen, pellen und noch heiß im Eischneider einmal der Länge nach und einmal quer in Würfel schneiden. Die heißen Eiwürfel mit dem Joghurt gut verrühren. Zwiebelwürfel und Estragon unterheben und mit Pfeffer und Salz abschmecken. Die Sauce über den Blumenkohl verteilen und sofort servieren.

Zutaten:

500 g Blumenkohl

Für die Sauce:

1 kleine Zwiebel
1–2 TL Butter oder Margarine
1/2 Bund Estragon
2 Eier (Größe M)
150 g Naturjoghurt
frisch gemahlener Pfeffer
Salz

Zubereitungszeit:

15 Minuten

Pro Portion:

E. 18 g; F: 16,5 g; KH: 29 g; kJ: 1470; kcal: 350

Tipp Röst- oder Bratkartoffeln schmecken dazu besonders gut.

Preiswert

Siebenbürger Kraut

1. Speck in kleine Würfel schneiden und in heißem Öl auslassen. Zwiebel abziehen, in feine Streifen schneiden und im Speckfett andünsten.

2. Sauerkraut locker zupfen und dazugeben, Gemüsefond dazugießen und alles etwa 20 Minuten kochen lassen.

3 Die bunten Paprikastreifen unter das Sauerkraut mischen, 15 Minuten garen, zum Schluss die Maiskörner zugeben und nochmals erhitzen.

4 Kraut mit Salz, Pfeffer und Paprika pikant abschmecken.

Zutaten:

2 EL durchwachsener Speck
2 EL Speiseöl
1 Zwiebel
400 g Sauerkraut
300 ml Gemüsefond
100 g Paprika in Streifen (rot, grün und gelb)
50 g Maiskörner (aus der Dose)
Salz
frisch gemahlener Pfeffer
Paprikapulver, edelsüß

Zubereitungszeit:

50 Minuten

Pro Portion:

E: 3 g, F: 11 g, Kh: 7 g, kJ: 605, kcal: 144

Tipp Zu Schweinekoteletts und Röstkartoffeln servieren.

Für Kinder

Sauerkraut mit Paprika

Beilagen

Zutaten:

200 g Zwiebeln
20 g Butter
500 g Sauerkraut
250 ml (1/4 l) Fleischbrühe
1 rote Paprikaschote
1 grüne Paprikaschote
1 EL Tomatenmark
Salz
frisch gemahlener Pfeffer
Paprikapulver, edelsüß

Zubereitungszeit:

45 Minuten

Pro Portion:

E: 4 g, F: 6 g, Kh: 8 g,
kJ: 461, kcal: 111

1. Zwiebeln abziehen und fein würfeln. Butter zerlassen und Zwiebeln darin andünsten. Sauerkraut etwas locker zupfen, hinzugeben und mit andünsten. Fleischbrühe hinzugießen.

2. Paprikaschoten halbieren, entstielen, entkernen, die weißen Scheidewände entfernen, die Schoten waschen und in Streifen schneiden. Paprikastreifen mit Tomatenmark zum Sauerkraut geben, mit Salz, Pfeffer und Paprika würzen.

3. Das Sauerkraut zugedeckt etwa 30 Minuten bei schwacher Hitze garen, zwischendurch umrühren und nochmals mit Gewürzen abschmecken.

Preiswert

Wirsing-Möhren-Gemüse

Zutaten:
2 Zwiebeln
375 g Möhren
500 g Wirsing
75 g durchwachsener Speck
Salz
frisch gemahlener Pfeffer
125 ml (1/8 l) Wasser
1 EL gehackte Petersilie

Zubereitungszeit:
60 Minuten

Pro Portion:
E: 5 g, F: 13 g, Kh: 9 g,
kJ: 744, kcal: 177

1. Zwiebeln abziehen, halbieren und in Scheiben schneiden. Möhren putzen, schälen, waschen und in dünne Scheiben schneiden.

2. Vom Wirsing die äußeren Blätter entfernen, Kohl vierteln, vom Strunk befreien, waschen und in Streifen schneiden.

3. Speck würfeln und auslassen. Zwiebelscheiben und das Gemüse hinzufügen, mit andünsten, mit Salz und Pfeffer würzen. Das Wasser angießen, das Gemüse in etwa 30 Minuten gar dünsten lassen und nochmals mit Salz und Pfeffer nachwürzen.

4. Das Gemüse auf Tellern anrichten, mit Petersilie bestreuen und zu Rippchen oder Frikadellen servieren.

Sauerkraut, klassisch

1 Zwiebeln abziehen und würfeln. Schweineschmalz oder Speiseöl erhitzen und die Zwiebelwürfel darin hellgelb dünsten.

2 Sauerkraut locker zupfen, zu den Zwiebeln geben und andünsten. Wasser oder Brühe, Wacholderbeeren, Pimentkörner und Lorbeerblatt hinzugeben und in etwa 30 Minuten gar dünsten lassen.

3 Kartoffel schälen, waschen, reiben, zum Sauerkraut geben und kurz aufkochen lassen, damit es sämig wird. Das Sauerkraut mit Salz und Zucker abschmecken und servieren.

Beilage: Eisbein, Erbsenpüree und Kartoffelbrei oder Kasseler Rippenspeer.

Zutaten:
100–150 g Zwiebeln
40 g Schweineschmalz
oder 3 EL Speiseöl
750 g Sauerkraut
375 ml (3/8 l) Wasser oder Fleischbrühe
je 3–4 Wacholderbeeren und Pimentkörner
1 Lorbeerblatt, in Stücke zerteilt
1 kleine rohe Kartoffel
Salz
Zucker

Zubereitungszeit:
50 Minuten

Pro Portion:
E: 4 g, F: 11 g, Kh: 11 g, kJ: 712, kcal: 169

Tipp Statt Wasser oder Brühe können Sie halb Weißwein und halb Wasser an das Sauerkraut geben.

Esskastanien mit Rosenkohl

Zutaten:

375 g Esskastanien (Maronen)
100 g Butter
500 g Rosenkohl
Meersalz
frisch gemahlener Pfeffer
geriebene Muskatnuss

Zubereitungszeit:

75 Minuten

Pro Portion:

E: 7 g, F: 20 g, Kh: 32 g,
kj: 1471, kcal: 352

1. Esskastanien kreuzweise aufschneiden, auf ein Backblech legen, in den Backofen schieben und backen, bis die Schalen aufspringen und sich lösen lassen.

   Ober/Unterhitze: etwa 180 °C (vorgeheizt)
   Heißluft: etwa 160 °C (vorgeheizt)
   Gas: etwa Stufe 3 (vorgeheizt)
   Backzeit: etwa 20 Minuten

2. Esskastanien aus der Schale lösen und mit kochendem Wasser abbrühen, die gelbe Haut entfernen.

3. Die Hälfte der Butter zerlassen, die Maronen darin goldgelb rösten, evtl. etwas Wasser zugeben und zugedeckt 10–15 Minuten garen. Maronen anschließend warm stellen.

4. Rosenkohl putzen, die Röschen am Strunk kreuzweise einschneiden. Den Rosenkohl waschen, in Salzwasser geben, zum Kochen bringen, in etwa 15 Minuten gar kochen und abtropfen lassen.

5. Röschen in der restlichen zerlassenen Butter schwenken, mit den Esskastanien vermengen und mit Salz, Pfeffer und Muskat abschmecken.

Aus dem Ofen

Blumenkohlauflauf mit Schinken 69

Sauerkrautkuchen mit Gitter 70

Kohlrabi-Schinken-Auflauf 72

Wirsing-Hack-Auflauf 74

Rosenkohl mit Quarkhaube 75

Krautsalat-Gyros-Auflauf 76

Rotkohl-Lasagne 78

Grünkohl-Kasseler-Pie 80

Pfannkuchentorte mit Blumenkohl 82

Sauerkrautrolle 84

Blumenkohlauflauf mit Schinken

1. Vom Blumenkohl Blätter und schlechte Stellen entfernen und den Strunk abschneiden. Kohl abspülen, in Röschen teilen, in kochendes Salzwasser legen und etwa 10 Minuten kochen lassen.

2. Spaghetti in Stücke brechen und in reichlich kochendem Salzwasser nach Packungsanleitung bissfest kochen. Die garen Spaghetti auf ein Sieb geben, mit kaltem Wasser übergießen und abtropfen lassen.

3. Den Schinken in Würfel schneiden. Nudeln, Blumenkohlröschen und Schinken abwechselnd in einen gewässerten Römertopf schichten.

4. Sahne mit Eiern gut verrühren, mit Salz, Pfeffer und Muskat würzen, über den Auflauf gießen und mit Parmesan bestreuen. Den Römertopf mit dem Deckel verschließen und auf dem Rost in den kalten Backofen schieben.

Ober-/Unterhitze: 200–220 °C (vorgeheizt)
Heißluft: 180–200 °C (vorgeheizt)
Gas: etwa Stufe 4 (vorgeheizt)
Garzeit: etwa 60 Minuten.

Zutaten:
1 kg Blumenkohl
200 g Spaghetti
200 g roher oder gekochter Schinken
250 ml (1/4 l) Schlagsahne
4 Eier (Größe M)
Salz
frisch gemahlener Pfeffer
geriebene Muskatnuss
30 g geriebener Parmesan

Zubereitungszeit:
90 Minuten

Pro Portion:
E: 33 g, F: 37 g, Kh: 39 g,
kJ: 2733, kcal: 652

Tipp
Anstelle des Parmesans können Sie auch etwa 50 g geriebenen Gouda oder anderen Käse verwenden.

Sauerkrautkuchen mit Gitter

Zutaten:

Für den schnellen Blätterteig:
200 g Weizenmehl
200 g Doppelrahm-Frischkäse
200 g Butter
1 Prise Salz

Für den Belag:
200 g mittelalter Gouda
2 Zwiebeln, mittelgroß
2 EL Speiseöl
500 g Sauerkraut
2 Eier (Größe M)
Cayennepfeffer
Kümmelsamen
6 Mettwürstchen
2 EL rote Paprika, fein gewürfelt

Zum Bestreichen:
1 Eigelb
1 EL Milch

Zum Bestreuen:
Kresse
Schnittlauchröllchen

Tipp: Wenn kein Gitterroller vorhanden ist, den Teig in dünne Streifen schneiden und rautenartig auf den Belag legen.

Zubereitungszeit:
60 Minuten, ohne Kühlzeit

Insgesamt:
E: 219 g, F: 394 g, Kh: 175 g, kJ: 22614, kcal: 5402

1. Für den Teig Mehl in eine Rührschüssel sieben, mit den übrigen Zutaten mit Handrührgerät mit Knethaken zunächst kurz auf niedrigster, dann auf höchster Stufe zu einem glatten Teig verkneten.
2. In Klarsichtfolie verpackt einige Stunden oder über Nacht in den Kühlschrank legen.
3. Für den Belag Käse fein würfeln und beiseite stellen. Zwiebeln abziehen, würfeln und in Öl glasig dünsten. Gut ausgedrücktes Sauerkraut zugeben, etwa 10 Minuten mitdünsten und alles abkühlen lassen.
4. Eier und beiseite gestellten Käse unterrühren und mit den Gewürzen abschmecken.
5. 2/3 des Teiges in der Größe der Fettfangschale ausrollen, in die gefettete Fettfangschale legen. Die Sauerkrautmasse darauf verteilen und mit 1 cm dicken Mettwurstscheiben und Paprikawürfelchen bestreuen.
6. Teigrest zur Größe des halben Backblechs ausrollen und mit einem Gitterroller darüber rollen. Vorsichtig über dem Sauerkraut auseinander ziehen und die Ränder gut andrücken.
7. Eigelb und Milch verquirlen und das Gitter damit bestreichen. Das Backblech in den Backofen schieben.

Ober-/Unterhitze: etwa 200 °C (vorgeheizt)
Heißluft: etwa 180 °C (vorgeheizt)
Gas: Stufe 3–4 (vorgeheizt)
Backzeit: etwa 30 Minuten.

8 Vor dem Servieren den Sauerkrautkuchen mit Kresse und Schnittlauchröllchen bestreuen.

Kohlrabi-Schinken

1. Kohlrabi schälen, waschen und in etwa 1/2 cm breite Stifte schneiden. Stifte in kochendes Salzwasser geben und 10 Minuten kochen lassen, bis sie bissfest sind. Kohlrabi auf ein Sieb geben, abtropfen lassen und die Kochflüssigkeit dabei auffangen.

2. Weizenmehl und Butter mit einer Gabel verkneten, die Kohlrabiflüssigkeit zum Kochen bringen. Das Mehl-Butter-Gemisch unter ständigem Rühren hinzufügen. Mit einem Schneebesen durchschlagen und dabei darauf achten, dass keine Klümpchen entstehen. Flüssigkeit zum Kochen bringen und etwa 5 Minuten kochen lassen. Créme fraîche unterrühren.

3. Kohlrabistifte in die Sauce geben und mit Salz und Pfeffer würzen. Schinken in Würfel schneiden und abwechselnd mit dem Kohlrabi in eine Auflaufform schichten.

Auflauf

4 Eier mit Muskat verrühren, mit Salz und Pfeffer würzen und über die Kohlrabi-Schinken-Masse geben. Die Auflaufform mit einem Deckel oder Alufolie verschließen und auf dem Rost in den Backofen schieben.

Ober-/Unterhitze: etwa 220 °C (vorgeheizt)
Heißluft: etwa 200 °C (vorgeheizt)
Gas: etwa Stufe 4 (vorgeheizt)
Backzeit: etwa 30 Minuten.

Zutaten:

1 kg Kohlrabi
250 ml (1/4 l) Salzwasser
1 EL Weizenmehl
1 EL weiche Butter
1 geh. EL Crème fraîche
1 Prise Salz
frisch gemahlener Pfeffer
200 g gekochter Schinken
3 Eier (Größe M)
etwas geriebene Muskatnuss

Zubereitungszeit:

70 Minuten

Pro Portion:

E: 20 g, F: 16 g, Kh: 9 g,
kJ: 1150, kcal: 275

Tipp

Wirsing-Hack-Auflauf (2 Portionen)

Aus dem Ofen

Zutaten:

400 g Wirsing
100 g Tatar (Rinderhack)
1 EL Magerquark
1 Ei (Größe M)
40 g (2 EL) Zwiebelwürfel
Meersalz
Pfeffer
gerebelter Majoran
100 ml Gemüsebrühe
20 g geriebener
Emmentaler Käse

Zubereitungszeit:

35 Minuten

Tipp Dazu schmecken am besten Röstkartoffeln.

Pro Portion:

E: 23 g, F: 15 g, KH: 8 g,
kJ: 1153, kcal: 275

1. Den Wirsing zerlegen und die einzelnen Blätter unter fließendem kalten Wasser abwaschen. Blätter in kochendem Wasser 3 Minuten blanchieren, kalt abspülen und abtropfen lassen.

2. Rinderhack, Quark, Ei und Zwiebeln zu einem Hackfleischteig vermengen und mit Salz, Pfeffer und Majoran abschmecken.

3. Die Hälfte der Wirsingblätter in eine Auflaufform legen, den gut gewürzten Hackfleischteig darauf geben und mit den restlichen Wirsingblättern bedecken.

4. Gemüsebrühe darüber gießen, den geriebenen Käse darüber streuen und die Form in den Backofen schieben.

Ober-/Unterhitze: etwa 200 °C (vorgeheizt)
Heißluft: etwa 180 °C (vorgeheizt)
Gas: Stufe 3–4 (vorgeheizt)
Backzeit: etwa 25 Minuten.

Preiswert

Rosenkohl mit Quarkhaube (Foto)

Aus dem Ofen

Zutaten:

1 kg Rosenkohl
frisch gemahlener Pfeffer
400 g Fleischwurst
1 Pck. (200 g) Frühlingsquark
2 Eier (Größe M)
1 EL Semmelbrösel
2 EL geriebener Parmesan

Zubereitungszeit:

60 Minuten

Pro Portion:

E: 34 g, F: 34 g, Kh: 14 g, kJ: 2195, kcal: 526

1. Rosenkohl von den äußeren Blättchen befreien, etwas vom Strunk abschneiden und die Röschen am Strunk kreuzförmig einschneiden. Rosenkohl waschen, in kochendes Wasser geben, zum Kochen bringen und in 15–20 Minuten gar dünsten lassen.

2. Danach das Wasser abgießen, den Rosenkohl in eine gefettete, feuerfeste Auflaufform geben und mit Pfeffer bestreuen.

3. Fleischwurst enthäuten, in Würfel schneiden und über den Rosenkohl geben. Frühlingsquark mit den Eiern gut verrühren und darauf verteilen. Semmelbrösel mit Parmesan mischen, darüber streuen und die Form auf dem Rost in den Backofen schieben.

Ober-/Unterhitze: etwa 200 °C (vorgeheizt)
Heißluft: etwa 180 °C (vorgeheizt)
Gas: Stufe 3–4 (vorgeheizt)
Backzeit: etwa 20 Minuten.

Für Gäste

Krautsalat-Gyros-Auflauf

1. Kartoffeln waschen, schälen, abspülen, in Salzwasser etwa 10 Minuten kochen, dann abgießen und erkalten lassen.

2. Zwiebeln und Knoblauch abziehen und in feine Würfel schneiden. Gyros in erhitztem Öl kräftig anbraten. Zwiebel und Knoblauch hinzugeben und kurz anrösten.

3. Krautsalat abgetropft in eine gefettete, flache Auflaufform geben. Darauf den Joghurt streichen und anschließend das Fleisch darauf verteilen.

4. Kartoffeln grob raffeln, Käse zerkleinern und mit den Kartoffeln vermischen. Mit Salz, Pfeffer und Oregano würzen. Die Kartoffel-Käse-Masse auf dem Fleisch verteilen. Die Form auf dem Rost in den Backofen schieben.

Ober-/Unterhitze: etwa 200 °C (vorgeheizt)
Heißluft: etwa 180 °C (nicht vorgeheizt)
Gas: Stufe 3–4 (nicht vorgeheizt)
Backzeit: etwa 40 Minuten.

Tipp

Gyros kann auch mit Schweineschulter, Hähnchen- oder Putenfleisch selbst zubereitet werden. Verwenden Sie einfach zum Würzen ein fertiges Gyros-Salz.

Zutaten:

800 g Kartoffeln
Salz
2 Zwiebeln
2 Knoblauchzehen
600 g fertig gewürztes Gyros
3 EL Olivenöl
600 g Krautsalat
200 g Naturjoghurt
200 g Feta-Käse
oder Schafkäse
frisch gemahlener Pfeffer
gerebelter Oregano

Zubereitungszeit:

90 Minuten, ohne Abkühlzeit

Pro Portion:

E: 47 g, F: 37 g, Kh: 41 g,
kJ: 3060, kcal: 731

Rotkohl-Lasagne

(4 – 6 Portionen)

Zutaten

1 kleiner Rotkohl (etwa 1,5 kg)
2 Zwiebeln
120 g Bauchspeck, geräuchert
4 EL Maiskeimöl
1 Flasche (750 ml)
trockener Rotwein
80 g Buchweizen
2 Äpfel
1 Glas (210 g) Wildpreiselbeeren
80 g Rosinen
Salz
frisch gemahlener Pfeffer
Nelken, gemahlen
etwas Zucker
300 g Lasagne-Nudelblätter
300 g Kochschinken, in Scheiben
120 g Gouda, geraspelt
50 g Sonnenblumenkerne

Zubereitungszeit:
70 Minuten

Pro Portion:
E: 36 g, F: 51 g, Kh: 93 g,
kJ: 4664, kcal: 1113

1. Grobe äußere Blätter vom Rotkohl ablösen. Den Kohl vierteln, Strunk herausschneiden, Kohl waschen und in feine Streifen schneiden. Zwiebeln abziehen, in Würfel schneiden, den Bauchspeck ebenfalls würfeln.

2. In einem großen Topf das Öl erhitzen. Zuerst den Speck darin anrösten, danach die Zwiebeln andünsten, mit 500 ml (1/2 l) Rotwein ablöschen. Rotkohl und Buchweizen dazugeben, alles aufkochen und abgedeckt 15 Minuten köcheln lassen.

3. Äpfel schälen, vierteln, entkernen und in Scheiben schneiden, mit Preiselbeeren und Rosinen unter den Rotkohl mischen und alles kräftig mit Salz, Pfeffer, Nelken und Zucker würzen.

4. In eine große Lasagneform (etwa 30 x 20 cm) zuerst eine Schicht Rotkohl füllen und diese mit Nudelblättern belegen. Dann wieder eine Schicht Rotkohl verteilen, darauf die restlichen Nudeln legen. Diese mit Kochschinken belegen. Als letzte Schicht den restlichen Rotkohl darauf verteilen.

5. Die Lasagne mit Gouda und Sonnenblumenkernen bestreuen und mit restlichem Rotwein beträufeln. Die Form auf dem Rost in die unterste Schiene des Backofens schieben.

Ober-/Unterhitze: etwa 200 °C (vorgeheizt)
Heißluft: etwa 180 °C (vorgeheizt)
Gas: Stufe 3–4 (vorgeheizt)
Backzeit: etwa 30 Minuten.

Grünkohl-Kasseler-Pie

Tipp Für die Zubereitung des Pies lassen sich gut übrig gebliebene Reste von gekochtem Grünkohl mit gewürfeltem Fleisch verwenden.

Zutaten:

Für die Füllung:
1 Zwiebel
2 EL Speiseöl
500 g grob gehackter Grünkohl (frisch oder TK-Grünkohl, aufgetaut)
150–200 ml Wasser
1 TL Senf, mittelscharf
200 g Kasseler-Aufschnitt, gewürfelt

Für den Guss:
2 Eier (Größe M)
1 Eiweiß (Größe M)
100 ml Schlagsahne
1 Becher (150 g) Crème fraîche
1 TL Speisestärke
geriebene Muskatnuss

Für den Quark-Öl-Teig:
125 g Weizenmehl
2 gestr. TL Backpulver
65 g Magerquark
2 EL Milch
2 EL Speiseöl
1 Eigelb (Größe M)
1/4 TL Salz

Zum Bestreichen:
1–2 EL Schlagsahne

Zubereitungszeit:
90 Minuten

Pro Portion:
E: 30 g, F: 49 g, Kh: 31 g, kJ: 2990, kcal: 714

1. Für die Füllung die Zwiebel abziehen und würfeln. Öl in einem Topf erhitzen, die Zwiebel zuerst andünsten, dann den vorbereiteten Grünkohl kurz mitdünsten. Gut die Hälfte des Wassers zugeben, mit Salz, Pfeffer und Senf würzen. Zugedeckt etwa 1 Stunde dünsten lassen, zwischendurch nach und nach restliches Wasser nachgießen, damit der Grünkohl nicht anbrennt. Kasseler zugeben und nochmals mit Salz und Pfeffer abschmecken. Die Füllung in eine gefettete Tarteform (Ø 29 cm) füllen.

2. Für den Guss alle Zutaten gut miteinander verrühren und mit Salz, Pfeffer und Muskat würzen. Den Guss über die Grünkohl-Kasseler-Füllung geben.

3. Für den Quark-Öl-Teig Mehl mit Backpulver mischen, sieben und mit den restlichen Zutaten mit Handrührgerät mit Knethaken auf höchster Stufe in etwa 1 Minute zu einem Teig verarbeiten. Den Teig auf einer leicht bemehlten Arbeitsfläche zu einer Platte, etwas größer als die Tarteform, ausrollen. Aus der Teigdecke nach Belieben kleine Motive ausstechen. Die Teigdecke über die Füllung legen und den darüber stehenden Teig mit den Händen andrücken. Die ausgestochenen Motive auf die Oberfläche legen und die gesamte Teigdecke mit etwas Schlagsahne bepinseln. Die Form auf dem Rost in den Backofen schieben.

Ober-/Unterhitze: 180–200 °C (vorgeheizt)
Heißluft: 160–180 °C (vorgeheizt)
Gas: Stufe 3–4 (vorgeheizt)
Backzeit: etwa 25 Minuten.

Gut vorzubereiten

Pfannkuchentorte

1. Aus Eiern, Mehl und Milch einen Teig rühren, mit Salz und Pfeffer würzen und 20–30 Minuten stehen lassen.

2. Für die Füllung in der Zwischenzeit Zwiebel und Knoblauch abziehen und fein würfeln. Butterschmalz zerlassen, Zwiebel und Knoblauch darin dünsten. Hackfleisch hinzufügen und gar braten, die Klümpchen mit einer Gabel zerdrücken.

3. Tomatenmark und Tomaten mit Saft und Rotwein dazugeben, mit Salz, Pfeffer, Oregano, Lorbeer und Cayennepfeffer würzen und etwa 10 Minuten im offenen Topf zu einer sämigen Sauce einkochen.

4. Inzwischen Blätter und schlechte Stellen vom Blumenkohl entfernen und den Strunk abschneiden. Kohl in Röschen teilen, waschen und abtropfen lassen. Die Röschen in Salzwasser in 6–8 Minuten knapp gar kochen, abtropfen lassen und in die Sauce geben. Sauce nochmals abschmecken und das Lorbeerblatt entfernen.

5. Für die Käsesauce Butter zerlassen, Mehl hinzufügen und unter Rühren goldgelb dünsten. Milch nach und nach hinzugießen und gut durchrühren. Sauce etwa 5 Minuten köcheln lassen, den Käse unterrühren, mit Salz, Pfeffer und Muskat würzen.

6. Etwas Butterschmalz in einer großen Pfanne zerlassen, aus dem Teig 6 Pfannkuchen backen.

7. In eine runde, gefettete Auflaufform 1 Pfannkuchen legen, etwas Füllung darauf verteilen und Käsesauce darüber geben. Mit einem Pfannkuchen bedecken. So fortfahren, bis die Zutaten eingeschichtet sind. Zuletzt Käsesauce auf den obersten Pfannkuchen geben und die Form auf dem Rost in den Backofen schieben.

mit Blumenkohl

Ober-/Unterhitze: etwa 200 °C (vorgeheizt)
Heißluft: etwa 180 °C (vorgeheizt)
Gas: Stufe 3–4 (vorgeheizt)
Backzeit: 15–20 Minuten.

Zutaten:

Für die Pfannkuchen:
3 Eier (Größe M)
180 g Weizenmehl
375 ml (3/8 l) Milch
Salz, Pfeffer

Für die Füllung:
1 Zwiebel
1 Knoblauchzehe
1 EL Butterschmalz
400 g gemischtes Hackfleisch
3 EL Tomatenmark
1 kleine Dose geschälte Tomaten (Einwaage 400 g)
5 EL trockener Rotwein
1 TL Oregano
1 Lorbeerblatt
Cayennepfeffer
1 Blumenkohl (etwa 700 g)

Für die Käsesauce:
30 g Butter
20 g Weizenmehl
500 ml (1/2 l) Milch
250 g geriebener Emmentaler
geriebene Muskatnuss

2 EL Butterschmalz

Zubereitungszeit:
75 Minuten

Pro Portion:
E: 59 g, F: 80 g, Kh: 55 g,
kJ: 5213, kcal: 1244

Sauerkrautrolle

Zutaten:

Für die Füllung:
1 EL Butter oder Margarine
500 g Sauerkraut
1 Zwiebel
1 Lorbeerblatt
2 Nelken
3 Wacholderbeeren
3 Pimentkörner
etwas Wasser

Für den Teig:
200 g Weizenmehl (Type 550)
175 g Roggenmehl (Type 1150)
1 Pck. Trockenhefe
1 TL Zucker
250 ml (1/4 l) Wasser
2 gestr. TL Salz
2 TL Kümmelsamen
3 EL Speiseöl
4 Brühwürstchen (je etwa 20 cm lang)

Zubereitungszeit:
2 Stunden, ohne Teiggehzeit

Insgesamt:
E: 57 g, F: 33 g, Kh: 72 g
kJ: 3654, kcal: 873

1. Für die Füllung Butter oder Margarine zerlassen, Sauerkraut locker zupfen und darin andünsten. Die Zwiebel abziehen, mit dem Lorbeerblatt und den Nelken spicken und mit den Wacholderbeeren und Pimentkörnern zum Sauerkraut geben.

2. Sauerkraut 15 Minuten dünsten, dabei evtl. etwas Wasser hinzufügen, damit es nicht anbrennt. Die Zwiebel herausnehmen, das Sauerkraut kalt stellen und restliche Gewürze entfernen.

3. Für den Teig Mehl in eine Schüssel sieben und in die Mitte eine Vertiefung drücken. Trockenhefe hineinstreuen, Zucker und etwas von dem Wasser hinzufügen, mit einer Gabel verrühren und etwa 10 Minuten gehen lassen.

4. Restliche Zutaten für den Teig hinzugeben und mit Handrührgerät mit Knethaken zunächst auf niedrigster, dann auf höchster Stufe in 5 Minuten zu einem Teig verarbeiten. Den Teig zugedeckt so lange an einem warmen Ort stehen lassen, bis er sich sichtbar vergrößert hat.

5. Den Teig mit Weizenmehl bestäuben, aus der Schüssel nehmen, kurz durchkneten und auf der mit Mehl bestäubten Tischplatte zu einem Rechteck (etwa 35 x 25 cm) ausrollen.

6. Die Hälfte des Sauerkrauts der Länge nach in die Mitte auf den Teig geben. Drei Brühwürstchen der Länge nach darauf legen, das vierte Würst-

chen dritteln und hinter die drei Würstchen legen. Restliches Sauerkraut darüber verteilen.

7 Zunächst eine der Teigseiten darüber klappen, mit Wasser bestreichen, dann die andere Teigseite darauf klappen und gut andrücken. Die Teigenden der Rolle ebenfalls mit Wasser bestreichen und gut zusammendrücken.

8 Die Rolle mit der Naht nach unten auf ein mit Backpapier belegtes Backblech legen, mehrmals mit einer Gabel einstechen und nochmals an einem warmen Ort gehen lassen. Die Rolle mit Wasser bestreichen und in den Backofen schieben.

Ober-/Unterhitze: etwa 200 °C (vorgeheizt)
Heißluft: etwa 180 °C (nicht vorgeheizt)
Gas: Stufe 3–4 (nicht vorgeheizt)
Backzeit: 45–50 Minuten.

Gerichte mit Fisch & Fleisch

Gefüllte Rotkohlröllchen mit Rotwein 87

Wachteln auf Wirsinggemüse 88

Romanesco mit Penne und Hähnchenbrust 90

Schweinelendchen im Wirsingmantel 92

Dorsch in der Kartoffelkruste auf Wirsing 94

Chinakohlrouladen mit Lachs-Füllung 96

Wirsingröllchen mit Tomaten 98

Rebhuhnbrustfilet mit Grünkohl 100

Wirsingrollen mit Senfsauce 102

Gefüllte Rotkohlröllchen mit Rotwein

Zutaten:
1 Rotkohl (1–1 1/2 kg)

Für die Füllung:
3 Brötchen vom Vortag
50 g durchwachsener Speck
1 Zwiebel
50 g Butter
100 g getrocknete Apfelringe
125 ml (1/8 l) Schlagsahne
125 ml (1/8 l) Rotwein
Salz
Pfeffer
gemahlene Nelken
Piment
Macis (Muskatblüte)
30 g Butterflöckchen

Zubereitungszeit:
1 Stunde, ohne Quellzeit

Pro Portion:
E: 10 g, F: 36 g, Kh: 47 g, kJ: 2480, kcal: 591

1. Acht schöne Außenblätter vom Rotkohlstrunk trennen, den übrigen Kohl für Rotkohlgemüse oder Salat verwenden. Blätter waschen und in kochendem Salzwasser 3–5 Minuten blanchieren, so dass sie biegsam und elastisch werden. Die Blätter herausnehmen und die mittlere Blattrippe etwas flach schneiden.

2. Für die Füllung Brötchen und Speck fein würfeln, Zwiebel abziehen und ebenfalls fein würfeln. Butter in einer Pfanne zerlassen, Speck darin auslassen, Brotwürfel und Zwiebel hinzufügen und alles knusprig braun rösten.

3. Apfelringe klein schneiden, dazugeben und alles mit Sahne und Rotwein begießen. Pfanne von der Kochstelle nehmen und 15 Minuten quellen lassen. Mit den Gewürzen kräftig abschmecken.

4. Die Füllung auf 4 Blätter verteilen, die Blätter zusammenrollen und jeweils ein zweites Blatt außen herumrollen. Die Rollen dicht an dicht in eine gefettete Auflaufform setzen, mit Butterflöckchen belegen und in den Backofen schieben.

Ober-/Unterhitze: etwa 200 °C (vorgeheizt)
Heißluft: etwa 180 °C (vorgeheizt)
Gas: Stufe 3–4 (vorgeheizt)
Backzeit: etwa 30 Minuten.

Für Gäste

Wachteln auf Wirsinggemüse

1. Für das Wirsinggemüse den Wirsing von den schlechten Blättern befreien, abspülen, halbieren und den Strunk herausschneiden. Wirsing in Streifen schneiden, in kochendem Salzwasser blanchieren und zum Abtropfen auf ein Sieb geben.

2. Die Zwiebel abziehen und würfeln. Speiseöl erhitzen und die Zwiebelwürfel darin andünsten. Wirsingstreifen und Crème fraîche hinzufügen, mit Kümmel, Salz und Pfeffer würzen und in eine flache Auflaufform füllen.

3. Die küchenfertigen Wachteln unter fließendem kalten Wasser abspülen, trockentupfen, die Flügel mit Küchengarn unter dem Rumpf zusammenbinden, die Keulen ebenfalls befestigen. Speiseöl erhitzen, die Wachteln von allen Seiten darin anbraten.

4. Die Wachteln mit Salz und Pfeffer bestreuen, auf den Wirsing legen und mit Speck belegen. Die Form auf dem Rost in den Backofen schieben.

Ober-/Unterhitze: 180–200 °C (vorgeheizt)
Heißluft: 160–180 °C (vorgeheizt)
Gas: Stufe 3–4 (vorgeheizt)
Garzeit: 20–30 Minuten.

Tipp

Als Beilage Salzkartoffeln servieren.

Zutaten:

Für das Wirsinggemüse:
750 g Wirsing
1 mittelgroße Zwiebel
1 EL Speiseöl
1 Becher (150 g) Crème fraîche
Kümmelsamen
Salz
frisch gemahlener Pfeffer

Für die Wachteln:
4 küchenfertige Wachteln
3 EL Speiseöl
Salz, Pfeffer
80 g magerer Speck
in Scheiben

Zubereitungszeit:
45 Minuten

Pro Portion:
E: 30 g, F: 46 g, Kh: 8 g,
kJ: 2496, kcal: 596

Romanesco mit Penne und

Hähnchenbrust

1. Romanesco putzen, in Röschen teilen und waschen. In kochendem Salzwasser 5 Minuten garen, abgießen und abtropfen lassen.

2. Penne nach Packungsanweisung kochen. Inzwischen Zwiebeln und Knoblauch abziehen und fein würfeln. Die Hähnchenbrust unter fließendem kalten Wasser abspülen, trockentupfen, in Streifen schneiden und in 3 Esslöffeln Öl scharf anbraten.

3. Die Mandeln ebenfalls in die Pfanne geben und anrösten. Zwiebeln und Knoblauch dazugeben und kurz andünsten. Tomaten in feine Streifen schneiden, mit dem Romanesco in der Pfanne erwärmen. Mit Salz und Pfeffer würzen.

4. Die Penne in einem Durchschlag abgießen und zurück in den Topf geben. Den Inhalt der Pfanne mit den Nudeln und restlichem Olivenöl vermischen und sofort servieren. Pecorino dazu reichen.

Zutaten:

600 g Romanesco
350 g Penne
(italienische Röhrennudeln)
2 Zwiebeln
1 Knoblauchzehe
350 g Hähnchenbrust
6 EL Olivenöl
60 g abgezogene, ganze Mandeln
120 g getrocknete, eingelegte Tomaten
Salz
frisch gemahlener Pfeffer
80 g Pecorino
(italienischer Hartkäse)

Zubereitungszeit:

20 Minuten

Pro Portion:

E: 43 g, F: 36 g, Kh: 62 g,
kJ: 3287, kcal: 785

Schweinelendchen im Wirsingmantel

Zutaten:

600 g Schweinefilet (Lende)
4 EL Speiseöl
Salz, Pfeffer
150 g Kalbfleisch
150 g Crème fraîche
6 große Wirsingblätter
2 Schalotten
150 g Champignons
100 g Butter
geriebene Muskatnuss
4 cl Weinbrand

Für die Sauce:

250 ml (1/4 l) brauner Kalbsfond
125 ml (1/8 l) Schlagsahne
6 cl Weißwein
1–2 Stängel Salbei

Zubereitungszeit:

70 Minuten

Pro Portion:

E: 47 g, F: 60 g, Kh: 9 g, kJ: 3399, kcal: 811

Tipp Sie können, statt das Kalbfleisch durch den Fleischwolf zu drehen, auch fertiges Kalbsbrät verwenden.

1. Filet von Haut und Sehnen befreien, abspülen und trockentupfen. Das Öl erhitzen, das Fleisch darin kurz von allen Seiten anbraten, salzen und pfeffern. Fleisch herausnehmen und kalt stellen.

2. Das Kalbfleisch abspülen, trockentupfen, durch die feinste Scheibe des Fleischwolfs drehen, mit Crème fraîche vermengen und kalt stellen.

3. Die Wirsingblätter waschen, in kochendem Salzwasser blanchieren, trockentupfen und die Mittelrippe entfernen. Schalotten abziehen und fein würfeln. Champignons putzen, waschen und würfeln. Von der Butter einen Esslöffel zerlassen, Schalotten und Pilze darin dünsten, abkühlen lassen. Die Mischung mit der Kalbfleischfarce vermengen, mit Salz, Pfeffer, Muskat und Weinbrand abschmecken.

4. Die Wirsingblätter nebeneinander legen, mit der Farce bestreichen. Das Schweinefilet darauf legen und in die Blätter wickeln. Filet in eine gefettete Auflaufform legen, die restliche Butter in Flöckchen darauf geben und in den Backofen schieben.

   Ober-/Unterhitze: etwa 180 °C (vorgeheizt)
   Heißluft: etwa 160 °C (vorgeheizt)
   Gas: etwa Stufe 3 (vorgeheizt)
   Schmorzeit: etwa 30 Minuten.

5. Aus Kalbsfond, Sahne und Weißwein eine sämige Sauce einkochen, mit gehacktem Salbei, Salz und Pfeffer abschmecken und zum Filet reichen.

Beilage: Petersilienkartoffeln und gemischter Salat.

Für Gäste

Dorsch in der Kartoffelkruste auf Wirsing

1. Kartoffeln schälen, reiben, den Saft ausdrücken, das Ei zu den geriebenen Kartoffeln geben und mit Salz, Pfeffer und Muskat abschmecken.

2. Dorschfilets mit Salz und Pfeffer würzen und im Mehl wenden. Mehl etwas abklopfen, dann die Kartoffelmasse rings um das Filet hauchdünn andrücken.

3. Filets in einer heißen Pfanne in Fett schwimmend von beiden Seiten backen. Die Oberseite immer wieder mit einem Löffel Fett übergießen, bis die Kartoffelkruste goldgelb und kross gebacken ist. Dann herausnehmen, auf Küchenpapier das Fett abtropfen lassen und auf einer Platte warm stellen.

4. Für die Senfmousseline Eigelb, Obstessig, Edelzwicker und Fischfond im warmen Wasserbad aufschlagen. Anschließend die kalte Butter unterschlagen und die Sahne unterheben. Mit Senf, Salz, Pfeffer und Zitronensaft abschmecken.

5. Für das Wirsinggemüse die äußeren, schlechten Blätter des Wirsings entfernen. Wirsing waschen, die dicken Rippen herausschneiden, die Blätter in Streifen schneiden und in kochendem Wasser blanchieren. Kalt abschrecken und abtropfen lassen.

6. Zwiebel abziehen, Speck und Zwiebel in Würfel schneiden, mit Schmalz in einem Topf andünsten, den blanchierten Wirsing darauf geben und etwa 20 Minuten dünsten.

7. Wirsinggemüse mit Salz, Pfeffer und Muskat abschmecken. Majoran und Fleischbrühe dazugeben und den Fond mit der kalten Butter binden. Den Dorsch auf dem Wirsinggemüse anrichten und die Sauce dazu reichen.

Zutaten:
4 mittelgroße Kartoffeln
1 Ei (Größe M)
Salz, Pfeffer
geriebene Muskatnuss
4 Dorschfilets (je 100–120 g)
Weizenmehl
Fett zum Braten

Für die Senfmousseline:
3 Eigelb (Größe M)
1 TL Obstessig
4 EL Edelzwicker
(trockener Weißwein)
4 EL Fischfond oder -brühe
80 g kalte Butter
125 g geschlagene Sahne
1 EL Pommery-Senf
1 TL scharfer Senf
Saft von 1/2 Zitrone

Für das Wirsinggemüse:
1 Wirsing (etwa 800 g)
1 Zwiebel
100 g Speck
30 g Schmalz
1 EL frische Majoranblättchen
125 ml (1/8 l) Fleischbrühe
40 g kalte Butter

Zubereitungszeit:
1 1/2 Stunden

Pro Portion:
E: 35 g, F: 66 g, Kh: 21 g,
kJ: 3594, kcal: 858

Raffiniert

Chinakohlrouladen mit Lachs-Füllung

Zutaten:

1 großer Chinakohl (etwa 1 kg)
2 Zwiebeln
3 EL Maiskeimöl
120 g rote Linsen
280 ml Gemüsebrühe
1 Pck. Sauce Hollandaise (Trockenprodukt oder Tetra-Pack)
1 Becher (150 g) Crème fraîche
Salz
frisch gemahlener Pfeffer
250 g Lachsfilet
2 EL Semmelbrösel
1/2 TL Currypulver

Zubereitungszeit:

50 Minuten

Pro Portion:

E: 22 g, F: 28 g, Kh: 17 g,
kJ: 2096, kcal: 502

Tipp Mit Kartoffelbrei oder Salzkartoffeln servieren.

1. Chinakohl putzen, äußere Blätter entfernen, vom Wurzelende etwa 3 cm abschneiden. 12 große Blätter etwa 1 Minute in kochendem Wasser blanchieren, kalt abschrecken und gut abtropfen lassen.

2. Zwiebeln abziehen, in feine Würfel schneiden und in heißem Öl andünsten. Linsen und Gemüsebrühe hinzugeben, aufkochen lassen und zugedeckt 10 Minuten bei schwacher Hitze quellen lassen, abkühlen lassen.

3. Sauce Hollandaise nach Packungsanleitung zubereiten, mit Crème fraîche verfeinern und mit Salz und Pfeffer würzen. Den restlichen Chinakohl vierteln, Strunk herausschneiden und in feine Streifen schneiden. Kohlstreifen in eine Auflaufform (Ø 28 cm) legen und die Sauce darüber verteilen.

4. Jeweils 3 Kohlblätter mit dem Stielende nach oben zusammenlegen. Lachs kurz unter fließendem kalten Wasser abspülen, trockentupfen, in 4 Stücke teilen und auf das vordere Stück der Kohlblätter legen.

5. Semmelbrösel unter die abgekühlten Linsen rühren und mit Curry würzen. Jeweils 1–2 Esslöffel der Linsen auf die Kohlblätter vor den Lachs legen, alles mit Salz und Pfeffer bestreuen und vorsichtig zum Stielende hin locker aufrollen.

6. Die Röllchen auf den Kohl in der Form legen und die Form auf dem Rost in das untere Drittel des Backofens schieben.

Ober-/Unterhitze: etwa 180 °C (vorgeheizt)
Heißluft: etwa 160 °C (vorgeheizt)
Gas: etwa Stufe 3 (vorgeheizt)
Garzeit: etwa 30 Minuten.

Wirsingröllchen mit Tomaten

Zutaten:
16 mittelgroße Wirsingblätter
(etwa 500 g)

Für die Füllung:
1/2 Brötchen vom Vortag
500 g Thüringer Mett (gewürztes Schweinehackfleisch)
abgeriebene Schale von
1/2–1 Zitrone (unbehandelt)
2 Eier (Größe M)
1 EL Kapern
Salz
Paprika edelsüß
frisch gemahlener Pfeffer

3 EL Olivenöl
3–4 EL dunkler Saucenbinder
etwas Instant-Fleischbrühe

Für die Tomatenmasse:
1 Zwiebel
1 Knoblauchzehe
1–2 EL Olivenöl
500 g Fleischtomaten (abgezogen)
Cayennepfeffer
Zucker
einige Basilikumblättchen

Zubereitungszeit:
70–80 Minuten

Pro Portion:
E: 31 g, F: 54 g, Kh: 22 g
kJ: 2967, kcal: 710

1. Die Wirsingblätter abspülen, 3 Minuten in Salzwasser blanchieren, herausnehmen, kalt abspülen und abtropfen lassen. Vom Kochwasser gut 500 ml (1/2 l) abmessen.

2. Das halbe Brötchen in kaltem Wasser einweichen und gut ausdrücken. Das Brötchen mit Mett, Zitronenschale, Eiern und gehackten Kapern vermengen. Masse mit Salz, Paprika und Pfeffer würzen.

3. Die Blattrippen der Wirsingblätter flach schneiden und je zwei übereinander legen. Die Füllung darauf verteilen, Blätter aufrollen und mit Küchengarn umwickeln.

4. Das Öl erhitzen, die Röllchen von allen Seiten gut anbraten. Die Hälfte des Kochwassers dazugießen und zugedeckt 35–45 Minuten schmoren lassen. Röllchen ab und zu wenden, verdampfte Flüssigkeit durch das Kochwasser ersetzen.

5. Die garen Röllchen abtropfen lassen, auf einer Platte anrichten und warm stellen. Die Schmorflüssigkeit mit Saucenbinder andicken und mit etwas Fleischbrühe, Salz, Pfeffer und Paprika abschmecken.

6 Für die Tomatenmasse Zwiebel und Knoblauchzehe abziehen, würfeln und in Öl andünsten. Tomaten vierteln, Stängelansätze herausschneiden und würfeln. Die Tomatenwürfel zur Zwiebel-Knoblauch-Masse geben, einige Minuten dünsten lassen und mit Gewürzen und Zucker abschmecken. Basilikumblättchen abspülen, fein schneiden und dazugeben.

7 Die Tomatenmasse über die Wirsingröllchen geben und die Sauce dazu reichen.

Rebhuhnbrustfilet

1 Grünkohl antauen lassen. Schweineschmalz erhitzen. Zwiebel abziehen, fein würfeln und im Schweineschmalz andünsten. Nacheinander Grünkohl, Schinkenschwarte und Wasser dazugeben, mit Salz, Pfeffer und Senf würzen und bei mittlerer Hitze 50–60 Minuten garen.

2 Für die Röstkartoffeln Kartoffeln waschen, in Wasser zum Kochen bringen, in etwa 20 Minuten gar kochen. Kartoffeln abgießen, pellen, erkalten lassen und in große Würfel schneiden. Zwiebel abziehen und würfeln. Margarine in einer Bratpfanne zerlassen und Zwiebelwürfel darin andünsten. Kartoffelwürfel hinzufügen, mit Salz bestreuen und in etwa 10 Minuten goldbraun braten.

3 Rebhuhnbrustfilets unter fließendem kalten Wasser abspülen, trockentupfen und mit Salz und Pfeffer würzen. Butterschmalz erhitzen und die Rebhuhnbrustfilets bei schwacher Hitze 6–8 Minuten braten.

4 Für die Weinsauce Schalotten abziehen, fein würfeln und in zerlassener Butter kurz andünsten.

5 Wein mit Sahne verrühren, mit Salz und Pfeffer würzen und mit dem Bratensatz der Rebhuhnbrustfilets zu einer sämigen Sauce einkochen, Schalottenwürfel hinzufügen.

6 Grünkohl mit den Röstkartoffeln anrichten. Rebhuhnbrust mit der Weinsauce dazu reichen.

mit Grünkohl

Zutaten:

Für den Grünkohl:
1 kg TK-Grünkohl
30 g Schweineschmalz
1 große Zwiebel
1 Schinkenschwarte
250 ml (1/4 l) Wasser
Salz, Pfeffer
1/2–1 EL mittelscharfer Senf

Für die Röstkartoffeln:
750 g Kartoffeln
1 große Zwiebel
50 g Margarine

4 doppelte Rebhuhnbrustfilets (je 120 g)
30 g Butterschmalz

Für die Weinsauce:
2 Schalotten
20 g Butter
125 ml (1/8 l) trockener Weißwein
125 ml (1/8 l) Schlagsahne

Zubereitungszeit:
etwa 75 Minuten, ohne Abkühlzeit

Pro Portion:
E: 71 g, F: 59 g, Kh: 39 g, kJ: 4354, kcal: 1038

Raffiniert

Wirsingrollen mit Senfsauce

1. Für die Füllung Brötchen in kaltem Wasser einweichen und gut ausdrücken. Zwiebel abziehen und würfeln. Kasseler unter fließendem kalten Wasser abspülen, trockentupfen, in Streifen schneiden und durch den Fleischwolf drehen. Brötchen und Zwiebelwürfel mit Ei und Kräutern zu dem Fleisch geben, gut vermengen und mit Pfeffer würzen.

2. Vom Wirsing die äußeren Blätter entfernen, die übrigen Blätter vom Strunk lösen und in kochendes Salzwasser geben. Die hellen Blätter etwa 3 Minuten, die dunklen Blätter etwa 5 Minuten kochen lassen, auf ein Sieb geben, mit kaltem Wasser übergießen und abtropfen lassen. Die Blattrippen flach schneiden.

3. 8 mal 2 Blätter übereinander legen, die Füllung darauf verteilen, die Wirsingblätter aufrollen und mit Küchengarn umwickeln.

4. Butterschmalz erhitzen, die Wirsingrollen von allen Seiten gut darin anbraten. 3–4 der übrig gebliebenen Wirsingblätter klein schneiden, hinzufügen und kurz anbraten. Brühe mit Senf verrühren, über die Wirsingrollen geben und im geschlossenen Topf 20–30 Minuten schmoren lassen, dabei einige Male wenden.

5. Die garen Wirsingrollen aus dem Topf nehmen, vom Küchengarn befreien und warm stellen.

6. Für die Sauce den klein geschnittenen Kohl in der Schmorflüssigkeit mit einem Schneidstab pürieren. Crème fraîche unterrühren, zum Kochen bringen und mit Salz und Pfeffer abschmecken. Die Sauce zu den Wirsingrollen reichen.

Zutaten:

Für die Füllung:

1/2 Brötchen vom Vortag
1 Zwiebel
700 g Kasseler Nacken (ohne Knochen)
1 Ei (Größe M)
1 EL gemischte, gehackte Kräuter
frisch gemahlener Pfeffer

1 Wirsing (etwa 1 kg)
30 g Butterschmalz
125 ml (1/8 l) Fleischbrühe
2 TL Dijon-Senf

Für die Sauce:

1 Becher (150 g) Crème fraîche
Salz, Pfeffer

Zubereitungszeit:
80 Minuten

Pro Portion:
E: 33 g, F: 40 g, Kh: 16 g, kJ: 2419, kcal: 577

Tipp Dazu schmecken Petersilienkartoffeln.

Vegetarische Gerichte

Gefüllte Kohlrabi 105

Blumenkohl-Curry 106

Kohlrabi-Kartoffel-Gratin 108

Grünkohlkuchen mit Käsesauce 110

Schupfnudeln auf Sauerkraut 112

Wirsingrouladen mit Schafkäse 114

Blumenkohl und Broccoli im Bierteig 116

Rotkohlrouladen mit Grünkernfüllung 117

Kohlrabi-Möhren-Flan 118

Sauerkrautschiffchen 120

Chinakohl-Gratin 122

Raffiniert

Gefüllte Kohlrabi

Zutaten:
8 Kohlrabi (je 200 g)
325 ml Gemüsebrühe
100 g Grünkernschrot
6 EL Schlagsahne
200 g geriebener Emmentaler Käse
2 EL Schnittlauchröllchen
30 g Butter oder Margarine

Zubereitungszeit:
65 Minuten

Pro Portion:
E: 23 g, F: 30 g, Kh:30 g, kJ: 2086, kcal: 498

1. Von den 8 Kohlrabi die Blätter entfernen, die schönsten beiseite legen. Kohlrabi waschen, schälen und das Innere mit einem Kugelausstecher aushöhlen.

2. 125 ml (1/8 l) der Gemüsebrühe in einem großen, flachen Topf zum Kochen bringen. Die Kohlrabihüllen darin 5 Minuten vorgaren.

3. Inzwischen die restliche Gemüsebrühe zum Kochen bringen und Grünkernschrot hineinstreuen. Bei geringer Hitze 15 Minuten quellen lassen.

4. Drei Esslöffel der Sahne mit Emmentaler und Schnittlauchröllchen vermischen und unter die Grünkernmasse geben.

5. Die Kohlrabiblätter waschen, harte Stiele abschneiden und die Blätter klein schneiden.

6. Das ausgestochene Kohlrabifleisch in der Butter oder Margarine andünsten, mit der Kohlrabiflüssigkeit angießen, die Kohlrabi darauf setzen, Deckel auflegen und 15–20 Minuten dünsten lassen.

7. Die Kohlrabi auf eine Platte setzen. Die Sauce mit einem Pürierstab fein pürieren, mit der restlichen Sahne abschmecken und zu den Kohlrabi reichen.

Blumenkohl-Curry

Zutaten:

1 Blumenkohl (etwa 900 g)
2 Zwiebeln
4 Knoblauchzehen
40 g Ingwerwurzel
400 g Kartoffeln
1 Apfel
4 EL Maiskeimöl
2 EL Currypulver
2 EL Weizenmehl
300 ml Gemüsebrühe
2 EL Zitronensaft
2 TL Paprikapulver edelsüß
2 TL Garam Masala
(indische Gewürzmischung)
Salz
250 g Naturjoghurt
2 rote Paprikaschoten
80 g grüne Kürbiskerne,
ohne Schale

Zubereitungszeit:

40 Minuten

Pro Portion:

E: 15 g, F: 25 g, Kh: 35 g,
kJ: 1882, kcal: 449

1. Blätter und schlechte Stellen vom Blumenkohl entfernen und den Strunk abschneiden. Blumenkohl in Röschen teilen (etwa 4 x 4 cm), waschen und abtropfen lassen. Zwiebeln und Knoblauch abziehen und würfeln. Ingwer schälen und ebenfalls fein würfeln. Kartoffeln waschen, schälen, abspülen und in 2 x 2 cm große Würfel schneiden. Apfel schälen, vierteln, entkernen und würfeln.

2. In einem großen Topf das Öl erhitzen, nach und nach Knoblauch und Zwiebeln mit Ingwer und Curry andünsten.

3. Mehl anschwitzen, mit Gemüsebrühe auffüllen, mit einem Schneebesen verrühren und aufkochen lassen. Kartoffeln, Apfel und Blumenkohl zugeben, erneut aufkochen, mit Zitronensaft, Paprika, Garam Masala und Salz würzen und Joghurt hinzugeben.

4. Zugedeckt etwa 25 Minuten bei schwacher Hitze garen, dabei ab und zu umrühren. Paprika halbieren, entstielen, entkernen, die weißen Scheidewände entfernen, Schoten waschen und würfeln. Nach 20 Minuten Garzeit Paprikawürfel und Kürbiskerne hinzufügen und noch 5 Minuten mitgaren.

Tipp Servieren Sie dazu Reis.

Kohlrabi-Kartoffel-

Gratin

Zutaten:

500–600 g Kohlrabi
500–600 g Kartoffeln
4 Zwiebeln
Salz
frisch gemahlener Pfeffer
150–200 g geriebener Emmentaler Käse
250 ml (1/4 l) Milch
125 ml (1/8 l) Schlagsahne
2 Eier (Größe M)
Paprika edelsüß
2–3 EL Semmelbrösel
1–2 EL zerlassene Butter

Zubereitungszeit:

85 Minuten

Insgesamt:

E: 27 g, F: 39 g, Kh: 42 g, kJ: 2729, kcal: 651

1. Kohlrabiblätter entfernen, Kohlrabi schälen und waschen. Kartoffeln waschen, schälen und abspülen. Zwiebeln abziehen.

2. Kohlrabi, Kartoffeln und Zwiebeln in dünne Scheiben schneiden.

3. Zutaten abwechselnd in eine gefettete, flache Auflaufform schichten (die untere und obere Schicht sollte aus Kartoffelscheiben bestehen). Dabei Kohlrabi- und Kartoffelscheiben mit Salz und Pfeffer würzen und jeweils mit etwas Käse bestreuen.

4. Milch mit Sahne und Eiern verschlagen, mit Salz und Paprika würzen und über den Auflauf gießen.

5. Den restlichen Käse mit Semmelbröseln vermengen, über den Auflauf streuen und Butter darüber träufeln. Die Form auf dem Rost in den Backofen schieben.

   Ober-/Unterhitze: etwa 200 °C (vorgeheizt)
   Heißluft: etwa 180 °C (nicht vorgeheizt)
   Gas: Stufe 3–4 (nicht vorgeheizt)
   Garzeit: 50–60 Minuten.

6. Wenn der Auflauf zu dunkel wird, ihn nach etwa 2/3 der Garzeit mit Alufolie abdecken.

Dauert länger

Grünkohlkuchen mit Käsesauce

Zutaten:
2 Zwiebeln
4 Knoblauchzehen
3 EL Olivenöl
120 g Grünkernschrot
300 ml Gemüsebrühe
40 g Sojabohnen, geröstet
50 g Dinkelflocken
40 g geriebener Parmesan
3 Eier (Größe M)
600 g TK-Grünkohl, aufgetaut
1/2 TL gemahlene Nelken
1 TL gemahlener Piment
Salz
frisch gemahlener, schwarzer Pfeffer

1 Bratschlauch (etwa 40 cm)

Für die Sauce:
1 Zwiebel
60 g Butter
1 EL Weizenmehl
300 ml Milch
frisch gemahlene Muskatnuss
80 g geraspelter Bergkäse
70 ml Noilly Prat (trockener Wermut)

Zubereitungszeit:
90 Minuten, ohne Abkühlzeit

Insgesamt:
E: 109 g, F: 161 g, Kh: 164 g,
kJ: 11451, kcal: 2731

1. Zwiebeln und Knoblauch abziehen, in feine Würfel schneiden und in Öl anbraten. Grünkernschrot kurz mit anbraten, mit Gemüsebrühe auffüllen, kurz aufkochen und abkühlen lassen.

2. Unter die abgekühlte Grünkernschrot-Mischung Sojabohnen, Dinkelflocken, Parmesan, Eier und Grünkohl mischen. Mit Nelken, Piment, Salz und Pfeffer würzen. Eine Kastenform (25 x 11 cm) mit dem aufgetrennten Bratschlauch auslegen, Grünkohlmasse einfüllen, fest andrücken und glatt streichen. Die Form auf dem Rost im unteren Drittel in den Backofen schieben.

   Ober-/Unterhitze: etwa 180 °C (vorgeheizt)
   Heißluft: etwa 160 °C (nicht vorgeheizt)
   Gas: etwa Stufe 3 (nicht vorgeheizt)
   Backzeit: 60 Minuten.

3. Die Form aus dem Backofen nehmen und 10 Minuten stehen lassen.

4. Für die Sauce in der Zwischenzeit Zwiebel abziehen, würfeln und in der Butter anbraten. Mehl hinzugeben und ebenfalls kräftig anrösten. Milch unter Rühren hinzugießen und aufkochen lassen, dabei ständig mit einem Schneebesen rühren. Sauce bei schwacher Hitze 5 Minuten köcheln lassen, mit Salz, Pfeffer und Muskatnuss würzen. Zuletzt den Bergkäse und Noilly Prat unterrühren.

5. Den Grünkohlkuchen aus der Form nehmen und den Bratschlauch entfernen. Den Kuchen in Scheiben schneiden und mit der Käsesauce servieren.

Klassisch

Schupfnudeln auf Sauerkraut

(2 – 3 Portionen)

Zutaten:
300 g Kartoffeln
1 Zwiebel
60 g Butter
400 g Sauerkraut
125 ml (1/8 l) Gemüsebrühe
Salz, Pfeffer
1 Ei (Größe M)
100 g Weizenmehl
geriebene Muskatnuss
50 g Butter

Zubereitungszeit:
50 Minuten

Insgesamt:
E: 8 g, F: 25 g, Kh: 32 g,
kJ: 1708, kcal: 407

1. Kartoffeln dünn schälen, waschen, klein schneiden, in Salzwasser zum Kochen bringen und in 20–25 Minuten gar kochen lassen. Kartoffeln abgießen, abdämpfen, sofort durch die Kartoffelpresse geben und erkalten lassen.

2. Zwiebel abziehen und fein würfeln. Butter zerlassen und die Zwiebelwürfel darin andünsten. Sauerkraut locker zupfen, zu den Zwiebeln geben

und anbraten. Brühe angießen, Sauerkraut 20–30 Minuten garen und mit Salz und Pfeffer abschmecken.

3 In der Zwischenzeit die Kartoffelmasse mit Ei und Mehl verkneten und mit Salz, Pfeffer und Muskat abschmecken. Aus der Masse mit bemehlten Händen fingerdicke Röllchen (5 cm lang) formen, an den Enden etwas dünner rollen.

4 Die Schupfnudeln in kochendes Salzwasser geben, zum Kochen bringen und in 3–4 Minuten gar ziehen lassen (das Wasser muss sich leicht bewegen). Die Schupfnudeln auf ein Sieb geben und gut abtropfen lassen.

5 Butter zerlassen, die Schupfnudeln kurz anbraten und auf das Sauerkraut geben.

Gut vorzubereiten

Wirsingrouladen mit Schafkäse

1. Weizenkörner über Nacht in dem kaltem Wasser einweichen.

2. Zwiebeln und Knoblauch abziehen, in feine Würfel schneiden und in heißem Öl andünsten. Die eingeweichten Weizenkörner mit Flüssigkeit hinzufügen, aufkochen lassen, 15 Minuten bei schwacher Hitze zugedeckt garen und abkühlen lassen. Mit Ei, in dünne Streifen geschnittenen Tomaten, entkernten, halbierten Oliven, Semmelbrösel und Schafkäse vermischen und mit Salz, Pfeffer und Thymian würzen.

3. Vom Wirsing die groben äußeren Blätter lösen, den Strunk herausschneiden, den Wirsing abspülen und abtropfen lassen. 8 große Blätter in kochendem Wasser 2 Minuten blanchieren, kalt abschrecken, abtropfen lassen und evtl. zu dicke Stielrippen etwas flach schneiden.

4. Die Wirsingblätter mit der Körnermasse belegen und zum Stielende hin aufrollen, dabei die Seiten etwas einklappen. Rouladen mit der Öffnung nach unten in eine feuerfeste Form legen.

5. Für die Sauce Zwiebelsuppe nach Packungsanleitung kochen, dabei aber nur 600 ml Wasser verwenden. Die Wirsingrouladen damit begießen und die Form auf dem Rost in die unterste Schiene des Backofens schieben.

Ober-/Unterhitze: etwa 200 °C (vorgeheizt)
Heißluft: etwa 180 °C (vorgeheizt)
Gas: Stufe 3–4 (vorgeheizt)
Backzeit: etwa 30 Minuten.

Beilage: Salzkartoffeln

Zutaten:

Für die Füllung:
130 g Weizenkörner
200 ml Wasser
2 Zwiebeln
2 Knoblauchzehen
3 EL Olivenöl
1 Ei (Größe M)
60 g getrocknete Tomaten
50 g schwarze Oliven, trocken eingelegt
3 EL Semmelbrösel
200 g Schafkäse
Salz
frisch gemahlener Pfeffer
Thymian

1 großer Kopf Wirsing (etwa 1 kg)

Für die Sauce:
1 Pck. Zwiebelsuppe (für 3/4 l Suppe)

Zubereitungszeit:
65 Minuten, ohne Einweichzeit

Insgesamt:
E: 22 g, F: 25 g, Kh: 40 g, kJ: 2090, kcal: 499

Blumenkohl und Broccoli im Bierteig

Zutaten:

600 g Blumenkohl
600 g Broccoli

Für den Bierteig:

250 g Weizenmehl
2 Eigelb (Größe M)
30 g flüssige Butter
200 ml Bier
Salz
2 Eiweiß (Größe M)
1,5 l Pflanzenöl
oder 1,5 kg Pflanzenfett

Zubereitungszeit:

70 Minuten, ohne Stehzeit

Insgesamt:

E: 12 g, F: 57 g, Kh: 51 g,
kJ: 3414, kcal: 815

1. Blumenkohl und Broccoli putzen, waschen, in walnussgroße Röschen teilen und in reichlich Salzwasser etwa 5 Minuten vorgaren.

2. Für den Bierteig Mehl in eine Schüssel sieben. Eigelb, Butter und Bier dazugeben, alles zu einem dickflüssigen Teig verrühren, mit Salz würzen und etwa 30 Minuten stehen lassen. Dann Eiweiß steif schlagen und zum Schluss unter den Backteig heben.

3. Das Fett zum Ausbacken erhitzen. Es sollte so heiß sein, dass sich an einem Holzlöffel kleine Bläschen bilden.

4. Blumenkohl- und Broccoliröschen gut abtropfen lassen, mit Hilfe zweier Gabeln durch den Backteig ziehen, etwas abtropfen lassen und in etwa 5 Minuten im Fett goldgelb backen. Röschen auf Küchenpapier abtropfen lassen.

Raffiniert

Rotkohlrouladen mit Grünkernfüllung

(4 – 6 Portionen)

Zutaten:

1 Rotkohl (etwa 1,2 kg)
50 ml Essig

Für die Füllung:

2 Zwiebeln
3 EL Maiskeimöl
120 g Grünkernschrot
500 ml Gemüsebrühe
80 g gehackte Haselnusskerne
70 g Sultaninen
Salz
frisch gemahlener Pfeffer
gemahlene Nelken
gemahlener Zimt

Für die Sauce:

250 ml (1/4 l) Apfelsaft
3 EL Honig
5 EL Tomatenketchup

Zubereitungszeit:

etwa 70 Minuten

Pro Portion:

E: 9 g, F: 19 g, Kh: 52 g, kJ: 1821, kcal: 434

1. Grobe äußere Blätter vom Rotkohl ablösen, Strunk herausschneiden und den Kohl waschen. Rotkohl in etwa 5 l kochendes, leicht gesalzenes und mit 50 ml Essig gewürztes Wasser geben und unter häufiger Bewegung 3 Minuten köcheln lassen. Kohl herausnehmen, 2–3 Blätter ablösen und ihn wieder ins kochende Wasser geben. So weiter verfahren, bis man 8 große Blätter abgelöst hat. Blätter abtropfen lassen.

2. Für die Füllung Zwiebeln abziehen, in feine Würfel schneiden und in Öl andünsten. Grünkernschrot hinzufügen, ebenfalls kurz anrösten. Gemüsebrühe hinzugießen, aufkochen lassen und den Grünkernschrot 10 Minuten bei schwacher Hitze quellen lassen. Haselnusskerne und Sultaninen dazugeben und mit Salz, Pfeffer, Nelken und Zimt kräftig würzen.

3. Die 8 Kohlblätter mit dem Stielende nach oben auf die Arbeitsfläche legen. Die Füllung darauf verteilen, locker aufrollen, dabei die Kohlblattseiten etwas nach innen klappen. Die Rouladen in eine passende Form legen.

4. Für die Sauce Apfelsaft, Honig und Ketchup verrühren und über die Rouladen gießen.

5. Die Form auf dem Rost in das untere Drittel des Backofens schieben. Eventuell in den letzten 10 Minuten der Garzeit die Rouladen abdecken.

Ober-/Unterhitze: etwa 200 °C (vorgeheizt)
Heißluft: etwa 180 °C (nicht vorgeheizt)
Gas: Stufe 3–4 (nicht vorgeheizt)
Backzeit: etwa 40 Minuten.

Tipp Vom restlichen Rotkohl können Sie einen Salat zubereiten.

Kohlrabi-Möhren-Flan

Zutaten:

500 g Kohlrabi
500 g Möhren
3 EL Sojsauce
frisch gemahlener Pfeffer
Salz
3 EL Wasser
1 Stange Porree (Lauch)
2 Knoblauchzehen
500 g Magerquark
150 g Schmand
oder saure Sahne
4 Eier (Größe M)
2–3 EL gehackte Petersilie
6 EL Sesamsamen
1 EL Speisestärke
Kräutersalz
nach Belieben
30 g Butterflöckchen

Zubereitungszeit:

70 Minuten

Pro Portion:

E: 34 g, F: 34 g, Kh: 21 g,
kJ: 2347, kcal: 560

1. Kohlrabi und Möhren putzen, schälen und waschen. Kohlrabi je nach Größe vierteln oder achteln und beide Zutaten auf einem Gemüsehobel in dünne Scheiben schneiden. Mit Sojasauce, Pfeffer, Salz und Wasser vermengen, in einen Topf geben, erhitzen und in etwa 7 Minuten bissfest dünsten.

2. Die Dünstflüssigkeit abgießen und dabei auffangen. Porree putzen, seitlich einschneiden, gründlich waschen und in Ringe schneiden. Knoblauch abziehen und fein würfeln.

3. Quark mit Schmand oder saurer Sahne, Eiern, Petersilie, 3 Esslöffeln Sesamsamen und Speisestärke verrühren, Knoblauch und Porree hinzugeben und mit Kräutersalz und Pfeffer würzen.

4. Die Hälfte des Gemüses in eine gefettete, flache Auflaufform füllen, die Hälfte der Quark-Porree-Masse darauf geben. Dann restliches Gemüse darauf schichten und als Abschluss die restliche Quark-Porree-Masse auf dem Gemüse verteilen. Mit den restlichen Sesamsamen bestreuen und evtl. mit Butterflöckchen belegen. Die Form auf dem Rost in den Backofen schieben.

   Ober-/Unterhitze: etwa 200 °C (vorgeheizt)
   Heißluft: etwa 180 °C (nicht vorgeheizt)
   Gas: Stufe 3–4 (nicht vorgeheizt)
   Backzeit: 30–35 Minuten.

Beilage: Pellkartoffeln

Sauerkraut-schiffchen

Zutaten:

200 g Roggenvollkornmehl
200 g Weizenvollkornmehl
20 g frische Hefe
3–4 EL lauwarmes Wasser
1 TL Honig
etwa 250 ml (1/4 l) lauwarmes Wasser
1/2 Pck. Natursauerteig
2 Zwiebeln
1 EL Maiskeimöl
300 g Sauerkraut
1 säuerlicher Apfel
50 g Walnusskerne
etwas Pfeffer

2–3 EL Nussöl

Zubereitungszeit:

40 Minuten, ohne Gehzeit

Insgesamt:

E: 14 g, F: 22 g, Kh: 70 g, kJ: 2350, kcal: 561

1. Das Mehl in einer Schüssel mischen, in die Mitte eine Mulde drücken. Die Hefe in etwas Wasser auflösen, mit Honig verrühren, in die Mulde gießen, mit etwas Mehl verrühren und zugedeckt an einem warmen Ort etwa 15 Minuten gehen lassen.

2. Mehl-Hefe-Honig-Gemisch mit lauwarmem Wasser und Natursauerteig vermengen, gut durchkneten und nochmals etwa 30 Minuten gehen lassen.

3. Zwiebeln abziehen und in Würfel schneiden. Öl erhitzen, Zwiebeln anbraten und mit Sauerkraut verrühren. Den Apfel schälen, vierteln, entkernen und in kleine Stückchen schneiden. Walnusskerne grob hacken, mit Apfelstückchen, Sauerkraut und Pfeffer vermischen.

4. Den Teig dünn ausrollen und die gefetteten Schiffchenformen damit auslegen. Mit der Sauerkrautmischung füllen, auf ein Backblech stellen, etwa 30 Minuten gehen lassen und auf der mittleren Einschubleiste auf dem Rost in den Backofen schieben.

   Ober-/Unterhitze: etwa 200 °C (vorgeheizt)
   Heißluft: etwa 180 °C (vorgeheizt)
   Gas: Stufe 3–4 (vorgeheizt)
   Backzeit: etwa 25 Minuten.

5. Die Schiffchen aus dem Backofen nehmen und noch heiß mit Nussöl beträufeln.

Chinakohl-Gratin

Zutaten:

1 Chinakohl (etwa 1 kg)
1 l Gemüsebrühe
2–3 EL zerlassene Butter

Für die Sauce:

1 kleine Zwiebel
150 g saure Sahne
1 EL gehackte Petersilie
Salz
frisch gemahlener Pfeffer

50 g geriebener Käse

Zubereitungszeit:

30 Minuten

Insgesamt:

E: 14 g, F: 20 g, Kh: 5 g,
kJ: 1114, kcal: 268

1. Chinakohl putzen, vierteln, waschen (er darf nicht auseinander fallen) und abtropfen lassen.

2. Gemüsebrühe in einem Topf zum Kochen bringen. Den Kohl hineingeben, in etwa 10 Minuten fast gar kochen und abtropfen lassen.

3. Die Kohlviertel nebeneinander in eine gefettete Auflaufform legen und mit Butter beträufeln.

4. Für die Sauce Zwiebel abziehen, fein würfeln und mit saurer Sahne, Petersilie, Salz und Pfeffer zu einer Sauce verrühren und über den Kohl geben.

5. Mit Käse bestreuen und die Auflaufform auf dem Rost in den Backofen schieben.

Ober/Unterhitze: 200–220 °C (vorgeheizt)
Heißluft: 180–200 °C (vorgeheizt)
Gas: etwa Stufe 4 (vorgeheizt)
Backzeit: etwa 15 Minuten.

Tipp Verwenden Sie statt der sauren Sahne Crème fraîche mit Knoblauch.

Kapitelregister

Salate

Blumenkohlsalat 16
Broccoli-Cocktail 22
Bunter Weißkohlsalat 12
Chinakohlsalat mit Bündner Fleisch 11
Chinakohlsalat mit Sahnesauce 13
Grünkohlsalat mit Entenbrust 20
Kohlrabisalat mit Joghurtdressing 9
Rotkohl-Rohkostsalat 14
Rotkohlsalat mit Hähnchenbrust 15
Rotkohlsalat mit Sesam und Tofubröseln 10
Weißkohlsalat mit Shiitake-Pilzen 18

Suppen & Eintöpfe

Blumenkohlsuppe 38
Broccolicremesuppe mit Mandeln 34
Bunter Weißkohleintopf 41
Chinakohleintopf 32
Chinakohl-Stew 42
Kohlrabisuppe mit Lachsklößchen 30
Rosenkohleintopf 36
Rosenkohlcremesuppe 26
Rotkohlschaumsuppe mit Rotwein 27
Sauerkrautsuppe mit Croûtons 25
Ungarische Sauerkrautsuppe 31
Wirsingeintopf mit Bauernmettwurst 40
Wirsingsuppe mit weißen Bohnen 28

Beilagen

Blumenkohl, klassisch 45
Blumenkohl mit Kräuter-Ei-Sauce 59
Broccoli in Walnussrahm 52
Broccoli, sizilianisch 46
Chinakohl mit Porree 56
Esskastanien mit Rosenkohl 66
Kohlrabi in Kressecreme 48
Kohlrabi mit Estragon 58
Rosenkohl in Kürbispüree 54
Rotkohl, klassisch 49
Sauerkraut, klassisch 64
Sauerkraut mit Paprika 62
Siebenbürger Kraut 60
Wirsing mit Champignons 50
Wirsing-Möhren-Gemüse 63
Wirsingrisotto 53

Aus dem Ofen

Blumenkohlauflauf mit Schinken 69
Grünkohl-Kasseler-Pie 80
Kohlrabi-Schinken-Auflauf 72
Krautsalat-Gyros-Auflauf 76
Pfannkuchentorte mit Blumenkohl 82
Rotkohl-Lasagne 78
Rosenkohl mit Quarkhaube 75
Sauerkrautkuchen mit Gitter 70
Sauerkrautrolle 84
Wirsing-Hack-Auflauf 74

Gerichte mit Fisch & Fleisch

Chinakohlrouladen mit Lachs-Füllung	96
Dorsch in der Kartoffelkruste auf Wirsing	94
Gefüllte Rotkohlröllchen mit Rotwein	87
Schweinelendchen im Wirsingmantel	92
Rebhuhnbrustfilet mit Grünkohl	100
Romanesco mit Penne und Hähnchenbrust	90
Wachteln auf Wirsinggemüse	88
Wirsingröllchen mit Tomaten	98
Wirsingrollen mit Senfsauce	102

Vegetarische Gerichte

Blumenkohl-Curry	106
Blumenkohl und Broccoli im Bierteig	116
Chinakohl-Gratin	122
Gefüllte Kohlrabi	105
Grünkohlkuchen mit Käsesauce	110
Kohlrabi-Kartoffel-Gratin	108
Kohlrabi-Möhren-Flan	118
Rotkohlrouladen mit Grünkernfüllung	117
Schupfnudeln auf Sauerkraut	112
Sauerkrautschiffchen	120
Wirsingrouladen mit Schafkäse	114

Alphabetisches Register

A/B

Blumenkohlauflauf mit Schinken 69
Blumenkohl-Curry 106
Blumenkohl, klassisch 45
Blumenkohl mit Kräuter-Ei-Sauce 59
Blumenkohlsalat 16
Blumenkohlsuppe 38
Blumenkohl und Broccoli im Bierteig 116
Broccoli-Cocktail 22
Broccolicremesuppe mit Mandeln 34
Broccoli in Walnussrahm 52
Broccoli, sizilianisch 46
Bunter Weißkohleintopf 41
Bunter Weißkohlsalat 12

C

Chinakohleintopf 32
Chinakohlsalat mit Bündner Fleisch 11
Chinakohl-Gratin 122
Chinakohl mit Porree 56
Chinakohlrouladen mit Lachs-Füllung 96
Chinakohlsalat mit Sahnesauce 13
Grünkohlsalat mit Entenbrust 20
Chinakohl-Stew 42

D/E

Dorsch in der Kartoffelkruste auf Wirsing 94
Esskastanien mit Rosenkohl 66

G

Gefüllte Kohlrabi 105
Gefüllte Rotkohlröllchen mit Rotwein 87
Grünkohl-Kasseler-Pie 80
Grünkohlkuchen mit Käsesauce 110

K

Kohlrabisuppe mit Lachsklößchen 30
Kohlrabi, gefüllte 105
Kohlrabi in Kressecreme 48
Kohlrabi-Kartoffel-Gratin 108
Kohlrabi mit Estragon 58
Kohlrabi-Möhren-Flan 118
Kohlrabisalat mit Joghurtdressing 9
Kohlrabi-Schinken-Auflauf 72
Krautsalat-Gyros-Auflauf 76

P/R

Pfannkuchentorte mit Blumenkohl 82
Rebhuhnbrustfilet mit Grünkohl 100
Romanesco mit Penne und Hähnchenbrust 90
Rosenkohleintopf 36
Rosenkohl in Kürbispüree 54
Rosenkohl mit Quarkhaube 75
Rosenkohlcremesuppe 26
Rotkohl-Lasagne 78
Rotkohl, klassisch 49
Rotkohl-Rohkostsalat 14
Rotkohlröllchen mit Rotwein, gefüllte 87
Rotkohlrouladen mit Grünkernfüllung 117
Rotkohlsalat mit Hähnchenbrust 15
Rotkohlsalat mit Sesam und Tofubröseln 10
Rotkohlschaumsuppe mit Rotwein 27

S

Sauerkraut, klassisch 64
Sauerkraut mit Paprika 62
Sauerkrautkuchen mit Gitter 70
Sauerkrautrolle 84
Sauerkrautschiffchen 120
Sauerkrautsuppe mit Croûtons 25
Sauerkrautsuppe, ungarische 31
Schupfnudeln auf Sauerkraut 112
Schweinelendchen im Wirsingmantel 92
Siebenbürger Kraut 60

U/W

Ungarische Sauerkrautsuppe 31
Wachteln auf Wirsinggemüse 88
Weißkohleintopf, bunter 41
Weißkohlsalat, bunter 12
Weißkohlsalat mit Shiitake-Pilzen 18
Wirsing-Hack-Auflauf 74
Wirsingeintopf mit Bauernmettwurst 40
Wirsing mit Champignons 50
Wirsing-Möhren-Gemüse 63
Wirsingrisotto 53
Wirsingröllchen mit Tomaten 98
Wirsingrollen mit Senfsauce 102
Wirsingrouladen mit Schafkäse 114
Wirsingsuppe mit weißen Bohnen 28

Umwelthinweis Dieses Buch und der Einband wurden auf chlorfrei gebleichtem Papier gedruckt. Die Einschrumpffolie – zum Schutz vor Verschmutzung – ist aus umweltfreundlichem und recyclingfähigem PE-Material.

Hinweise zu den Rezepten Die Rezepte sind – wenn nicht anders angegeben – für 4 Personen berechnet.
Wenn Sie Anregungen, Vorschläge oder Fragen zu unseren Büchern haben, rufen Sie uns unter folgender Nummer an (0521) 155 25 80 oder 52 06 51 oder schreiben Sie uns:
Dr. Oetker Verlag KG, Redaktion,
Am Bach 11, 33602 Bielefeld

Redaktion Sabine Puppe

Fotos
Titelfoto Brigitte Wegner, Bielefeld

Innenfotos Thomas Diercks, Hamburg
Kramp & Gölling, Hamburg
Ulrich Kopp, Füssen
Bernd Lippert, Bielefeld
Herbert Maas, Hamburg
Christiane Pries, Borgholzhausen
Norbert Toelle, Bielefeld
Brigitte Wegner, Bielefeld
Winkler Studios, Bremen

Rezeptentwicklung und -beratung Hans Peter Huke, Bielefeld
Annette Elges, Bielefeld

Grafisches Konzept Parzhuber & Partner, München
Gestaltung Parzhuber & Partner, München
Titelgestaltung Parzhuber & Partner, München

Reproduktionen Fotolito Longo, I-Bozen

Druck und Bindung EGEDSA, E-Sabadell

ISBN 3-7670-0489-5

The European Community

A guide for business and government

The European Community

A guide for business and government

Brian Morris, Peggy Crane, Klaus Boehm

Indiana University Press
Bloomington

Manufactured in Great Britain

Library of Congress Cataloging in Publication Data

Morris, Brian
The European Community

Includes index.
1. European communities – Handbooks, manuals, etc. 2. European communities – Directories. 3. European Communities – Dictionaries. I. Crane, Peggy. II. Boehm, Klaus. III. Title.
HC241.2.M64 341.24'22'025 81-47856
ISBN 0-253-32100-X AACR2
1 2 3 4 5 85 84 83 82 81

Contents

How to use the book	vi
Acknowledgements	viii
List of Figures	ix
List of Tables	x
List of Directories	xi
Entries arranged alphabetically	1
Address section	249
Index	281

How To Use the Book

The descriptive material in this book is designed for general guidance. Precise contact points are given for complete and, as far as possible, up-to-date advice. These contact points include Community institutions, the national governments of Community member states, and industrial, trade union, consumer and other representative organizations which the Community consults.

The book comprises entries arranged in alphabetical order, figures and tables attached to individual entries, and directories to various Community institutions. The directories are attached to the appropriate individual entries, except those of more general application, which are contained in an address section after the alphabetical entries. There is also a general comprehensive index.

For briefing and contact points on European Community interest in a specific matter:

(*i*) check for a relevant alphabetical entry;

(*ii*) check the Index, which gives references to all the entries in which each subject is mentioned;

(*iii*) check the Directories of the Members of the European Parliament (p.249), Government Departments (p.264) and Representative Organizations (p.271) in the Address section for additional contact points relating to specific interests.

For briefing on broad aspects of European Community constitution or policy:

(*i*) refer to the figures, which give the framework of Community organization and interest for 17 broad areas, attached to relevant summary entries;

(*ii*) select the appropriate figure from the List of Figures on p.ix;

(*iii*) within each figure, subjects in **bold type** are cross-references to entries in the book giving more detail (*see* 'Presentation of material' below).

PRESENTATION OF MATERIAL

Entries are arranged alphabetically, and give, as appropriate:

(*i*) a brief description of the subject matter, supplemented for certain summary entries with figures giving an overview;

(*ii*) references to European Community publications, such as the *Official Journal of the European Communities* and the *Bulletin of the European Communities*;

(*iii*) cross-references to other relevant entries and figures in the book (in **bold face**);

(*iv*) contact points at national level in each of the governments of member states, by cross-reference (in *italics*) to the Address section of the book;

(*v*) a precise contact point at Community level in the relevant institution, such as the European Commission or the Council of Ministers Secretariat, by cross-reference in **bold type** to the entry for the appropriate Community body to which the full directories are appended;

(*vi*) a list of any relevant Community-level consultative and management committees, with suitable reference to European Community publications;

(*vii*) further details as appropriate, mainly in the form of tables, or any other relevant contact points (with addresses given either directly in the entry, or, if the address relates to more than one entry, by cross-reference in *italics* to the Address section of the book).

Entries have been placed where the majority of users of the book will expect to find them. In entry headings in the text and in the Index, where more than one word forms part of the heading, the words are alphabetized as if continuous up to the first mark of punctuation, then again thereafter if that mark is a comma. The running heads in the text give, on the left-hand page, the first complete entry beginning in the first column, and on the right-hand page, the last entry beginning in the second column. Exceptionally, if the running head is for a full-page figure that is alphabetically out of sequence, it is shown square brackets.

The Address section contains three Directories: the Directory of the Members of tl European Parliament; the Directory of Government Departments; and the Directory ‹ Representative Organizations. Every effort has been made to make the Directories a up-to-date and accurate as possible. Official appointments are liable to change rapidl' however, and may be checked at the European Commission Information Offices liste on pp. 86–7.

The Index presents all the entries of the book (given in **bold face**) as well as subjects tha do not have an entry in their own right, but which are included. Where page numbers ar given in **bold face** that number indicates the main source of information on that subject where page numbers are given in *italics*, that number indicates that the subject i mentioned in one of the figures.

Acknowledgements

We would like to express our appreciation of the kindness and encouragement we have widely received in the preparation of *The European Community*, and convey our thanks to those in the many institutions we approached who helped us as far as their duties allowed.

The European Commission Information Office in London has given us the greatest possible support and co-operation, under both the present Director, George Scott, and his predecessor, Richard Mayne. Many members of the staff of that office have helped, but thanks are due in particular to Giancarlo Pau, Head of the Information Unit, and to Michael Berendt, Press Officer. A number of organizations have kindly allowed us to reprint material published elsewhere and we are very pleased to attribute this material appropriately below.

Editorially, compiling a new reference book is a team effort, to which many people contribute at various times. We are grateful particularly to Rohan Bolton, who researched many of the addresses that are so important to the book. In addition, we owe a special debt to Mära Vilcinskas, of Macmillan Press, who as editor transformed our material and aspirations for the structure of the book into reality.

In addition to these personal acknowledgements, the authors and publishers wish to acknowledge the following sources of copyright material: the list of Committees (pp. 23–6) has been reproduced from the *List of Council and Commission committees*, Bulletin of the European Communities, suppl. 2/80 (Luxembourg, 1980); the 'Directory of the Council of Ministers Secretariat' (pp. 35–9) has been reproduced from the *Guide to the Council of the European Communities*, European Communities (General Secretariat of the Council) (Brussels, 1981), 78–95; 'Guidelines for a Basic Energy-saving Programme Recommended to Every Member State' (pp. 51–2) has been reproduced from an Annex of the *Official Journal of the European Communities* (Series C, 149/4, 18.6.1980); the 'Checklist of Environmental Directives and Proposals of Interest to Industry' (pp. 54–7) has been reproduced from *British Business* (10 April 1981), 711; the 'Directory of the Commission of the European Communities' (pp. 62–89) has been reproduced from *Directory of the Commission of the European Communities*, Office for Official Publications of the European Communities (Luxembourg, 1980) (updating information was supplied by the European Commission Information Office in London); the 'List of Main EEC Agreements with Other Countries' (pp. 109–22) has been reproduced from the *List of Main EEC Agreements with Other Countries*, European Information (external Relations) (Brussels, October 1980 [provisional edition]); 'Eliminating Technical Barriers to Trade Within the European Community' (pp. 139–65) has been reproduced from *British Business* (10 April 1981), 703–10; the information for 'Dates of European Public Holidays' (fig. 11) (p.168) was supplied by *British Business* and was first published in September 1980; the 'Table of Current International Agreements Regarding Certain Products' (pp. 173–4) has been reproduced from *Europe Today: State of European Integration*, European Parliament (Secretariat) (Luxembourg, 1980); 'Projects in the Field of Medical and Public Health Research' (pp. 187–9) have been reproduced from Annex I, *Official Journal of the European Communities* (Series L, 78/26, 25.3.1980); the 'Directory of the Members of the European Parliament' (pp. 249–64) was compiled from information published in the European Parliament *Bulletin: List of Members of the Bureau, Parliament, political groups and committees* (1980); the 'Directory of Representative Organizations' (pp. 271–80) was compiled from information published in *Directory of the Professional Organizations set up at Community Level* (Brussels, 1980). The publishers have made every effort to trace the copyright holders but if they have inadvertently overlooked any, they will be pleased to make the necessary arrangement at the first opportunity.

List of Figures

CONSTITUTION

Budgetary processes (figure 2)	12
European Institutions (figure 7)	92
Community Finance policies (figure 9)	126
Legislative processes of the European Community (figure 13)	182

POLICIES

Agriculture: Common Agricultural Policy (figure 1)	4
Consumer protection (figure 3)	32
Education Policy (figure 4)	48
Energy Policy (figure 5)	50
Environment Policy (figure 6)	53
External trade Policy (figure 8)	107
Harmonization: internal Community trade (figure 10)	138
Industrial Policy (figure 12)	171
Regional Policy (figure 14)	207
Research Policy (figure 15)	210
Social Policy (figure 16)	221
Transport Policy (figure 17)	232
Work and employment (figure 18)	244

OTHER

Dates of European Public Holidays (figure 11)	168

List of Tables

Duty free allowances: *Duty-free Allowances for intra-Community Travellers* 46

Energy: *Guidelines for a basic energy-saving Programme recommended to every Member State* 51

Environment: *Checklist of Environment Directives and Proposals of Interest to Industry* 54

European Parliament: *European Parliament: electoral systems* 101

External Trade: *List of Main EEC Agreements with other Countries*

Table 1: Agreements with Central and North European Countries 109

Table 2: Agreements with State-trading Countries 111

Table 3: Agreements with Mediterranean Countries in Europe

(*a*) *Association Agreements* 112

(*b*) *Trade Agreements* 113

Table 4: Agreements with Mediterranean Countries in Africa and Asia 114

Table 5: Convention with African, Caribbean and Pacific Countries (ACP) 116

Table 6: Trade Agreements with other Asian Countries

(*a*) *Countries with which co-operation agreements have been signed* 117

(*b*) *Other Asian Countries* 118

Table 7: Agreements with Latin American Countries 120

Table 8: Agreements with North American Countries 122

Harmonization: *Eliminating Technical Barriers to Trade within the European Community*

Table 1: Industrial 139

Table 2: Food-law harmonization 161

Table 3: Consumer protection 165

International product agreements: *Table of Current International Agreements regarding certain Products* 173

Medical and public health research: *Projects in the Field of Public Health Research* 187

Science and technology: *Summary of Community Research 1974–8* 214

Self-employed: *Rules relating to Main Self-employed Occupations* 218

Textiles: *Sensitive Textile and Clothing Imports* 230

Wildlife: *Birds* (legislation on protection) 241

List of Directories

Directory of the Council of Ministers Secretariat
Secretariat-General 35
Legal Department 35
Directorate-General A 35
Directorate-General B 36
Directorate-General C 37
Directorate-General D 37
Directorate-General E 38
Directorate-General F 38
Directory of the Commission of the European Communities
The European Commission 62
Secretariat-General of the Commission 63
Legal Service 63
Statistical Office 64
Customs Union Service 65
Environment and Consumer Protection Service 65
D-G I (External Relations) 66
D-G II (Economic and Financial Affairs) 68
D-G III (Internal Market and Industrial Affairs) 69
D-G IV (Competition) 70
D-G V (Employment and Social Affairs) 71
D-G VI (Agriculture) 72
D-G VII (Transport) 74
D-G VIII (Development) 74
D-G IX (Personnel and Administration) 76
D-G X (Spokesman's Group and Directorate-General for Information) 77
D-G XI (*see* Environment and Consumer Protection Service)
D-G XII (Research, Science and Education) 78
D-G XIII (Information Market and Innovation) 79
D-G XIV (Fisheries) 80
D-G XV (Financial Institutions and Taxation) 80
D-G XVI (Regional Policy) 81
D-G XVII (Energy) 81
D-G XVIII (Credit and Investments) 82
D-G XIX (Budgets) 83
D-G XX (Financial Control) 84
Joint Research Centre 84
Euratom Supply Agency 86
Security Office 86
Office for Official Publications of the European Communities 86
Commission Information Offices 86
External Delegations in Third Countries 87
External Delegations to International Organizations 89

ADDRESS SECTION

Directory of the Members of the European Parliament
Belgium 249
Denmark 250

France 251
Germany 253
Ireland 256
Italy 257
Luxembourg 259
The Netherlands 260
United Kingdom 261
Directory of Government Departments
Government departments for Agriculture/Fisheries/Food 264
Government departments for Consumer protection 264
Government departments for Customs and excise 265
Government departments for Education/Science 265
National employers organizations 265
Government departments for Employment/Labour 266
Government departments for Energy 266
Government departments for Environment 266
Government departments for Finance 267
Government departments for Foreign/External affairs 267
Government departments for Health 267
Government departments for Industry/Trade 267
Government departments for Interior/Internal affairs 268
Government departments for Law/Justice 268
Government departments for Local Government 268
Government departments for Overseas aid/Development 269
Government Publications Sales Offices 269
Government departments for Social Security 269
National Standards Institutions 269
National Trades Union Organizations 270
Government departments for Transport 270
Directory of Representative Organizations
Organizations representing Industry 271
Industry in general 271
Agriculture – general 271
Agriculture – animal and vegetable fat industries 271
Agriculture – food and agricultural products industries 271
Chemical and pharmaceutical products industries 272
Clothing industry 273
Construction and Civil Engineering industries 273
Drinks industries 273
Electricity, Gas and Water industries 273
Electrotechnical industries 273
Extractive industries 273
Film industry (technical industries of) 274
Footwear industry 274
Leather and skins industries 274
Metals (ferrous and non-ferrous) production and primary processing industries 274
Metalwork, Electric and Non-electric Machines industries 274
Mineral products industries (non-metallic) 274
Paper and board industries 275
Precision instruments industries – optical and mechanical 275
Printing and publishing industries 275
Rubber and plastic processing industries 275
Starch products industry 275
Telecommunications, space industries 275
Textile industries (excluding clothing) 275
Toy industry 276
Transport equipment industries 276

Wood furniture industries 276
Organizations representing Crafts 276
Crafts in general 276
Food Craft 276
Hairdressing 276
Organizations of Small and Medium-sized Enterprises 276
Organizations representing Wholesale and Retail Trade 277
Trade in general 277
Agriculture and food products 277
Chemical and pharmaceutical products trade 277
Construction materials trade 277
Drink trade 277
Mechanical, metallic and electrical products trade 277
Non-ferrous metal trade 277
Paper and cardboard trade 277
Petroleum products trade 277
Starch products trade 277
Textile trade 278
Wood trade 278
Organizations representing Service industries 278
Advertising and public relations 278
Auctioneers 278
Financial services 278
Hospitals 278
Hotel and catering 278
Shipping 278
Transport 278
Travel agents 279
Organizations representing Professions 279
Organizations representing Consumers 280
Organizations representing Trade Unions 279

A

Accountants. A **European Commission proposal** to achieve mutual recognition of qualifications for accountants was published in 1970 (OJ C 115, 11.9.1970). It was designed to allow freedom of establishment (*see* **Work and employment**) for the self-employed in the financial, economic and accounting sectors, but has not as yet been adopted.
See also **Auditors; Work and employment**, fig. 18.
National enquiries: *government departments for Employment/Labour.*
Commission responsibility: *D-G III (Internal Market and Industrial Affairs), Directorate D (5).*

ACP states. The countries from Africa, the Caribbean and the Pacific signatory to the **Lomé Conventions**. In the early years of the Community provision was made in the **Treaty of Rome** (Articles 131–136) for special association agreements with non-European countries and territories which had special relationships (through former empires) with the Community member countries. Up to 1973 and the entry of the UK into the Community, such associations had mainly involved French dependent territories under the Yaoundé Agreements. As former colonial territories became independent in the 1960s and the entrance of the UK involved developing countries in the Commonwealth, and with the expiration of the Yaoundé Agreements in 1975, new negotiations led to the broader Lomé Conventions.
Certain of the Lomé signatories are designated in the United Nations category of least developed countries. These are allowed special concessions under the Lomé Conventions.
See also **External trade**, fig. 8.
For addresses of Community delegations to ACP States *see* **European Commission**: *Directory of the Commission of the European Communities*, 'External Delegations in Third Countries'.
National enquiries: *government departments for Overseas aid/Development.*
Commission responsibility: *D-G VIII (Development), Directorate B.*

Action Committee for United States of Europe (Monnet Committee). A committee formed in 1955 on the initiative of Jean Monnet by the major political parties and non-Communist trade unions of France, Germany, Italy, Luxembourg, Belgium and the Netherlands. It was established 'in order to ensure the unity of action of those organizations which are its members and on the basis of those concrete achievements, progress towards the United States of Europe'. The Committee played an important part in the drawing up and ratification of the Treaties of Rome. It was disbanded on 9 May 1975.

Advertising. Under the Community **Consumer protection** policy consumers have a right to be protected from misleading and unfair advertising. Most countries have their own legislation on this matter, but there are differences in stringency and effectiveness. A draft directive to harmonize legislation (OJ C 70, 1978) still awaits adoption. It defines unfair and misleading advertising, and proposes that the courts should be able, even without proof of fault, to order that such advertising be stopped and that the offender publish a corrective statement. Where self-regulating bodies already exist – such as in the UK – anyone having the right to take legal proceedings would have the choice of exercising that right or referring the matter to such regulatory bodies.

In 1975 the European Office of Consumer Unions (BEUC) produced a report which called for a Community code for advertising, to be put into effect by an impartial organization. It would regularly survey advertising so as to determine those areas where the greatest number of problems arise.

See also **Consumer protection**, fig. 3.

National enquiries: *government departments for Consumer protection.*

Commission responsibility: *Environment and Consumer Protection Service: Promotion of Consumer Interests Directorate.*

Advisory Committee on Foodstuffs. A committee established in 1970 to advise the Commission on all problems relating to the **harmonization** of laws on foodstuffs. It is composed of representatives from agriculture, industry and trade, including workers and consumers, who consider the laws sector by sector (OJ L 182, 1975).

See also **Consumer protection**.

National enquiries: *government departments for Agriculture/Fisheries/ Food.*

Commission responsibility: *Environment and Consumer Protection Service; D-G III (Internal Market and Industrial Affairs), Directorate A (2).*

Afghanistan. Community food aid to Afghanistan was suspended in January 1980, but the Community continued to provide help for Afghan refugees.

Enquiries: Chancellerie diplomatique, avenue Raphael 32, 75016 Paris.

Agriculture: Common Agricultural Policy (CAP). The basic principles of the CAP are laid down in Articles 38–47 of the **Treaty of Rome**. The aims are: (*i*) to increase agricultural productivity; (*ii*) to ensure a fair standard of living for those who work in agriculture; (*iii*) to stabilize markets; and (*iv*) to ensure reasonable consumer prices. The CAP operates in two ways: (*i*) it protects the Community market against both low and high prices in world markets through **threshold prices** or export restrictions; and (*ii*) it guarantees a minimum price for basic agricultural products through **intervention prices** and a system of buying in products when market prices fall below the intervention price (*see* fig. 1 overleaf). Financed from the **Farm Fund**, the CAP accounts for over 70 per cent of the community **budget**. The European Commission has proposed radical changes to the CAP to reduce its cost and bring farm production more into line with market demand. Direct income aids to farmers and output targets for each farm product would lower EEC prices to world levels.

See also **Budget: net effects on member states**; **Finance**, fig. 9; **Fish**.

National enquiries: *government departments for Agriculture/Fisheries/ Food.*

Commission responsibility: *D-G VI (Agriculture).*

Committees: Special Committee on Agriculture (Decision of 12.5.1960 on Article 5 (4), OJ 58, 12.9.1960); Standing Committee on Agricultural Research (SCAR) (OJ L, 5.7.1974); Advisory Committee on Social Questions Affecting Farmers (OJ 2, 10.1.1964; OJ L 121, 4.6.1970); Advisory Committee on Questions of Agricultural Structure Policy (OJ L 273, 6.10.1976; OJ L 209, 17.8.1978); Joint Committee on the Social Problems of Agricultural Workers (OJ 80, 29.5.1963; OJ 2, 10.1.1964; OJ L 243, 5.9.1974); Standing Committee on Agricultural Structures (OJ 136, 17.12.1962; OJ L 51, 23.2.1977).

Agriculture: processing and marketing. The processing and marketing of agricultural products can be aided from the **Farm Fund** (Guidance Section) under the Common Agricultural Policy (Regulation (EEC) 355/77) provided that projects are part of national or regional programmes. Approved projects involving investment (such as rationalizing or developing storage facilities, market preparation, improving market outlets etc) can attract 25 per cent of investment costs, higher in Southern France (35 per cent) and Italy's Mezzogiorno (50 per cent). Those receiving grants must contribute at least 50 per cent of costs (35 per cent in France, 25 per cent in Italy), and governments at least 5 per cent.

See **Agriculture: Common Agricultural Policy**, fig. 1; *see also* **Finance**, fig. 9.

National enquiries: *Government departments for Agriculture/Fisheries/ Food.*

Commission responsibility: *D-G VI (Agriculture), Directorate G (3).*

Agriculture: production grouping. Producer organizations or co-operatives play an important part in Community market discipline and intervention buying of agricultural products. They represent an association of producers who plan the production and distribution of specific produce and share out the proceeds. Regulation (EEC) 1360/78 (OJ L 166, 23.6.1978) lays down detailed rules for the formation, recognition and operation of producer co-operatives. Subsidies are available to help established producer co-operatives for certain products (e.g. **fruit and vegetables**, **hops**), and for certain areas where co-operative developments are inadequate (e.g. all of Italy and Belgium and special areas of France – Languedoc-Roussilon, Provence, Côte d'Azur, Midi-Pyrenées, Corsica, Drôme et Ardèche). Subsidies are payable from the **Farm Fund** and may in general be granted equivalent to 3 per cent in the first year, 2 per cent in the second year and 1 per cent in the third year of the value of products placed on the market. They may not exceed 60 per cent, 40 per cent and 20 per cent of the actual formation and operational expenses in establishing the co-operatives and are subject to an overall ceiling. The Farm Fund (Guidance Section) will also refund 25–50 per cent of national government expenditure incurred in establishing co-operatives.
See **Agriculture: Common Agricultural Policy**, fig. 1; *see also* **Finance**, fig. 9.
National enquiries: *government departments for Agriculture/Fisheries/ Food.*
Commission responsibility: *D-G VI (Agriculture).*

Agriculture: right of establishment. A series of directives, the first adopted by the Council of Ministers in 1963, lay down the rights of nationals in one member state to work in agriculture, including forestry and horticulture, in other member states. Such rights cover employed and self-employed persons, and include the right to transfer holdings, of access to farmers' co-operatives, to the same services accorded to nationals, and of access to credit and various other forms of government aid. The directives now apply in the ten member countries.
National enquiries: *government departments for Agriculture/Fisheries/ Food.*
Commission responsibility: *D-G III (Internal Market and Industrial Affairs), Directorate D.*

Aid to developing countries. All developing countries benefit from the Community's **Generalized system of preferences**, and a large number from trade and co-operation agreements with the Community (*see* **External trade**: *List of Main EEC Agreements with Other Countries*). About 60 countries enjoy special aid and concessionary tariff preferences under the **Lomé Conventions** (*see also* **ACP states**). A small amount of special aid is also directed towards **Non-associated states**, particularly for rural development.
Community aid comes from two sources: (*i*) bilateral aid, direct between member countries and recipient states; and (*ii*) through the European **Development Fund** (about 10 per cent of all Community aid). The Community is also the largest single donor of **Food aid**.
See **External trade**, fig. 8; *see also* **Finance**, fig. 9.
National enquiries: *government departments for Overseas aid/Development.*
Commission responsibility: *D-G VIII (Development).*

Aircraft industry. There are action programmes for European aircraft industry and air transport (Bull. EC, suppl. 11/75; OJ C 265, 1975; Bull. EC 78–76) and for aeronautical research (OJ C 210, 1977). In 1978 the European Commission pointed to the need for concerted action in developing a range of European aircraft based on the Airbus (Bull. EC 6–78).
National enquiries: *government departments for Industry/Trade.*
Commission responsibility: *D-G III (Internal Market and Industrial Affairs), Directorate B.*

Air pollution. As part of its **environment** programme the Community has adopted legislation designed to reduce or avoid pollution of the air. Most legislation falls into the **harmonization** category, as differences in emission levels of vehicles, etc, can also create non-tariff barriers to trade. A continually amended directive seeks to reduce pollution from motor vehicle exhaust gases (*see* **Harmonization**: *Eliminating Technical Barriers to Trade*, Table 1: 'Motor vehicles'); other directives cover: (*i*) the sulphur content of certain liquid

fig. 1 AGRICULTURE: COMMON AGRICULTURAL POLICY

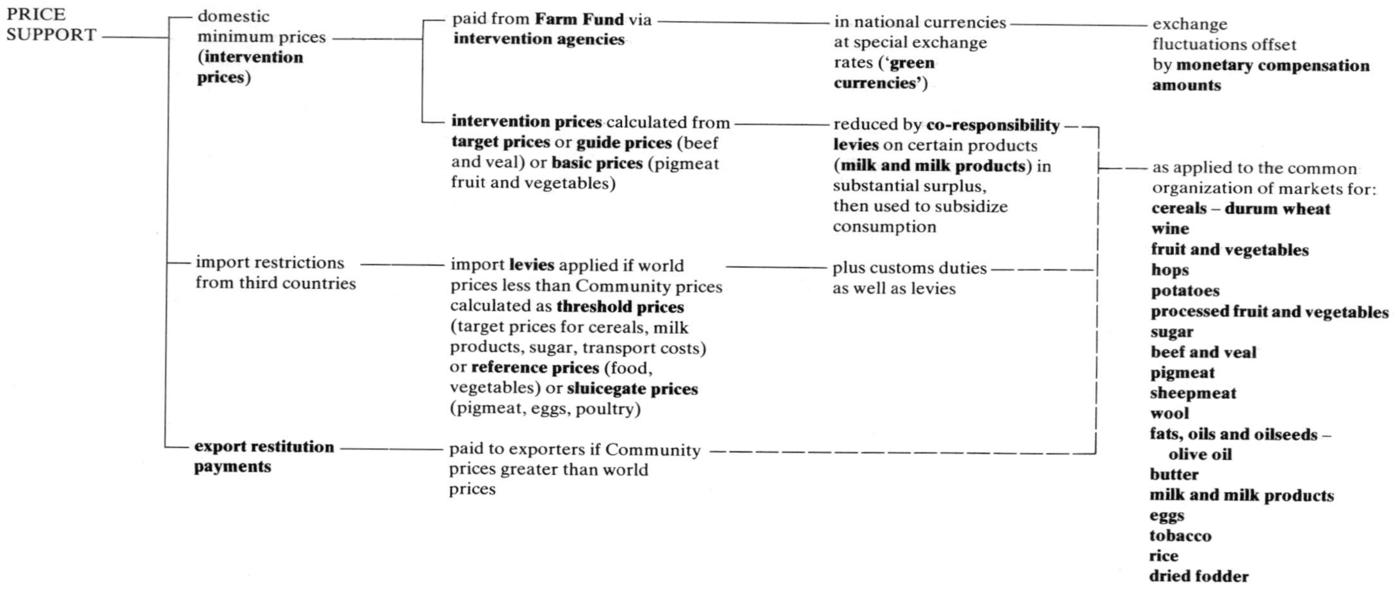

- PRODUCTION SUPPORT
  - general aid
    - **farm modernization**
    - **farm retirement**
    - **agriculture: production grouping**
      - **hops**
      - **silkworms**
    - **farm information and training services**
  - specific support
    - **farming marginal terrain**
    - **forestry**
    - **agriculture: processing and marketing**
    - olive groves – *see* **olive oil**
    - **peas and field beans**
    - **starch**
  - paid from **Farm Fund**

- QUALITY STANDARDS
  - **pesticides**
  - **fertilizers**
  - **seeds**
    - **seeds: common catalogue**
      - **potatoes**
  - meat **(animal health and meat inspection)**
  - **poultry**
  - **eggs**
  - **fruit and vegetables**
  - **hops**
  - **wine**
  - **flax, hemp and linseed**
  - **bulbs and cut flowers**
  - **feedingstuffs**

fuels and the lead content of petrol; the maximum permitted level is 0.4 grammes per litre from 1 January 1981 (OJ L 307, 27.11.1975); (*ii*) the biological screening of the population for lead (OJ L 105, 28.4.1977); and (*iii*) a common procedure for the exchange of information between the national networks which monitor pollution caused by sulphur and suspended articles in the air (OJ L 194, 25.7.1975).
See also **Environment**, fig. 6.
National enquiries: *government departments for Environment.*
Commission responsibility: *Environment and Consumer Protection Service.*
Committees: Concerted Action Committee (COMAC) on the Physico-chemical Behaviour of Atmospheric Pollutants (OJ L 311, 4.11.1978); Committee for the Adaptation to Technical (and Scientific) Progress of the Directives on Air Limit Values and Guide Values for Sulphur Dioxide and Suspended Particulates (OJ L 229, 30.8.1980).

Albania. A member of the **Council for Mutual Economic Assistance** 1949–61.

Algeria. Algeria has a co-operation agreement with the Community. *See* **External trade**: *List of Main EEC Agreements with Other Countries*, Table 4.
Enquiries: Chancellerie diplomatique, Avenue Molière 209, B–1060 Brussels.

Andorra. A co-principality situated in the eastern Pyrenees, which is not part of the European Community, but is subject to Community rules regarding imports from third (non-EC) countries (Regulation (EEC) 1050/70, OJ L 124, 8.6.1970 as amended by Regulation (EEC) 1429/71, OJ L 151, 7.7.1971).
See also **External trade**.

Angola. Angola has observer status with the **Council for Mutual Economic Assistance**.
Enquiries: Chancellerie diplomatique, rue Franz Merjay 182, B–1180 Brussels.

Animal health and meat inspection. A 1968 resolution (OJ C 22, 18.2.1968) laid down a basic policy for adequate protection of animal and human health within the Community; for the free movement of animals and animal products (including meat); and for common measures to combat disease.
Implementing legislation covers internal EEC trade in fresh meat from domestic animals, that is, **beef and veal**, pigs and **pigmeat**, **sheepmeat** and goatmeat (Consolidated Directive, OJ C 189, 10.8.1975); live cattle and pigs (Consolidated Directive, OJ C 189, 10.8.1975); fresh **poultry** (Directive 71/118/EEC, amended in particular by Directive 75/431/EEC, OJ L 192, 14.7.1975); and meat products (Directive 77/99 EEC, OJ L 26, 31.1.1977).
Other detailed aspects of this policy cover: (*i*) trade in fresh meats, live cattle and pigs with non-EEC countries (Directive 72/462/EEC, OJ L 302, 31.12.1972); (*ii*) Community legislation adopted for the eradication of brucelosis, tuberculosis and leukosis (Directive 77/391/EEC, OJ L 145, 13.6.1977); (*iii*) trade in pure breeding cattle (Directive 77/504/EEC, OJ L 206, 12.8.1977); (*iv*) stunning of animals before slaughter (Directive 74/577/EEC, OJ L 316, 26.11.1974); (*v*) and the protection of animals during international transport (Directive 77/89/EEC, OJ L 200, 8.8.1977).
See also **Agriculture: Common Agricultural Policy**, fig. 1; **Feedingstuffs**.
National enquiries: *government departments for Agriculture/Fisheries/Food.*
Commission responsibility: *D-G VI (Agriculture), Directorate B.*
Committees: Advisory Veterinary Committee (OJ L 171, 30.6.1976); Scientific Committee on Animal Nutrition (OJ L 279, 9.10.1979); Standing Veterinary Committee (OJ L 255, 18.10.1968; OJ L 106, 20.4.1973; OJ L 202, 24.7.1974); Standing Committee on Zootechnics (OJ L 206, 12.8.1977).

Annual Report. As required by Article 18 of the **Merger Treaty**, a General Report on the activities of the European Communities is published annually in the Community languages for presentation to the European Parliament in the first half of February. The report is compiled by the Secretariat-General (General Report and Other Periodical Reports Division) and is a useful record of Community activity during the year.
National enquiries: *government publications sales offices.*
Commission responsibility: *Office of Official Publications.*

Architects. In December 1978 the **Council of Ministers** was prepared to accept an updated 1967 **European Commission proposal** (67/604/EEC, 4.10.1967) on the freedom of establishment of architects to practise their profession anywhere in the Community, subject to minimal training requirements and mutual recognition of qualifications as applies to other professions such as **doctors** and **dental practitioners**. The profession expressed reservations through the Liaison Committee of the Architects of the Common Market, however, and the legislation has not been implemented.
See also **Work and employment**, fig. 18.
National enquiries: *government departments for Employment/Labour.*
Commission responsibility: *D-G III (Internal Market and Industrial Affairs), Directorate D (5).*

Argentina. *See* **External trade**: *List of Main EEC Agreements with Other Countries,* Table 7. Otherwise Argentine imports into the Community are subject to Community commercial rules regarding third (non-EC) countries (Regulation (EEC) 1050/70, OJ L 124, 8.6.1970 as amended by Regulation (EEC) 1429/71, OJ L 151, 7.7.1971).
Enquiries: Chancellerie Diplomatique, avenue Louise 225 (7th floor), PO box 2, B–1050 Brussels.

ASEAN. *See* **Association of South East Asian Nations**.

Association agreements. A series of agreements mainly concluded in the early years of the **European Economic Community** (EEC) with **Greece**, **Turkey**, **Cyprus** and **Malta**. These were designed to accommodate the economies of signatory countries with the Community **Customs union** and **Common customs tariff** (CCT), pending possible full Community membership at some future date. Greece applied for association under Article 238 of the **Treaty of Rome** in 1959, and the agreement came into effect in 1962, allowing Greece a 22-year transitional period to adapt to the Customs union and 12 years to the CCT with reciprocal Community obligations. The agreement was frozen from 1967 to 1974 during the Junta regime; Greece applied for full membership in 1975 and became the tenth member of the Community on 1 January 1981 (*see* **Enlargement of the Community**).
A similar Association agreement, which came into effect in 1965, was concluded with Turkey; complete elimination of tariffs is not due until 1995.
In 1972 further Association agreements were signed with Malta and Cyprus. These were similar in intention to those signed with Greece and Turkey, but did not envisage full Community membership.
Enquiries: *See* individual country entries.
Commission responsibility: *D-G I (External Relations), Directorate F (2); D-G VIII (Development), Directorate A.*

Association of South East Asian Nations (ASEAN). An association of five countries – Indonesia, Malaysia, the Philipines, Singapore and Thailand – who in 1967 agreed to work together to accelerate economic growth, social progress and cultural development, and to promote peace and stability in the area. In December 1979 the Community concluded a co-operation agreement with ASEAN (Regulation (EEC) 1440/80, OJ L 144, 10.6.1980) which seeks to consolidate, deepen and diversify commercial relations between the two regions, and provides for a Joint Co-operation Committee to supervise and promote the various activities. This was the first time the Community had signed such an agreement with a Third World regional group.
See also **External trade**: *List of Main EEC Agreements with Other Countries,* Table 6 (*b*).
Enquiries: Chancelleries diplomatiques of **Indonesia**, **Malaysia**, **Phillipines**, **Singapore** and **Thailand**.
Commission responsibility: *D-G VIII (Development), Directorate A,* in co-ordination with *D-G I (External Relations).*

Auditors. A **European Commission proposal** aims to harmonize the minimum qualifications required in Community countries to audit the annual accounts of limited liability companies; the proposal was published in 1978 and still awaits adoption (**Company law** eighth draft directive, OJ C 112, 13.5.1978 and EC Bull., Suppl. 4/78). The proposal specifies the content of the qualifying examination, and special provisions are included to allow persons already practising as au-

ditors, who do not fulfill the conditions laid down in the draft directive, to be exempted from the need to pass the examination of professional competence. The possibility of recognizing equivalent overseas qualifications is also provided for. The proposal has been approved by the EEC Savings Bank Group.
See **Work and employment**, fig. 18; *see also* **Accountants**; **Company law**; **Harmonization**, fig. 10.
National enquiries: *government departments for Employment/Labour.*
Commission responsibility: *D-G III (Internal Market and Industrial Affairs), Directorate D (5).*

Australia. The decision of the UK to join the **European Community** in 1973 resulted in the end of Commonwealth Preferences, and subjected Australian products to levies and quotas under the Common Agricultural Policy. New agreements under the GATT Multilateral Trade Negotiations were adopted in January 1980 after a period of uncertain relations between the Community and Australia. Australia is potentially important to the Community as a source of basic raw materials, including uranium, while for Australia the Community furnishes technology and investment for development.
See also **Agriculture: Common Agricultural Policy**; **General Agreement on Tariffs and Trade**.
Enquiries: Chancellerie diplomatique, avenue des Arts 51–52, B–1040 Brussels.

Austria. A founder member of the **European Free Trade Association** (EFTA).
See also **Committee on European Cooperation in the field of Scientific and Technical Research**; **Euronet Diane**.
Enquiries: Chancellerie diplomatique, avenue des Klauwaerts 35–36, B–1050 Brussels.

B

Bahamas. One of the **ACP states** signatory to the **Lomé Conventions**.
Enquiries: Bahamas High Commission, 39 Pall Mall, London, SW1.

Bahrain. Imports from Bahrain are subject to Community commercial rules regarding third (non-EC) countries (Regulation (EEC) 1050/70, OJ L 124, 8.6.1970 as amended by Regulation (EEC) 1429/71, OJ L 151, 7.7.1971).

Bangladesh. Bangladesh entered into a non-preferential commercial co-operation agreement with the Community in 1976 (*see* **External trade**: *List of Main EEC Agreements with Other Countries*, Table 6(*a*). It also signed a bilateral agreement in 1977 on the restriction of textile exports to the Community.
See also **Non-associated states**; **Textiles**.
Enquiries: Chancellerie diplomatique, rue Baron de Castro 27, B–1040 Brussels.

Bankruptcy. A Preliminary Draft of a Convention on Bankruptcy, Winding-up Arrangements, Composition and Similar Proceedings was issued by the **European Commission** in 1970 (Document 3.327/1/XIV/70–F, 16.2.70; an agreed English version was published as Document 3.327/1/XIV/70–E, August 1974). It comprises a set of rules dealing with jurisdiction and applicable law to enable the insolvency law of member countries, although different, to operate in harmony. A revised text was published in 1979 (EEC Draft Bankruptcy Convention, August 1979).
See also **Company law**; **Harmonization**, fig. 10; **Work and employment**, fig. 18.
National enquiries: *government departments for Industry/Trade.*
Commission responsibility: *D-G III (Internal Market and Industrial Affairs), Directorate D.*

Barbados. One of the **ACP states** signatory to the **Lomé Conventions**. A Protocol annexed to the Convention guarantees its sugar exports to the Community.
See also **Sugar**.
Enquiries: Chancellerie diplomatique, boulevard Louis Schmidt 117, B–1040 Brussels.

Basic price. The equivalent, under the Common Agricultural Policy, of the **target price** when applied to **pigmeat** and **fruit and vegetables**.
See also **Agriculture: Common Agricultural Policy**, fig. 1; **Intervention price**.
National enquiries: *government departments for Agriculture/Fisheries/Food.*
Commission responsibility: *D-G VI (Agriculture), Directorate G.*

Bathing waters. *See* **Beaches**; **Environment**; **Marine pollution**.

Beaches. Community legislation adopted in 1975 (OJ L 31, 5.2.1976) lays down a ten-year period in which to ensure that all Community bathing waters are free of pollutants harmful to health, such as sewage, pesticides, detergents. The Annex details the physical, chemical and bacterial limits that are permissible, and the Directive demands that constant sampling and inspection be carried out to ensure that these standards are observed. Exceptions are permitted where bathing is pro-

hibited, or where geographical or natural soil conditions create specific problems; in both cases, however, there must still be adequate public health protection.
The Directive required that member countries should inform the **European Commission** by the end of 1979 of the list of their beaches which would fall within the scope of this law. (For example, as a general rule for identifying such beaches, the UK Department of the Environment, in consultation with local and water authorities, used the criteria of a beach where 500 people regularly bathe at a time or 1500 people per mile, and designated 25 beaches where standards must be respected.) Accepting that some countries will find it difficult to conform with the required standards by 1 January 1986, the Directive allows that 'in exceptional circumstances' the ten-year target could be waived, but justification for such delay must be sent to the Commission not later than six years following the introduction of the Directive.
See also **Environment**, fig. 6; **Water**.
National enquiries: *government departments for Environment*, and/or appropriate local authorities.
Commission responsibility: *Environment and Consumer Protection Service.*
Committee: Committee for the Adaptation to Technical (and Scientific) Progress of the Directives on Quality of Bathing Water (OJ L 31, 5.2.1976).

Beef and Veal. Beef and veal came fully under the Common Agricultural Policy or common market rules in 1968 (Regulation (EEC) 805/68, OJ L 148, 28.6.1968, major amendment Regulation (EEC) 1855/74, OJ L 195, 18.7.1974). A **guide price** is offered to producers and an **intervention agency** may step in when market prices fall to 90 per cent of the guide price. In 1974 a system of seasonal payments for beef cattle was introduced to encourage more orderly marketing. There are **customs duties** of 16 per cent on imported live cattle, and of between 20 and 26 per cent on imported beef, depending on type.
Levies on beef and beef cattle are fixed every week, comprising the difference between the imported price (plus duties) and the guide price. The proportion of levy paid by the importer depends on the **reference price** in the domestic market, that is, representative market prices calculated in each member country and then brought together as a Community reference price, weighted for the size of the cattle population in each country. If the reference price falls below the guide price the full levy must be paid.
See also **Agriculture: Common Agricultural Policy**, fig. 1.
National enquiries: *government departments for Customs and Excise*; *government departments for Agriculture/Fisheries/ Food.*
Commission responsibility: *D-G VI (Agriculture), Directorate D.*
Committees: Advisory Committee on Beef and Veal (OJ L 355, 24.12.1973); Management Committee for Beef and Veal (OJ L 148, 28.6.1968).

Beer. A proposal to introduce Community standards for beer was withdrawn in 1976 following protests that this was **harmonization** 'taken to an extreme'. The Commission had recommended an optional directive, where each country could maintain its own national standards alongside Community legislation, but where beers for export would have to conform. The objective was to allow consumers a much wider range of beers, as no country would then be able to ban the import of beers from a member country if they reached Community standards.
See also **Consumer protection**, fig. 3.
National enquiries: *government departments for Agriculture/ Fisheries/ Food.*
Commission responsibility: *D-G III (Internal Market and Industrial Affairs).*

Belgium. A founder member of the **European Coal and Steel Community** (ECSC), **European Atomic Energy Community** (Euratom), and the **European Economic Community** (EEC). The headquarters of the **European Commission** are in Brussels.
Enquiries: Permanent Representative (COREPER), 62 rue Belliard, B–1040, Brussels.

Belize. A UK Overseas territory included in the **Lomé Conventions**.
See also **ACP states**.

Benin. Formerly the Republic of Dahomey and a French West African Territory it was originally a signatory to the **Yaoundé Agreements**, superseded in

1975 by the **Lomé Conventions**. Benin is one of the **ACP states**.
Enquiries: Chancellerie diplomatique, avenue de l'Observatoire 5, B–1180 Brussels.

Bermuda. A UK dependency.
Enquiries: Bermuda Government Office, 9 Saville Row, London W1.

Birds. *See* **Wildlife**.

Bolivia. Bolivia has an agreement on trade with the Community on hand-made products. *See* **External trade**: *List of Main EEC Agreements with Other Countries,* Table 7.
Enquiries: Chancellerie diplomatique, avenue Pierre Curie 42, B–1050 Brussels.

Botswana. One of the **ACP states** and signatory to the **Lomé Conventions**.
Enquiries: Chancellerie diplomatique, rue de la Loi 223 (2e étage), B–1040 Brussels.

Brazil. *See* **External Trade**: *List of Main EEC Agreements with Other Countries,* Table 7.
Enquiries: Chancellerie diplomatique, avenue Louise 350 (6e étage), B–1050 Brussels.

Bread. In 1973 the Commission introduced a draft directive that would have ensured that certain types of bread baked according to Community composition and rules could be sold throughout the Community. The directive was not intended to affect the composition of local traditional bread not for export, but the idea of a Euro-loaf was ridiculed, and rejected in December 1976.
See also **Consumer protection**, fig. 3.
National enquires: *government departments for Agriculture/Fisheries/Food.*
Commission responsibility: *D-G III (Internal Market and Industrial Affairs), Directorate A (2).*

Brunei. A UK overseas dependency covered by the **Lomé Conventions**.
Enquiries: Brunei Government, Brunei House, 35 Norfolk Square, London W2.

Budget. The budget represents the Community's main policy instrument. Article 200 of the **Treaty of Rome** provided initially that each member country contribute directly to the financing of the budget, based on an agreed share; this system was replaced, however, by one of **own resources**, in particular from revenue from the **Common customs tariff** (CCT). In 1970 the six founder members agreed (Decision of 21 April 1970, OJ L 94, 28.8.1970) on an own resources scheme whereby revenue would be collected from the CCT, Common Agricultural Policy (CAP) **levies** (less ten per cent repaid to member governments to cover the cost of collection) and up to one per cent of **Value added tax** (VAT) on a harmonized base of goods and services. This base was not agreed until 1977 when the differences were resolved with the passing of the Sixth Directive on VAT (77/388/EEC; OJ L 145, 13.6.1977). Because of these delays the own resources element only came fully into effect in January 1980. The budget represents under one per cent of the Community's gross domestic product and under three per cent of member countries' total budgetary expenditure.
Procedures for adopting the budget, which runs from 1 January to 31 December, are laid down in Articles 202–205 of the Treaty of Rome (for details *see* **Budgetary procedures** and **European Parliament**). The budget must be approved by both the Council and the European Parliament. The Parliament has power to reject it under certain circumstances (Article 203 (8)), as happened in 1980. In the case of a Parliamentary rejection the Community must operate on a monthly basis of expenditure equivalent to not more than one-twelfth of the budget appropriations under each head for the preceding financial year until a new budget is approved.
Article 202 requires that the budget shall be classified under different chapters, grouping items of expenditure according to their nature or purpose, and subdivided as necessary. Appropriations of the **European Court of Justice** and the European Parliament are included in the budget, which also differentiates between appropriations for commitment and expected payments during the year. There is a further division between obligatory payments (for example, those like CAP, that derive from the Treaty of Rome) and non-obligatory payments (activities like the **Regional Fund**, not stipulated in the Trea-

fig. 2 BUDGETARY PROCESSES

BUDGET FINANCING — Community's **own resources** financed from the **Common customs tariff** (CCT), **levies**, and up to 1% of **value added tax** (VAT) on a harmonized base of goods

BUDGET PROCEDURE — preliminary draft prepared by **European Commission**, presented early June to **Council of Ministers** and **European Parliament**

↓

Council of Ministers proposes amendments to **European Parliament**
Parliamentary amendments considered by **European Parliament**'s Budget Committee and voted on in October, separately for 'obligatory expenditure' related to the **Treaty of Rome** and other 'non-obligatory' expenditure

↓

→ **Council of Ministers** re-examines budget to approve, amend, or reject **European Parliament**'s amendments

- obligatory expenditure: **European Parliament** cannot re-establish its amendments if rejected, but:
- non-obligatory expenditure: **European Parliament** can re-establish its amendments if rejected
  - consultation with **Council of Ministers**

— **European Parliament** can reject budget as a whole, by $\frac{2}{3}$ majority vote, if it does not agree with **Council of Ministers**' amendments, and request a new draft (as in December 1979)

↓

President of **European Parliament** declares the budget to be adopted

BUDGET: NET EFFECTS ON MEMBER STATES — major influences are:
— imports from non-EEC countries
— importance of agriculture in domestic economy

— corrected via the **financial mechanism**

---

ty) and over which the Parliament has considerable discretion. To date CAP expenditure accounts for over 70 per cent of the budget, the social and regional sectors about 5 per cent each, and research, energy, industry and transport together about 2 per cent; development co-operation is a further 3 per cent.

By the end of 1980 it was clear that income from its own resources as laid down in 1970 would no longer be adequate to finance the Community of the 1980s. The alternatives, as presented by the **European Commission**, were either to raise the VAT contribution or to find alternative sources from a Community tax on cigarettes or alcohol, or on petrol (EC Bull., Suppl. 8/78). In mid-1981 the Commission tabled further proposals for the radical restructuring of the CAP and prolonging indefinitely the three-year limit on the presently-agreed **Financial mechanism** for the UK's net payments.

See also **Agriculture: Common Agricultural Policy**; **Budget: net effects on member states**; **Court of Auditors**; **Decisions**; **Development Fund**; **Finance**, fig. 9; **Harmonization**, fig. 10.

National enquiries: *government departments for Finance.*

Commission responsibility: *D-G XIX (Budgets).*

Budgetary procedures. Procedures for adopting the **budget** are laid down in Articles 202–205 of the **Treaty of Rome**. The preliminary draft budget, prepared by the

European Commission and including estimates of expenditure from other Community institutions, is usually presented to the **Council of Ministers** and the **European Parliament** at the beginning of June.The Commission's preliminary draft budget is published as a pink Comm. document (*see* **Proposals**) with limited circulation, though copies may be seen at Community Information Offices. The Council may amend the Commission document, which emerges as the draft budget on which Parliament must work if it wishes to introduce amendments. The Parliamentary Budget Committee examines the draft budget and makes recommendations to the Parliament which discusses these at a special sitting of the House in the last full week in October. Subject to different Parliamentary voting rules the House may propose amendments both to obligatory expenditure (that is, flowing from the Treaty of Rome, such as the Common Agricultural Policy (CAP)) and to non-obligatory items (activities like the Regional Fund not stipulated in the Treaty).

At the beginning of November the Council begins the second, final examination of the budget when it can amend or reject Parliamentary amendments. If it rejects modifications to obligatory expenditure the Parliament has no right to insist on further amendments, but it can re-establish its original amendments to non-obligatory expenditure if it wishes to do so. If that is the case, consultation (conciliation) follows with the Council to try to reach agreement on controversial items. This may continue until the Parliament makes its final decision in December, and the President of the Parliament declares the budget to be finally adopted. The adopted budget is published in the **Official Journal of the European Communities** (Series L).

The Parliament, acting by a majority of its members and two-thirds of the votes cast, may, however, reject the budget as a whole if it does not agree with Council modifications to its amendments, and ask for a new draft to be submitted (Article 202 (8)). In the case of a Parliamentary rejection the Community must operate on a monthly basis of expenditure equivalent to not more than one-twelfth of the budget appropriations under each head for the preceding financial year until a new budget is approved.

The Parliament acted in this way for the first time on 13 December 1979. It rejected the 1980 draft budget, and insisted that its token cut in obligatory CAP expenditure, rejected by the Council, should remain part of the budget, together with a substantial increase in non-obligatory expenditure covering regional and social policy, aid to the unemployed, energy and scientific research. The Commission had to submit a new draft budget which was not finally approved until July 1980. Differences between the Council and the European Parliament also arose over the 1981 budget, which had not been resolved by December 1980.

See also **Budget**, fig. 2; **European Parliament: powers**.

National enquiries: preliminary draft budgets can be seen at *Commission Information Offices*; for further information consult European members of Parliament (*see* Directory of the Members of the European Parliament in the address section).

Commission responsibilty: *D-G XIX (Budgets).*

Budget: net effects on member states. The sums that member states pay towards the Community **budget** through **own resources** and those that they receive back in payments through the Common Agricultural Policy, the **Regional Fund**, the **Social Fund** and other Community instruments, result in net contributions which vary considerably from one country to another. Gross contributions (from own resources) are related to a country's imports from non-EEC countries (**customs duties** and agricultural **levies**) and its level of consumption (**Value added tax** (VAT)). Payments back to member countries from the budget are related to the importance of agriculture in the economy and reimbursement from the **Farm Fund** (which accounts for over 70 per cent of Community expenditure) and, to a lesser extent, assistance from the Regional and Social Funds. Except for the UK, the net contribution to Community finances works out reasonably well. However, the UK's high import level from non-Community countries (of products such as wheat and sugar) and its relatively small agricultural population mean that it pays out more in customs duties and agricultural levies than

it receives back from the Farm Fund.This is compounded by the relationship of the UK's VAT contribution to own resources. Hence, until the entry of Greece into the Community in January 1981, the UK, though the third poorest country of the Nine (followed by Italy and Ireland) was destined after 1980 to be the largest net contributor to Community finances. In 1975 the British government attempted a renegotiation of the terms of entry into the Community to avoid such a situation, but the **financial mechanism** then negotiated proved only partly effective. In 1980 the matter was raised again by the British government. The matter was resolved in May 1980, when the **Council of Ministers** adopted a formula based partly on amendment of the financial mechanism and partly on supplementary measures designed to strengthen British economic potential through investment in declining areas and through coal exploitation (OJ C 171, 11.7.1980).
See **Budget**, fig. 2; *see also* **Agriculture: Common Agricultural Policy**; **Finance**, fig. 9.
National enquiries: consult members of European Parliament (*see* Directory of the Members of the European Parliament in the address section).
Commission responsibility: *D-G XIX (Budgets).*

Bulbs and cut flowers. Bulbs and cut flowers, when available for sale, are subject to Community quality standards. These standards, when applied to flowering bulbs, tubers and tuberous roots (**Regulation** (EEC) 315/68, OJ L 71, 21.3.1968) and to fresh cut flowers and foliage (Regulation (EEC) 316/68, OJ L 71, 21.3.1968), require that they be fresh, free from defects, parasites, residues, must, and where appropriate, properly labelled and packaged.
See also **Agriculture: Common Agricultural Policy**, fig. 1.
National enquiries: *government departments for Agriculture/Fisheries/Food.*
Commission responsibility: *D-G VI (Agriculture).*
Committees: Advisory Committee on Live Plants (OJ L 355, 24.12.1973; OJ L 58, 28.2.1978); Management Committee for Live Plants (OJ L 55, 2.3.1968); Standing Committee on Plant Health (OJ L 340, 9.12.1976).

Bulgaria. A founder member of the **Council for Mutual Economic Assistance**, Bulgaria has a bilateral agreement on **textiles** with the Community.
Enquiries: Bulgarian embassies.

Bulletin of the European Communities. A monthly periodical published in the official languages of the Community and in Spanish. It records the activities of the Community and supplements the **Annual Report**. It is designed for a wide readership in government departments, universities, the press, political groups, employers' and workers' associations and other organizations. It is obtainable by subscription.
National enquiries: *government publications sales offices.*
Commission responsibility: *Office of Official Publications.*

Burundi. One of the **ACP States** and a signatory to the **Lomé Conventions**.
Enquiries: Chancellerie diplomatique, square Marie Louise 46, B–1040 Brussels.

Business Co-operation Centre. *See* **Small businesses**.

Butter. Butter is subject to Common Agricultural Policy legislation and price support for milk products. When production outweighs demand, building up surpluses or 'butter mountains', the Community introduces temporary schemes to encourage greater internal consumption (consumer subsidies, special cheap sales to hospitals, schools and pensioners), but in order to reduce stocks of such a perishable commodity it also exports butter to non-EC countries. Community prices tend to be higher than world prices and subsidies are available to exporters to bring EEC prices down, taking the form of (*i*) advance or prefixation subsidies, where an exporter can ask the **European Commission** to 'freeze' the **export restitution payments** applicable at the time, and then negotiate future deals knowing exactly what the refund will be and enabling the Commission to calculate planned exports; or (*ii*) a current refund where the exporter negotiates his deal without knowing the extent of the refund, and the Commission does not know of the transaction until it is completed and the exporter applies for refund. When the UK joined the Community it was agreed, under the **Treaty of Accession**, that **New Zealand** should be allowed to continue exporting butter to the Community. In 1980 New Zealand was entitled to export 110,000 tonnes of butter to the Community. The Commission has proposed a quota of 97,000 tonnes for 1981, falling to 90,000 tonnes from 1984. A final decision is awaited.

See also **Agriculture: Common Agricultural Policy**, fig. 1; **Milk and milk products**.

National enquiries: *government departments for Agriculture/Fisheries/Food.*

Commission responsibility: *D-G VI (Agriculture), Directorate D.*

C

Cabinets. Each Commissioner has his own Cabinet, a group of his own chosen advisers, usually of the same nationality, who may be seconded civil servants from national government departments or independent political or other experts. Headed by a Chef-de-Cabinet, the work of the group is to liaise between the Commissioner and his colleagues in the Commission and to act as a general secretariat in handling his affairs. When the Commissioner leaves office his Cabinet normally disperses.
Enquiries: to individual Commissioners; *see* **European Commission**: Directory.

Cameroon. One of the **ACP states** and a signatory to the **Lomé Conventions**.
Enquiries: Chancellerie diplomatique, avenue Brugmann 131–133, B–1060 Brussels.

Canada. *See* **External trade**: *List of Main EEC Agreements with Other Countries,* Table 8.
Enquiries: Chancellerie diplomatique, rue de Loxum 6 (5e étage), B–1000 Brussels.

CAP. *See* **Agriculture: Common Agricultural Policy**.

Cape Verde. One of the **ACP states** and signatory to the **Lomé Conventions**.
Enquiries: Chancellerie diplomatique, Wassenaarseweg 5, The Hague, Netherlands.

Capital (free movement of). Article 67 of the **Treaty of Rome** requires member countries progressively to abolish between themselves all restrictions on the movement of capital belonging to persons resident in the Community, and any discrimination based on the nationality or on the place of residence of the parties, or on the place where such capital is invested.
Under the **Treaty of Accession** the new states (UK, Republic of Ireland and Denmark) were expected to phase in the liberalization of capital by the end of 1977. Under Article 108 of the Treaty (which allows a member country, in agreement with the Commission, to take protective measures when in balance of payments difficulties) the UK was allowed to restrict the free movement of capital until the end of 1979. The transition period for Greece expires on 1 January 1981.
See **Harmonization**, fig. 10; *see also* **Competition policy**; **Finance**, fig. 9.
National enquiries: *government departments for Finance.*
Commission responsibility: *D-G II (Economic and Financial Affairs), Directorate D (2).*

Cassis de Dijon Case. The Cassis de Dijon Case (120/78 European Court Report 649) arose out of difficulties experienced by a German firm which wished to import Cassis liqueur into West Germany. Cassis is a low-proof blackcurrant liqueur which did not meet the requirements of German law that only drinks containing at least 32 per cent of alcohol by volume could be sold as liqueurs. The case was referred from a German provincial court to the **European Court of Justice** for an interpretation of how the German law could be compatible with Article 30 of the **Treaty of Rome**. This Article prohibits, in trade between member countries, quantitative restrictions on imports and 'measures of equivalent effect' to such restrictions. The Court judgement, which created a landmark in the liberalization of intra-Community trade, made clear that Community trade principles, as enshrined in the Treaty, took precedence over the German regulation regarding the alcoholic percentage in liqueurs. The implications of the judgement meant that even though member countries may regulate the terms on which domestically produced goods are marketed, the case is different for products imported from member countries. Any such product (subject to limited exceptions) must be admitted (*i*) if it has been lawfully produced elsewhere in the Community and conforms to rules and processes of manufacture that are customarily and traditionally accepted in the exporting country, and (*ii*) is lawfully marketed in the territory of the latter. Thus, an importing Community country cannot justify prohibiting the sale of a product from another Community country simply on the ground that the way it applies regulations affecting consumer protection, public health etc, is different from that imposed on a domestic product.

The Commission believed that, as a result of the Court's judgement, the idea of the Euro-product (Euro-beer, Euro-loaf) was negated; that it can in future proceed more effectively against the erection of non-tariff barriers and, as far as **harmonization** is concerned, it will be necessary mainly only to concentrate on those national laws which create obstacles to trade, but which are permissible under the exceptional criteria set out by the Court.

See also **Harmonization**; **Non-tariff barriers to trade**.

National enquiries: *government departments for Industry/Trade.*

Commission responsibility: *D-G III (Internal Market and Industrial Affairs), Directorate C (1).*

Castor beans. A **target price** is fixed annually. Aid is equal to the difference between the market price and the target price. It is payable to oil mills on condition that a contract is concluded with producers, who must receive a specified guaranteed minimum price (OJ L 218, 1978; OJ L 275, 1978).

See also **Agriculture: Common Agricultural policy**, fig. 1.

National enquiries: *government departments for Agriculture/ Fisheries/ Food.*

Commission responsibility: *D-G VI (Agriculture), Directorate C.*

Cayman Islands. A UK dependent territory, covered by the **Lomé Conventions**.

Enquiries: Tourist Bureau and Information Centre, 48 Albermarle Street, London W1.

CBR. *See* **Community Bureau of Reference**.

CCC. *See* **Consumer Consultative Committee**.

CCT. *See* **Common customs tariff**.

CEN. *See* **European Committee for Standardization**.

CENELEC. *See* **European Commission for Electrotechnical Standardization**.

Central African Republic. One of the **ACP states** and a signatory to the **Lomé Conventions**.

Enquiries: Chancellerie diplomatique, boulevard Lambermont 416, B–1030 Brussels.

CERD. *See* **Committee for European Research and Development**.

Cereals. Market arrangements for cereals and their annual fixed price levels are fundamental to the working of the Common Agricultural Policy. A **target price** is set for each type of cereal (soft and **durum wheat**, barley, rye, maize, rice), and represents the level it is hoped producers will achieve in the open market where grain is in shortest supply. The price is not an on-farm price, but a price when delivered to store or merchant. The **threshold price** for most grains is calculated so that when grain is landed at Rotterdam and delivered to the consumer it will sell at about the target price. **Levies** are calculated daily in Brussels to bridge the gap between import prices and the threshold price, and are payable as each cargo enters any EC port to ensure that Community prices are not undercut. If the Community itself over-produces cereal, buying in becomes necessary at an **intervention price**, fixed for each cereal at 17–27 per cent below the target price, and moving up in seasonal steps during the crop year. About 60 major storage centres in the Community are committed to buying in surplus cereals at the intervention price provided the cereals meet the quantitative and qualitative standards laid down in the Regulations ((EEC) 665/75, OJ L 72, 20.3.1975 for cereals and (EEC) 668/75, OJ L 72, 20.3.1975 for rice, amendments published in the OJ and implemented by national legislation).

Grain not sold on the home market is usually exported and export subsidies or **export restitution payments** can be paid from the **Farm Fund** to cover the difference when world prices are below Community prices. Restitutions are also paid for derived products such as malt (OJ L 189, 29.9.1977). When world prices are higher than those in the Community, levies are imposed on cereal exports.

See also **Agriculture: Common Agricultural Policy**, fig. 1; **International Wheat Agreement**; **Sugar**.

National enquiries: *government departments for Agriculture/Fisheries/ Food.*

Commission responsibility: *D-G VI (Agriculture), Directorate C (1).*

Committee: Advisory Committee on Cereals (OJ L 355, 24.12.1973; OJ L 76, 18.3.1978); Management Committee for Cereals (OJ L 281, 1.11.1975).

CET (Common external tariff). *See* **Common customs tariff**.

Chad. One of the **ACP states** and a signatory to the **Lomé Conventions**, formerly a signatory to the **Yaoundé Agreements**.

Enquiries: Chancellerie diplomatique, boulevard Lambermont 52, B–1030 Brussels.

Channel Islands and Isle of Man. These territories have a special relationship with the UK which affect their relationship with the **European Community**. Article 227 of the **Treaty of Rome** (as amended by the **Treaty of Accession**) lays down the principles to be applied in cases of this kind. The UK is responsible for the foreign relations and external defence of the Channel Islands and the Isle of Man, and has ultimate responsibility for their good government. In domestic affairs, however, the islands virtually govern themselves, except that laws passed by their legislative assemblies must be validated by Royal Assent. Article 227 relates generally to the position of European or overseas territories where member countries exercise special or dependent relationships, and the association of these territories with the Community, as set out in Part IV of the Treaty. Article 227 (3), however, specifically excludes the Channel Islands and the Isle of Man from the provisions of Part IV; instead their relationship with the Community is governed by Articles 25–27 and Protocol 3 of the Treaty of Accession. This Protocol requires that there shall be free movement of industrial and agricultural goods between the territories and the enlarged Community, and that goods imported from outside the Community shall be subject to the same **Common customs tariff** and agricultural **levies** as would apply if imported into the UK. The fiscal independence of the islands is accepted and, apart from ensuring the proper functioning of free trade, they are excluded from the provisions of the Treaty. The Protocol, however, stipulates (*i*) that although Treaty provisions relating to free movement of workers and the **right of establishment** do not apply to the islanders, nationals of all countries in the Community, including the UK, must receive identical treatment within the territories, while islanders will continue to enjoy the same rights in the UK as they do now; (*ii*) that in order to ensure the maintenance of free trade, the European Commission, under Article 93 of the Treaty, has the power to vet local aid schemes to industry as with full members of the Community.

Their virtual exclusion from Community responsibilities enables the island authorities to retain proceeds from import duties and agricultural levies raised on imports from third countries from outside the Community but, as a result, Community funds are not available to their producers, nor are compensatory amounts available for agriculture. Protocol 3 also provides for the application to the islands of the unified tariff of the **European Coal and Steel Community** and certain provisions of the Treaty of Rome.

Enquiries: Home Office, Queen Anne's Gate, London SW1H 9AT.

Commission responsibility: *D-G I (External Relations).*

Chile. Chile has an agreement with the Community on trade in hand-made products. *See* **External trade**: *List of Main EEC Agreements with Other Countries,* Table 7.
Enquiries: Chancellerie diplomatique, avenue Louise 251 (12e étage), B–1050 Brussels.

China (People's Republic of). Following the ending of bilateral agreements between member countries and China at the end of 1974, the Community, acting on behalf of the Nine, sent a memorandum to the People's Republic (as to other state-trading countries) and an outline agreement setting down broad guidelines which might serve as a basis for negotiating a trade agreement between China and the Community. Following an exchange of visits, negotiations started on 30 January 1977, and a trade agreement was signed on 3 April 1978; it came into force on 1 June 1978 (OJ L 123, 11.5.1978 and OJ L 306, 31.10.1978). Concluded for a period of five years with tacit renewal every year, the agreement is of a non-preferential nature and defines a number of rules aimed at development of trade. See also Regulation (EEC) 3061/79 on textile products (OJ L 345, 31.12.1979).
See also **External trade**.
Enquiries: Chancellerie diplomatique, boulevard Général Jacques 19, B–1050 Brussels.
Commission responsibility: *D-G I (External Relations), Directorate D.*
Committee: Advisory Committee on Common Rules for Imports from the People's Republic of China (OJ L 306, 31.10.1978).

CIRD. *See* **Research and Development Interservice Committee**.

CMEA. *See* **Council for Mutual Economic Assistance**.

Coal. According to **European Commission** estimates coal consumption in the Community is expected nearly to double by the end of the century with British and German coalfields providing most of the new output (Comm. (80)117 final, 18 March 1980). The Commission has put forward a number of proposals, not yet adopted, for Community financial aid towards coal and coke stocking (OJ C 282, 1977), and to encourage the use of coal in electricity generating plants (OJ C 22, 1977).
The **European Coal and Steel Community** (ECSC) can assist the industry through (*i*) investment loans for industrial or conversion projects; (*ii*) loans towards improvement of housing conditions for coal workers; (*iii*) grants to help redundant workers find new jobs; and (*iv*) research. The Community is also contributing to the cost of projects concerned with the liquefaction and gasification of solid fuels (Regulation (EEC) 728/79, OJ L 93, 12.4.1979).
See **Energy**, fig. 5; *see also* **Coal and steel**: **ECSC financial aid**; **Finance**, fig. 9.
National enquiries: *Government departments for Energy.*
Commission responsibility: *D-G XVII (Energy), Directorate B.*
Committees: Mixed Committee for the Harmonization of Working Conditions in the Coal Mining Industry (OJ L 329, 23.12.1975); Advisory Committee on the Management of Projects for the Liquefaction and Gasification of Solid Fuels (OJ L 93, 12.4.1979).

Coal and steel: ECSC financial aid. Loans and grants are available from the **European Coal and Steel Community** (ECSC) for coal and steel under Articles 54–56 of the **Treaty of Paris**. ECSC funds required for loans are raised by floating public and private loans on the capital market, while funds for grants come from ECSC own resources. Conditions for loans or grants vary according to category:

(i) *Industrial projects* (Article 54). These are loans towards investment on projects which contribute directly and primarily to increasing production, reducing costs, or facilitating the marketing of coal and steel products (e.g. technical services or port facilities). Application for aid is evaluated separately by the **European Commission**, who also decides on the amount; interest rates are determined by the market rates for the currency in which the loan is raised. Programmes with recognized priority status may, in the first five years, have interest rates lowered by three percentage points (e.g. from 11.5 per cent to 8.5 per

cent). Applications should be sent in triplicate, including a description of the project, to the European Commission.
Governments usually arrange exchange risk cover on ECSC foreign currency loans.
Commission responsibility: *D-G XVIII (Credit and Investments), Directorate B (2).*

(ii) *Conversion (or reconversion)* (Article 56). These are loans for financing programmes for the creation of new and economically sound activities capable of absorbing redundant workers into productive employment, either by the expansion of existing undertakings or the creation of new ones. Firms not connected with the coal and steel industry can be helped if they are providing new jobs in coal and steel areas hit by recession or technological change. Criteria for loans are set out in OJ C 178, 27.7.1977 and OJ C 82, 29.3.1979. The ECSC can contribute up to 50 per cent of the cost of fixed investment with an interest rebate of three percentage points for whole or part of the loan depending on the number of jobs created offering priority to redundant coal and steel workers. Large investors (that is investing £5 million or more) can apply directly to the European Commission in conjunction with appropriate government or regional departments. Small and medium-sized firms (defined as those which employ less than 500 people, with net fixed assets of less than 30m European **units of account**, and in which no large company may hold more than one-third of the capital) can be helped through 'global' or agency ECSC loans. Investors must apply through a government-approved intermediary, such as a bank or credit institution, which aggregates approved applications and applies to the Commission for the appropriate loan and arranges for its allocation. Government departments can arrange exchange risk cover. Approved credit institutions are published in OJ C 82, 29.3.1979 and are periodically updated.
Commission responsibilities: *D-G XVI (Regional Policy), Directorate B (4)*; *D-G XVIII (Credit and Investments), Directorate B (2)*.

(iii) *Low-cost housing for coal and steel workers.* Loans are available at low rates of interest towards the improvement of housing conditions for coal and steel workers, either through new house-building or by modernization of existing dwellings. The Commission decides on the distribution of funds between countries and regions in consultation with employers' and workers' organizations (usually trades unions) and government departments responsible for housing. Loans may cover up to 20 per cent of the investment costs of new dwellings and up to 35 per cent of costs for the modernization of existing ones, with repayments up to 20 years and interest rates usually under two per cent. Applications for loans must be made to employers. The number of loans available is limited by the national quota allocated to each Community country from ECSC funds.
Commission responsibility: *D-G V (Employment and Social Affairs), Directorate D (1).*

(iv) *Redundant workers (readaptation grants)* (Article 56). The Commission can make grants to help workers made redundant by economic or technological change in the coal and steel industries. Payments can be made for tide-over allowances (including redundancy payments), resettlement allowances, and vocational training for those having to change their employment. Governments have an agreement with the Commission providing the framework within which grants are paid to the different categories of workers needing help. The appropriate government department informs the Commission when it requires the grants with an estimate of the amount. The Commission can pay up to 50 per cent of that amount which is credited to the government department concerned. The ECSC grants are not open-ended and are limited to periods of time set out in the agreement. Early retirement benefits are treated as unemployment benefit by the Commission. Grants are only made on application by governments.
Commission responsibility: *D-G V (Employment and Social Affairs), Directorate C (4).*

(v) *Research* (Article 55). Grants can be made to promote research in coal and steel where the results are likely to benefit the Community as a whole. Technical research attracts grants of up to 60 per cent of directly incurred expenditure, including staff, equipment and operating expenses

subject to Commission approval. These are open to any firm, research centre or individual who need not be directly concerned with the coal or steel industries. Applications should be sent to the **European Commission** (for details see OJ C 139, 12.11.1974). In the case of social and medical research the Commission usually offers a contract to firms or research centres for work it commissions, the amount of financial aid depending on the project. It may also invite research proposals through advertisement in the press to which those interested may apply. In such cases applications should be sent directly to the Commission, including details of programmes, aims, funds available and required, estimated costs etc.
Commission responsibility: *D-G XII (Research, Science and Education).*
National enquiries (all categories): *government departments for Industry/Trade; government departments for Energy.*
See **Energy**, fig. 5; *see also* **European Investment Bank**; **Finance**, fig. 9; **Industrial policy**, fig. 12; **Regional Fund**.

Cocoa and chocolate. A much-amended basic Directive (73/241/EEC, OJ L 288, 1973) lays down definitions and common rules in respect of the composition, manufacturing specifications, packaging and labelling of cocoa and chocolate for human consumption, in order both to protect the consumer and to ensure their free movement across the Community. The Directive gives definitions of the products (such as cocoa nib and drinking chocolate) which must be adhered to, with certain exceptions (for example, 'milk chocolate' in the UK). It also lays down rules regarding the use of solvents, the size of certain chocolate bars, the composition of fillings etc.
See also **Consumer protection**, fig. 3; **Harmonization**; **International product agreements**.
National enquiries: *government departments for Agriculture/Fisheries/Food.*
Commission responsibility: *D-G III (Internal Market and Industrial Affairs).*

Coffee and chicory. Legislation (Directive 77/436/EEC, OJ L 172, 1977) is designed to protect and inform consumers and prevent the misleading sale of products. This Directive lays down the rules to be observed regarding definition, composition, substances which may be used in the manufacture of related products, packaging and labelling.
See **Consumer protection**, fig. 3; *see also* **Harmonization**, fig. 10; **International product agreements**.
National enquiries: *government departments for Agriculture/Fisheries/ Food.*
Commission responsibility: *D-G III (Internal Market and Industrial Affairs), Directorate A (2).*

Colombia. Colombia has a bilateral agreement with the Community on textiles. *See* **External trade**: *List of Main EEC Agreements with Other Countries,* Table 7.
Enquiries: Chancellerie diplomatique, rue Van Eyck 44 (2e étage), boîtes 5–6, B–1050 Brussels.

COMECON. *See* **Council for Mutual Economic Assistance**.

Comité de Coordination des Industries Textiles de la CEE (COMITEXTIL). *See* **Co-ordination Committee for the Textile Industries of the EEC**.

Comité de Recherche Scientifique et Technique (CREST). *See* **Committee on Scientific and Technical Research**.

Comité des Organisations Professionnelles Agricoles de la CEE (COPA). *See* **Committee of Agricultural Organizations in the European Community**.

Comité Européen de Normalisation (CEN). *See* **European Committee for Standardization**.

Comité Européen de Normalisation Electrotechnique (CENELEC). *See* **European Committee for Electrotechnical Standardization**.

Comité Européen de Recherche et de Développement (CERD). *See* **Committee for European Research and Development**.

COMITEXTIL. *See* **Co-ordination Committee for the Textile Industries in the EEC**.

Commission. *See* **European Commission**.

Committee for European Research and Development (CERD) [Comité Européen de Recherche et de Développement]. A committee established in 1973, composed of 21 independent scientific experts chosen by the **European Commission** to advise in determining research and development objectives and priorities, taking into account the socio-economic needs of the Community.
See also **Committee on Scientific and Technical Research**; **Research**, fig. 15; **Research and Development Interservice Committee**; **Science and technology**.
National enquiries: *government departments for Industry/Trade.*
Commission responsibility: *D-G XII (Research, Science and Education), Directorate B (2).*

Committee of Agricultural Organizations in the European Community (COPA) [Comité des Organisations Professionnelles Agricoles de la CEE]. A committee whose major concern is to promote the farmers' view in the European Community. It acts as a forum for national farming and related organizations to make known their views and as a channel for transmitting these views to the **European Commission**, the **Council of Ministers** and the **European Parliament**. Membership is open to farm organizations in the member countries and is organized on a national basis. COPA has an annual assembly, and a Praesidium composed of one permanent representative of each member organization. It is in regular contact with the Commission on agricultural questions. Working parties cover **proposals** or legislation affecting different commodities, and there is a full-time staff. The committee is financed by direct contributions from member organizations.
See also **European Community**, fig. 7; **Representative organizations**.
National enquiries: national farmers' organizations.
Commission responsibility: *D-G VI (Agriculture), Directorate A (1).*

Committee of Permanent Representatives (COREPER) [Comité des Représentants Permanents de la CEE]. A committee which plays an important role in easing the passage of Community legislation. COREPER consists of Permanent Representatives or Ambassadors from each member country who, with their attendant delegations, represent in Brussels a continuing national interest in the activities of the Community. The **Treaty of Rome** did not make legal provision for COREPER although it functioned actively from 1958; this was remedied under Article 4 of the **Merger Treaty** which states that 'a Committee consisting of Permanent Representatives of the Member states shall be responsible for preparing the work of the **Council of Ministers** and for carrying out the tasks assigned to it by the Council'.
The brevity of the text covers a highly complex and sensitive function wherein the Committee provides a means for testing national reactions to **European Commission proposals** and as an interface between the Council of Ministers and the Commission in facilitating final Council adoption of legislation. There is a network of more than 50 working parties or committees to assist the ambassadors in examing Commission proposals so that, in close co-operation with the Commission, national viewpoints can be aired and differences often resolved before the Council makes its decision. To meet the increasing workload COREPER has been divided into two sections: COREPER I, composed of deputy Permanent Representatives who generally discuss matters of a more technical nature; and COREPER II, composed of the Ambassadors, who discuss politically sensitive matters. In practice this means that Council approval is largely a formality in the case of the majority of lesser decisions, but the Committee does not attempt to resolve larger political issues which are essentially for Ministers. There have been suggestions that COREPER should be given greater powers of decision making, so as to relieve the Council further of detailed work.
See **European Community**, fig. 7; *see also* **Legislative preparation**, fig. 13.
Council Secretariat responsibility: *D-G A (Administration and Budget; Operations), Directorate II.*
National enquiries: Ambassadors or Permanent Representatives
Belgium: 62 rue Belliard, B–1040 Brussels (230-99-00).
Denmark: 34 rue de la Loi, B–1040 Brussels (230-41-80).
France: 37–40 boulevard du Régent, B–1000 Brussels (513-64-45; 513-65-40).

Germany: 64 rue Royale, B–1000 Brussels (513-45-00).
Ireland: 5 avenue Galilée, B–1030 Brussels (218-06-05).
Italy: 74 rue de la Loi, B–1040 Brussels (230-81-70).
Luxembourg: 73 avenue de Cortenberg, B–1040 Brussels (735-20-60).
Netherlands: 62 rue Belliard, B–1040 Brussels (230-31-00).
United Kingdom: 6 rondpoint Schuman (7e-9e étage), B–1040 Brussels (735-99-20).

Committee on European Co-operation in the Field of Scientific and Technical Research (COST) [Cooperation Europêene dans le Domaine de la Recherche Scientifique et Technique]. A committee composed of senior officials responsible for scientific and technical research from 19 European countries – the ten Community members plus Austria, Finland, Sweden, Turkey, Norway, Portugal, Spain, Switzerland and Yugoslavia. Basically an inter-governmental organization, it was set up in 1971 to provide scientific and technical collaboration in selected fields, such as telecommunications, data-processing, new means of transport, oceanography, meteorology, pollution, agriculture and food technology, and to launch projects of interest to member countries. States are free to select the projects they wish to support. COST is serviced by the **Council of Ministers Secretariat** and meetings are held in Brussels.
See also **Committee for European Research and Development**; **Committee on Scientific and Technical Research**; **Research**, fig. 15; **Science and technology**.
National enquiries: *government departments for Industry/Trade.*
Community responsibility: **European Commission**, *D-G XII (Research, Science and Education)* and **Council of Ministers Secretariat**, *D-G D (Science; Technology; Energy).*

Committee on Scientific and Technical Research (CREST) [Comité de Recherche Scientifique et Technique]. A committee established by a **Council of Ministers** Resolution of 14 January 1974 (OJ C 7, 29.1.1974) when the Nine decided to adopt a common policy in the field of science and technology designed to co-ordinate national research policies and jointly implement projects of interest to the Community. The Committee consists of senior national officials whose task is to co-ordinate national research and development policies (excluding defence) and advise the Council and the Commission on new research projects.
CREST has various specialized sub-committees assisting it, such as the Committee for Scientific and Technical Information and Documentation (CIDST), the Committee for Medical and Public Health Research (CRM), and sub-committees on data-processing and **energy**.
See also **Committee for European Research and Development**; **Research**, fig. 15; **Science and technology**.
National enquiries: *government departments for Education/Science.*
Community responsibility: **European Commission**, *D-G XII (Research, Science and Education), Directorate B (2)* and **Council of Ministers Secretariat**, *D-G D (Science; Technology; Energy).*

Committees. The Treaties establishing the European Communities provided for a limited number of committees to help the Council of Ministers and the European Commission in their work. The Council and the Commission have since found it necessary to form other committees to help them with the introduction of the common policies provided for in the Treaties. The following is a list of the standing committees as at 31 October 1980. The list does not include working parties and expert groups which have not been set up by any formal act and whose existence may well be terminated at short notice. *See also* **European Parliament: committees**.

I. Committees provided for in the Treaties or by decisions of the Representatives of the Governments of the Member States, meeting within the Council

1. *Bodies preparing the work of the Council:* Permanent Representatives Committee; Special Committee on Agriculture.
2. *General-purpose advisory bodies:* Consultative Committee of the European Coal and Steel Community (ECSC); Economic and Social Committee (ESC).
3. *Specialized advisory bodies:* Mines Safety and Health Commission; Advisory Committee on Transport – Committee 83; Monetary Committee; Article 113 Committee; Committee of the European Social Fund; Scientific and Technical Committee (STC).

II. Committees set up by secondary Community legislation

A. Committees which need not be consulted during the preparation of Community Acts

1. *Committees consisting of representatives of the Member States (all these committees were set up by the Council)*
   (*a*) Committees intended to help the Member States adopt a common position: Committee of Governors of the Central Banks; Standing Committee on Uranium Enrichment; Energy Committee; Education Committee.
   (*b*) Committees intended to ensure close co-operation between the Member States and the Commission: Select Committee for Consultations on Trade Agreements with Third Countries; Advisory Committee on Common Rules for Exports; Fast Reactors Co-ordinating Committee (FRCC); Advisory Committee on Export Credit Insurance; Advisory Committee on Public Contracts; Committee for Scientific and Technical Information and Documentation (CSTID); Scientific and Technical Research Committee (CREST); Economic Policy Committee; Select Committee on Co-operation Agreements between Member States and Third Countries; Regional Policy Committee; Committee for Proprietary Medicinal Products; Advisory Committee on Value Added Tax; Advisory Committee on Common Rules for Imports from the People's Republic of China; Advisory Committee on Common Rules for Imports from State-Trading Countries; Advisory Committee on Common Rules for Imports; *Ad hoc* Advisory Committee on the Reprocessing of Irradiated Nuclear Fuels; Advisory Committees on Programme Management (ACPM):
      (*i*) *Direct action:* Reactor safety; Plutonium fuels and actinide research; Measurements, Standards and Reference Techniques (METRE) – Nuclear; Operation and utilization of the HFR reactor; High-temperature materials; Informatics; Fissile material control; Forecasting and Assessment in the Field of Science and Technology (FAST).
      (*ii*) *Indirect action:* Plutonium recycling in light-water reactors; Energy conservation; Geothermal energy; Systems analysis: development of models; Biology: health protection (radiation protection); Primary raw materials; Uranium exploration and extraction; Decommissioning of nuclear power plants; Urban and industrial waste recycling (secondary raw materials); Climatology.
      (*iii*) *Direct and indirect action:* Solar energy; Production and utilization of hydrogen; Environment and resources; Reference materials and methods; Management and storage of radioactive waste; Fusion and plasma physics.

      Concerted Action Committees (Comac): Treatment and use of sewage sludge; Research into the growth of large urban concentrations; Registration of congenital abnormalities; Cellular ageing and decreased functional capacity of organs; Extracorporeal oxygenation; Effect of processing on the physical properties of foodstuffs; Analysis of organic micropollutants in water; Physico-chemical behaviour of atmospheric pollutants; Effects of thermal processing and distribution on the quality and nutritive value of food; Detection of the tendency to thrombosis; Understanding, evaluation and treatment of hearing impairment; Criteria for perinatal monitoring; Common standards for quantitative electrocardiography.
   (*c*) Committees intended to assist the Commission in its work (for all these committees, the Presidency and Secretariat are provided by the Commission): Committee of Government Experts appointed to assist the Commission in carrying out Studies on Transport Costs; Technical Committee for Free Movement of Workers; Committee on the Adjustment to the National Taxation Systems relating to Commercial Vehicles; Advisory Committee on Aids to Transport by Rail, Road and Inland Waterway; Standing Committee on Agricultural Research (SCAR); Pharmaceutical Committee; Committee of Senior Officials on Public Health; Advisory Committee on the Taking Up and Pursuit of the Business of Credit Institutions; Advisory Committee on Railway Accounts; Road Haulage Tariff Committee; Transport Infrastructure Committee; Contact Committee on the Annual Accounts of Certain Types of Companies; Advisory Committee on Railway Costing; Advisory Committee on Fusion (ACF); Waste Management Committee; Advisory Committee on Scientific and Technical Training (ACSTT); Advisory Committee on the Control and Reduction of Pollution caused by Hydrocarbons discharged at Sea.

2. *Committees consisting of representatives of the Member States and trade-union, professional or economic organizations*
   (*a*) Committees intended to ensure close co-operation between the Member States and the Commission: Standing Committee on Employment.

(*b*) Committees intended to assist the Commission in its work: Advisory Committee on Vocational Training; Advisory Committee on Free Movement of Workers; Advisory Committee on Social Security for Migrant Workers; Advisory Committee on Safety, Hygiene and Health Protection at Work; Advisory Committee on Medical Training; Advisory Committee on Training in Nursing; Advisory Committee on the Training of Dental Practitioners; Advisory Committee on Veterinary Training; Advisory Committee on the Training of Midwives.

3. *Committees consisting of representatives of trade, professional or economic interests*

(*a*) Advisory Committees on Agriculture: Advisory Committee on Cereals; Advisory Committee on Milk and Milk Products; Advisory Committee on Beef and Veal; Advisory Committee on Pigmeat; Advisory Committee on Poultrymeat; Advisory Committee on Eggs; Advisory Committee on Oils and Fats; Advisory Committee on Sugar; Advisory Committee on Fresh and Processed Fruit and Vegetables; Advisory Committee on Wine; Advisory Committee on Raw Tobacco; Advisory Committee on Hops; Advisory Committee on Live Plants; Advisory Committee on Flax and Hemp; Advisory Committee on Fishery Products; Advisory Committee on Seeds; Advisory Committee on Social Questions Affecting Farmers; Advisory Veterinary Committee; Advisory Committee on Questions of Agricultural Structure Policy; Advisory Committee on Feedingstuffs.

(*b*) Joint Committees: Joint Committee on the Social Problems of Agricultural Workers; Joint Advisory Committee on Social Problems in Road Transport; Joint Advisory Committee on Social Problems in Inland Navigation; Joint Advisory Committee on Social Questions in the Railways; Joint Committee on Social Problems in Sea Fishing; Joint Committee for the Footwear Industry.

(*c*) Others: Consumers' Consultative Committee; Advisory Committee on Customs Matters; Advisory Committee on Foodstuffs; Mixed Committee for the Harmonization of Working Conditions in the Coal Mining Industry; Committee on Commerce and Distribution (CCO); Advisory Committee on Industrial Research and Development (CORDI).

4. *Committees consisting of scientists, scientific experts or other highly-qualified persons:* European Research and Development Committee (CERD); Scientific Committee for Food (SCF); Scientific Committee on Animal Nutrition; Scientific Committee on Cosmetology; Scientific Committee on Pesticides; Scientific Advisory Committee on the Toxicity and Ecotoxicity of Chemical Compounds; Scientific and Technical Committee on Fisheries.

B. Committees which must be consulted during the preparation of Community acts

1. *Committees which must be consulted as part of the decision-making procedure but whose opinion, whatever it may be, is not legally binding on the remainder of the procedure:* Euratom Supply Agency Advisory Committee; Select Committee for Consultations on Trade Agreements with Third Countries; Advisory Committee on Restrictive Practices and Dominant Positions; Standing Committee on Agricultural Structures; Advisory Committee on Restrictive Practices and Dominant Positions in the Transport Industry; General Advisory Committee of the JRC (GAC); Administrative Commission on Social Security for Migrant Workers; Regional Policy Committee; Advisory Committee on the Communities Own Resources; Advisory Committee on the Management of the Projects to Exploit Alternative Energy Sources; Advisory Committee on the Management of Demonstration Projects for the Exploitation of Solar Energy; Advisory Committee on the Management of Demonstration Projects in the Field of Energy-Saving; Advisory Committee on the Management of Projects for the Liquefaction and Gasification of Solid Fuels; Advisory Committee on the Management of Projects for the Exploitation of Geothermal Energy; Committee on the Implementation at Community level of the Agreement on Technical Barriers to Trade.

2. *Management committees (set up for each organization of the agricultural market):* Management Committee for Oils and Fats; Management Committee for Live Plants; Management Committee for Milk and Milk Products; Management Committee for Beef and Veal; Management Committee for Raw Tobacco; Management Committee for Flax and Hemp; Management Committee for Hops; Management Committee for Seeds; Management Committee for Fruit and Vegetables; Management Committee for Sugar; Management Committee for Cereals; Management Committee for Pigmeat; Management Committee for Poultrymeat and Eggs; Management Committee for Fishery Products; Management Committee for Products Processed from Fruit and Vegetables; Management Committee for Isoglucose; Management Committee for Dried Fodder; Management Committee for Wine;

Management Committee for Sheep and Goats; Standing Committee on Agricultural Structures; Community Committee on the Farm Accountancy Data Network (FADN); Standing Committee on Seeds and Propagating Material for Agriculture, Horticulture and Forestry; EAGGF Committee; Standing Committee on Agricultural Research (SCAR); European Regional Development Fund Committee (ERDF); Standing Committee on the Fishing Industry; Committee on Supplementary Measures in Favour of the United Kingdom.

3. *Regulatory committees:* Committee on Origin; Committee on Common Customs Tariff Nomenclature; Committee for Customs Processing Arrangements; Standing Committee on Foodstuffs; Quota Administration Committee; Standing Committee on Agricultural Statistics; Committee on External Trade Statistics; Committee on Duty-Free Arrangements; Committee on Recovery of Claims; Community Transit Committee; Textile Committee; Contact Committee Co-ordinating the Conditions for the Admission of Securities to Official Stock Exchange Listing; Committee on General Customs Rules; Customs Valuation Committee.

   Committees for the Adaptation to Technical (and Scientific) Progress of the Directives on: Motor Vehicles; Measuring and Checking Instruments; Methods of Textile Analysis; Dangerous Substances and Preparations; Lifting and Mechanical Handling Appliances; Agricultural and Forestry Tractors; Aerosol Dispensers; Fertilizers; Electrical Equipment for Use in Potentially Explosive Atmospheres; Quality of Bathing Water; Pressure Vessels; Cosmetic Products; Appliances causing Radio Interference; Provision of Security Signs at Places of Work; Surface Fresh Water Quality; Introduction of Recording Equipment in Road Transport (Tachograph); Colouring Agents for Medicinal Products; Toxic and Dangerous Waste; Quality of Fresh Waters suitable to Support Fish Life; Construction Plant and Equipment; Conservation of Wild Birds; Indication by Labelling of the Energy Consumption of Household Appliances; Surface Water intended for the Abstraction of Drinking Water; Quality of Water intended for Human Consumption; Air Quality Limit Values and Guide Values for Sulphur Dioxide and Suspended Particulates.

   Standing Veterinary Committee; Standing Committee on Feedingstuffs; Standing Committee on Plant Health; Standing Committee on Zootechnics.

4. *Ad hoc procedures:*
   (*a*) European Development Fund Committee (EDF);
   (*b*) Advisory Committee for the Protection against Dumping by Countries which are not Members of the European Economic Community;
   (*c*) Advisory Committee for the Management and Co-ordination of Data-Processing Programmes.

Common Agricultural Policy (CAP). *See* **Agriculture: Common Agricultural Policy**.

Common customs tariff (CCT). A tariff, sometimes referred to as the Common external tariff (CET), which represents the duty paid on goods entering the Community **Customs union** at any point. The level averages about six per cent, but certain special duties are levied on agricultural and other products (*see* **Customs duties**). Introduction of the CCT required harmonization of national customs laws, an on-going process for which the Commission is responsible, administrative power having been delegated to it by the **Council of Ministers**. The Commission is aided in its task by a number of **Management Committees**. Revenue from the CCT does not belong to member countries, but to the Community, and represents a major element in contributions to the Community **budget** from own resources.

See **Harmonization**, fig. 10; *see also* **Budget**, fig. 2; **European Free Trade Association**; **External trade**, fig. 8; **Finance**, fig. 9; **Non-tariff barriers to trade**.

National enquiries: *government departments for Customs and excise.*

Commission responsibility: *Customs Union Service, Tariff Section.*

Committee: Committee on Common Customs Tariff Nomenclature (OJ L 14, 21.1.1969).

Common external tariff (CET). *See* **Common customs tariff**.

Community Bureau of Reference (CBR). Since 1973 the Community has had a programme on reference materials and methods designed to promote collaboration and co-ordination between bodies specializing in this work. 'Reference materials' here mean a material or substance of which one or more properties are sufficiently well established to be used for the calibration of an instrument or the verification of a measurement method. In 1979 the Council adopted a further four-year programme (1979–82) consisting of three major projects on: (*i*) reference materials and methods; (*ii*) management and distribution of Community reference materials; and (*iii*) applied metrology, including new measuring techniques and exchange of information and of scientific personnel. The CBR is undertaking the first two projects; in the third studies and research work will be carried out under contract (Council Decision 79/842/EEC, OJ L 258, 13.10.1979).

See also **Research**, fig. 15.

National enquiries: *government departments for Education/Science.*

Commission responsibility: *D-G XII (Research, Science and Education), Directorate C (2).*

Committees: Advisory Committees on Programme Management (direct and indirect action) on Reference Materials and Methods (OJ C 192, 11.8.1977), and (direct action) on Measurements, Standards and Reference Techniques (METRE) – Nuclear (OJ C 192, 11.8.1977); Committee for the Adaptation to Technical (and Scientific) Progress on the Directives on Measuring and Checking Instruments (OJ L 202, 6.9.1971).

Community law. Community law stems from the Community constitutions as established by the **Treaty of Paris** and the **Treaty of Rome**. The Treaties lay down certain obligatory commitments, such as the **Customs union**, the Common Agricultural Policy, and the 'approximation' or **harmonization** of national laws. Article 235 of the Treaty of Rome allows for the development of other activities not laid down in the Treaties (e.g. the establishment of the **Regional Fund**). Community legislation (**Regulations, Directives, Decisions**) is binding on member countries, but implementation of the law varies according to national custom and institutions. Enforcement is usually the responsibility of national governments, but the **European Commission** is empowered to take direct action against firms or governments that breach rules against restrictive trade practices. Firms can be fined by the Commission, although they have the right to appeal against the Commission decision to the **European Court of Justice**. Governments which fail to implement Community law are asked to explain their position to the Commission and if the Commission considers the explanations unsatisfactory it can refer the matter to the Court of Justice. The Court ruling is expected to be binding on the governments or other bodies concerned, and usually they comply. There are no sanctions under the Treaty of Rome available against governments that flout Court of Justice rulings, and it is generally accepted custom that the rulings are obeyed.

Implementation of Community law operates at different levels within member countries and may be devolved by governments to regional or local authorities.

See **Legislative preparation**, fig. 13; *see also* **Agriculture: Common Agricultural Policy**; **European Community**, fig. 7.

National enquiries: *Commission Information Offices.*

Commission responsibility: *Legal Service.*

Community preference. Community preference means that domestic agricultural products are priced below imported products. **Threshold prices** or minimum import prices, together with subsidies for domestic production, are set at levels which ensure that non-EC country imports are always a little more expensive than the domestic product.

See also **Agriculture: Common Agricultural Policy**.

National enquiries: *government departments for Agriculture/Fisheries/Food.*

Commission responsibility: *D-G VI (Agriculture).*

Community reform. The **enlargement of the Community** in the 1980s, and the administrative problems this entails for the Community institutions, prompted two reviews in 1979 to examine ways in which the work of the Community could be made more effective and efficient.

The report of the Independent Review Body under the chairmanship of Dirk Spierenburg (known as the Spierenburg Report) was concerned with the working of the **European Commission**. It advocated a reduction in the number of Commissioners by the appointment of one only from each member country (instead of the two now appointed by the larger states – France, Germany, Italy and the UK). Thus, with the entry into the Community of **Greece**, **Portugal** and **Spain**, the number of Commissioners would be 12 rather than 16, or 17 if Spain also appointed two. The report argued that it was already difficult to distribute the work evenly among the present number of Commissioners, let alone an enlarged college, and they wanted a maximum of 10 major portfolios instead of the 30 or so separate administrative units over which the Commissioners then presided. This would require an amalgamation of several Directorates-General and the streamlining of divisions and specialized services. The Review Body also believed that the Commission would be more effective if the President, assisted by one Vice-President, were given direct co-ordinating powers instead of his present position as one among equals.

The Committee of Three (Barend Biesheuvel, Edmund Dell and Robert Marjolin) had a wider remit to examine the working of the Community as a whole and to report on what adjustments in machinery and procedures might be necessary for effective operation, and whether progress could be made towards European Union. Their report, *The European Institutions – Present and Future*, while emphasising the achievements of the Community concluded that many existing administrative practices required reworking and improvement; the Report was particularly critical of the role played by the **Council of Ministers** and the failure of the Council Presidency to provide adequate Community leadership. The Committee advocated a number of changes, including the strengthening of the Commission on the lines of the Spierenburg Report, and a closer relationship between other institutions and the elected **European Parliament**. Because of pending enlargement, the Committee wanted its reforms implemented before the end of 1980; it did not, however, see any merit in pressing the case for European Union as an immediate political goal.

While the Commission is endeavouring to streamline its own administration on the lines suggested, the Council of Ministers has not generally acted on the recommendations of either report and, for the present at least, the number of new Commissioners appointed in 1981 (including Greece) is 14.

Major new proposals for reform of the Community **budget**, involving particularly the Common Agricultural Policy (*see* **Agriculture: Common Agricultural Policy**) were tabled by the Commission in mid-1981.

See **European Commission**; **European Community**, fig. 7.

National enquiries: *Commission Information Offices.*

Commission responsibility: *Secretariat-General of the Commission.*

Community trade mark. In 1959, a year after the establishment of the **European Economic Community** (EEC), the **European Commission** began work on the **harmonization** or unification of industrial property law. The Trade Mark Working Group, then set up, produced a Preliminary Draft Convention for a European trade mark in 1964, but work was suspended during the wider international negotiations which led to the signing of the Trade Mark Registration Treaty in 1973. In 1976 the Commission published a Memorandum (EC Bull., Suppl. 8/76, 6 July 1976) outlining new thinking on a Community trade mark, followed in November 1980 by a proposal for legislation harmonizing national laws on trade marks, and for the establishment of a Community trade mark and a Community Trade Mark Office (Comm. (80)635, 19.11.1980).

The harmonizing Directive would ensure that trade marks enjoy uniform protection under the law of all member countries and would indicate rules governing registration of trade marks directly affecting the flow of goods and services within the Community. The draft Regulation would define a Community trade mark that would have the same effect throughout the Community. The Community Trade Mark Office at a site still to be determined would register all Community trade marks in a single language. The Commission recommends that the Community Trade Mark Office should be an autonomous body, under Commission supervision, assisted by an Advisory Committee.

See also **Company law**.

National enquiries: *government departments for Industry/Trade.*

Commission responsibility: *D-G III (Internal Market and Industrial Affairs), Directorate D.*

Comoros. One of the **ACP states** and signatory to the **Lomé Conventions**.

Company accounts. The Fourth Directive on **Company law** (78/660/EEC, OJ L 222, 14.8.1978) is concerned with the harmonization of the annual accounts of public and private limited companies. Its effect is to make annual accounts (particularly balance sheets and profit and loss accounts) comparable throughout the Community. Physical presentation of accounts must conform to prescribed layouts and assets and liabilities must be set out in accordance with fixed rules; annual accounts are subject to auditing. The Directive allows certain exemptions for small and medium-sized firms and legislation comes into effect in 1982 (1985 for unregistered companies).
See also **Company law**; **Harmonization**, fig. 10; **Small businesses**.
National enquiries: *government departments for Industry/Trade.*
Commission responsibility: *D-G III (Internal Market and Industrial Affairs), Directorate D (2).*
Committee: Contact Committee on the Annual Accounts of Certain Types of Companies (OJ L 222, 14.8.1978).

Company (group) accounts. A proposal (**Company law**, seventh draft directive, OJ C 121, 2.6.1976 and OJ C 14, 17.1.1979) which complements the Fourth Directive on Company law (*see* **Company accounts**) and seeks to ensure comparable accounting procedures for groups of companies (multinationals) whether based internally or internationally. Multinational companies with registered offices in the Community, would have to publish group accounts relating to all their subsidiaries throughout the world and make clear the relationships and activities within the group. Those with head offices outside the Community would be subject to the same rules as applied to activities carried out by companies established within the Community. The aim is to give a 'true and fair' view of company activity, and of the group's assets, liabilities, financial position and results.
See also **Harmonization**, fig. 10.
National enquiries: *government departments for Industry/Trade.*
Commission responsibility: *D-G III (Internal Market and Industrial Affairs), Directorate D (3).*

Company capitalization. The Second Directive on **Company law** (77/91/EEC, OJ L 26, 31.1.1977) aims to regulate the formation of public companies, and the maintenance and alteration of their capital. Public companies now require a minimum subscribed capital of 25,000 **Units of account**. The measure provides for specific responsibility for pre-incorporation liabilities, a virtual prohibition on the issue of shares at a discount, and stringent controls on the issue of shares for consideration other than cash. The payment of dividends and interim dividends are also subject to some restrictions.
See also **Harmonization**, fig. 10.
National enquiries: *government departments for Industry/Trade.*
Commission responsibility: *D-G III (Internal Market and Industrial Affairs), Directorate D (2).*

Company law. Legislation harmonizing company law flows from Article 54 (3) (g) of the **Treaty of Rome** as part of Community policy of the **right of establishment** and the removal of obstacles to cross-frontier co-operation. Legislation adopted covers: (*i*) **company capitalization** (Second Directive); (*ii*) **mergers** (Third Directive); (*iii*) protection of employees (*see* **Mergers: employee protection**) (Directive 77/187/EEC, OJ L 61, 5.3.1977); (*iv*) **Company accounts** (Fourth Directive); (*v*) **Stock exchange: listing particulars** (Sixth Directive).
Proposals awaiting adoption include: (*i*) **worker participation: company structure** (draft fifth directive); (*ii*) **Group accounts** (draft seventh directive); and (*iii*) **auditors** qualifications (draft eighth directive).
Measures still under discussion include: (*i*) a **European company statute**; (*ii*) a **bankruptcy** convention; and (*iii*) **unit trusts**. Some preliminary work has also been done by the Commission on (*i*) annual accounts of credit institutions; (*ii*) a draft convention on international mergers (EC Bull., Suppl. 13/73); (*iii*) a **Community trade mark**; and (*iv*) on draft directives on company divisions (scissions) and takeovers.
See also **Harmonization**, fig. 10; **Patent law**.
National enquiries: *government departments for Industry/Trade.*
Commission responsibility: *D-G III (In-*

ternal Market and Industrial Affairs), Directorate D.

Competition policy. In the Community competition policy is governed by Articles 85–86 of the **Treaty of Rome**. These Articles prohibit agreements among enterprises which adversely affect trade between member countries, and which have as their object or effect the prevention, restriction, or distortion of competition within the common market; or, in the case of any enterprise in a dominant position, prohibit it from abusing that position. Similar provisions apply to the coal and steel industries under Article 66 of the **Treaty of Paris**. The **European Commission** has the responsibility, under the Treaties, of ensuring the application of these rules. Basic guidelines were laid down in (*i*) Regulation 17 (6 February 1962, OJ 1962), which required that all existing and future agreements which came within the scope of the Treaties be notified to the Commission; and (*ii*) Regulation (EEC) 67/67 (22 March 1967), which allowed for exemption of certain agreements provided that they did not prevent a dealer given exclusive rights of sale in one member country from selling in another. Within these guidelines competition law has been built up by case law, based on Commission and **European Court of Justice** rulings as applied to firms that have infringed the Treaties. Commission and Court rulings are published in the **Official Journal of the European Communities** (Series L), in the **Bulletin of the European Communities**, and in the Commission's Annual Reports on Competition Policy. An expert Advisory Committee on Restrictive Practices and Dominant Positions advises the Commission on cases it decides to investigate. The Commission also has the power to impose fines. If the Commission orders a firm or enterprise to terminate an infringement of Article 85 this must be published as a Decision and the parties individually affected have the right to appeal to the Court of Justice under Article 173 of the Treaty of Rome. Such an appeal is not a rehearing of the merits, but the Court is required to consider whether the Commission by its Decision has violated the Treaty. Rulings may also be given by the Court when proceedings are started in national civil courts. Competition rules also apply to state monopolies, nationalized industries (*see* **Industry: state aids**), discriminatory pricing, patents and trade marks. National and Community policies largely run parallel in these matters, but enterprises uncertain of their position should consult a lawyer.
See **Harmonization**, fig. 10; *see also* **Company law**; **Decisions**; **Industrial policy**, fig. 12; **Small businesses**.
National enquiries: *government departments for Industry/Trade.*
Commission responsibility: *D-G IV (Competition).*

Computer information network. *See* **Euronet Diane**.

Confederation of Industries of the European Community (UNICE) [Union des Industries de la Communauté Européenne]. An organization consisting of the central employers' and industrial federations of 17 European countries. Community federations are full members; since 1974 the member countries of the **European Free Trade Association** (EFTA) (Austria, Finland, Norway, Portugal, Sweden and Switzerland) and Spain have been associate members. From 1962 until Greece joined the Community, the Greek federation was an associate member. UNICE's role is to co-ordinate the views of its members and to serve as their spokesman at Community level. It is often consulted by the **European Commission**. Its Council of Presidents, made up of the Presidents of the national federations, meets regularly. There is a permanent staff and the work is shared among a number of departments and temporary groups. Their task is to follow the development of various issues of interest to industry, to organize contacts with the trade unions and other associations, as well as with the Commission, Council of Ministers and the European Parliament.
See also **European Community**, fig. 7; **Representative organizations**.
National enquiries: *national employers organizations.*

Congo. One of the **ACP states** and a signatory to the **Lomé Conventions**. A Protocol annexed to the Convention guarantees its sugar exports to the Community.
See also **Sugar**.

Enquiries: Chancellerie diplomatique, avenue Fr. Roosevelt 16, B–1050 Brussels.

Consumer Consultative Committee (CCC). A committee established by the **European Commission** in 1973 (OJ L 283, 1973) to represent consumers' opinions in the counsels and development of the Community. Apart from the work of the Environment and Consumer Protection Service (*see* **Consumer protection**) the CCC is consulted about food standards (D-G III (Internal Market and Industrial Affairs), Directorate A (2)) and **Health and safety** (D-G V (Employment and Social Affairs), Directorate E) and on other matters which it or the Commission consider appropriate. The Committee is composed of 25 members: 15 representing those organizations regarded by the Commission as representative of consumers, 4 experts appointed by those organizations, and 6 independent experts. Member organizations are: the **European Bureau of Consumers' Unions** (BEUC), the **European Trade Union Confederation** (ETUC), the Committee of Family Organizations in the European Community (COFACE), and the European Community of Consumer Co-operatives (EURO-COOP).
Committee members are appointed on a three year renewable basis. The Commission has produced a booklet, *The Consumer Organizations and the Public Authorities* (1977), which lists major consumer organizations in Community countries, available from the Environment and Consumer Protection Service.
See also **Consumer protection**, fig. 3; **Representative Organizations**.
National enquiries: *government departments for Consumer protection.*
Commission responsibility: *Environment and Consumer Protection Service.*
Consumer Consultative Committee, rue de la Loi 200, B–1040 Brussels.

Consumer credit. Laws differ among Community countries on protection of the consumer concerning credit for the purchase of goods and services. A **European Commission proposal** awaiting adoption (Comm. (79)69 final, 23.2.1979) recommends the creation of a minimum standard in consumer/credit relations. This would include a requirement for written contracts, licensing of credit suppliers or making them subject to inspection by the appropriate public authority, and other safeguards. Consumers would be free to terminate the credit agreement by repaying the outstanding credit before the due date, and the consumer would not be allowed to sign away his rights. Any clause in the agreement implying removal of such rights would be ineffective.
See also **Consumer protection**, fig. 3.
National enquiries: *government departments for Consumer protection.*
Commission responsibility: *Environment and Consumer Protection Service (Promotion of Consumer Interests Directorate).*
Committee: Advisory Committee on the Taking Up and Pursuit of Credit Institutions (OJ L 322, 17.12.1977).

Consumer protection. Following pressure for a greater voice for consumers in Community affairs, the **European Commission** set up in 1973 an Environment and Consumer Protection Service. Its task has been to seek to implement two action programmes (OJ C 92, 1975 and Bull. EC 4–1979) incorporating the basic consumer rights of (*i*) protection of health and safety and of economic interests; (*ii*) the right of redress and to information and education; and (*iii*) the right to be heard. It is assisted by two expert committees, the **Scientific Committee for Food** (OJ L 136, 1974) and the **Advisory Committee on Foodstuffs** (OJ L 182, 1975). The **Consumer Consultative Committee**, composed of representative consumer organizations, is responsible for putting forward consumers' opinions on work undertaken at Community level. Legislation of interest to consumers covers labelling and packaging of food, food additives, food labelling, **cosmetics**, **dangerous substances** (usually part of the Community's **harmonization** policy). **Proposals** awaiting approval include **sales practices**, misleading and unfair **advertising**, **product liability** and toys.
See also **Food: additives**; **Food: packaging**; **Foodstuffs: labelling**.
National enquiries: *government departments for Consumer protection.*
Commission responsibility: *Environment and Consumer Protection Service*; *D-G III (Internal Market and Industrial Affairs), Directorate (A).*

fig. 3 CONSUMER PROTECTION

advised by **Consumer Consultative Committee**

HEALTH AND SAFETY STANDARDS for the composition, labelling and packaging of food, pesticides and poisonous products

- harmonized standards for:
  - — composition, labelling and packaging of
    - **cocoa and chocolate**
    - **coffee and chicory**
    - **cosmetics**
    - **honey**
    - **milk: condensed and dried**
  - — composition/construction only of
    - **fertilizers**
    - **food: additives**
    - **food: packaging**
    - **fruit jams, jellies, marmalade and chestnut purée**
    - **fruit juices**
    - **poultry**
    - **sugar**
    - **toys**
    - **wine**
    - (*see also* **Agriculture: Common Agricultural Policy**, e.g. **milk and milk products**)
  - — labelling and packaging only of
    - **dangerous substances**
    - **dietetic foods**
    - **eggs**
    - **foodstuffs**
    - **household products**
- standards proposed but not adopted for:
  - **beer**
  - **bread**
  - **ice cream**
- **product liability**
- **home safety**

sales practices — misleading or unfair **advertising**

consumer advice — education and information — **price index**

consumer credit

Consumer surveys. *See* **Public opinion polls**.

Co-ordination Committee for the Textile Industries of the EEC (COMITEXTIL) [Comité de Coordination des Industries Textiles de la CEE]. An influential organization representing national textile manufacturers from all Community countries except Luxembourg. Its job is to co-ordinate its members' views and lobby at Community level on behalf of the textile industry.
See also **European Community**, fig. 7; **Representative organizations**.
National enquiries: national textile confederations.
Commission responsibility: *D-G III (Internal Market and Industrial Affairs), Directorate C (3).*

COPA. *See* **Committee of Agricultural Organizations in the European Community**.

COREPER. *See* **Committee of Permanent Representatives**.

Co-responsibility levy. A deduction from the price farmers receive for milk (collected by the Milk Marketing Board in the UK) which is then used partly to finance certain projects such as the Community subsidy for **school milk**. The purpose of

the levy is to help reduce the cost of the Common Agricultural Policy (CAP); it is fixed by the **Council of Ministers** as a percentage of the **intervention price** for milk. The Commission would like the levy used as a disincentive to surplus production of milk.
See also **Agriculture: Common Agricultural Policy**, fig. 1; **Milk and milk products**.
National enquiries: *government departments for Agriculture/Fisheries/Food.*
Commission responsibility: *D-G VI (Agriculture), Directorate D (1).*

Cosmetics. Protection against the use of dangerous products in cosmetics is embodied in amended Community legislation (Directive 76/768/EEC, OJ L 262, 1976). This Directive lays down the rules to be observed in respect of the composition, labelling and packaging of cosmetic products. It also lists substances which these products must not contain and substances which are allowed subject to certain restrictions, including colouring agents which may not be used if coming into contact with mucous membrane. The preparation of an approved list of preservatives is in progress. A Committee on Cosmetology advises the Commission on scientific and technical problems and on the composition and use of these products.
See **Consumer protection**, fig. 3; *see also* **Harmonization**.
National enquiries: *national standards institutions.*
Commission responsibility: *D-G III (Internal Market and Industrial Affairs), Directorate A (3).*
Committees: Scientific Committee on Cosmetology (OJ L 13, 17.1.1978); Committee for the Adaptation to Technical (and Scientific) Progress of the Directives on Cosmetic Products (OJ L 262, 27.9.1976).

COST. *See* **Committee on European Co-operation in the Field of Scientific and Technical Research.**

Costa Rica.
Enquiries: Chancellerie diplomatique, avenue Louise 437 (6e étage), B–1050 Brussels.

Cotton seeds. Community aid is available per hectare harvested (OJ L 160, 1971).
See also **Agriculture: Common Agricultural Policy**, fig. 1.
National enquiries: *government departments for Agriculture/Fisheries/Food.*
Commission responsibility: *D-G VI (Agriculture), Directorate C.*

Council for Mutual Economic Assistance (CMEA; COMECON). An economic organization founded in 1949 by the USSR, Bulgaria, Czechoslovakia, Hungary, Poland, and Romania to assist intra-economic development through joint co-ordination of efforts. Later members include Cuba, the German Democratic Republic and Mongolia, with Angola, North Korea and North Vietnam carrying observer status. Since 1964 Yugoslavia has had associate status with limited participation.
The supreme authority is the Session of the Council, usually held annually in members' capitals in rotation, under the chairmanship of the head of the delegation of the host country; all members must be present and decisions must be unanimous. The Executive Committee is made up of one representative of deputy premier rank from each member state. The Secretariat is based in Moscow.
Negotiatiations on a trade agreement between the CMEA and the Community started in 1978, but have not, as yet, led to a conclusion.
See also **External trade**, fig. 8.
National enquiries: *government departments for Foreign/External affairs.*
Commission responsibility: *D-G I (External Relations), Directorate H.*
CMEA, Prospekt Kalinina, 56 Moscow, G-205.

Council of Europe. The Council of Europe was established in 1949 as an inter-governmental organization of European states with ten founder members: Belgium, Denmark, France, Ireland, Italy, Luxembourg, Holland, Norway, Sweden and the United Kingdom. A further 11 countries subsequently joined: Turkey, Greece, Iceland, Fed. Rep. of Germany, Austria, Cyprus, Switzerland, Malta, Liechtenstein, Portugal and Spain. The Council has two institutions: an inter-governmental Committee of Foreign Ministers and a Consultative Assembly, both serviced by a Secretariat in Strasbourg. Several expert committees have been established to deal with matters of common interest to the member governments. Following the signing of the European Convention on Human Rights in 1950, the European Commission of Human Rights and the **European Court of Human Rights** were set up. The Commission investigates alleged violations of the Convention submitted to it either by states or, in most cases, by individuals. Its findings can then be examined by the Court (not to be confused with the Community **European Court of Justice)** whose obligatory jurisdiction has been recognized by 12 member countries, or by the Committee of Ministers. The judgement of the Court is final.

Under its statute the Council's aim is 'to achieve a greater unity between its members for the purpose of safeguarding and realizing the ideals and principles which are their common heritage and facilitating their economic and social progress', this aim to 'be pursued...by discussion of questions of common concern and by agreements and common action'. The Council is specifically excluded from discussions on defence matters. While the Council agrees conventions from time to time (*see* **Wildlife**) it has no legislative jurisdiction over its members and should not be confused with the **European Community.**

See also **European Community**, fig. 7.

National enquiries: *government departments for Foreign/External Affairs.*

Commission responsibility: *D-G I (External Relations).*

Council of Europe, Palais de l'Europe, 67006 Strasbourg, CEDEX.

Council of Ministers (Council of European Communities). The Council of Ministers is the supreme decision-making body of the Community under the **Treaty of Rome,** although its role has been partly modified by the **European Council** of heads of government. Each government has one representative Minister on the council though personnel differ according to issues under discussion (e.g. agriculture, finance, social policy). Foreign Ministers are held to have responsibility for overall co-ordination of Community policy as well as external affairs in what is sometimes known as the 'General Council' (*see* **European political co-operation**). The Council has its own **Council of Ministers Secretariat**, but it decides on **proposals** from the **European Commission**. Although a Commissioner attends all Council meetings he cannot vote. Under Article 148 of the Treaty of Rome the Council can take decisions unanimously, by absolute majority or by qualified voting. In the latter case the UK, France, Germany and Italy have ten votes each, Belgium, Holland and Greece five each, Denmark and Ireland three votes each, and Luxembourg two. Where a majority vote is required by the treaty the Council will require at least (*i*) 45 votes (out of 63) in favour on a Commission proposal or (*ii*) 45 votes in favour cast by at least 6 members in certain other cases. In 1966 under the Luxembourg Agreement the six Community members decided that it was unrealistic to impose decisions by a qualified majority when vital interests were under discussion and since then nearly all Council decisions are taken by unanimous agreement.

The Presidency of the Council rotates every six months among member governments, in alphabetical order according to the name of the country in its own language, and applies to all Council meetings and those of subsidiary bodies during the period. Increasingly the President of the Council speaks for all Community members in external relations, for example at the United Nations. Council meetings are private, but there are press conferences and press releases after meetings.

See **European Community**, fig. 7; *see also* **Budget**, fig. 2; **External trade**, fig. 8; **Legislative preparation**, fig. 13; **Research**, fig. 15.

Enquiries: the Council of Ministers has its own Secretariat, separate from that of the European Commission; *see* **Council of Ministers Secretariat**. Responsibility for the Council within the European Commission rests with the *Secretariat-General of the Commission.*

National enquiries: *Commission Information Offices*; *government departments for Foreign/External affairs.*

Council of Ministers Secretariat. An organization which services the **Council of Ministers**. It is separate from and much smaller than the **European Commission** and has no powers of proposal or execution. It recruits its own staff, and is divided into six Directorates-General covering major areas of Community activity.

See also **Recruitment of Community staff**.

DIRECTORY OF THE COUNCIL OF MINISTERS SECRETARIAT

SECRETARIAT-GENERAL

rue de la Loi 170, B–1048 Brussels	tel. 736–79–00/736–89–40
Wetstraat 170, B–1048 Brussels	cables: Consilium Bruxelles
	telex: 21711 CONSIL B

Secretary-General	N. Ersbøll
1. Directorate of Private Office	P. Skytte Christoferson
Organization of meetings and security	A. Feipel
Organization	J.J. Fabbri
Press	N. Schwaiger
Protocol	R. Woell
2. Financial control	R. Müeller

LEGAL DEPARTMENT

Director-General	
Jurisconsult of the Council	H.J. Glaesner
Deputy Directors-General	J.L. Dewost
	D. Gordon-Smith
Directors	R. Fornasier
	H. Lambers
Legal advisers	D.Vignes
	G. Peeters
	B. Schloh
	B. Hoff-Nielsen
	A. Saccettini
Legal Documentation	E. Roth
Legal/Linguistic experts (Head of Working Party)	P. Overeem

DIRECTORATE-GENERAL A

Administration and Budget
Operations

Director-General	U. Weinstock
Directorate I	
Director	P. Gueben
Administration and Budget	—
1. Medical Service	—
2. Welfare Service	B. Andreani
3. Staff regulations; Staff training	F. Mann
4. Studies; Disputes; Miscellaneous questions	G. Pisters
5. Personnel; Salaries; Data-processing	H. Uebel
6. Budgets and Financial Regulations/Accounts	J.M. Florens
Directorate II	
Director	H.I. Duck
Operations and Translation	
1. General co-ordination; Agreement Office; Practical operations (production of working documents and acts of the Council and its bodies; preparation and follow-up of treaties and agreements; typing pool; reproduction/circulation of documents; registry)	C. Goetz

2. Translation Department	
Head of Translation Department	R. Loebisch
Deputy Head of Translation Department	L. Cuby
Head of Danish Division	S.V. Geleff
Head of German Division	A.M. Kuhl
Head of English Division	P.J. Arthern
Head of French Division	W. Motte
Head of Italian Division	T. Valerio
Head of Dutch Division	A. Laterveer
3. Internal services	J. Andre

DIRECTORATE-GENERAL B

Agricultural, regional and social policies
Education
Economic and Social Committee

Director-General	L. Fricchione

Directorate I

Director	J. Bocquillon
1. Common organization of the agricultural market	C. Strebler
2. Trade arrangements for agricultural products not included in the market organization, and first stage processed products	W. O'Sullivan
3. Harmonization of provisions laid down by law, regulation or administrative action; Codex Alimentarius	H.R. Kahl

Directorate II

Director	M.A. Tracy
1. Agri-monetary questions; Financial aspects of the Common Agricultural Policy; Structural policy; National aids and conditions of competition; Community fisheries policy; Forests	

Directorate III

Director	E. Chioccioli
1. Regional Policy	H. Bourgeau E. Martino
2. Social Policy including Standing Committee on Employment and problems of redevelopment in the industries of the ECSC	G. Chiniard M. Graf
3. Relations with the Economic and Social Committee; ECSC Consultative Committee; Advisory Committees in the social field; Co-operation in the field of education, European University Institute (Florence); Co-operation in the field of youth	J. Parr

DIRECTORATE-GENERAL C

Domestic market
Industrial policy
Intellectual property
Transport
Environment
Consumer protection
Right of establishment and services
Company law
Public contracts
Iron and steel industry

Director-General	J.A.U.M. van Grevenstein
Directorate I	
Director	E.H. a Campo
1. Customs Union; Industrial policy; Iron and steel industry	F. Duhoux
2. Approximation of laws	
3. Rules of competition	
4. Intellectual property	V. Scordamaglia
Directorate II	
Director	H. Schmidt-Ohlendorf
1. Transport	E. Alsøe
2. Environment	R. Lugard-Brayne
3. Consumer protection	
Directorate III	P.H. Wetton
1. Right of establishment and services	
2. Company law	
3. Public contracts	
4. Banks; Insurance	

DIRECTORATE-GENERAL D

Science
Technology
Energy

Director-General	J.-A. Dinkespiler
Deputy-Director General	M. Yeats
Directorate I	P. Sieben
Research policy	
Scientific and Technical Research Committee (CREST); Research programmes and budget; Dissemination of information; External relations in the field of science and technology; European Co-operation in the Field of Scientific and Technical Research (COST)	
Directorate II	W. Treitschke
Energy policy	
Energy Committee; Coal; Hydrocarbons; Nuclear energy (including Safeguards and controls and Euratom Supply Agency; Standing Committee on Uranium Enrichment)	
Directorate III	F. Serafini
Energy-saving policy	
Measures in the event of crisis; External relations in the field of energy; specific problems concerning hydrocarbons and nuclear energy	

DIRECTORATE-GENERAL E

External Relations and Development Co-operation

Director-General	A. Dubois
Deputy Director-General (with special responsibility for Directorate III)	G.L. Giola

Directorate I

Director	F. Bjørnekaer
Commercial policy; Non-European industrialized countries; State-trading countries; North-South Dialogue; International economic organizations	
1. Commercial policy; general questions and commercial policy arrangements (except State-trading countries); GATT; sectoral questions (textiles, steel etc); Relations with non-European industrialized countries; Commodities and UNCTAD integrated programme	G. van Dongen
2. North-South Dialogue; International organizations in the development field; OECD; UN; Relations with State-trading countries: general questions and commercial policy arrangements; Agreements with China and Romania; CMEA; CSCE; ECE; Fairs and Exhibitions; Commercial advisers	R. Bandilla

Directorate II

Director	G. Lesort
Development Co-operation: ACP/OCT/FOD; Autonomous policy towards non-associated developing countries; Development Council	
1. Economic co-operation: commercial co-operation products covered by special arrangements; STABEX; Sysmin; Generalized preferences scheme	D.A.T. Thain
2. Financial and technical co-operation	
3. Industrial co-operation; Agricultural co-operation; Food aid	

Directorate III

Deputy Director-General	G.L. Giola
Accession negotiations; Western Europe; Mediterranean; Latin America; Asia; External relations in the field of fisheries	
1. Accession negotiations; Spain; Israel; Mashreq	J.P. Senn
2. Cyprus; Maghreb; Malta; Turkey; Yugoslavia; Horizontal Mediterranean questions; Euro-Arab Dialogue	
3. EFTA; Latin America; Asia; External relations in the field of fisheries	

Geneva

Director, Head of the Liaison Office	K.D. Jagstaidt
Office for liaison with the European Office of the United Nations; GATT	

DIRECTORATE-GENERAL F

Economic, Financial, Parliamentary and Institutional Affairs
Information
Documentation
Publications

Director-General	K.C. Christofas
Deputy Director-General (with special responsibility for Directorate III)	G. de Thomasis

Directorate I

Director	W. Pini
1. Economic and monetary union	
2. Tax harmonization; Credit insurance	

Directorate II	J. Mestdagh
Relations with the European Parliament; Answers to Parliamentary questions; Institutional affairs; Relations with other European organizations and movements	
Directorate III	
Director	R. Pourvoyeur
Information; Documentation; Publications; Libraries; Archives	

Court of Auditors. Established by amendment to the **Treaty of Rome** in 1975 (Articles 206–206a), the Court consists of ten members (one from each Community country) appointed for a term of six years by the Council of Ministers in consultation with the European Parliament. Members must be qualified in external audit and their task is to examine all revenue and expenditure accounts of the Community. The Court can comment on the accounts to all the Community Institutions, and if requested, can issue advisory opinions. Internal auditing, as before the Court was set up, continues to be carried out by each Institution's financial controller.
See also **Finance**, fig. 9.
Community responsibility: Court of Auditors, 29 rue Aldringer, Luxembourg.

CREST. *See* **Committee on Scientific and Technical Research**.

Cuba. Cuba has been a member of the **Council for Mutual Economic Assistance** since 1974.
Enquiries: Cuban embassies.

Customs duties. The Community is a **Customs union** and all imports into the Community are charged at a uniform rate whichever country they enter. The **Common customs tariff** (CCT) averages about six per cent, although under the **Generalized System of Preferences** (GSP) and other agreements exports from many developing countries enter the Community market at special reduced rates.
Customs duties are imposed on some agricultural products as well as **levies**: 16 per cent on live cattle, 20 per cent on **beef and veal**, and 20 per cent on mutton and lamb (**sheepmeat**). Various rates apply to **fruit and vegetables**. Duties may be reduced or suspended by the Council of Ministers.
See also **Finance**, fig. 9.
National enquiries: *government departments for Customs and excise.*
Commission responsibility: *Customs Union Service.*
Committees: Committee on Customs Processing Arrangements (OJ L 58, 8.3.1969; OJ L 24, 30.1.1976); Customs Valuation Committee (OJ L 134, 31.5.1980).

Customs union. An arrangement whereby countries agree to do away with customs barriers between themselves and apply a common tariff to countries outside the union so that the level of protection will be the same wherever a product enters the union. Once a product has entered the territory and the **Common customs tariff** has been paid no further duties are payable whatever the destination of the goods. This differentiates a customs union from a free-trade area where, though there are no internal barriers, members are free to follow an independent customs policy and apply their own tariffs vis-à-vis non-members.
The Community Customs Union was established by the six Community founder members in 1968, and extended to include the UK, Ireland and Denmark in July 1977. Following a transition period Greece will be fully included in the Union by 1 January 1986. Nevertheless, harmonization of customs procedures is slow: **passports** are still required within the Community, and **non-tariff barriers to trade** remain.
In March 1979 the **European Commission** published its first 'Multiannual Programme for the Attainment of the Customs Union' (OJ C 84 31.3.1979) which is updated annually. The Programme recommends codification of Community customs law (now found throughout the **Official Journal of the European Communities**, Series L) and implementation by **Regulations** rather than through harmonization by **Directives**. It also sets out **proposals** (*i*) ready for adoption; (*ii*) not

yet examined or in the early stages of examination; (*iii*) to be transmitted to the Council.
See **Harmonization**, fig. 10; *see also* **Customs duties**; **Duty-free allowances**; **European monetary system; External trade**, fig. 8.
National enquiries: *government departments for Customs and excise.*
Commission responsibility: *Customs Union Service.*
Committees: Advisory Committee on Customs Matters (OJ L 321, 22.11.1973; OJ L 362, 31.12.1976; OJ L 299, 26.10.1978); Committee on General Customs Rules (OJ L 205, 13.8.1979).

Cyprus. Following the entry of the UK into the Community (*see* **Enlargement of the Community**) Cyprus and the Community concluded an **Association agreement** in 1972 aimed at improving trade between the parties on a non-discriminatory and co-operative basis (OJ L 133, 1973). Following a first stage, extended to 31 December 1979, Cyprus was to be progressively incorporated into full **Customs union** with the Community, but inconclusive negotiations delayed a start. A transitional protocol lasting until 31 December 1980 extended the original arrangement for a further year. Under the agreement the Community provides loans and grants to Cyprus totalling 30m **units of account** from 1 January 1979 to 31 December 1983.
See also **External trade**: *List of Main EEC Agreements with Other Countries,* Table 3(*a*).
Enquiries: Chancellerie diplomatique, rue de la Loi 83–85, B–1040 Brussels.

Czechoslovakia. Czechoslovakia is a founder member of the **Council for Mutual Economic Assistance**.
Enquiries: Czechoslovak embassies.

D

Dangerous substances (packaging and labelling). A **Directive** adopted in 1967 (67/548/EEC, OJ 16.8.1967) and amended periodically (*see* **Harmonization**) aims at ensuring that all Community countries adopt common procedures in packaging and labelling poisonous or dangerous substances. The Directive also provides for the appropriate authorities to be informed when new substances are placed on the market so that they can be commonly listed.
See also **Consumer protection**, fig. 3.
National enquiries: *national standards institutions.*
Commission responsibility: *D-G III (Internal Market and Industrial Affairs), Directorate A.*
Committees: Scientific Advisory Committee on the Toxicity and Ecotoxicity of Chemical Compounds (OJ L 198, 22.7.1978); Committee for the Adaptation to Technical (and Scientific) Progress of the Directives on Dangerous Substances and Preparations (OJ L 167, 25.6.1973; OJ L 189, 11.7.1973; OJ L 259, 15.10.1979).

Data-processing. *See* **Telematics**.

Decisions. Decisions are Community laws, adopted by the **Council of Ministers** on a **proposal** from the **European Commission** which, when published in the **Offical Journal of the European Communities** (Series L) are directly binding on those to whom the Decisions are addressed (governments, firms or individuals). They are, therefore, selective in application.
See also **Community law**; **Legislative preparation**, fig. 13.
National enquiries: government departments concerned with content of individual Decisions or *Commission Information Offices.*

Denmark. A former member of the **European Free Trade Association**, Denmark joined the **Community** in January 1973.
See also **Enlargement of the Community**.
Enquiries: Permanent Representative (COREPER), 34 rue de la Loi, B–1040 Brussels.

Dental practitioners. From 1980 dentists and dental surgeons have been free to practise their profession anywhere in the Community subject to the minimum training requirements and mutual recognition of qualifications set out in **Directives** 78/686/EEC and 78/687/EEC (OJ L 233, 24.8.1978), except in Italy where dentistry is practised by doctors and more time has been required to create a separate profession.
An Advisory Committee on the Training of Dental Practitioners (**Decision** 78/688/EEC), consisting of three experts from each member country (one from the profession, one from a training institution and one government representative), advises on comparable levels of training throughout the Community. The Committee of Senior Officials on Public Health, set up to ensure the smooth application of the legislation for **doctors**, had its remit extended to cover dental practitioners (Decision 78/689/EEC).
See also **Work and employment**, fig. 18.
National enquiries: *government departments for Employment/Labour.*

Commission responsibility: *D-G III (Internal Market and Industrial Affairs), Directorate D (5).*
Committee: Advisory Committee on the Training of Dental Practitioners (OJ L 233, 24.8.1978).

Development Fund (EDF). The first European Development Fund was created in 1958 to provide aid funds for dependencies of the six founder Community members, and was renewed for two further five-year periods under the **Yaoundé Agreements**. It was renewed again under the **Lomé Conventions** until 1985. Under Lomé II the overall Community financial assistance from the Fund will total 5,227m **units of account**. The Fund is administered by the **European Commission** (D-G VIII), subject to supervision by the joint EEC–ACP Council and Committee of Ambassadors, and an EDF Committee, consisting of representatives of Community countries and chaired by the Commission. The Committee must approve all projects financed by the Fund. Projects must be part of development programmes drawn up by the **ACP states** signatory to the Lomé Conventions, and then evaluated by the Commission as to their merit. If a feasibility study is required, the Commission may suggest a shortlist of consultants drawn from an index of consultants registered in the member countries, from which the ACP state makes its choice. If approved, the project may be financed in a variety of ways ranging from non-repayable grants, soft loans, and loans at market rate, to subscription to equity capital and joint funding with private enterprise. The ACP state must then draw up specifications and ask for tenders. This is normally limited to competition within the Community and the ACP state, although competition can be wider in the case of joint projects, such as with the World Bank. The Commission has a resident delegate in most ACP states to assist in solving any problems (*see* **European Commission**: *Directory of the Commission of the European Communities,* 'External Delegations'). Contracts are carried out under 'General Conditions', usually the standard public contract conditions of the recipient country concerned, and 'Special Conditions' attached to each project and supplied with the tender dossier. The special conditions specify details of guarantees, advances, part-payments, revision of prices and acceptances, all of which may vary from case to case. Details of projects and calls for tender under the EDF are published in the **Official Journal of the European Communities**. Consultants wishing to have their company included on the register of consultants should contact the Commission directly. Registration application forms are obtainable from the EDF Finance Department, (Consultancy Register), European Commission, Brussels.
See **External trade**, fig. 8; *see also* **Finance**, fig. 9; **Non-associated states**.
National enquiries: *government departments for Overseas aid/Development; government departments for Industry/Trade.*
Commission responsibility: *D-G VIII (Development), Directorate E.*
Committee: European Development Fund Committee (EDF) (OJ L 25, 30.1.1976).

Dietetic foods. Directive 77/94/EEC (OJ L 26, 1977) provides for general controls on the marketing and labelling of such foods with regard to their claimed nutritional value.
See also **Consumer protection**, fig. 3; **Harmonization**.
National enquiries: *government departments for Agriculture/Fisheries/ Food.*
Commission responsibility: *D-G III (Internal Market and Industrial Affairs), Directorate A (2).*

Direct Information Access Network for Europe. *See* **Euronet Diane**.

Directives. Directives are Community laws, adopted by the **Council of Ministers** on a **proposal** from the **European Commission** which, like **Regulations**, are binding on member governments. However, it is left to the national authorities to introduce legislation conforming to the intention of the Directive and the legislation does not come into force until this is done. Directives usually set a time limit for governments to comply, and are published in the **Official Journal of the European Communities** (Series L).
See also **Community law**; **Legislative preparation**, fig. 13.
National enquiries: government departments concerned with content of individu-

al directives or *Commission Information Offices.*

Djibouti. One of the **ACP states** Djibouti is a signatory to the **Lomé Conventions**.
Enquiries: Chancellerie diplomatique, boulevard Péreire 70, F–75017 Paris.

Doctors. Since 1976 doctors who are nationals of Community countries and hold an appropriate diploma or degree, as set out in **Directive** 75/362/EEC (OJ L 167, 30.6.1975) may practise their profession in any Community country. The legislation does not apply to non-nationals, even if they were trained in a Community institution. A second Directive (75/363/EEC) provides for the co-ordination of laws, regulations, and administrative practice in regard to the profession, and also lays down minimum rules for training, and for its duration, guaranteeing a total of at least six years' study or 5500 hours of theoretical and practical teaching given in or under the responsibility of a university. Methods of training are a matter for each country. An Advisory Committee for Medical Training (**Decision** 75/364/EEC), consisting of three experts from each country (one from the profession, one from the training institutions, and one government representative), advise on comparable training levels throughout the Community. A Committee of Senior Officials on Public Health (Amended Decision 75/365/EEC) ensures the application of the legislation and recommends any new directives that may be necessary. As the right of establishment has been extended to cover **nurses**, **midwives**, and **dental practitioners** the Committee's terms of reference have been extended to cover these professions.
See also **Work and employment**, fig. 18.
National enquiries: the following is a list of information centres for doctors who wish to take up or provide services in the Community.
Belgium: Conseil Supérieur de l'Ordre des Médecins, place de Jamblinne de Meux 32, B–1040 Brussels (02-736-82-91)
Denmark: Informationskontoret for EF – Laeger, Sundhedsstyrelsen, Store Kongensgade, 1, DK-1264 Copenhagen (01-14-10-11)
France: Conseil National de l'Ordre des Médecins, 60 boulevard de Latour-Maubourg, 75340 Paris CEDEX 7 (555-65-10)
Germany: Bundesärzekammer (Arbeitsgemeinschaft der Westdeutschen Ärztekammer), Haedenkampstrasse 1, D–5000 Cologne 41 (47-28 (1))
Ireland: Medical Registration Council, 6 Kildare Street, Dublin 2 (01-762151)
Italy: Ministero della sanità, Viale Industria, 00100 Rome (5994-920 5919638)
Luxembourg: Ministère de la Santé Publique, 57 boulevard de la Petrusse, Luxembourg (40801)
Netherlands: (*i*) Information on legal aspects and administrative formalities: Ministerie van Volksgezondheid en Milieuhygiëne, Hoofadfdeling Medische Beroepen en Opleidingen, Dr. Reijersstraat, 8–12, Leidschendam (070-209260); (*ii*) Information on opportunities for establishment, working conditions and professional ethics: Koninklijke Nederlandse Maatschappij tot Bevordering der Geneeskunst, Postbus 20051, 3502 LB Utrecht (030-885411)
United Kingdom: The Registrar, General Medical Council, 44 Hallam Street, London W1N 6AE (01-580-7642)
Commission responsibility: *D-G III (Internal Market and Industrial Affairs), Directorate D (5).*
Committee: Advisory Committee on Medical Training (OJ L 167, 30.6.1975).

Dominican Republic. One of the **ACP states** the Dominican Republic is also a signatory of the **Lomé Conventions**.
Enquiries: Chancellerie diplomatique, rue Georges Ville 2, F–75116 Paris.

Dried fodder. Flat rate aid is fixed yearly in order to improve community supplies of vegetable proteins (OJ L 142, 1978). A guide price is fixed annually at a level considered to be fair to producers. Aid is equal to the difference between the guide price and the market price if lower. Aid is conditional on the conclusion of contracts between producers and the processing industry, on the processing of own harvest, or on processing the harvest of one of the producer groups concerned. Supplementary aid for processing fodder is available under certain conditions. Aid for storage may be given provided a contract has been concluded. Provision is made for measures to be applied in the event of market disturbances owing to imports or exports.

See also **Agriculture: Common Agricultural Policy**.
National enquiries: *government departments for Agriculture/Fisheries/Food.*
Commission responsibility: *D-G VI (Agriculture), Directorate C.*
Committee: Management Committee for Dried Fodder (OJ L 142, 30.5.1978).

Driving hours. To encourage road safety and protect the well-being of long-distance coach and lorry drivers, the Community has laid down rules regarding working hours and conditions of drivers (codified version of **Regulation** (EEC) 543/69, OJ C 73, 17.3.1979). The Regulation stipulates: (*i*) the minimum age of drivers of commercial vehicles; (*ii*) that the driving period may not exceed 48 hours in any one week or 92 hours in any two consecutive weeks, and must be interspersed with defined rest periods; and (*iii*) that payments to crews in the form of bonuses and wage supplements are forbidden unless they are of such a kind as not to endanger road safety. Because of difficulties of adaptation the UK was allowed an extended time until 1 January 1981, to conform to the Regulation.
Commercial vehicles over a certain weight and larger coaches (including mini-buses if they have seats for more than nine people including the driver) must be fitted with a **tachograph** or recording instrument.
See also **Transport**, fig. 17.
National Enquiries: *government departments for Transport.*
Commission responsibility: *D-G VII (Transport), Directorate A (4).*

Driving licences. A **Directive** adopted in 1980 allows for mutual recognition and exchange of driving licences when a Community national changes residence from one member country to another. From 1 January 1983 (1986 in the UK) any such person will be able to exchange his private driving licence for that of his new country of residence without having to take another driving test, and those countries, principally the UK, which insist on special tests for heavy-goods vehicle drivers, will issue licences to migrants from other EC countries without testing after proof of experience of driving such vehicles. Between 1 January 1983 and 1 January 1986 a common-format rose-coloured Community driving licence will be introduced for issue to newly-qualified drivers, although the licence itself will be national.
See also **Transport**, fig. 17.
National enquiries: *government departments for Transport.*
Commission responsibility: *D-G VII (Transport), Directorate A (4).*

Droit de suite. Paintings and sculptures are frequently resold at prices many times those originally paid to the artist. This is regarded in some countries as inequitable and has led to the institution of schemes whereby the artist and his heirs have the right, during the normal copyright term, to part of the proceeds of each resale – commonly known as 'droit de suite'. Article 14 of the Berne Convention incorporates an optional provision concerning droit de suite, although only 17 of the 71 member countries provide for it. The 17 include 6 European Community countries, Belgium, Denmark, France, Germany, Italy and Luxembourg.
In its communication 'Community Action in the Cultural Sector' (EC Bull., suppl. 6/77) the European Commission suggested that sales are attracted to those countries, such as the UK, where the right – in a effect a levy of sales – does not exist. It accordingly recommended the introduction of a directive to harmonize existing national laws on droit de suite and to provide for the general application of these rights throughout the Community. Proposals for a Directive on droit de suite would ensure the payment to creative artists in the plastic arts (or their heirs) of a percentage of the capital gain realized on successive sales of their works.

Dumping. The selling of goods abroad at prices below those which the exporter charges for comparable sales in his own country, usually involving a subsidy. A subsidy includes most financial benefits granted to overseas countries on the production or exports of goods (but not rebates of customs duties, or internal sales taxes such as **Value added tax** (VAT), granted when goods are exported).
Following agreement on and the introduction of new rules in the **General Agreement on Tariffs and Trade** (GATT) on 1 January 1980, the Community updated its anti-dumping legislation ((EEC) 3017/79, OJ L 339, 31.12.1979). Re-

sponsibility for applying the provisions of the GATT Anti-Dumping Code, which establishes procedures for dealing with dumped imports, rests with the **European Commission** which supervises and operates the relevant Community legislation with help from the member countries. The Commission provides guidance to industries confronted by dumped or subsidised imports (in the UK see *Guide to EEC Action against Dumped or Subsidised Imports,* (General Division, Department of Trade, January 1980)). Applications against dumping generally should be submitted by a European trade association or by one company acting as the co-ordinator for Community producers or a major proportion of them. Application can be accepted by individual companies or a national trade association, but additional information about production, trade, and consumption elsewhere in the Community may be necessary before the application can be taken further. An industry has the right to lodge its application against dumping with the Commission or with the national government department for Trade which will immediately inform the Commission. Anti-dumping or countervailing action against subsidies is not undertaken lightly and grounds for taking action in most countries are governed by law and open to challenge in the courts. To assist industry to formulate a well-founded complaint, the Commission has prepared a standard questionnaire (available from the Commission or Departments of Trade). Industries are required to provide *prima facie* evidence of dumping or subsidization and of material injury to their industry or the threat of it. The Commission, after preliminary verification of the evidence submitted and after any necessary co-ordination at Community level, will decide whether any investigation is warranted in consultation with the EEC Anti-dumping Committee, an advisory body consisting of representatives of the member countries. If the Commission then decides to investigate, and its results are positive, the normal remedy is the imposition of Community anti-dumping or countervailing duties. Any duties imposed are applicable in all member countries, but these are waived if the foreign exporter ceases dumping or exporting the product. The announcement of the findings of the investigation is published in the **Official Journal of the European Communities**. To prevent serious injury to an industry before the full investigation is complete, the Commission may take provisional action in the form of a provisional anti-dumping or countervailing duty for a limited period.

See also **External trade**, fig. 8.

National enquiries: *government departments for Industry/Trade.*

Commission responsibility: *D-G I (External Relations), Directorate D (3).*

Committee: Advisory Committee for the Protection Against Dumping by Countries which are not Members of the European Economic Community (OJ L 339, 31.12.1979).

Durum wheat. Hard-grain wheat used for making pasta. Producers qualify for special deficiency payments to encourage them to grow more of the product which is heavily imported from non-EC countries.

See also **Agriculture: Common Agricultural Policy**, fig. 1; **Cereals**.

National enquiries: *government departments for Agriculture/Fisheries/ Food.*

Commission responsibility: *D-G VI (Agriculture), Directorate C.*

Duty-free allowances. Visitors or returning residents (including day travellers across the Channel) are entitled to bring back certain goods duty- or tax-free (OJ L 366, 1978), the amount depending on whether travel is within the Community or from third countries. Passengers under 17 are not entitled to tobacco and drinks allowances. The same rules apply to Greece as from 1 January 1981. Travellers within the Community are allowed to bring in other goods worth up to 180 **units of account** (EUA) (about £120 in the UK) and those under 15 years of age have a smaller allowance (50 EUA or about £30). The Commission has proposed that the allowances should be increased, and it is worth checking with national government departments for Customs and excise before travelling abroad.

As a result of Community legislation it is also now possible to receive small parcels from abroad duty-free. The goods, which may include small quantities of tobacco and wine, should be intended for private use and should not exceed 30 EUA (about £20) in value (**Regulation** (EEC) 3060/78, OJ L 366, 28.12.1978). A

similar exemption applies to gifts sent between private persons in the Community (**Directive** 78/1035/EEC, OJ L 366, 28.12.1978).
See also **Harmonization**, fig. 10; **Transport**, fig. 17.

National enquiries: *government departments for Customs and excise.*
Commission responsibility: *Customs Union Service.*
Committee: Committee on Duty-Free Arrangements (OJ L 184, 15.7.1975).

DUTY-FREE ALLOWANCES FOR INTRA-COMMUNITY TRAVELLERS

VALUE OF ALLOWANCES[1]

	Present situation	*Commission proposals*	
Travellers over 15 years of age	180 EUA	1.7.1980	210 EUA
		1.1.1981	250 EUA
		1.1.1982	300 EUA
Travellers under 15 years of age	50 EUA	1.7.1980	60 EUA
		1.1.1981	70 EUA
		1.1.1982	85 EUA

QUANTITY OF ALLOWANCES

	Present situation	*Commission proposals*	
(*a*) *Still wines* (i.e. wines that are neither sparkling nor semi-sparkling)	4 litres	1.7.1980	5 litres
(limit applicable to Denmark)	3 litres	1.7.1980	4 litres
(*b*) *Alcoholic beverages* (other than still wine)	1.5 litres of spirits (exceeding 22°) *or* 3 litres of other spirits, sparkling wines or fortified wines	No change	
(*c*) *Coffee and tea*	700 g coffee *or* 300 g coffee extracts	1.7.1980	1000 g coffee 400 g extracts
		It is proposed that these limits be completely abolished from 1.1.1982.	
	150 g tea 60 g tea extracts	1.7.1980	200 g tea 80 g extracts
		It is proposed that these limits be completely abolished from 1.1.1982.	
(*d*) *Tobacco*	300 cigarettes *or* 150 cigarillos *or* 75 cigars or 400 g of smoking tobacco	No change	
(*e*) *Perfumes*	75 g perfume *or* 3/8 litre toilet water	No change	

[1] In the case of Denmark and Ireland, there are special rules restricting application of the tax-free allowances where the unit value of imported goods is more than 135 EUA and 77 EUA respectively. It is proposed that these ceilings be increased as follows:

	Present situation	*Commission proposals*	
Denmark	135 EUA	1.7.1980	160 EUA
		1.1.1981	200 EUA
		1.1.1982	250 EUA
Ireland	77 EUA	1.7.1980	100 EUA
		1.1.1981	140 EUA
		1.1.1982	200 EUA
		1.1.1983	250 EUA

E

EAEC (Euratom). *See* **European Atomic Energy Community**.

EAGGF. European Agricultural Guidance and Guarantee Fund; *see* **Farm Fund**.

EC. *See* **European Community**.

Economic and Social Committee (ESC). A committee established under Articles 193–195 of the **Treaty of Rome**. It has 156 members (including 12 from Greece) nominated by governments and appointed by the **Council of Ministers** for a four-year renewable term. It is divided into three groups representing (*i*) employers; (*ii*) trade unions; and (*iii*) general interests, which include professional, consumer, agricultural and commercial interests. Each national delegation to the ESC must reflect the tripartite interests, but members are appointed in a personal capacity and not as delegates. Nominees are usually leading figures who have close links with major organizations. The Committee is a purely consultative body, but Commission proposals must usually be referred to it for opinion before the Council of Ministers decides on the adoption of legislation. The Committee is organized in specialist subcommittees and its opinions are published in the **Official Journal of the European Communities** (Series C), and in the Bulletin of the ESC, a monthly periodical distributed directly from Brussels. The list of Committee members is published in the ESC Directory.
See **European Community**, fig. 7; *see also* **Legislative preparation**, fig. 13; **Representative organizations**; **Standing Committee on Employment**; **Tripartite Conference**.
National enquiries: *national trades union organizations*; *national employers organizations.*
Commission responsibility: *Secretariat-General of the Commission (Liaison with the European Parliament and the Economic and Social Committee).*
ESC, 2 rue Ravenstein, B–1000 Brussels.

ECSC. *See* **European Coal and Steel Community**.

ECU. *See* **European Currency Unit**.

Ecuador. Ecuador has an agreement with the Community on trade in hand-made products. *See* **External trade**: *List of Main EEC Agreements with Other Countries,* Table 7.
Enquiries: Chancellerie diplomatique, rue Blanche 35, B–1050 Brussels.

EDF. European Development Fund; *see* **Development Fund**.

Education. Although education is not dealt with in the **Treaty of Rome**, in 1976 an agreed **Resolution** set out the guidelines for a first programme of educational co-operation (OJ C 38, 19.2.1976). Since that time education has been monitored by an Education Committee composed of national representatives and the **European Commission**. The main priorities of the programme are: (*i*) the education of **migrant workers** and their families; (*ii*) to establish closer relations between the various educational systems, particularly in higher education; (*iii*) to improve the teaching of foreign lan-

fig. 4 EDUCATION POLICY

EDUCATION ACTION PROGRAMME for:

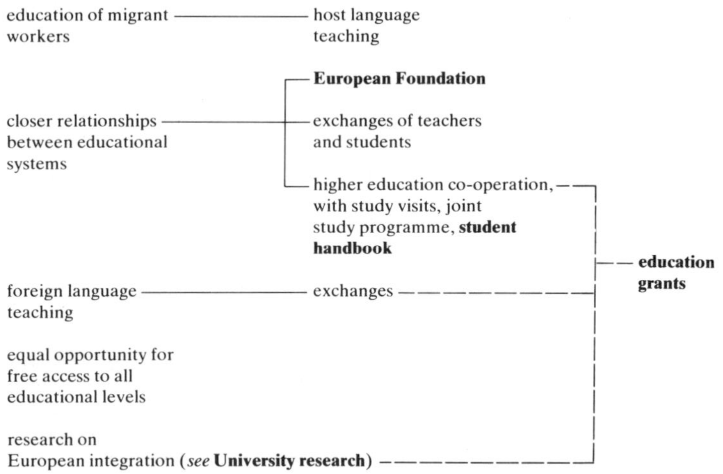

European University Institute (Florence)

European Centre for the Development of Vocational Training (*see* **Social policy**)

European schools

Provision for **orphans** of workers in coal, iron and steel (Paul Finet Foundation)

---

guages; (*iv*) to encourage the mobility of pupils, students and researchers, the mutual recognition of diplomas, and periods of study in Community countries; (*v*) to provide equal opportunity for all to all forms of education. After approving the programme in 1976, Ministers of Education did not meet again until June 1980. The Commission, however, offers a number of grants in special areas of study or for educational co-operation (*see* **Education grants**), and contributes to educational research. The Community has also established two important further educational institutions, the **European University Institute** and the **European Centre for the Development of Vocational Training**. *See also* **Equality**; **Exchange visits**.
National enquiries: *government departments for Education* and *Commission Information Offices.*
Commission responsibility: *D-G XII (Research, Science and Education), Directorate A.*
Committees: Education Committee (OJ C 38, 19.12.1976); Advisory Committee on Scientific and Technical Training (ACSTT) (established by the Commission in July 1977).

Education grants. Under the Education Action Programme of 1976 (*see* **Education**), the Community offers a number of grants for: (*i*) the development of joint programmes of study between institutions of higher education in member countries of the Community; (*ii*) short study visits in the preparation of (*i*); (*iii*) Administrators in higher education to study administration systems of education in countries other than their own; (*iv*) Administrators in secondary education and specialists in vocational training nominated by member governments, to study their respective interests in other Community countries. Applications for grants are advertised periodically in appropriate education institutions.

See **Education**, fig. 4; *see also* **Exchange visits**; **Finance**, fig. 9; **Research**; **University research**.
National enquiries: Information and application forms are available from *Commission Information Offices* except (*iv*) where enquiries should be sent to agencies handling exchange visits (*see* **Exchange visits**: *Agencies operating exchange visits*).
Commission responsibility: *D-G XII (Research, Science and Education), Directorate A.*

EEC. *See* **European Economic Community**.

EFTA. *See* **European Free Trade Association**.

Eggs. Eggs in shell sold for eating must conform to standards laid down in **Regulation** (EEC) 1691/68, which covers grading, packaging, freshness, quality and weight. Eggs and **poultry** meat are also subject to Common Agricultural Policy price and import controls, but there is no support or **intervention price**. Imports enter the Community at **sluicegate prices** or above, otherwise they are subject to **levies** fixed quarterly, comprising seven per cent of the sluicegate price and an element allowing for the higher cost of feeding stuffs in the Community. **Export restitution payments** can be made to allow exporters to sell on world markets. (Regulation (EEC) 2771/75, OJ L 282, 1.1.1975).
See also **Agriculture: Common Agricultural Policy**, fig. 1; **Consumer protection**, fig. 3.
National enquiries: *government departments for Agriculture/Fisheries/ Food.*
Commission responsibility: *D-G VI (Agriculture), Directorate D.*
Committee: Advisory Committee on Eggs (OJ L 355, 24.12.1973).

Egypt. Egypt has had a co-operation agreement with the Community since 1977 and a bilateral agreement on **textiles** since 1978 (*see* **External trade**: *List of Main EEC Agreements with Other Countries,* Table 4).
Enquiries: Chancellerie diplomatique, avenue Victoria 2, B–1050 Brussels.

EIB. *See* **European Investment Bank**.

El Salvador. El Salvador has agreements with the Community on certain textiles and hand-made products (*see* **External trade**: *List of Main EEC Agreements with Other Countries,* Table 7).
Enquiries: Chancellerie diplomatique, boulevard Saint-Michel 3, B–1040 Brussels.

EMS. *See* **European monetary system**.

EMU. *See* **European monetary union**.

Energy. The 1973 oil crisis sharpened awareness in the Community of the need to reduce dependence on external energy supplies by policies for conservation and for exploiting alternative sources. Despite continual pressure from the Commission, the emergence of a common approach to energy questions among the nine member countries took time. The decision by oil producing exporting countries (OPEC) in 1979 again to raise oil prices, led to two **Resolutions** in 1980 offering a broad framework from which an overall energy policy could emerge.
The aim was to set out energy policy objectives for 1990 and lines of action for conserving energy (OJ C 149, 18.6.1980); the achievements to be assessed annually through the Commission. By 1990 the Community seeks (*i*) to 'decouple' energy and growth by reducing the average Community ratio of energy consumption to growth of the gross domestic product to 0.7 or less; (*ii*) to reduce oil consumption to approximately 40 per cent overall of energy consumption (*cf* 61 per cent in 1973 and 55 per cent in 1978); (*iii*) 70–75 per cent of electricity production to be met by means of solid fuels (coal) and nuclear energy; (*iv*) to make greater use of renewable energy sources (**solar energy**, **geothermal energy**); (*v*) to adopt an energy pricing policy conducive to encouraging the rational use of energy. Member countries also agreed to adopt, if necessary, their own energy conservation programmes by the end of 1980 to cover all the main sectors of energy use in accordance with the guidelines set out in the Resolution (*see* below).
In June 1979 the **European Council** of heads of government agreed in principle that there should be oil import targets between 1980 and 1985, limited to 1978 import levels of 472 million tonnes, fol-

fig. 5 ENERGY POLICY

aims: by 1990 – to decouple economic growth from energy consumption; to reduce oil consumption to 40% of energy consumption; to produce 70% of electricity from solid and nuclear fuels; to increase use of renewable energy sources (solar, geothermal); to price energy to encourage its rational use

- solid fuels, **coal**
  - grants for projects developing liquefaction and gasification
  - **coal and steel: ECSC financial aid** (*see also* **Industrial policy**, fig. 12)
  - proposals for financial aid for coal and coke stocking and for the use of coal in electricity generation
- gas
  - technological development to exploit new reserves
  - diversification of supplies – extended contracts with **Norway**
  - development of substitutes through liquefied petroleum gas and coal gasification
- **oil** import targets between 1980–85
  - common monitoring procedure
- **nuclear energy** policy to encourage civil nuclear industry, investment, uniform safety standards, safeguarding and ownership of nuclear materials, and research
  - **European Atomic Energy Community** (Euratom)
  - **Euratom Supply Agency** (ESA)
  - **Joint Research Centre** (JRC)
    - thermonuclear fusion (**Joint European Torus** (JET)
    - reactor safety (super SAAA simulation of a reactor accident)
    - protection against radioactivity (**medical and public health research**)
    - reprocessing and storage of spent nuclear fuels
- **energy research programmes** concentrating on energy consumption, **solar energy**, production and use of hydrogen, **geothermal energy**, and analysis of energy systems (*see also* **Research**, fig. 15)
  - grants for approved energy-saving projects and for energy resource exploitation

---

lowed later by legislation on a common monitoring procedure of oil imports (OJ L 220, 30.8.1979 and OJ L 73, 19.3.1980). The Commission, in conjunction with the **European Coal and Steel Community** and the **European Atomic Energy Committee**, sponsors a wide range of energy research (*see* **Energy research programmes**). A booklet entitled *The European Community and the Problem of Energy* (European Documention 2/1980; enquiries to *Commission Information offices)* provides useful information on Community energy policies.

See also **Coal**; **Gas**; **Joint European Torus**; **Joint Research Centre**; **Nuclear energy**; **Oil**; **Science and technology**.

National enquiries: *government departments for Energy.*

Commission responsibility: *D-G XVII (Energy)* and *D-G XII (Research, Science and Education).*

Committees: Energy Committee (set up January 1974); Advisory Committee on Programme Management (indirect action) for Energy Conservation (OJ C 192, 11.8.1977); Advisory Committee on the Management of the Projects to Exploit Alternative Energy Sources; Advisory Committee on the Management of Demonstration Projects in the Field of Energy Saving.

GUIDELINES FOR A BASIC ENERGY-SAVING PROGRAMME RECOMMENDED TO EVERY MEMBER STATE

A. ENERGY PRICING

Energy pricing should be based on the following principles:

(*i*) consumer prices should reflect representative conditions on the world market, taking account of longer-term trends

(*ii*) one of the factors determining consumer prices should be the cost of replacing and developing energy resources

(*iii*) energy prices on the market should be characterized by the greatest possible degree of transparency

Publicity about energy prices and the cost to the consumer of energy used by appliances and installations should be as widespread as possible.

B. MEASURES TO ENCOURAGE THE RATIONAL USE OF ENERGY

The following measures are recommended:

1. Energy saving in the home:

(*i*) a substantial upward revision of compulsory minimum performance requirements for new housing and heating systems

(*ii*) regulations to ensure individual metering, billing and control of heating systems in multi-occupied residential buildings

(*iii*) performance standards and control of servicing of heating systems

(*iv*) publicity campaigns and advice centres for energy saving in the home

(*v*) financial aids for necessary improvements to existing houses, an exemplary programme for dwellings in public ownership

(*vi*) labelling to indicate the energy consumption of domestic appliances

2. Energy saving in industry:

(*i*) energy auditing, especially in industries consuming large volumes of energy

(*ii*) financial aids for small and medium-sized businesses, publicity campaigns

(*iii*) financial and tax aids to encourage investment to save energy

(*iv*) financial aids for the commercial promotion of new energy-saving technologies, equipment or methods (demonstration projects)

3. Energy saving in agriculture:

(*i*) promotion of the use of energy-saving agricultural equipment for the transport and processing of crops, informing users of the scope for making better use of existing equipment and of the use of energy-saving techniques of cultivation, and training them accordingly

(*ii*) rational use of chemical fertilizers

(*iii*) better use of locally available energy sources to heat farm buildings and glass houses

4. Energy saving in offices and in commerce:

(*i*) an exemplary public-sector programme

(*ii*) compulsory minimum performance standards for new offices

(*iii*) performance standards and control of servicing of heating, cooling and ventilation systems

5. Energy saving in transport:

(*i*) information and publicity campaigns

(*ii*) implementation of a standard method of measuring the fuel consumption of vehicles (*iii*) if necessary, implementation of measures to ensure that new vehicles sold within the Community comply with voluntary targets for lower fuel consumption announced by car manufacturers in the Community

(*iv*) collecting such available national data as will enable progress towards these voluntary targets to be examined at Community level

6. Energy production:

Measures to encourage the rational use of heat resulting from the generation of electrical energy and from industrial processes, as well as the development of heat distribution networks

7. Information and education:

(*i*) sustained publicity drives on energy saving

(*ii*) educational programmes in schools, technical colleges and universities and vocational retraining programmes

8. Sustained efforts in research, development and demonstration

---

Energy research programmes. Since 1975 the Community has adopted two energy research programmes: 1975–June 1979 (OJ L 231, 2.9.1975) and July 1979–83 (OJ L 231, 1979). A budget of 59m **units of account** (EUA) for the first programme was expanded to 105m EUA for the second, enabling the Community to finance several hundred cost-sharing contracts with industrial undertakings, universities and research establishments in the member countries. The main thrust of research has been to examine options for maintaining Community energy supplies. The 1979–83 programme concentrates on energy conservation, **solar energy**, production and use of hydrogen, **geothermal energy**, and the analysis of energy systems.

While some research is undertaken at the Community **Joint Research Centre**, the Commission offers contracts to appropriate research institutions for other work. In addition the Community can grant up to 40 per cent of the costs of approved energy-saving projects or exploitation of new energy resources, repayable in part or in full if the installation is commercially successful (Regulation (EEC) 1302/78 OJ L 158, 16 June 1978). Invitations to tender are published periodically in the **Official Journal of the European Communities**. For 1978–82 the Community has allocated 22.5m EUA for geothermal energy, 22.5m EUA for solar energy, and 50m EUA to projects developing new processes for exploiting coal resources (gasification, liquefaction) Regulation (EEC) 728/79, OJ L 93, 12.4.1979).

See **Energy**, fig. 5; *see also* **Finance**, fig. 9; **Joint European Torus**; **Joint Research Centre**; **Nuclear energy**; **Research**, fig. 15.

National enquiries: *government departments for Energy.*

Commission responsibility: *D-G XII (Research, Science and Education)* and *D-G XVII (Energy).*

Committee: Advisory Committee on Programme Management (direct and indirect action) for Production and Utilization of Hydrogen (OJ C 192, 11.8.1977) (*see also* Committees under **Energy**).

Enlargement of the Community. The six founder members of the Community under the **Treaty of Paris** and the **Treaty of Rome** (Belgium, France, Federal Republic of Germany, Italy, Luxembourg and the Netherlands) set up the **European Coal and Steel Community** (ECSC) (1951), the **European Economic Community** (EEC), and the **European Atomic Energy Community** (Euratom) (1957). The three Communities merged into the **European Community** (EC) under the **Merger Treaty** (1965). On 1 January 1973 Denmark, Ireland and the UK joined the Community, followed by **Greece** on 1 January 1981. **Portugal** and **Spain** are negotiating for entry to the Community in 1983. Greece, Portugal and Spain changed to democratic régimes in the 1970s and thus became eligible to join the EC. The political grounds for entry were quickly recognized by the **Council of Ministers**, but the economic effects on certain industries (agriculture, **textiles**, **steel**) have been expected to raise considerable difficulties, especially for the Common Agricultural Policy (CAP) and Community administration. Tilting the balance of Community interest from the north to the Mediterranean (*see* **European Free Trade Association**), and increasing documentation and translation into nine languages, are further difficulties. In a

report to the Council of Ministers in 1978 the **European Commission** succintly described the problems of the new enlargement of the Community (Comm. (78)120 and Comm. 78(190), 24.4.1978). However, there was unanimous agreement among the Nine that even if the entry of Spain and Portugal might have to be postponed, the political reasons for enlargement, including the support of their democratic régimes, were overwhelming.
See also **European Community**, fig. 7.
Commission responsibility: *D-G I (External Relations), Directorate G.*

Environment. The need for a Community environment policy was formally recognized by the heads of government at their summit meeting in 1972. The **European Commission** was invited to submit a programme of action, accompanied by a precise time-table. On 22 November 1973 the **Council of Ministers** adopted the first Environment Action Programme (OJ C 112, 20.12.1973), later extended by the Second Action Programme 1977–81 (EC Bull., Suppl. 6/76), both designed to improve the quality of life, and the living conditions of the people of the Communi-

fig. 6 ENVIRONMENT POLICY

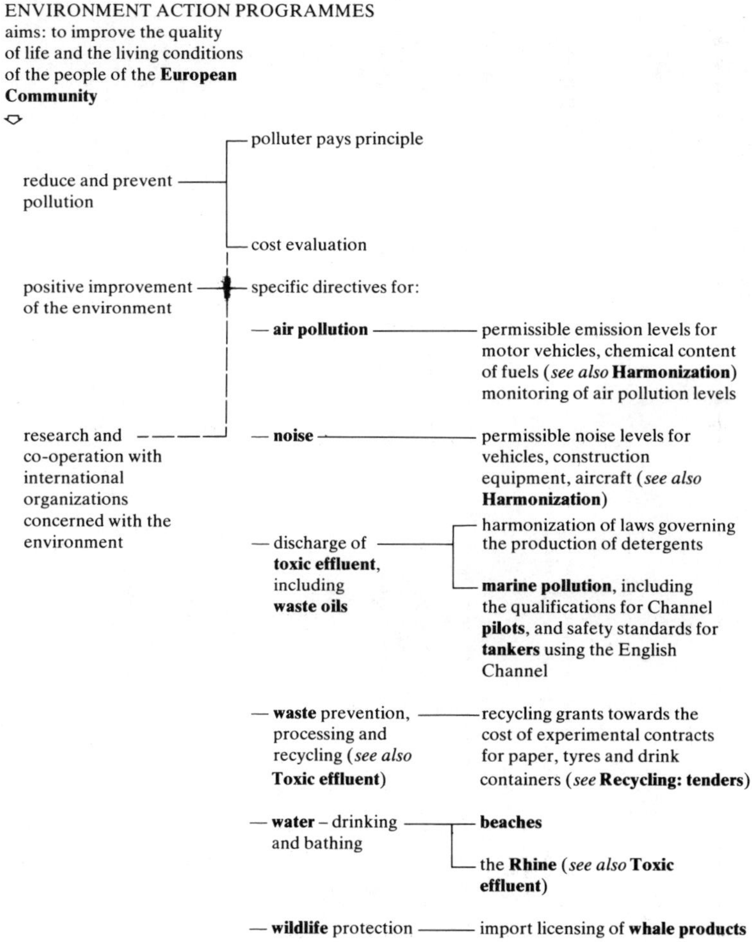

CHECKLIST OF ENVIRONMENTAL DIRECTIVES AND PROPOSALS OF INTEREST TO INDUSTRY

Subject	*Reference*	*Date of adoption*	*Status*	*OJ reference*
AIR POLLUTION				
Authorization for Community signature of convention of long-range trans-boundary air pollution	—	15.10.1979	Decision	—
Air quality standard for lead	R/1150/75 (25.4.1975)	—	Proposal for directive	(OJ C 154, 7.7.1975)
Concerted action project in the field of physico-chemical behaviour of atmospheric pollutants	78/889/EEC	9.10.1978	Decision	(OJ L 311, 4.11.1978)
Health protection standards for SO_2 and particulars in urban atmospheres	80/779/EEC	15.7.1980	Directive	(OJ L 229, 30.8.1980)
Chlorofluorocarbons in the environment	R/341/77	30.5.1978	Resolution	(OJ C 133, 7.6.1978)
	80/372/EEC	26.3.1980	Decision	(OJ L 90, 3.4.1980)
WATER POLLUTION				
Quality of surface water intended for abstraction of drinking water	75/440/EEC	16.6.1975	Directive	(OJ L 194, 25.7.1975)
Quality of sea and freshwater for bathing	76/160/EEC	8.12.1975	Directive	(OJ L 31, 5.2.1976)
Pollution caused by certain dangerous substances discharged into the aquatic environment	76/464/EEC	4.5.1976	Directive	(OJ L 129, 18.5.1976)
A common procedure for the exchange of information on the quality of surface fresh-water	77/795/EEC	12.12.1977	Decision	(OJ L 334, 24.12.1977)
Quality of fresh waters needing protection or improvement to support fish life	78/659/EEC	18.7.1978	Directive	(OJ L 222, 14.8.1978)
Methods of measurement and frequencies of sampling and analysis of surface water intended for abstraction of drinking water	78/869/EEC	9.10.1979	Directive	(OJ L 271, 29.10.1979)
Quality required of shellfish waters	79/923/EEC	30.10.1979	Directive	(OJ L 281, 10.11.1979)

Subject	Reference	Date of adoption	Status	OJ reference
Protection of ground-water against pollution by certain dangerous substances				
Quality of water for human consumption	80/778/EEC	15.7.1980	Directive	(OJ L 229, 30.8.1980)
Reduction of water pollution caused by wood pulp mills	R/210/75 ENV 5	—	proposal for directive	(OJ C 99, 2.5.1975)
Limit values of aldrin, dieldrin and endrin into the aquatic environment	Comm. (79)0243	—	proposal for directive	(OJ C 146, 12.6.1979)
Limit values applicable to discharges of mercury into the aquatic environment by the chlor alkali electrolysis industry	7735/79	—	proposal for directive	(OJ C 169, 6.7.1979)
WASTE				
Disposal of waste oils	75/439/EEC	16.6.1975	Directive	(OJ L 194, 25.7.1975)
Waste (framework Directive)	75/442/EEC	15.7.1975	Directive	(OJ L 194, 25.7.1975)
Disposal of polychlorinated biphenyls and terphenyls (PCBs and PCTs)	76/403/EEC	6.4.1976	Directive	(OJ L 108, 26.4.1976)
Setting up a committee on waste management	76/431/EEC	21.4.1976	Decision	(OJ L 115, 1.5.1976)
Waste from the titanium dioxide industry	78/176/EEC	20.2.1978	Directive	(OJ L 54, 25.2.1978)
Toxic and dangerous wastes	78/319/EEC	20.3.1976	Directive	(OJ L 84, 31.3.1978)
Recovery and re-use of waste paper and board	Comm. (80)237 final	12.5.1980	proposal for recommendation	(OJ C 131, 6.6.1980)
DANGEROUS SUBSTANCES				
Setting up a scientific advisory committee to examine the toxicity and eco-toxicity of chemical compounds	78/618/EEC	28.6.1978	Decision	(OJ L 198, 22.7.1978)
Control of certain industrial activities against major accident hazards ('Seveso')	Comm. (79)0384	—	proposal for directive	(OJ C 212, 24.8.1979)

continued overleaf

CHECKLIST OF ENVIRONMENTAL DIRECTIVES AND PROPOSALS OF INTEREST TO INDUSTRY – *continued*

Subject	*Reference*	*Date of adoption*	*Status*	*OJ reference*
PROTECTION AND MANAGEMENT OF THE ENVIRONMENT, LAND USE AND NATURAL RESOURCES				
Protection of the architectural and natural heritage	75/65/EEC	20.12.1974	recommendation	(OJ L 21, 28.1.1975)
An EC concerted research project on the the growth of large urban concentraions	78/150/EEC	7.2.1978	Decision	(OJ L 45, 16.2.1978)
Biological screening of the population for lead	77/312/EEC	29.3.1977	Directive	(OJ L 105, 28.4.1977)
Methods of evaluating the costs of pollution control to industry	79/3/EEC	9.12.1978	recommendation	(OJ L 5, 9.1.1979)
Environmental assessment of public and private projects	7972/80	—	proposal for directive	(OJ C 169, 9.7.1980)
Common rules for imports of whale products	348/81	12.12.1980	Regulation	(OJ L 39, 12.2.1981)
Implementation in the community of the convention in international trade in endangered species of wild fauna and flora (Cites)	—	—	proposal for regulation	(OJ C 243, 22.9.1980)

Subject	*Reference*	*Date of adoption*	*Status*	*OJ reference*
MARINE POLLUTION				
Establishment of a community information system for the prevention and combating of oil pollution of the sea	8479/80 ENV 134	—	proposal for decision	(OJ C 200, 6.8.1980)
Enforcement in respect of shipping using community ports, of international standards for shipping safety and pollution prevention	8480/80 ENV 135	—	proposal for directive	(OJ C 192, 30.7.1980)
RESEARCH PROJECTS				
Second indirect action programme – multi-annual research and development (1976–80)	76/311/EEC	24.2.1976	Decision	(OJ L 74, 20.3.1976)
Community concerted action on the treatment and utilization of sewage sludge	77/651/EEC	27.9.1977	agreement	(OJ L 267, 19.10.1977)
Community concerted action on the physicochemical behaviour of atmospheric pollutants	80/177/EEC	18.12.1979	agreement	(OJ L 39, 15.2.1980)
R & D programme in the field of the environment (environmental protection and climatology) (1981–5)	8341/80	—	proposal for decision	(OJ C 228, 8.9.1980)
Benthic coastal ecology	8428/80	—	proposal for decision	—

ty. The Programmes proposed three categories of action: (*i*) to reduce or prevent pollution and nuisance; (*ii*) positive steps to improve the environment; (*iii*) co-operation with international organizations concerned with the environment, and an environmental research programme.

In the 1970s the Council adopted over 50 **directives** or recommendations on the environment (*see* **Air pollution**; **Beaches**; **European Foundation for the Improvement of Living and Working Conditions**; **Marine pollution**; **Noise**; **Pilots**; **Tankers**; **Toxic effluent**; **Waste**; **Waste oils**; **Water**; **Wildlife**).

In 1975 the Council adopted the 'Polluter pays' principle (OJ L 194, 15.7.1975) which meant that costs incurred by the prevention and elimination of environmental nuisances should, unless exempted by the Directive, be met by the polluter. A second Directive deals with the methods of evaluating the cost of pollution to industry (OJ L 5, 9.1.1979). Since 1977 the Commission has published an annual report. *The State of the Environment*, which provides detailed information on Community policy (available from the *Office for Official Publications of the European Communities* or *government publications sales offices*).

National enquiries: *government departments for Environment.*

Commission responsibility: *Environment and Consumer Protection Service.*

Committees: Advisory Committee on Programme Management (direct and indirect action) for Environment and Resources (OJ C 192, 11.8.1977); Concerted Action Committee (COMAC) on Research into the Growth of Large Urban Concentrations (OJ L 45, 16.2.1978).

EPC. *See* **European Political Co-operation**.

Equality. The principle of equal pay is contained in Article 119 of the **Treaty of Rome**, and the **European Court of Justice** has given several important rulings on what equal pay means in the Community context.

The equal pay **Directive** (75/117/EEC; OJ L 45, 19.2.1975) (*i*) expressly excludes discrimination based on sex (in particular in job classification); (*ii*) provides for legal appeal for those who feel themselves discriminated against; and (*iii*) gives protection against dismissal to workers who complain. A second Directive (76/207/EEC; OJ L 39, 14.2.1976) requires equal treatment for men and women with respect to work, vocational training, promotion and working conditions. It stresses that equal treatment, without prejudice to special protection measures for women regarding pregnancy and maternity, means that there shall be no discrimination whatsoever on grounds of sex, either directly, or indirectly by reference to marital or family status. A third directive requires the 'progressive implementation of the principle of equal treatment for men and women in matters of social security' (Directive 79/7/EEC; OJ L 6, 10.1.1979). It covers equality by 1984 in entitlement to personal benefits (unemployment, sickness, family allowances) but excludes benefits which pensioners can receive for their wives, and wider pension issues such as retirement age. Benefits for widows and widowers and occupational schemes are also excluded.

In 1979 the **European Commission** reported on how the member countries were implementing the Community equal pay policy (Comm. (78)711 final, 16 January 1979). The report stated that all nine fell short in their national legislation, and began proceedings which, if the governments do not comply, could mean the Commission bringing cases before the European Court of Justice.

A further report in 1980 (Comm. (80)832, of December 1980) detailed how Community countries were implementing the Directive on equal opportunity in employment. A special session of the European Parliament on 10 February 1981 adopted a report from its Ad Hoc Commission of Women's Rights recommending a 'catalogue' of action to further the status of women in the Community.

See also **Social policy**, fig. 16; **Women**.

National enquiries: *government departments for Employment/Labour* and *government departments for Social security.*

Commission responsibility: *D-G V (Employment and Social Affairs), Directorate B.*

Equal pay. *See* **Equality**.

Equatorial Guinea. Equatorial Guinea is

one of the **ACP states** and a signatory to the **Lomé Conventions**.

ERDF. European Regional Development Fund; *see* **Regional Fund**.

ESA. *See* **Euratom Supply Agency**.

ESC. *See* **Economic and Social Committee**.

ESF. European Social Fund; *see* **Social Fund**.

Ethiopia. One of the **ACP states** Ethiopia is a signatory to the **Lomé Conventions**.
Enquiries: Chancellerie diplomatique, boulevard St-Michel 32, B–1040 Brussels.

ETUC. *See* **European Trade Unions Confederation**.

ETUI. *See* **European Trade Union Institute**.

EUA. European Unit of Account; *see* **Units of account**.

Euratom (EAEC). *See* **European Atomic Energy Community**.

Euratom Supply Agency (ESA). An organization established under Chapter VI of the **Treaty of Rome** in 1958 (amended Statutes OJ L 83, 30.3.1973) with capital subscribed by the Community and member countries and staffed and supervised by the **European Commission**. The Treaty gives the ESA: (*i*) a right of option on ores, source materials, and special fissile materials produced in the Community; (*ii*) an exclusive right to conclude contracts on nuclear materials coming from inside or outside the Community. The object is to ensure non-discriminatory access of supplies for all member countries.
In practice (*i*) has never been put into effect, but member countries notify the ESA of uranium deals, and the Agency has to to sign all contracts with external suppliers. The Commission, through its Euratom Safeguards Division in Luxembourg, shares with the ESA the responsibility for ensuring that nuclear materials for peaceful purposes are not diverted to ends other than those declared by the users.
See also **Energy**, fig. 5; **Nuclear energy**.
National enquiries: *government departments for Energy*.
Commission responsibility: *Euratom Supply Agency* and *D-G XVII (Energy), Directorate E*.
Committee: Advisory Committee on Programme Management (indirect action) on Uranium Exploration and Extraction (OJ L 72, 14.3.1978).

Euro-barometer (Euro-Baromètre). *See* **Public opinion polls**.

Euro-loaf. *See* **Bread**.

Euronet Diane (Direct Information Access Network for Europe). An information service established in 1980 with a special transmission network (Euronet) linking London, Paris, Rome, Frankfurt, Dublin, Brussels, Amsterdam, Luxembourg and Copenhagen. Diane is composed of independent European computerized information services (known as 'hosts') which can give access to databases and data banks on a wide variety of subjects (including business management, medicine, law, the environment, engineering, chemistry, and the social sciences). The project developed from a **Council of Ministers** Resolution (OJ C 122, 10.12.1970), recommending coordination of activities in the field of scientific and technical information in the member countries, and a Commission three-year plan 1975–7 (OJ L 100, 21.4.1975) for information and documentation available 'to all who need to use it'. The outcome was the establishment of a consortium of the Posts and Telecommunications Administrations (PPTs) of the nine member countries, working in conjunction with a consortium of European computer firms. Switzerland, Greece, Spain, Sweden and Austria are expected to link up with Diane, and plans are in hand to extend it later to the **ACP states**, signatories to the **Lomé Conventions**, and to expand its data bases (*see* proposed Third Action Programme; OJ C 278, 28.10.1980). A keyboard and screen, together with a normal telephone, are all that are needed to use the Euronetwork, but the Commission is seeking to encourage the formation of computerized research agencies to carry out information searches for organizations whose needs may not justify having their own facilities. The cost of obtaining information is low and is standardized so that a call from London to Paris is no more than a call from London to Rome.

Each host is responsible for maintaining and managing the service he provides, and each has signed a Memorandum of Understanding with the Commission (OJ L 214, 22.8.79) agreeing to the principles of non-discrimination and free and fair competition under which Euronet Diane was conceived. The Euronet is managed by the consortium of PTTs from the Network Management Centre in London.

Prospective users should contact the Post Office Customer Service to obtain the Network User Identifier (NUI or password) which will give them access to the Euronet. They should then contact the hosts they have selected to arrange access to the required data-bases and training in the use of the system. The Euronet Launch Team in Luxembourg provides free up-to-date information on the databases and banks available and helps prospective users to compare the service offered by each host. In addition there is an automatic enquiry service available on Euronet Diane (which employs the Command Language which can now be used with several of the hosts) and gives news, information, and lists of hosts and data bases. The Commission (*D-G XIII, Information Market and Innovation)* publishes *Euronet Diane News*, available from Euronet Diane Information.

See also **Research**, fig, 15.

National enquiries: post office customer information services.

Commission responsibility: apply directly to Euronet Diane Information, Bâtiment Jean Monnet, rue Alcide de Gasperi, Luxembourg-Kirchberg.

Committee: Committee for Scientific and Technical Information and Documentation (CSTID) (OJ C 122, 10.12.1971; OJ L 311, 4.11.1978).

European Agricultural Guidance and Guarantee Fund (EAGGF; FEOGA). *See* **Farm Fund**.

European Atomic Energy Community (Euratom; EAEC). Set up in 1958 under the first **Treaty of Rome**, Euratom was intended to encourage the development of a civil nuclear industry in Europe. Its main concerns are the promotion of technical, environmental and safety developments in the industry. It has responsibility for ensuring that Community nuclear industries are regularly supplied with fuels and ores, and that nuclear materials are not used for other than civil purposes. Nuclear specialists may work anywhere in the Community. Following the merger of the Communities in 1965 (*see* **European Community**) the **European Commission** became responsible for all Euratom activities, and takes part in discussions and negotiations with international agencies on behalf of Community countries.

Since 1977 Euratom has been able to offer loans for investment in electricity-producing nuclear power stations and industrial fuel cycle plants.

See **European Community**, fig. 7; *see also* **Energy**, fig. 5; **Euratom Supply Agency; Joint European Torus**; **Joint Research Centre**; **Research**, fig. 15.

National enquiries: *government departments for Energy.*

Commission responsibility: *D-G XVII (Energy).*

European Centre for the Development of Vocational Training. A centre opened in Berlin in 1977 as part of the social action programme (*see* **Social policy**) to assist the **European Commission** in encouraging, at Community level, the promotion and development of vocational and further education training (OJ L 279, 1975). The Centre compiles relevant documentation, disseminates information, and contributes to latest developments and research in the field.

See also **Education**, fig. 4; **Education grants**; **European Foundation for the Improvement of Living and Working Conditions**; **European University Institute**; **Standing Committee on Employment**.

National enquiries: *Commission Information Offices* or apply directly to the European Centre for the Development of Vocational Training, Burdesallee 22, D–1000 Berlin 15.

Commission responsibility: *D-G V (Employment and Social Affairs), Directorate B (2).*

European Coal and Steel Community (ECSC). The first European Community (*see also* **European Economic Community** (EEC) and **European Atomic Energy**

Community (Euratom)) established by the **Treaty of Paris** (18 April 1951), signed by the six founder members (Belgium, France, Germany, Italy, Luxembourg and the Netherlands). Its aim was to transfer control of the basic materials of war (coal and steel) away from individual governments to common institutions, and to plan the economic expansion, rational distribution and production, and safeguarding of employment in the industries. The Treaty sought to abolish duties and quantitative restrictions on trade in coal and steel between member countries and to eliminate restrictive practices such as cartels.

While control of the industries remained in national hands the ECSC was given wide powers affecting investment, production and pricing, not all of which have been allowed complete implementation by governments. The ECSC may make loans towards investment in industrial and conversion projects and towards low-cost housing in connection with the coal and steel industries, and make grants towards **research** and to help workers affected by technological or economic change (*see* **Coal and steel: ECSC financial aid**).

The ECSC institutions ((*i*) a High Authority, aided by the ECSC Consultative Committee; (*ii*) a Common Assembly; (*iii*) a Council of Ministers; and (*iv*) a Court of Justice) were merged under the **Merger Treaty** (1965) with Euratom and the EEC to form the **European Community**, with the **European Commission** replacing the High Authority. The **European Coal and Steel Consultative Committee** remained in being to advise the Commission and was enlarged on the accession of Britain, Denmark and Ireland in 1973. It consists of not less than 60 and not more than 84 members representing equal numbers of producers, workers, consumers and dealers from the Community countries. The ECSC is financed by a levy (currently 0.31 per cent) on production of the coal and steel industries, supplemented by grants from the Community **budget**.

See **European Community**, fig. 7; *see also* **Energy**, fig. 5.

National enquiries: *government departments for Energy*; *government departments for Industry/Trade.*

Commission responsibility: *D-G XVII (Energy), Directorate B* (coal); *D-G IV (Competition), Directorate C* (steel); or apply directly to the Secretariat of the ECSC Consultative Committee (*see* **European Coal and Steel Community Consultative Committee**).

European Coal and Steel Community Consultative Committee. A committee, established under Article 18 of the **Treaty of Paris** (OJ C 32, 22.3.1974), whose function is to advise the **European Commission** on general objectives and programmes for the coal and steel industries. The Committee must consist of not less than 60 and not more than 84 members, appointed by the **Council of Ministers** and comprise equal numbers of producers, workers, and consumers and dealers. In the case of producers and workers the Council designates representative organizations of employers and trade unions from which it allocates the seats to be filled. Each designated organization must draw up a list containing twice as many names as there are seats allotted to it, and the Council appoints from this list. Members act in their personal capacity and are appointed for two years. Chairman and officers are elected from among members for one year. The Commission must consult with the Committee in all cases in which it considers it appropriate.

See also **European Coal and Steel Community**; **European Community**, fig. 7.

National enquiries: *national trades union organizations*; *national employers organizations.*

Commission responsibility: Secretariat of the ECSC Consultative Committee, Bâtiment Jean Monnet, rue Alcide de Gasperi, Luxembourg-Kirchberg.

European Commission. The European Commission, established by the **Treaty of Rome**, is one of the major Community institutions. It consists of 14 Commissioners assisted by a multinational staff divided into up to 20 Directorates-General (D-G) and several specialized departments with Information Offices in 16 countries (*see Directory of the Commission of the European Communities*). Commissioners are appointed by governments (two each from France, Germany, Italy and the UK, and one each from Belgium, Denmark, Greece, Ireland, Luxembourg and the Netherlands) for a four-year renewable term, with the Presidency (agreed by member governments) renewable after two years. Once appointed, Commissioners are pledged to act as an independent collegiate body, with decisions taken by simple majority. Each Commissioner has his own portfolio, heading relevant D-Gs. The Commission has three major tasks: (*i*) the initiation of policy (*see* **Legislative preparation**; **Proposals**); (*ii*) implementation of policy (*see* **Community law**) and (*iii*) to act as the watchdog or 'conscience' of the Community to ensure that Community obligations are honoured. The Commission influences but does not normally decide policy, which is the function of the **Council of Ministers**. *See also* **Annual Report**; **Budget**, fig. 2; **Committee of Permanent Representatives**; **Economic and Social Committee**; **European Community**, fig. 7; **European Council**; **European Court of Justice**; **European Parliament**; **External trade**, fig. 8; **Harmonization**, fig. 10; **Legislative preparation**, fig. 13; **Management Committees**; **Recruitment of Community Staff**; **Research**, fig. 15.

DIRECTORY OF THE COMMISSION OF THE EUROPEAN COMMUNITIES

THE EUROPEAN COMMISSION

rue de la Loi 200, B–1049 Brussels
Wetstraat 200, B–1049 Brussels

tel. 735–00–40/735–80–40/736–60–00
telex 21877 COMEU B

The Commission of the European Communities, appointed by the member governments for the period 6 January 1981 to 5 January 1985 has 14 members with the advent of Greece. Their names, together with their main portfolios, are as follows.

Gaston Thorn (Luxembourg) (President)	Secretariat-General Legal Service Spokesman's Group Security Cultural Affairs
Franz H.J.J. Andriessen (Netherlands)	Competition Policy Relations with the European Parliament
Eduard Pisani (France)	Development
Etienne Davignon (Belgium) (Vice-President)	Industrial Affairs Energy Euratom Supply Agency Research and Science Joint Research Centre
Poul Dalsager (Denmark)	Agriculture
Antonio Giolitti (Italy)	Regional policy Co-ordination of Community funds
Wilhelm Haferkamp (Germany) (Vice-President)	External relations including nuclear matters
Georges Kontogeorgis (Greece)	Transport Fisheries Co-ordination of tourism questions
Lorenzo Natali (Italy) (Vice-President)	Overall Mediterranean policy Enlargement Information
Karl-Heinz Narjes (Germany)	Internal market and industrial innovation Customs union Environment and consumer protection Nuclear safety
Michael O'Kennedy (Ireland)	President's delegate Personnel and administration Statistical Office Publications Office
François-Xavier Ortoli (France) (Vice-President)	Economic and financial affairs Credit and investment

Ivor Richard (UK)	Employment and Social affairs Tripartite Conference Education and professional training
Christopher Tugendhat (UK) (Vice-President)	Budget and financial control Financial institutions Fiscal affairs

SECRETARIAT-GENERAL OF THE COMMISSION

rue de la Loi 200, B–1049 Brussels
Wetstraat 200, B–1049 Brussels

tel. 735–00–40/735–80–40/736–60–00
telex 21877 COMEU B

Secretary-General	Emile Noël
Deputy Secretary-General	Christopher Audland
Director (with special responsibility for the Registry)	Rodolphe Gachot
Director (with special responsibility for co-ordination of Units 3 and 4)	Henri Étienne
Director (with special responsibility for co-ordination of Units 5 and 6)	Umberto Stefani
Chief Adviser (with special responsibility for relations with Parliament and the Economic and Social Committee)	John Peters
Chief Adviser (Head of Central Advisory Group)	Michael Jenkins
Chief Adviser	Hans Beck

Administrative unit	Head
1. Registry	Rodolphe Gachot (Director)
2. Official Journal and offical relations with Member States	Jacobus Nicolaas Stempels
3. Internal co-ordination	Giuseppe Ciavarini Azzi
4. Relations with the Council (I)	Henri Etienne (Director)
5. Relations with the Council (II)	Jean-Claude Eeckhout
Deputy Head of Division	Fulvio Paolini
6. Relations with intergovernmental co-operation between Member States	Hermann Da Fonseca Wollheim
7. Liaison with Parliament and the Economic and Social Committee	John Peters (Chief Adviser)
Social Partners Office and Youth Forum	Dieter Koenig
8. General Report and other periodical reports	Marcell von Donat
9. ECSC Consultative Committee[1]	Jean Danis
10. Central Advisory Group	Michael Jenkins (Chief Adviser)
	Jean-Joseph Schwed

LEGAL SERVICE

rue de la Loi 200, B–1049 Brussels
Wetstraat 200, B–1049 Brussels

tel. 735–00–40/735–80–40/736–60–00
telex 21877 COMEU B

Director-General	Claus-Dieter Ehlermann
Deputy Director-General	Giancarlo Olmi
Adviser on data-processing	Hélène Bauer-Bernet
Assistant to Director-General	Denise Sorasio

[1] Bâtiment Jean Monnet, rue Alcide de Gasperi, Luxembourg-Kirchberg (430–11; telex 3423/3446/3476 COMEUR LU)

Chief advisers	Advisers
Donald William Allen	Antonino Abate
Raymond Baeyens	Friedrich-Wilhelm Albrecht
George Leonard Close	Jean Amphoux
Jean-Pierre Delahousse	Gerhard Bebr
Jean Groux	René-Christian Beraud
Cesare Maestripieri	Johannes Føns Buhl
Heinrich Matthies	Robert Fischer
Armando Toledano-Laredo	David Gilmour
Bastiaan van der Esch	Peter Gilsdorf
Erich Zimmermann	Joseph Griesmar
	Norbert Koch
	Anthony McClellan
	Antonio Marchini Camia
	Bernard Paulin
	Marc Sohier
	John Keller Temple Lang
	Rolf Wägenbaur

STATISTICAL OFFICE

Bâtiment Jean Monnet
rue Alcide de Gasperi — tel. 430–11
Luxembourg-Kirchberg — telex 3423/3446/3476 COMEUR LU

Director-General	Aage Dornonville de la Cour
Adviser	George William Clarke
Assistant to Director-General	—
Office for liaison with Commission departments in Brussels	Jean-Claude Liausu

Administrative unit	Head
Attached to Director-General	
1. Software design and development	Marcel Mesnage
2. Data-processing management	David Heath
Directorate A	
General economic statistics	Piero Erba
Adviser	Jean Petre
1. Economic accounts	Alain Chantraine
2. Regional and financial statistics	Raymond Salvat
Directorate B	
Demographic and social statistics	David Harris
Adviser for Article 65 of the Staff Regulations	Wil van der Weerden
Adviser	Joachim Wedel
1. Population, employment and general social statistics	—
2. Wages, incomes and social welfare	Gustav Lohmann
3. Price surveys and consumer price indices	Hugo Krijnse Locker
Directorate C	
Industrial, transport and services statistics	Joseph Nols
1. Iron and steel	Franz-Josef Gnad
2. Industrial structure, transport and services statistics	Victor Schetgen
Transport	Brian Wilson
Services	Cleto Simeoni
3. Short-term industrial statistics	Niels Ahrendt
4. Publications and studies	Egide Hentgen
Nomenclatures	Mattheus Burger

Administrative unit	Head
Directorate D	
Agriculture, forestry, fisheries and energy statistics	Helmut Schumacher
Adviser	Günther Thiede
1. Agricultural accounts and structures	Eric Lewis Snowdon
2. Agricultural balance sheets and products	Hans Georg Baggendorff
3. Energy	Jean Darragon
Directorate E	
External trade, ACP and non-member countries statistics	Silvio Ronchetti
1. Statistical methods and classification of external trade	Rolf Sannwald
Special assignments on methods	Richard Kuhner
2. Analyses and developments	Alberto de Michelis
3. Collection and dissemination	Gertrud Hilf

CUSTOMS UNION SERVICE

rue de la Loi 200, B–1049 Brussels
Wetstraat 200, B–1049 Brussels

tel. 735–00–40/735–80–40/736–60–00
telex 21877 COMEU B

Director-General (Head of Service)	Friedrich Klein
Assistant	Nikolaus Vaulont

Administrative unit	Head
Directorate A	
Tariff questions	Henry Chumas
1. Common customs tariff	Raymond Janssens
2. Economic tariff questions	Aurelio Cingolani
3. Value for customs purposes and computer processing	Michael Mullins
4. Tariff questions in connection with agreements	Emile Bothorel
Directorate B	
Customs legislation	Albert Hazeloop
Adviser	Peter Möckel
1. Movement of goods procedures and co-ordination of agricultural questions	Daniel Pierru
2. Origin of goods	Per Brix Knudsen
3. General customs legislation and prevention and repression of fraud	Maurice Aubrée
4. Customs procedures with economic impact and general matters	Massimo Giffoni

ENVIRONMENT AND CONSUMER PROTECTION SERVICE

[On 29 April 1981 the Environment and Consumer Protection Service became D–G XI (Environment, Consumer Protection and Nuclear Safety)]

rue de la Loi 200, B–1049 Brussels
Wetstraat 200, B–1049 Brussels

tel. 735–00–40/735–80–40/736–60–00
telex 21877 COMEU B

Director-General	Athanase Andreopolis
Assistant to Director-General	Pierre Bonnet

Administrative unit	Head
1. Legal and legislative aspects of implementation of programmes	Claude Pleinevaux

Administrative unit	Head
2. International affairs (implementation of conventions, exchange of information with non-member countries and activity on specialized committees of international organizations)	Domenico Milano
Directorate A	
Protection and improvement of the environment	—
1. Protection and management of water	Vladimir Mandl
2. Prevention and reduction of pollution (other than water pollution)	Jan Smeets
Deputy Head of Division (with special responsibility for waste and noise)	Léon Klein
3. Protection and management of space, the environment and natural resources – economic aspects and public awareness	Claus Stuffmann
Deputy Head of Division (with special responsibility for economic aspects and land use)	Gunter Schneider
Directorate B	
Protection and promotion of consumer interests	Jeremiah Patrick Sheehan
1. Physical protection of consumers	Jules Quequin
2. Promotion of consumer interests	Sidney Freedman
Deputy Head of Division (with special responsibility for consumer information, education and representation)	Ludwig Krämer

D-G I (EXTERNAL RELATIONS)

rue de la Loi 200, B–1049 Brussels
Wetstraat 200, B–1049 Brussels

tel. 735–00–40/735–80–40/736–60–00
telex 21877 COMEU B

Director-General	Sir Roy Denman
Deputy Director-General (with special responsibility for Directorates B, F and G)	Manfred Caspari
Deputy Director-General (with special responsibility for Directorates C and D)	Jos Loeff
Delegation for Enlargement	
Head of the Delegation (Director-General)	—
Deputy Director-General (with special responsibility for Directorates A and E)	Paul Luyten
Assistants to Director-General	Günter Burghardt Bärbel Jacob

Administrative unit	Head
Directorate A	
GATT, OECD (commercial matters), commercial questions with respect to agriculture and fisheries, and relations with South Africa	Paul Luyten
1. Questions within the province of GATT and OECD (commercial matters)	Roderick Abbot
2. Commercial questions with respect to agriculture and fisheries, and South Africa	Alberto de Pascale
Directorate B	
Relations with North America, Australia, New Zealand and Japan	Benedict Meynell
1. USA and Canada	Albert Maes
2. Japan, Australia and New Zealand	Michael Hardy

Administrative unit	Head
Directorate C	
Relations with developing countries in Latin America and Asia (except the Far East), co-ordination with the D-G for Development on related questions and generalized tariff preferences	Edoardo Volpi
1. The Middle East and Asia (except the Far East)	Luigi Boselli
2. Latin America	Leopoldo Giunti
3. Generalized tariff preferences	Gerhard Weingärtner
Directorate D	
General questions and instruments of external economic policy, commercial policy in the field of industrial raw materials, co-ordination with the D-G for Development on general questions relating to developing countries, and relations with international organizations other than UNCTAD	Raymond Phan Van Phi
1. Instruments of autonomous and conventional commercial policy; dumping, countervailing duties and safeguard measures; Article 115 of the Treaty of Rome; and general questions	Hans-Friedrich Beseler
2. Export credit policy and export promotion	Edward Thomas Walton
3. Relations with international organizations including Law of the Sea Conference, and UN economic agencies other than UNCTAD; commercial questions in the field of industrial raw materials, co-ordination with the D-G for Development on general questions relating to developing countries	Wolfgang Renner
Directorate E	
Negotiation and management of textile agreements, and commercial questions in respect of industry and energy	Horst-Günter Krenzler
1. Negotiation and management of textile agreements	Guillaume Hofmann
2. Commercial questions in respect of industry; commercial policy in the ECSC and energy fields; and Hong Kong, Macao and Korea	Camillo Paoli
Directorate F	
Relations with northern, central and southern European countries	Pierre Duchateau
1. Relations with the Scandinavian countries, Finland, Iceland and Switzerland	Klaus Ewig
2. Relations with southern European countries: co-ordination with the D-G for Development on general matters relating to the Mediterranean area: Portugal, Spain, Malta, Greece, Turkey, Yugoslavia and Cyprus	Charles Caporale
Directorate G	
Relations with State-trading countries	
Chief adviser (acting)	Louis Kawan
Special representative for the Conference on Security and Co-operation in Europe	
Adviser (acting)	John Maslen
Protocol	
Head of Protocol (with responsibility for special assignments) (Chief adviser)	Adolphe de Baerdemaeker
Adviser (ceremonial)	Alfonso delli Paoli
Adviser (accreditation)	Joseph Kasel
Enlargement	
Head of the Delegation (Director-General)	—
Negotiating units	
1. Spain	
Director	Inger Nielsen
Adviser	Friedrich-Wilhelm Albrecht

Administrative unit	Head
2. Portugal	
Chief Adviser	David Goodchild
Adviser	Charles d'Ansembourg
Legal unit	
Adviser	Marc Sohier

D-G II (ECONOMIC AND FINANCIAL AFFAIRS)

rue de la Loi 200, B–1049 Brussels tel. 735–00–40/735–80–40/736–60–00
Wetstraat 200, B–1049 Brussels telex 21877 COMEU B

Director-General	T. Padoa-Schioppa
Deputy Director-General (with special responsibility for co-ordination of Directorates A and B)	Jean-Claude Morel
Deputy director-General (with special responsibility for co-ordination of Directorates C and D)	Manfred Wegner
Adviser	Maurizio Micocci
Adviser (with special responsibility for liaison with Parliament and the Economic and Social Committee)	Francesco Porre
Secretary of the Monetary Committee and Economic Policy Committee (Director)	Andreas Kees
Secretariat	Régis Malbois
Assistant to Director-General	Nikolaus Adami

Administrative unit	Head
Attached to Director-General	
Economic advisers	—
	Chief Adviser
	Jaak de Maeyer
	Francesco Papadia
	Adrian Ewart Smith
	John Walker
Directorate A	
National economies	Pal van den Bempt
1. Member states I: Fed. Rep. of Germany, Ireland and the United Kingdom	Herman Wortmann
2. Member states II: France, Greece and Italy	Xavier Lannes
3. Member states III: Benelux and Denmark	Dirk Breedveld
4. Non-member and applicant countries	Lothar Floss
Data processing	Gerold Junior
Directorate B	
Economic structure and Community intervention	Richard Hay
1. Economic integration: problems and policies	Giovanni Ravasio
2. Action under the Community budget	Malcolm Levitt
3. Community loans	Steffen Albrecht
4. Sectoral and structural problems	Robert Bistolfi
Analyses of sectoral structures	Philippe Goybet
5. International economic matters	Hermann Burgard
Directorate C	
Macroeconomic, analyses and policies	Michael Emerson
Econometric Models Group	
1. Concerted action	Jørgen Mortensen
2. Short-term forecasts	—

Administrative unit	Head
3. Business surveys	Thomás Prionnsias de Hóra
4. Medium-term projections	—
Directorate D	
Monetary matters	Frédéric Boyer de la Giroday
1. EMS and international monetary matters	André Louw
2. Foreign exchange markets and balances of payments	Thomas Roderick Webb
3. National and Community monetary policies	Ludwig Schubert
4. Capital markets	Pierre Ohlmann
Commission/European Investment Bank Liaison Office	—

D-G III (INTERNAL MARKET AND INDUSTRIAL AFFAIRS)

rue de la Loi 200, B–1049 Brussels — tel. 735–00–40/735–80–40/736–60–00
Wetstraat 200, B–1049 Brussels — telex 21877 COMEU B

Director-General	Fernand Braun
Deputy Director-General (with special responsibility for Directorates A and D)	Paolo Cecchini
Deputy Director-General (with special responsibility for Directorates B, C and E)	Arie Adriaan van Rhijn
Chief Adviser (with special responsibility for co-ordination with DG-XVII)	Costantino Friz
Adviser	Piero Squartini
Assistant to Director-General	Albrecht Mulfinger

Administrative unit	Head
Directorate A	
Distributive trades and industrial affairs I (removal of technical barriers to trade, motor vehicles, mechanical engineering, foodstuffs, pharmaceuticals and chemicals)	Dermott John Devine
1. Removal of technical barriers, standardization, metrology, motor vehicles, agricultural machinery and mechanical engineering	Jacques Faure
2. Foodstuffs	Anthony Kinch
3. Pharmaceuticals	Nicolaas Bel
4. Chemicals, plastics and rubber	Walter Schäfer
5. Distributive trades	Jacques Besnard (acting)
Directorate B	
Industrial affairs II (telematics, data-processing, telecommunications, transport and public contracts)	Christopher Layton
Adviser	—
1. Data-processing, telematics and telecommunications	Christian Garric
2. Aircraft, railways and public contracts	Ernesto Previdi
Directorate C	
Industrial affairs III (textiles, leather, paper, shipbuilding, miscellaneous industries and non-tariff barriers)	Daniele Verdiani
Adviser	Georg Pröpstl
1. Safeguard measures and removal of non-tariff barriers (Articles 30 *et seq.*)	Alfonso Mattera Ricigliano
2. Textiles and clothing	Roger Peeters
3. Wood, leather, paper, construction and miscellaneous industries	Paul Gray
4. Shipbuilding	Laurus de Jonge

Administrative unit	Head
Directorate D	
Approximation of laws, freedom of establishment and freedom to provide services	Ivo Schwartz
Chief Adviser	Winfried Hauschild
1. Civil and economic law, criminal law and law of procedure, and citizens' rights	Hans Claudius Ficker
2. Company law, industrial democracy and standards	Hermann Niessen
3. Multinationals, groups of companies and the European company	Karl Gleichmann
4. Intellectual property	Bryan Harris
5. Free movement of self-employed persons and recognition of diplomas	Jean-Jacques Beuve-Méry
Directorate E	
Steel	Maurice Schaeffer
1. Steel policy (internal measures) and controls	Hans Kutscher
Chief Adviser	
Deputy Head of Division (with special responsibility for controls)	Charles Chuffart
2. Steel policy (external measures)	Félix Trappeniers
3. Production, supply and technology	Otto Becker
4. Technical research	Peter Rees Vaughan Evans
Directorate F	
Industrial restructuring, non-member countries and raw materials	—
Business analyses (Adviser)	Peter John Lennon
1. Industrial and technological problems in relation to non-member countries	Jacques Dugimont
2. Secretariat for internal and external work on raw materials	José Nicolai
3. Industrial economy, industrial structure and co-ordination	Christopher Wilkinson
4. Small and medium-sized enterprises, *artisanat*, Business Co-operation Centre and industrial co-operation	Walter Pacht

D-G IV (COMPETITION)

rue de la Loi 200, B–1049 Brussels — tel. 735–00–40/735–80–40/736–60–00
Wetstraat 200, B–1049 Brussels — telex 21877 COMEU B

Director-General — Willy Schlieder
Assistant to Director-General — Jürgen Mensching

Administrative unit	Head
Attached to Director-General	
General competition policy	Paul M. Schmitt
Adviser	Remo Linda
Directorate A	
Inspection and documentation	Aurelio Pappalardo
Adviser	Fernand van Praet
1. EEC and ECSC inspection	—
Deputy Head of Division, Adviser	Helmut Bohlen
2. EEC inspection and documentation	Kurt Ritter
EEC inspection	Jean-Marie Rihoux
Documentation	Francesco Meda

Administrative unit	Head
Directorate B	
Restrictive practices and abuse of dominant positions	John E. Ferry
Advisers	John Daltrop Jean Dubois Conor Patrick Maguire Norbert Menges Roland Mussard Marco Piccarolo Henk Witlox
Directorate C	
Corporate combinations, ECSC Treaty rules of competition, industrial property rights, energy and transport	Jean-Lous Cadieux
1. Energy and transport	Noel Morton
2. Corporate combinations and steel	Olivier de Vos
3. Industrial property rights	Hartmut Johannes
Directorate D	
State aids, public discrimination, public enterprises and State monopolies	Günther Etzenbach (acting)
1. General problems	Joseph Gilchrist
2. General aid schemes	Peter Duesberg
3. Individual cases	Gianfranco Rocca (acting)
4. State monopolies and public enterprises	Alan Chipp

D-G V (EMPLOYMENT AND SOCIAL AFFAIRS)

rue de la Loi 200, B–1049 Brussels — tel. 735–00–40/735–80–40/736–60–00
Wetstraat 200, B–1049 Brussels — telex 21877 COMEU B

Bâtiment Jean Monnet
rue Alcide de Gasperi — tel. 430–11
Luxembourg-Kirchberg — telex 3423/3446/3476 COMEUR LU

Director-General	Jean Degimbe
Chief Adviser (with special responsibility for information, relations with international organizations and industrial relations)	Jack Peel
Chief Adviser (with special responsibility for co-ordinating work for the handicapped)	Umberto Vidali
Adviser (with special responsibility for enlargement)	Pierre Wathelet
Secretariat for the Social Report and other studies	Detlef Fehrs
Assistant to Director-General	Carlo Savoini

Administrative unit	Head
BRUSSELS	
Directorate A	
General social policy guidelines	Leo Crijns
1. Wages, incomes and social welfare	Jean Boudard
2. Social security (including multiannual forecasts)	Richard Draperie
3. Social aspects of industry policies (including joint committees)	—
Directorate B	
Employment and vocational training	Roland Tavitian
1. Action concerning national labour-market policies	Luciano Baroncelli

Administrative unit	Head
2. Community action in the fields of the labour market measures and vocational training; and exchange of young workers	George Wedell
3. Employment-policy action and co-ordination; and employment analyses and forecasts	John Morley
4. Bureau for questions concerning employment and equal treatment for women	Jacqueline Nonon
Directorate C	
European Social Fund	Wolfgang Stabenow
Adviser	Roger Broccart
1. General matters, and youth and sectoral operations (Chief Adviser)	Ezio Toffanin
2. Regional operations and co-ordination of financial instruments	Sandro Guadenzi
3. Operations concerning categories of persons, preparatory work and studies, and annual report	Edwin Fitzgibbon
4. ECSC readaptation operations	Paulus de Boer
5. Finance and administration	Rudolf Weindl
Directorate D	
Working conditions and migrant worker policies	Erik Hauerslev
Adviser	Giuseppe Porcasi
1. Labour law and working conditions	Hermann Ollenhauer
Deputy Head of Division (with special responsibility for working conditions and housing)	Dieter Stumpp
2. Freedom of movement and migration policy	John Sutherland Vigors
3. Social security for migrant workers	Marcel Schneider
LUXEMBOURG	
Directorate E	
Health and safety	—
Adviser	Günther Arning
1. Industrial medicine and hygiene	Pierre Hentz
Toxicology, biology and health effects	Alexandre Berlin
2. Radioactive waste and prevention and safety measures in nuclear installations	Ernst Hampe
3. Public health and radiation protection	Hans Eriskat
4. Industrial safety (including Secretariat of the Mines Safety and Health Commission)	Pierre Lemoine

D-G VI (AGRICULTURE)

rue de la Loi 200, B–1049 Brussells
Wetstraat 200, B–1049 Brussels

tel. 735–00–40/735–80–40/736–60–00
telex 22037 AGREC B

Director-General	Claude Villain
Deputy Director-General (with special responsibility for Directorates C, D and E)	David Francis Williamson
Deputy Director-General (with special responsibility for Directorates F and G)	Adolfo Pizzuti
Deputy Director-General (with special responsibility for Directorate H)	Helmut von Verschuer
Assistants to Director-General	Heinz Bruns
	—

Administrative unit	Head
Directorates A and B are attached to the Director-General	
Directorate A	
General matters	Adrien Ries
Economic affairs group and general co-ordination	
1. Relations with non-governmental organizations	Pierre Pignot
2. Reports, studies, statistical information, documentation	Ejner Stendevad
3. Analysis of the situation of agricultural holdings – agricultural information	Claude Baillet
4. Agricultural data-processing	Dirk van Lutterveld
Directorate B	
Agricultural legislation	Maurice Barthelemy
1. Agricultural law, infringements, complaints and supervision of the application of directives	Cornelis Van Oeveren
2. Matters common to several products and conditions of competition	Joachim Heine
3. Legislation relating to crop products and animal nutrition	Rudolf Graeber
4. Legislation relating to veterinary matters and zootechnics; veterinary inspection	Hans Jørgen Bendixen
Directorate C	
Organization of markets in crop products	Terence Leslie W. Windle
1. Cereals and rice	Ignace de Gruben
2. Sugar	Dieter Grupe
3. Olives, oilseeds, and protein and textile plants	Giampiero Schiratti
Directorate D	
Organization of markets in livestock products	Kaj Olaf Barlebo-Larsen
1. Milk products	Thomas O'Dwyer
2. Beef and veal and sheepmeat	Sergio Ventura
3. Animal feed, pigmeat and poultry	Ludovicus Van Agtmaal
Directorate E	
Organization of markets in specialized crops	Cornelis Driesprong
1. Fruit and vegetables and processed products	Michel Defaye
2. Wine, spirits and derived products	Jacques Gourdon
3. Tobacco, hops, potatoes and other specialized crops	—
Unit attached to Deputy Director-General with special responsibility for Directorates C, D and E	
Periodic agricultural instruments and joint secretariat of management committees	Louis Barrez
Directorate F	
Agricultural structure and forestry	Raymond Craps
1. Elaboration of common measures (Chief Adviser)	John Scully
2. Implementation of common measures and secretariat of the Standing Committee on Agricultural Structure	Balthasar Huber
3. Forestry and environment	Frederick Cornelius Hummel
4. Co-ordination of agricultural research	Adam Szarf
Directorate G	
European Agricultural Guidance and Guarantee Fund	Hans-Helmut Wächter
1. Budgetary matters and financial co-ordination	François Muller
2. EAGGF: Guarantee	Gordon Tomes
3. EAGGF: Guidance	Gero Daleiden
4. Clearance of accounts, irregularities and fraud	Rudolph Leijenaar

Administrative unit	Head
Directorate H	
International affairs relating to agriculture	Alberto Emma
Negotiating adviser	John Eaton Michel Jacquot
In charge of secretariat of negotiating group	Livio Marinucci Horst Marmulla Franco Milano

D-G VII (TRANSPORT)

rue de la Loi 200, B–1049 Brussels
Wetstraat 200, B–1049 Brussels

tel. 735–00–40/735–80–40/736–60–00
telex 21877 COMEU B

Director-General	Raymond Le Goy
Assistant to Director-General	Jean-Paul Jacquemin

Administrative unit	Head
Directorate A	
General programming; international and institutional relations; air and maritime transport	Jürgen Erdmenger
Adviser (with special responsibility concerning international relations)	Enrico Vittorelli
1. General programming; relations with other institutions; international relations	Jacques d'Elbreil
2. Air transport	Frederik Sørensen
3. Maritime transport and safety	John Pearson
Directorate B	
Inland transport markets; transport and energy	Francesco Ventrella
Adviser (with special responsibility for inland waterways)	Paul Graff
Adviser (with special responsibility for questions relating to transport and energy)	Egidio Leonardi
1. Market policies; working conditions	Veit Schmitt
2. Market analysis; statistics; structural policies	Kevin Leydon
Directorate C	
Infrastructures; transport technology; State intervention	Jacques Dousset
1. Infrastructure planning and development	Paul Lemoine
2. Infrastructure costs and charging; transport technology	Eric William Mark
3. State intervention	Albrecht Frohnmeyer

D-G VIII (DEVELOPMENT)

rue de la Loi 200, B–1049 Brussels
Wetstraat 200, B–1049 Brussels

tel. 735–00–40/735–80–40/736–60–00
telex 21877 COMEU B

Director-General	Klaus Meyer
Relations with Delegations	Jacques Lecomte
Relations with EEC – ACP institutions	Bernard Ryelandt
Evaluation of projects and operations	Charles van der Vaeren
Deputy Director-General (with special responsibility for co-ordinating Directorate B and Divisions VIII/1 and VIII/2)	Maurice Foley
Deputy Director-General (with special responsibility for co-ordinating Directorates C, D and E and the Secretariat of the Financing Committee)	Michel Hauswirth

Administrative unit	Head
Deputy Director-General (with special responsibility for Directorate A)	Jean Durieux
Assistant to Director-General	Hans Smida

Administrative unit	Head
Directorate A	
General development policy	Gaetano Speranza
Adviser	Michel Pannier
1. Basic planning	Jean-Louis Lacroix (acting)
2. Commercial policy and commodities	Michel Cellerier
3. UNCTAD	Alan Russell
5. *The Courier* (EEC – ACP) and documentation	Alain Lacroix
Directorate B	
Co-ordination of aid policies and programmes	Erich Wirsing
Desk officers for ACP countries	
1. Regional co-operation, programming, co-financing and harmonization with other aid	Daniel Vincent
2. Financial and technical co-operation with non-associated developing countries	Emiliano Fossati
Adviser	Kenneth Barnes
Directly attached to Deputy Director-General with special responsibility for Directorate B	
VIII/I Agreements with the Mashreq and Maghreb countries and Israel	Heinz Andresen
VIII/2 Co-operation with non-governmental organizations	Gerhard Schiffler
Adviser	Niels Westerby
Directorate C	
Projects	Corrado Cornelli
1. Agriculture	Günter Gruner
2. Livestock and fisheries	Henricus Overzee
3. Inland transport	Albert Berrens
4. Industry, energy, telecommunications and general infrastructure	Geraint Richards
5. Urban works and social infrastructure	Romano Lantini
6. Water engineering	Bino Bini-Smaghi
Directorate D	
Operations	François Jacques van Hoek
1. Food aid	Lorimer D.M. Mackenzie
2. Trade promotion measures	Gabriel Lee
3. STABEX	Jean-Claude Muller
4. Training	Giovanni Livi
5. Community co-ordination and management of exceptional aid	Gérard Molinier
Directorate E	
Finance and administration	André Auclert
1. Financing	Max Duval
2. Authorization of payments and accounting	José Heusghem
3. Invitations to tender, contracts and disputes	Klaus Prange
Attached to Directorate E (Finance and Administration)	
European association for co-operation (EAC)	Marc Delauche
Directly attached to Deputy Director-General with special responsibility for Directorates C, D and E	
Secretariat of the Financing Committee	Guy Salmon

D-G IX (PERSONNEL AND ADMINISTRATION)

rue de la Loi 200, B–1049 Brussels	tel. 735–00–40/735–80–40/736–60–00
Wetstraat 200, B–1049 Brussels	telex 21877 COMEU B
Bâtiment Jean Monnet	
rue Alcide de Gasperi	tel. 430–11
Luxembourg-Kirchberg	telex 3423/3446/3476 COMEUR LU

Director-General	Jean-Claude Morel
Chief Adviser	Enrico Angelini
Adviser (Mediator)	Julien de Groote
Assistants to Director-General	Claude Landes
	Pierre Pandolfi

Administrative unit	Head
BRUSSELS	
Management and organization	Pierre Benoît Bockstael
Directorate A	
Personnel	Jeremy R. Baxter
Adviser	Robert Bosmans
1. Staff Regulations	Dieter Rogalla
Remuneration	Joséphine Zimmermann
2. Careers	—
3. Staff training	Henri Entringer
4. Financial and administrative rights	Jan Gerth Schwering (acting)
Deputy Head of Division	Evelyne Delauche
5. Recruitment	Yves Desbois
6. Sickness insurance and building loans	Jean Reynier
Building loans	Antonio Caminiti
Directorate B	
Infrastructure and services	Elias Verploeg
Technical Adviser	Antoine Verhaegen
Adviser	Albert Wegner
1. Buildings, technical services and telecommunications	Josef Gibbels
2. Office equipment	Pierre Ravier
3. House services	Paul-Henri Buchet
4. Welfare	Claude Brus
Directorate C	
Translation, documentation, reproduction and library	Antonio Ciancio
Adviser	Theodor Holtz
1. Documentation, archives, publishing and reproduction	Nicola Bellieni
2. Library	Eric Gaskell
3. Translation (general matters)	Jacques Pignot
4. German translation	Wilhelm Buchner
5. French translation	Daniel Berbille
6. Italian translation	Arnaldo Damian
7. English translation	Archie Clarke
8. Dutch translation	Arnold Dallinga
9. Danish translation	Knud Marstrand
10. CIRCE	Eduard Brackeniers
11. Co-ordination and preparation of publications	Guillaume Muller
12. Staff information	Clément André
Directorate D	
Interpreters and conference services	Renée van Hoof
Adviser	Edmond Ferenczi
1. General matters	Fred Pfloeschner
2. Conference services	Günter Schmidt
3. Training	Edmée Gangler

LUXEMBOURG

Directorate E	
Personnel and administration	Ivo Dubois
Assistant	Georges Weyrich
1. Personnel	Georges Weyrich (acting)
2. Administration	Joseph Foster
– Funds, buildings and procurement	Eduard Maas
3. Medium- and Long-term Translation Service	J. Albert Bachrach
Adviser	Amedeo Bellardi Ricci
Adviser	Jacques Goetschalckx
Adviser	Dick Kleymans
Directorate F	
Computer services	
1. Computer operations	Elio Bevere
2. Data-processing planning and administration	John Bradley
3. Analysis and programming	—
Attached to Director-General	
Medical Service for Decentralized Staff	Dr Horst-Adolf Semiller
Medical Service for Brussels Staff	Dr Michael Siddons
Medical Service, Luxembourg	Dr Nicolas Hoffmann
Medical Service, Ispra	Dr Claude Vigan

D-G X (SPOKESMAN'S GROUP AND DIRECTORATE-GENERAL FOR INFORMATION)

rue de la Loi 200, B–1049 Brussels — tel. 735–00–40/735–80–40/736–60–00
Wetstraat 200, B–1049 Brussels — telex 21877 COMEU B

Spokesman and Director-General	
Chief Adviser (with responsibility for programming)	Franz Froschmaier
Adviser (with responsibility for centralized information activity)	Aneurin Rhys Hughes
Assistants to the Spokesman and Director-General	Paul Cerf
	Robert Pendville

Administrative unit	Head
Directorate A	
Press, radio and television	Manuel Santarelli (Deputy Spokesman)
1. Spokesman's Group	Roger Beetham
	Christine Boon
	Joseph Carroll
	Paul Cerf
	Giancarlo Chevallard
	Robert Elphick
	Hubert Ferraton
	Willy Helin
	Martin Vasey
	Nikolaus van der Pas
	Pierre van Enk
	Otto von Schwerin
2. Radio, television and films	Robert Jarrett
Directorate B	
Decentralized information activity	Paul Collowald
1. Information in member states and applicant countries; visitors' programme for third-country nationals	Norbert Kohlase
Information in applicant countries; visitors' programme for third-country nationals	Camille Becker

Administrative unit	Head
2. Information in third countries (except ACP and southern Mediterranean); fairs and exhibitions	Guy Simon
Fairs and exhibitions	Mario Fusani
3. Development policy: relations with ACP and southern Mediterranean countries	Pierre Cros
Centralized information activity (Attached to Director-General)	
1. Information Campaigns Unit	—
2. Trade unions	Évariste Perez
3. Priority milieux	—
University information (Jacqueline Lastenouse); Relations with women's organizations and press (Fausta Deshormes); Relations with consumer and environment groups (André Jacquot); Youth	Théo Hustinx
4. Visits	Enrico Breschi
Schuman Centre	Bernardo Pianetti della Stufa
– Lecturers' Group	
Adviser	Jean Lafuma
Adviser	Joachim Willmann

D-G XI (ENVIRONMENT, CONSUMER PROTECTION AND NUCLEAR SAFETY)

See 'Environment and Consumer Protection Service', p.65

D-G XII (RESEARCH, SCIENCE AND EDUCATION)

rue de la Loi 200, B–1049 Brussels
Wetstraat 200, B–1049 Brussels

tel. 735–00–40/735–80–40/736–60–00
telex 21877 COMEU B

Director-General	Günter Schuster
Chief Adviser (with special responsibility for liaison with the JRC)	Arnold de Stordeur
Adviser (with special responsibility for co-ordinating the activities of Directorate B)	Cyril Leslie Silver
Assistants to Director-General	Herbert Allgeier Camille Dekoninck

Administrative unit	Head
Directorate A	
Education and cultural questions	Alan Alfred Bath
1. Education and adult education, promotion of equivalence between education systems, education of migrants and the handicapped, and youth policy	Hywel Ceri Jones
2. Cultural questions	Robert Grégoire
Directorate B	
Research and development policy	—
1. Forecasting and assessment in the field of science and technology (FAST)	—
2. General questions of scientific and technical research policy, co-ordination of national research and development policies, Scientific and Technical Research Committee (CREST) and European Research and Development Committee (CERD), and interdepartmental co-ordination of research (CIRD)	Louis Villecourt
3. Co-ordination of sectoral research and development programmes, scientific and technical co-operation with developing countries and social research	Giuseppe Valentini
4. Administration of contracts	Gabriel de Sadeleer

Administrative unit	Head
Directorate C	
Scientific and technological programmes; and external relations in research, science and education	Dietrich Hammer
1. Energy research (geothermal and solar energy), and production and use of hydrogen	Albert Strut
Energy economy	Hermann Ehringer
Systems analysis	Ernst Roemberg
2. Reference materials and methods (CBR)	Hubert Marchandise
3. External relations in research, science, nuclear energy and education, and research evaluation	Michel Amory
Adviser	Gérard de Milly
Research evaluation, advisory committees, and scientific and technological organizations	Giorgio Boggio
4. Scientific and technical co-operation (COST)	Arno Klose
Directorate D	
Nuclear research, development and policy	Fabrizio Caccia Dominioni
1. Fuel cycle, decommissioning of nuclear installations, and conventional and nuclear power systems	Serge Orlowski
2. Reactor development, advanced technologies, and Scientific and Technical Committee (STC)	Mario de Bacci
3. Nuclear plant safety	Willem Vinck
Directly attached to Director-General	
Fusion and Plasma Physics Programme	
Director	Donato Palumbo
Jet Project	
Director	Hans Otto Wüster
Biology, Radiation Protection and Medical Research Programme	
Director	Fernand van Hoeck
Environment and Raw Materials Programme	Philippe Bourdeau
Scientific and Technical Teaching Programme	Franz Laske

D-G XIII (INFORMATION MARKET AND INNOVATION)

Bâtiment Jean Monnet
rue Alcide de Gasperi — tel. 430–11
Luxembourg-Kirchberg — telex 2752 EURDOC LU

Brussels Liaison Office:
rue de la Loi 120, B–1049 Brussels — tel. 735–00–40/735–80–40/736–60–00
Wetstraat 120, B–Brussels — telex 21877 COMEU B

Director-General	Raymond Appleyard
Adviser (with special responsibility for liaison with other Commission departments)	André Mauperon
Assistant to Director-General	Armand Nassogne

Administrative unit	Head
Directly attached to Director-General	
Advisers	
Relations with other institutions	Horst Steinfort
Contractual and legal questions	Leonardus van Hegelsom
Task Force	
Industrial innovation and support of telematics	Dennys Watson
Co-ordination	

Administrative unit	Head
Directorate A	
New technologies	Jacques Lannoy
1. Technological information and patents	Hermann Kranz
2. Scientific and technical communication	John Michael Gibb
3. Exploitation of new technologies	Bruce Bailey Goodman
Directorate B	
Information management	Georges Jory Anderla
1. European networks	Garth Davies
2. Transfer of information between European languages	Léon Rolling
3. Tele-informatics in documentary applications	Alfred Copet
Co-ordinator for applications of new information technologies	Carlo Vernimb

D-G XIV (FISHERIES)

rue de la Loi 200, B–1049 Brussels
Wetstraat 200, B–1049 Brussels

tel. 735–00–40/735–80–40/736–60–00
telex 21877 COMEU B

Director-General — Eamonn Gallagher
Assistant to Director-General — François Benda

Administrative unit	Head
Directorate A	
Resources	Raymond Simonnet
1. Internal resources	Dierk Booss
2. International fisheries questions	Mogens Marcussen
Directorate B	
Market and structure	Frederik Visser
1. Organization of markets in fishery products	—
2. Structural policy	Eugenio Pino
Attached to Director-General	
Data-processing and internal information	Louis Mordrel

D-G XV (FINANCIAL INSTITUTIONS AND TAXATION)

rue de la Loi 200, B–1049 Brussels
Wetstraat 200, B–1049 Brussels

tel. 735–00–40/735–80–40/736–60–00
telex 21877 COMEU B

Director-General — O. Bus Henriksen
Assistant to Director-General — Charles van Aken

Administrative unit	Head
Directorate A	
Financial institutions	Gérard Imbert
1. Banks	Paolo Clarotti
2. Insurance	William Pool
3. Other financial institutions	Roger Vandamme

Administrative unit	Head
Directorate B	
Taxation	Robert Goergen
Adviser	Étienne Barral
1. Direct taxation	Gert Sass
2. Turnover taxes	
Chief adviser	Pierre Guieu
3. Indirect taxation other than turnover taxes	Leslie Duck
4. Supervision of the application of Community provisions	Giancarlo Romoli-Venturi

D-G XVI (REGIONAL POLICY)

rue de la Loi 200, B–1049 Brussels — tel. 735–00–40/735–80–40/736–60–00
Wetstraat 200, B–1049 Brussels — telex 21877 COMEU B

Director-General	Pierre Mathijsen
Assistant to Director-General	Carmelo Messina

Administrative unit	Head
Directorate A	
Regional development policies	Georges Rencki
1. Regional impact and studies	Paul Wäldchen
Deputy Head of Division	Domenico Lenarduzzi
2. Programmes	Josef van Ginderachter
3. Regional trends	Brendan Francis McNamara
Directorate B	
Development and conversion operations	Rosario Solima
1. ERDF: Examination of applications and Secretariat of the Fund Committee	—
Deputy Head of Division	Klaus Wegerhoff
2. ERDF: Financial management and supervision	—
3. Conversion and other financial instruments	Dirk J. Dekker
Under the direct authority of the Member of the Commission with special responsibility for co-ordination of Community funds	
Task force for the co-ordination of structural instruments	
Chief Adviser	Jean Jaeger

D-G XVII (ENERGY)

rue de la Loi 200, B–1049 Brussels — tel. 735–00–40/735–80–40/736–60–00
Wetstraat 200, B–1049 Brussels — telex 21877 COMEU B

Bâtiment Jean Monnet
rue Alcide de Gasperi — tel. 430–11
Luxembourg-Kirchberg — telex 3423/3466/3476 COMEUR LU

Director-General	Leonard Williams
Chief Adviser	Armando Baruffa
Chief Adviser	Jean-Claude Renaud
Adviser	Berthold Daniels
Assistant to Director-General	Rolf Meijer

Administrative unit	Head
BRUSSELS	
Directly attached to Director-General	
Energy policy	Robert de Bauw
Directorate A	
Energy saving and forecasts	Riccardo Perissich
1. Energy saving	Ubaldo Zito
2. Energy balances and forecasts	Melville Gellard
Directorate B	
Coal	Karlheinz Reichert
1. Coal policy	Siegfried von Ludwig
2. Market and structure	Louis Calibre
3. Technologies, synthetic fuels, research and development	—
Directorate C	
Oil and natural gas	Georges Brondel
1. Market	Piero Davanzo
2. Supply	Hendrik Tent
3. Gas	Gerhard Wedekind
Directorate D	
Nuclear energy, other primary sources and electricity	Michael Davis
1. Nuclear energy	Jean-Claude Charrault
2. Electricity	Hans Eliasmöller
LUXEMBOURG	
Directorate E	
Euratom safeguards	Hans-Walter Schleicher
1. Inspection 1	Pierre Bommelle
2. Inspection 2	Bernard William Sharpe
3. Accounting and auditing	Manfred Schmitt
4. Basic concepts	Ugo Miranda

D-G XVIII (CREDIT AND INVESTMENTS)

Bâtiment Jean Monnet
rue Alcide de Gasperi
Luxembourg-Kirchberg

tel. 430–11
telex 2331 EURCRED LU

Director-General	Antonino Nicoletti
Adviser (co-ordination with Brussels-based D-Gs, the Council and Parliament)	Bernard Zamaron
Assistant to Director-General	—

Administrative unit	Head
Directorate A	
Borrowings and administration of funds	Antoine van Goethem
1. Borrowings and treasury	—
2. Levy and accounting	Heinz-Jörg Moritz

Administrative unit	Head
Directorate B	
Investments and loans	Ottokar Hahn
1. Opinions on investments and studies, and industrial loans to Belgium and France	Philippe Werthauer
2. Loans	—

D-G XIX (BUDGETS)

rue de la Loi 200, B–1049 Brussels
Wetstraat 200, B–1049 Brussels

tel. 735–00–40/735–80–40/736–60–00
telex 21877 COMEU B

Cash office
Bâtiment Jean Monnet
rue Alcide de Gasperi
Luxembourg-Kirchberg

tel. 430–11
telex 3423 COMEUR LU
3443 COMEUR LU
3476 COMEUR LU

Director-General	Daniel Strasser
Assistants to Director-General	Hugo Casaer
	Joseph Lentz

Administrative unit	Head
Directorate A	
Financial intervention appropriations and administrative expenditure	Dieter Frisch
1. Budget rapporteur for structural appropriations (Regional Fund, EAGGF Guidance Section, ECSC)	David Wyllie
2. Budget rapporteur for research and industrial, technological and energy-sector appropriations	Ernst Wolfgang Schaefer
3. Budget rapporteur for EAGGF Guarantee Section appropriations	Antonio Mascarello
4. Budget rapporteur for appropriations for co-operation with non-member countries	Rodney Clements
5. Budget rapporteur for administrative appropriations and ECSC contracts	Jacques Berger
6. Analyses and forecasts	Gerhard Hipp
Directorate B	
Financing of the budget	Harry Charles Salter
1. Budgetary revenue	Francesco Vicario
VAT	—
2. Budgetary aspects of borrowing policy and control of own resources (other than VAT)	Franco Massa Rolandino
Budgetary aspects of borrowing policy	—
Control of own resources	Roger Gadsby
Directorate C	
General affairs and relations with Parliament and the Court of Auditors	Frans de Koster
Accounting Officer of the Commission	Frans de Koster
Adviser with special responsibility for financial regulations	Aldo Perron
1. Establishment and implementation of the general budget	Helmut Hailer
2. Liaison with financial control bodies	Jean Lebrun
3. Accounts and financial information	Andrea Brunotti

D-G XX (FINANCIAL CONTROL)

rue de la Loi 200, B–1049 Brussels Wetstraat 200, B–1049 Brussels	tel. 735–00–40/735–80–40/736–60–00 telex 21877 COMEU B
Local JRC Section Ispra, Varese Italy	tel. 78–01–31/78–02–71 telex 380042/380058 EUR I
Publications Office Bâtiment Jean Monnet rue Alcide de Gasperi Luxembourg-Kirchberg	tel. 430–11 telex 3423 COMEUR LU 3446 COMEUR LU 3476 COMEUR LU

Director-General (Financial Controller)	Carlo Facini
Director (Deputy Financial Controller)	Joseph Lemmens
Assistant to Director-General	Francesco de Angelis

Administrative unit	Head
Attached to Director-General	
1. Control of revenues; general matters	Émile Mennens
2. Control of EAGGF	Lucien de Moor
Attached to Deputy Financial Controller	
3. Control of social and regional expenditure	Pierre Ghyssens
Directorate A	
Control of operating, research and co-operation expenditure	Joseph Lemmens
1. Control of personnel and operating expenditure	René Barberis
2. Control of expenditure in connection with industry, research and investment, studies and subsidies	Albert E. Cresswell
Local JRC Section	Richard Royce
3. Control of co-operation and food aid expenditure	Hans-Georg Doll
4. Control of Publications Office and expenditure managed in Luxembourg	Hubert Schulte

JOINT RESEARCH CENTRE

BRUSSELS

rue de la Loi 200, B–1049 Brussels Wetstraat 200, B–1049 Brussels	tel. 735–00–40/735–80–40/736–60–00 telex 21877 COMEU B

Director-General	Stelio Villani
Deputy Director-General (operates from Ispra)	Roland Mas
Assistant to Director-General	Luigi Massimo
Directly attached to Director-General	
Director of Programmes	Jean-Pierre Contzen
Scientific co-ordination	Jean Gabolde
Relations with other institutions	Claude Gewiss
Administrative co-ordination	Gianluigi Valsesia
Operations analysis and information	Christian Fischer-Dieskau

ISPRA

21020 Ispra, Italy	tel. 78–01–31/78–02–71 telex 380042/380058 EUR I

Establishment Director	Roland Mas
Site Director	Werner Ellerkmann

Adviser	Maurice Prelle
Administration and personnel	Henri Hannaert
Finance and contracts	Gilles Nullens
Radiation protection	Alessandro Malvicini
Infrastructure	Francesco Sciuto
Security	Ernest Wennig
Chief Security Officer (Engineering)	Eberhard Wendler
Accounts	Jacques Duyver
Medicine and health	Dr Claude Vigan (D-G IX)
Public relations	Maria Piera Moretti
Director of Forward Studies	Pierre Bonnaure
Programme evaluation	—
Planning and resources	Michel Grin
Projects Director	Raymond Klersy
Reactor safety	—
Super Sara	Jack Randles
Nuclear materials and management of nuclear waste	Marcello Bresesti
New energy sources	Giorgio Beghi
Thermonuclear fusion	Giampaolo Casini
Environment and resources	Friedrich Geiss
Co-ordination of reference measurements	Henri Laurent
Service and support activities	Carlo Rinaldini
Director of the Informatics, Mathematics and Systems Analysis Department	Hans Helms
Adviser	Helmut Neu
Informatics	Jean Pire
Information analysis and processing	Rodolphe Nicks
Systems analysis	—
Library	Mary Connolly
Director of the Applied Sciences and Technology Department	Sergio Finzi
Heat transfer and fluid mechanics	Günter Grass
Applied mechanics	Lars Hannes Larsson
Electronics	Giancarlo Bertolini
Essor	Thomas Doyle
Design office and site services workshop	Georges Bonnet
Engineering	Giuseppe Volta
Training	Bernard Henry
Director of the Natural Sciences and Physics Department	G.R. Bishop
Advisers	Walter Kley
	Jean Peretti
	Alfonso Merlini
Physics	—
Chemistry	Peter Schiller
Materials	Marcel Devreux (D-G XII)
Biology	

GEEL

Steenweg op Retie — tel. (014) 58–94–21
B–2440 Geel, Belgium — telex 33589 EURAT B

Establishment Director	Robert Batchelor
Administration and infrastructure	Klaus Gubernator
Nuclear measurements	Achiel de Ruytter
Reference materials and techniques	Richard Lesser

KARLSRUHE

Linkenheim
Postal address: D–7500 Karlsruhe — tel. 072–47/841
Postfach 2266, FR of Germany — telex 7825483 EU D

Establishment Director	Roland Lindner
Personnel and administration	Paul Blaes
Chemistry	Werner Müller
Physics	Hubert Blank
Technical services	Gérard Samsel

PETTEN

Westerduinweg 3
Postbus Nr 2
1755 ZG-Petten, NH, Netherlands

tel. 22–46–64–42
telex 57211 REACP

Establishment Director	Pieter van Westen
Administration and infrastructure	Jean-Jacques Sempels
High-flux Reactor (HFR)	Peter von der Hardt
Materials	Marcel van de Voorde

EURATOM SUPPLY AGENCY

rue de la Loi 200, B–1049 Brussels
Wetstraat 200, B–1049 Brussels

tel. 735–00–40/735–80–40/736–60–00
telex 21877 COMEU B

Director-General	Jan-Baldem Mennicken
Assistant to Director-General	Jean-Claude Blanquart

SECURITY OFFICE

rue de la Loi 200, B–1049 Brussels
Wetstraat 200, B–1049 Brussels

tel. 735–00–40/735–80–40/736–60–00
telex 21877 COMEU B

Director	Tjerk Noyon

OFFICE FOR OFFICIAL PUBLICATIONS OF THE EUROPEAN COMMUNITIES

5 rue du Commerce, Luxembourg
PO box 1003

tel. 49–00–81/49–01–91
telex 1325 PUBLOF LU
(Director's Office and other departments)
telex 2731 PUBLOF LU
1324 PUBLOF LU
(Official Journal)

Director	Walter Verheyden
Assistant	Jean van de Calseyde

Administrative unit	Head
1. Administrative and technical services	Lucien Emringer
2. Official Journal	Johan van der Loo
3. Publications	Georg Grüner
4. Sales and accounting	David Perry

COMMISSION INFORMATION OFFICES

Belgium: Jean Poorterman, rue Archimède 73, B–1040 Brussels/Archimedesstraat 73, B–1040 Brussels (tel. 735–00–40/735–80–40/736–60–00; telex 26657 COMINF B)

Denmark: Niels Jørgen Thögersen, Gammel Torv 6, PO box 144, DK–1004 Copenhagen K (tel. 14–41–40; telex 16402 COMEUR DK)

France: François Fontaine (Chief Adviser), 61 rue des Belles-Feùilles, 75782 Paris Cedex 16 (tel. 501–58–85; telex Paris 611019 COMEUR)

Germany: Ernst Wallrapp, Zitelmannstrasse 22, D-5300 Bonn (tel. 23-80-41; telex 886648 EUROP D); [Suboffice attached to Bonn Office] Eckhard Jaedtke [acting], Kurfürstendamm 102, D-1000 Berlin 31 (tel. 892-40-28; telex 184015 EUROP D)

Greece: Eduard Weimar [Adviser], 2 Vassilissis Sofias, T.K. 1602, Athens 134 (tel. 74-39-82/74-39-83/74-39-84; telex 219324 ECAT GR)

Ireland: Denis Corboy, 39 Molesworth Street, Dublin 2 (tel. 71-22-44; telex 2551 EUCO I)

Italy: Gianfranco Giro, via Poli 29, 00187 Rome (tel. 678-97-22; telex 610194 EUROMA I)

Luxembourg: Henri Guillaume, Bâtiment Jean Monnet, rue Alcide de Gasperi, Luxembourg-Kirchberg (tel. 430-11; telex 3423/3446/3476 COMEUR LU)

Netherlands: Henry Faas, Lange Voorhout 29, The Hague (tel. 46-93-26; telex 31094 EURCO NL)

Portugal: Karlheinz Hoeller, rua do Sacramento à Lapa 35, 1200 Lisbon (tel. 66-75-96; telex 18810 COMEUR P)

Spain: Gian Paolo Papa, Hotel Castellana, Paseo de la Castellana (tel. 410-02-00; telex 27686 GRAM E)

Switzerland: René André, PO box 195, CH-1211 Geneva 20, 37-39 rue de Vermont (tel. 349-750; telex 28261/28262 ECOM CH) [*see also* 'External Delegations to International Organizations' below]

Turkey: Robert Cox, 13 Bogaz Sokak, Kavaklidere, Ankara (tel. 27-61-45/27-61-46; telex 42819 ATBE TR)

United Kingdom: George Edwin Scott, 20 Kensington Palace Gardens, London W8 4QQ (tel. 727-80-90; telex 23208 EURUK G)

Thomas Geoffrey Martin, Windsor House, 9/15 Bedford Steet, Belfast BT2 7G (tel. 407-08; telex 74117 CECBEL G)

Hywel Rhodri Morgan, 4 Cathedral Road, Cardiff CF1 9SG (tel. 37-16-31; telex 497727 EUROPA G)

Stanley Budd, 7 Alva Street, Edinburgh EH2 4PH (tel. 225-20-58; telex 727420 EUEDING)

EXTERNAL DELEGATIONS IN THIRD COUNTRIES

(*in alphabetical order by country*)

Algeria: Sir Sam Falle (Commission Delegate), 44 Lotissement Guellati, Cheraga, Algiers (tel. 81-09-18 [temporary]; telex 52246 EURAL DZ)

Australia: (Commission Delegate), Canberra

Barbados: Stephen Kelly (Commission Delegate) [also responsible for Antigua, British Virgin Islands, Dominica, Montserrat, St Kitts, Nevis, Anguilla, St Lucia and for the Caribbean Development Bank], Sunjet House, Fairchild Steet, PO box 654 C, Bridgetown (tel. 743-62; telex 2327 DELEGFED WB)

Benin: Christian Blanchard (Commission Delegate), avenue Roume, Bâtiment Administratif, PO box 910 (tel. 31-26-84/31-26-17; telex 5257 DELEGFED - COTONOU)

Botswana, Lesotho and Swaziland: Michael Barrie Mc Geever (Commission Delegate), PO box MS 518, Maseru, Lesotho (tel. 237-26/223-09; telex 351 bb DELEGEUR - MASERU)

Burundi : Ludwig Vigo Glass (Commission Delegate), avenue P. Lumumba 52, PO box 103, Bujumbura (tel. 34-26/33-25; telex FED - Bujumbura)

Cameroon: Robert Scheiber (Commission Delegate) [also responsible for Equatorial Guinea], Immeuble CPNS, 4e étage, PO box 847/PO box 1867, Yaoundé (tel. 22-13-87/22-33-67/22-21-49; telex 8298 DELEGFED KN-YAOUNDÉ)

Canada: Curt Heidenreich (Head of Delegation), Gwyn Morgan (Head of Information Service), Inn of the Provinces, Suite 1110, 350 Sparks Street, Ottawa, Ont. K1R 7S8 (tel. (618) 238-64-64; telex 0534544 EURCOM OTT)

Central African Republic: Leopoldo Schiavo-Campo (Commission Delegate), rue de Flandre, PO box 1298, Bangui (tel. 61-30-53/61-01-13; telex 5231 EC DELEGFED - BANGUI)

Chad: Jacques Collet (Commission Delegate), Lot 7*bis*, Ilot 25 du Quartier résidentiel, PO box 552, N'Djamena (tel. 22-74/22-76; telex 5245 DELEGFED-N'DJAMENA)

Chile [Suboffice of the Delegation for Latin America; *see* 'Venezuela']: Peter Kalbe, Avenida Ricardo Lyon 1177, Santiago 9, Casilla 10093 (tel. 25-05-55; telex 94344/94351 COMEUR KU)

Congo: Francine Henrich (Commission Delegate), Hôtel des Relais, PO box 2149, Brazzaville (tel. 81-38-78/81-37-00; telex 5257 KG DELEGFED - BRAZZAVILLE)

Egypt: Klaus Billerbeck (Commission Delegate), 4 Gezira Street, 8th floor, Cairo-Zamalek (tel. 80–83–88; telex 92028 NEDAM UN [temporary])

Ethiopia: Willem van Woudenberg (Commission Delegate), Tedla Desta Building, Africa Avenue (Bole Road), 1st floor, PO box 5570, Addis Ababa (tel. 15–25–11; telex 21135 DELEGEUR–ADDIS ABABA)

Gabon: René Teissonnière (Commission Delegate), Quartier Batterie IV, Lotissement des Cocotiers, PO box 321, Libreville (tel. 73–22–50; telex DELEGFED 5511 GO–LIBREVILLE)

Gambia: Eeuwke Koopmans (Commission Delegate), 10 Cameron Street, PO box 512, Banjul (tel. 777; telex DELCOM GV 2233–BANJUL)

Ghana: Benno Haffner (Commission Delegate), 20 Water Road, North Ridge, PO box 9505, Kotoka Airport, Accra (tel. 281–38; telex 2069 DELCOMEUR–ACCRA)

Guinea: Jean Leroy (Commission Delegate), Commission, Central Mail Department (Diplomatic Bag Section – B 1/123), rue de la Loi 200, B–1049 Brussels (tel. 44–40–27/44–40–28 (Conakry/Guinea); telex 628 DELEUR CKY)

Guinea Bissau: Jules Baruch (Commission Delegate) [also responsible for Cape Verde], Rua Eduardo Mondlane 29, PO box 359, Bissau (tel. 33–60/28–78; telex 96900 PTT BI (por delegado CCE))

Guyana: Domenico Menichini (Commission Delegate) [also responsible for relations with the Caricom Secretariat], 64 B Middle Street, South Cummingsburg, PO box 623, Georgetown (tel. 02–626–15/02–654–24/02–639–63; telex 2258 DELEG GY)

Israel: (Commission Delegate)

Ivory Coast: Antonio Lesina (Commission Delegate), Immeuble 'AZUR', boulevard Crozet 18, PO box 1821, Abidjan 01 (tel. 322–428; telex 3729 DELCEE–ABIDJAN)

Jamaica: Johannes Westhoff (Commission Delegate) [also responsible for the Bahamas, Belize, the Cayman Islands and the Turks and Caicos Islands], Mutual Life Center, 2nd floor, Oxford Road/Old Hope Road, PO box 435, Kingston 5 (tel. 929–30–30/929–30–31/929–30–32; telex 2391 DELEGEC KINGSTON 5)

Japan: Leslie Fielding (Head of Delegation), Hubert Delaplace (Head of Information Service), Kowa 25 Building, 8–7 Sanbancho, Chiyoda Ku, Tokyo 102 (tel. 239–04–41; telex 2325230 EURTOK J)

Jordan: Thomas O'Sullivan (Commission Delegate), Intercontinental Hotel, PO box 926794, Amman (tel. 441–87; telex 22260 DELEUR JO (attn Delegation EEC))

Kenya: Jean-Paul Jesse (Commission Delegate), National Bank Building, Harambee Avenue, PO box 45119, Nairobi (tel. 33–35–92; telex 22302 DELEGFED–NAIROBI)

Lebanon : Marc Janssens (Commission Delegate), Centre CEFINOR, Bloc B, 8e étage, PO box 4008, rue Clémenceau, Beirut (tel. 364–758/59–363–030/31/32; telex DELEUR 23307 LE)

Liberia: (Commission Delegate), 34 Payne Avenue, Sinkor, PO box 3049, Monrovia (tel. 26–22–78; telex 4358 DELEGFED LI – MONROVIA)

Madagascar: Robert Goldsmith (Commission Delegate), Immeuble Ny Havana – 67 Hectares, PO box 746, Antananarivo (tel. 242–16; telex 22327 DELEGFED MG–ANTANANARIVO)

Malawi: Dieter Walter Schmidt (Commission Delegate), Lingadzi House, PO box 30102, Capital City, Lilongwe 3 (tel. 73–02–55/73–01–73/73–05–93; telex 4260 DELEGEUR MI–LILONGWE)

Mali: Detalmo Pirzio-Biroli (Commission Delegate), rue Guégau – Badalabougou, PO box 115, Bamako (tel. 22–23–56; telex 526 DELEGFED–BAMAKO)

Mauritania: Dietrich Collogong (Commission Delegate), Ilôt V, Lot 24, PO box 213, Nouakchott (tel. 527–24/527–32; telex 549 DELEG MTN–NOUAKCHOTT)

Mauritius: Elios Brizio (Commission Delegate) [also responsible for Comoros, Djibouti, Mayotte, Réunion and Seychelles], 61/63 route Floreal Vacoas, PO box 144, Port Louis (tel. 86–50–61/86–50–62/86–50–63; telex DELCEC VACOAS)

Morocco: Lorenzo Lanari (Commission Delegate), 4 rue Jaafar As Sadik, PO box 1302, Rabat-Agdal (tel. 742–95/739–15; telex 32620–RABAT)

Netherlands Antilles: Joseph de Man (Commission Delegate), Mgr Kieckensweg 24, PO box 822, Willemstad, Curaçao (tel. 250–84; telex 1089 DELEG NA–WILLEMSTAD)

Niger: Jean-Paul Martin (Commission Delegate), PO box 877, Niamey (tel. 73–23–60/73–27–73; telex 5267 NI DELEGFED–NIAMEY)

Nigeria: Thomas Garvey (Commission Delegate), Plot 1311 Victoria Island, PM Bag 12767, Lagos (tel. 617–852; telex 21268 DELCOM NG–LAGOS (attn Mr Garvey – Delegate EEC))

Pacific: Eberhard Stahn (Commission Delegate) [also responsible for Fiji, Samoa, Tonga, Brunei, French Polynesia, New Caledonia and dependencies, Vanuatu, Pitcairn, Tuvalu and Wallis and Futuna Islands], Dominion House, 3rd floor, Private Mail Bag, GPO, Suva, Fiji (tel. 31–36–33; telex 2311 DELECOM FJ–SUVA)

Papua New Guinea: Johannes Zuidberg (Commission Delegate) [also responsible for Kiribati and Solomon Islands], Development Bank Building, 2nd floor, Waigani, PO box 1264, Boroko, Port

Moresby (tel. 25–92–22; telex NE 22307 DELEUR–PORT MORESBY (Papua New Guinea))

Rwanda: Gaspard Dünkelsbühler (Commission Delegate), Parcelle 471, avenue Député Kamunzinzi, PO box 515, Kigali (tel. 55–86/55–89; telex 15 DELEGFED RW–KIGALI)

Senegal: René Calais (Commission Delegate), avenue Albert Sarrault 57, 2e étage, PO box 3345, Dakar (tel. 21–13–24/21–57–77/21–79–75; telex 440 DELEGSE SG–DAKAR)

Sierra Leone: Christopher William Collins (Commission Delegate), 2 Lamina Sankoh Street, PO box 1399, Freetown (tel. 239–75; telex 3203 DELFED SL–FREETOWN)

Somalia: Charles Pellas (Commission Delegate), Via Makka Al Mukarram, n° Z A6/17, PO box 943, Mogadiscio (tel. 310–18/300–49/811–18; telex 628 FED MOG SM–MOGADISCIO)

Sudan: John Mace (Commission Delegate), 16 Street No 3, New Extension, PO box 2363, Khartoum (tel. 444–85/445–10/446–75; telex 254 DELEGSUD KM–KHARTOUM)

Surinam: Théo Rasschaert (Commission Delegate), Dr S. Redmondstraat 239, PO box 484, Paramaribo (tel. 993–22; telex 192 DELEGFED PBO–PARAMARIBO)

Syria: Elio Germano (Commission Delegate), 73 rue Rachid, Damascus (tel. 335–291; telex DELCOM 31319 SY)

Tanzania: Bent Pontoppidan (Commission Delegate), Extelcoms House, 9th floor, Independence Avenue, PO box 9514, Dar es-Salaam (tel. 311–51/311–52; telex 41353 DELCOMEUR–DAR ES-SALAAM)

Thailand [HQ of the Delegation in South and South-East Asia]: John Hansen (Head of Delegation), George Wijnand (Head of Information Service), Thai Military Bank Building, 9th and 10th floors, 34 Phya Thai Road, Bangkok (tel. 282–14–52; telex 086/2764 COMEUBK TH)

Togo: Achim Kratz (Commission Delegate), rue de Calais 22, PO box 1657, Lomé (tel. 213–662/210–832; telex 5267 DELEGFED–LOMÉ)

Trinidad and Tobago: Gerald George Watterson (Commission Delegate) [also responsible for French Guyana, Grenada, Guadeloupe and dependencies, Martinique, Guyana, Saint Pierre and Miquelon and the South Atlantic overseas territories], 2 Champs Elysées, Long Circular, Maraval, PO box 1144, Port of Spain (tel. 622–66–28; telex 3319 HILTON WG–PORT OF SPAIN (for EEC Delegation))

Tunisia: Michel Courtier (Commission Delegate), avenue Jugurtha 21, PO box 21, Belvédère – Tunis (tel. 28–85–35; telex 13596 COMEUR–TUNIS)

Uganda: Tue Rohrsted (Commission Delegate), Uganda Commercial Bank Building, Plot 12, Kampala Road, 5th floor, PO box 5244, Kampala (tel. 335–97/336–86; telex 61139 DELEGFED–KAMPALA)

United States: Roland de Kergorlay (Head of Delegation), Heinrich von Moltke (Deputy Head of Delegation [Commercial]), Andrew Armstrong Mulligan (Head of Information Service), 2100 M Street, NW (Suite 707), Washington DC 20037 (tel. (202) 862–95–00; telex 24855 COMEUR) Pierre Malvé (Head of Delegation), Michael Lake (Head of Information Service), 1 Dag Hammarskjöld Plaza, 245 East 47th Street, New York, NY 10017 (tel. (212) 371–38–04; telex 012396 EURCOM UI)

Upper Volta: Gabrielle von Brochowski (Commission Delegate), PO box 352, Ouagadougou (tel. 363–46/363–48; telex 5242 DELEGFED UV–OUAGADOUGOU)

Venezuela [HQ of the Delegation for Latin America]: Manfredo Macioti (Head of Delegation), Martin Mauthner (Head of Information Service), Quinta Bienvenida, Valle Arriba, Calle Colibri, Distrito Sucre, Caracas (tel. 92–50–56/92–39–67/91–07–47; telex 26336 COMEU VC)

Yugoslavia: (Commission Delegate), Belgrade

Zaire: Eirk Poerschmann (Commission Delegate), 71 avenue des Trois Z, Colin av. Lupangu & ex-av. des Aviateurs, PO box 2000, Kinshasa (tel. 327–18; telex 21766 DECEKIN–KINSHASA)

Zambia: Johann Wallner (Commission Delegate), 5 Cha Cha Cha Road, Stand 19, Baker House, PO box 34871, Lusaka (tel. 722–53; telex 40440 DECEC ZA–LUSAKA)

EXTERNAL DELEGATIONS TO INTERNATIONAL ORGANIZATIONS

Geneva: Trans van Thinh (Head of Delegation), Jean-Pierre Derisbourg (Deputy Head of Delegation), René André (Head of Information Office), PO box 195, CH – 1221 Geneva 20, 37–39 rue de Vermont (tel. 34–97–50; telex 28261/28262 ECOM CH)

New York: Pierre Malvé (Head of Delegation), 1 Dag Hammarskjöld Plaza, 245 East 47th Street, New York, NY 10017 (tel. (212) 371–38–04; telex 012396 EURCOM UI)

Paris: Jean-Pierre Leng (Head of Delegation), Alexandre Stakhovitch (Chief Adviser), 61 rue des Belles-Feuilles, 75782 Paris Cedex 16 (tel. 501–58–85; telex Paris 611019 COMEUR)

Vienna: Giorgio Longo (Head of Delegation), Hoyosgasse 5, 1040 Vienna (tel. 65–33–79/65–34–91/65–73–35; telex 133152 EUROP A)

European Committee for Electrotechnical Standardization (CENELEC) [Comité Européen de Normalisation Electrotechnique]. The European Committee for electrotechnical standardization with a membership consisting of the standards institutions of the Community, the countries of the **European Free Trade Association** and Spain. CENELEC standards are adopted by majority voting, and once adopted they become the national standards for those countries that have approved them.
See **European Committee for Standardization; Harmonization**, fig. 10.
National enquiries: *national standards institutions.*
Community responsibility: **Council of Ministers Secretariat**, *D-G B (Agricultural, regional and social policies; Education; Economic and Social Committee), Directorate I.*

European Committee for Standardization (CEN) [Comité Européen de Normalisation]. The European Committee for standardization. Its membership consists of the standards institutions of the Community, the countries of the **European Free Trade Association** and Spain. CEN standards are adopted by majority voting, and once adopted they become the national standards of those countries which have approved them.
See **European Commission for Electrotechnical Standardization**; **Harmonization**, fig. 10.
National enquiries: *national standards institutions.*
Community responsibility: **Council of Ministers Secretariat**, *D-G B (Agricultural, regional and social policies; Education; Economic and Social Committee), Directorate I.*

European Community. The three European communities, set up under the **Treaty of Paris** and the **Treaty of Rome (European Coal and Steel Community** (ECSC), **European Atomic Energy Community** (Euratom) and the **European Economic Community** (EEC)) merged in 1965 to form the European Community. In 1973 the six founder members (Belgium, France, Italy, Luxembourg, the Netherlands and Germany) were joined by Denmark, Ireland and the UK. Greece became a full member on 1 January 1981, with Portugal and Spain expected to join in 1983.
The European Community aims to break down trade barriers within a common market and to create a political union among the peoples of Europe. Community institutions are those established under the Treaty of Rome and the **Merger Treaty**: the **European Commission**, the **Council of Ministers**, the **European Parliament** and the **European Court of Justice**, aided or advised by other organizations such as the **Economic and Social Committee** (ESC) and the **Committee of Permanent Representatives** (COREPER). The triannual meeting of heads of state and governments in the **European Council**, though not provided for in the Treaty of Rome, was formally instituted in 1974.
Community legislation affects national legislation according to whether it is a **Regulation**, a **Directive**, a **Decision** or a **Resolution**.
The Community has its own **budget** raised from its **own resources** (**customs duties**, agricultural **levies**, and a proportion of **Value added tax**); the Community offers loans, subsidies, or grants through a variety of financial instruments including the **European Investment Bank**, the **Farm Fund**, **Regional Fund** and **Social Fund**, the **European monetary system** and the **Development fund**.
See fig. 7 overleaf.
See also **Environment**, fig. 6; **Finance**, fig. 9; **Regional Fund**, fig. 14; **Transport**, fig. 17.
Enquiries: *Commission Information Offices*; more specific enquiries should be addressed to Community institutions as referred to above.

European company statute (OJ C 124, 30.6.1970 and EC Bull., Suppl. 4/75 (amended draft). The aim is to provide an optional system of company law, alternative to national law, for European companies operating in two or more member countries. This was first proposed in 1970, and the **European Commission** presented an amended draft in 1975. A working party has sent its conclusions to the **Committee of Permanent Representatives** (COREPER), but there has been little progress towards agreement.
See also **Company law**.

National enquiries: *government departments for Industry/Trade.*
Commission responsibility: *D-G III (Internal Market and Industrial Affairs), Directorate D.*

European Council. Since December 1974 the meetings of heads of governments of member countries (Presidents and Prime Ministers) otherwise referred to as summits, have been termed meetings of the European Council, and are held regularly three times a year. There is no provision for the European Council in the **Treaty of Rome**, but matters of outstanding importance or unresolved by the Council of Ministers are referred to it. The Council often recommends new fields of activity for the Community which must be referred to the **European Commission** and other Community Institutions for action. Council meetings are largely informal and secret. Heads of government are accompanied only by their Foreign Ministers; the President and one Vice-President of the Commission attend the discussions. The Presidency of the Council rotates every six months as with the **Council of Ministers**. The President of the European Council issues a statement to the press at the end of each meeting. Relations with other Community Institutions are still evolving.
See also **European Community**, fig. 7.
National enquiries: *government departments for Foreign/External affairs.*
Commission responsibility: Council Secretariat, Secretariat-General, rue de la Loi 170, B–1040 Brussels.

European Court of Human Rights. In 1950 the **Council of Europe** adopted the European Convention on Human Rights, establishing the European Commission of Human Rights and the European Court of Human Rights.
The Commission examines complaints made either by a member government signatory to the Convention or, in certain cases, by an individual, non-governmental organization, or group of individuals, to the effect that the Convention on Human Rights has been violated by one or more of the signatories. The Commission first decides whether to admit the application. It then examines the facts and tries to persuade the parties to reach a friendly settlement. If there is no settlement the Commission sends a report to the Committee of Ministers of the Council of Europe, or to the Court, which decides whether a violation of human rights has taken place. The Court may only deal with a case where the Commission has failed to find a settlement, and where signatory governments have accepted its compulsory jurisdiction or, failing that, with governmental consent.
In the event of a dispute as to whether the Court has jurisdication, the matter is settled by decision of the Court. The judgment of the Court is final.
Both the European Commission of Human Rights and the European Court of Human Rights were established by the Council of Europe. They are quite separate from the European Community and from the **European Commission**, and the **European Court of Justice**.
Enquiries: *government departments for Foreign/External Affairs*; Council of Europe, Palais de l'Europe, 67006 Strasbourg, CEDEX.
European Commission of Human Rights, evenue de l'Europe, 67006 Strasbourg, CEDEX.

European Court of Justice. The European Court of Justice has the task of ensuring that the interpretation and application of Community law is observed. It consists of ten judges and four Advocates-General appointed for six-year renewable terms and nominated by the member governments. The President is elected from among the judges for a three-year term. The Court's judgments are final and cannot be referred to any other court. The Court arbitrates on disputes between member countries solely on Community matters and on infringements of Community law brought to its attention by the **European Commission**; it acts as a tribunal on complaints by individuals or bodies (such as firms) directly affected by Community legislation, and in cases between the Community and its employees. National courts also often refer to the Court for an interpretation of Community law, so ensuring its uniform application throughout the Community.
When there is a breach of the law by member countries Articles 169 and 170 of the Treaty of Rome require the Commission to play an important role: if the Commission considers that a government has

fig. 7 EUROPEAN INSTITUTIONS

- **EUROPEAN COMMUNITY** (EC) formed by **Merger Treaty** from:
  - Belgium, France, Federal Republic of Germany, Italy, Luxembourg, the Netherlands (founder members), Denmark, Ireland, United Kingdom (under **Treaty of Accession**) Greece (1981), Portugal, Spain (under negotiation – *see* **Enlargement of the Community**)
  - **Community reform**
    - Spierenburg Report
    - Committee of Three Report
  - **European Council** triannual meeting of European heads of government
  - General Council of Foreign Ministers of member states co-ordinates overall Community policy and external affairs (*see* **European political co-operation**)

- **EUROPEAN ECONOMIC COMMUNITY** (EEC) set up under **Treaty of Rome**

  aim: to create a common trading area and the foundation for a political union among the peoples of Europe
  - **Council of Ministers** decides Community policy under Treaty of Rome and direction of European Council
    - **Committee of Permanent Representatives** (COREPER) officials from member states acting in support of the **Council of Ministers**
  - **European Commission** initiates **proposals** to Council of Ministers, implements **Community law**, and monitors Community obligations, bringing cases to **European Court of Justice** as necessary
    - **Management committees** can approve proposals from the Commission presented under delegated powers
  - **European Parliament** of directly elected European Members, with right to be consulted on most Commission **proposals** before the **Council of Ministers** takes a final decision (*see* **European Parliament: powers**)
    - other official consultative bodies: **Economic and Social Committee** (ESC), **Tripartite Conference**, **Standing Committee on Employment**
      - multinational **representative organizations** established independently to monitor and influence Community policy
  - **European Court of Justice** interprets and applies **Community law**, arbitrates disputes between member states and judges complaints from individuals or corporations about the effects of Community legislation

— — — — — — **European Investment Bank** – an independent body to encourage development of the common market through investment loans for certain types of project

EUROPEAN COAL AND STEEL COMMUNITY (ECSC) established by **Treaty of Paris** to plan development of coal and steel industry — now administered by EEC institutions, with **ECSC Consultative Committee** representing producers, consumers, workers and dealers, with whom the **European Commission** must consult

EUROPEAN ATOMIC ENERGY COMMUNITY (Euratom) established under **Treaty of Rome** to encourage civil nuclear industry

COUNCIL OF EUROPE — Committee of Foreign Ministers — European Commission of Human Rights

Consultative Assembly — European Court of Human Rights

ORGANIZATION FOR ECONOMIC CO-OPERATION AND DEVELOPMENT (OECD) — Council

failed to fulfil its obligations under the Treaty it must deliver a reasoned opinion on the matter after giving the state concerned the opportunity to submit its observations. If the state does not comply with the opinion within a given period, the Commission may bring the matter before the Court. If one government considers that another has failed to fulfil its Community obligations, the accusing state can also bring the matter before the Court, but it must first refer the matter to the Commission which, after considering both sides of the case, should deliver a reasoned opinion within three months. If the Commission has not given its opinion by then the case may go to the Court, but in practice governments prefer to leave it to the Commission to follow up infringements of the law. In all cases states are expected to comply with the Court's rulings.

Firms or other bodies can appeal to the Court only in reaction to a decision of the **Council of Ministers** or the Commission, or to Community legislation which directly affect them. Much of the Court's work is concerned with complaints arising from **competition policy** or barriers to free and fair trade. The Court can also arbitrate in cases of individuals claiming their rights where governments fail to fulfil their obligations under Community social and non-discriminatory law. In such cases the individual must go through the national courts or tribunals which, if in doubt, will usually (or in some cases must) refer the matter to the Court of Justice for an opinion or interpretation of the Community legislation (Article 177); it is not possible, however, for an individual to appear in the European Court without leave from the appropriate national high court. The Court has already ruled on a number of cases affecting the free movement of workers within the Community, on individual professional and trade activities, and the principle of equality of treatment both for professional workers and between the sexes.

When entitled to plead before the Court (where proceedings are free) member countries and the Community institutions are represented by Agents, usually members of their legal departments, who are entitled to the assistance of an adviser or lawyer. In other cases lawyers practising in national courts may appear before the European Court. When a country recognizes their right to do so (as in Germany), university teachers of law may also appear before the Court.

See also **European Community**, fig. 7; **Harmonization**, fig. 10; **Legislative preparation**, fig. 13.

National enquiries: The court publishes booklets on its work which are available from *Commission Information Offices.* Court business is published in the OJ (Series C), obtainable from *government and publications and sales offices,* and in Court of Justice Reports.

Commission responsibility: *Legal Service.* European Court of Justice, Luxembourg.

European Currency Unit (ECU). A central element of the **European monetary system** (EMS) the ECU is a composite monetary unit consisting of a basket of Community currencies (as laid down in OJ C 225, 22.9.1978) and equivalent to the European **Unit of account** (EUA). The ECU is subject to review every five years or, on request, if the weight of any currency has changed by 25 per cent. It performs several major functions in the EMS, including that of numeraire for fixing central rates and it is used as a means of settlement between the monetary authorities of the Community. It is also the denominator for operations in the intervention and credit mechanisms of the EMS, and the reference unit for the divergence indicator. The ECU will replace the EUA as the budgetary unit of account in 1981.

Its functions are described in detail in 'The European Monetary System', *European Economy,* offprint of No.3 (July 1979; available from *Commission Information Offices*).

See also **European monetary system**; **Finance**, fig. 9; **Units of account**.

National enquiries: *government departments for Finance.*

Commission responsibility: *D-G II (Economic and Financial Affairs).*

European Development Fund. *See* **Development Fund.**

European Economic Community (EEC). One of the three European communities established in 1958 under the **Treaty of Rome** by the six founder members (Belgium, France, Germany, Italy, Luxembourg and the Netherlands). The aims were: (*i*) to lay the foundations for a closer union among the peoples of Europe; (*ii*) to establish a common market by

eliminating trade barriers; and (*iii*) to work for the constant improvement of living and working conditions. To govern the EEC, the Treaty of Rome provided four major institutions: the **European Commission**, the **Council of Ministers**, the **European Parliament** and the **European Court of Justice**. In 1965 the EEC merged with the **European Coal and Steel Community** (ECSC) and the **European Atomic Energy Community** (Euratom) to form the **European Community** (EC).
See also **European Community**, fig. 7; **Merger Treaty**.
Enquiries: *See* **European Community**.

European Foundation. The creation of the European Foundation was proposed by the **European Council** in December 1977. This organization aimed to (*i*) improve 'mutual understanding among the people of the Community'; (*ii*) promote understanding of Europe's cultural heritage; and (*iii*) assist European integration. Legal and financial difficulties have prevented the Foundation's development.
See also **Education**, fig. 4.
National enquiries: *government departments for Education/Science.*
Commission responsibility: *Secretariat-General of the Commission.*

European Foundation for the Improvement of Living and Working Conditions. An organization established in Dublin in 1975 to study ways of improving living and working conditions in the Community (**Regulation** (EEC) 1365/75, OJ L 139, 30.5.1975). It is administered by a Director and Deputy-Director appointed by the Commission, and a 33 member Administrative Board composed of ten members each from government, employers' organizations and trade unions, plus three members of the Commission. A Committee of 12 experts appointed by the **Council of Ministers** on a recommendation from the **European Commission** advises the board on scientific and other matters.
From the beginning the Foundation decided to subsidize studies and research elsewhere rather than engage in them itself. Work is done by contract through universities or other appropriate institutions. A four-year rolling programme (1977–80; EF–AB 3/7 final) concentrated on: (*i*) humanizing working conditions; (*ii*) problems affecting school and university leavers, those near retirement, and immigrants; and (*iii*) broader studies affecting work and life (such as the ratio of working hours to leisure time). The Foundation publishes the results of its studies and submits an annual report. Further information is available from the Foundation.
See also **European Foundation**; **Finance**, fig. 9.
National enquiries: *Commission Information Offices.*
Commission responsibility: *D-G V (Employment and Social Affairs).*
European Foundation for the Improvement of Living and Working Conditions, Loughlinstown House, Shankill, Co. Dublin, Ireland.

European Free Tade Association (EFTA). A European association established under the Stockholm Treaty (1959), in part as a counter-institution to the **European Community**. Of the original members, Austria, Iceland, Norway, Portugal, Sweden, Switzerland, Denmark and the UK, the last two left to join the Community in January 1973, and Portugal is expected to do so in 1983 (*see* **Enlargement of the Community**). Finland is an associate member.
The Association has three objectives: (*i*) to achieve free trade in industrial products among the member countries; (*ii*) to assist in the creation of a single market embracing the countries of Western Europe; and (*iii*) to contribute to the expansion of world trade in general.
On 22 July 1972 Austria, Iceland, Portugal, Sweden and Switzerland signed free trade agreements with the Community, with Finland and Norway joining later. This resulted in an almost complete free trade area in industrial goods in 16 Western European countries from 1 July 1977. Tariff concessions apply to industrial products of EFTA origin. Agricultural products do not come under the provisions of free trade; neither is there a **Common customs tariff** as with the Community. EFTA members can impose their own rates of duty on products entering from outside the EFTA area.
EFTA is governed by a Council assisted by a small secretariat in Geneva.
See also **Customs union**; **External trade**, fig. 8.
National enquiries: *government departments for Customs and excise.*
Commission responsibility: *D-G I (Exter-*

nal Relations), Directorate F (1).
EFTA, 9–11 rue de Varembe, 1211 Geneva 20, Switzerland.

European Investment Bank (EIB). Created under Article 129 of the **Treaty of Rome**, the Bank is an independent body with a total capital of £4700m (1980) contributed by Community countries. Its task is to contribute through investment loans in projects to 'the balanced and steady development of the common market in the interests of the Community': (*i*) in regions qualifying for national aid schemes; (*ii*) involving modernization, conversion or the creation of new activities in areas of high unemployment; (*iii*) of interest to several countries or the Community as a whole, such as improved road and rail communications or protection of the environment. In certain circumstances the Bank can also help finance projects outside the Community (for example, under the **Lomé Conventions** and certain co-operation agreements).
The Bank can lend to private and public enterprises, to states and financially autonomous public authorities (such as German *Länder*, French *Départements* and Italian regions), and to financial institutions, for the purpose of helping small investors through global loans. Loans are approved by the Bank's Board of Directors, and can amount to up to 50 per cent of investment costs. The Bank negotiates direct loans above 4 million **units of account** (EUA) – a figure periodically adjusted – and subject to a ceiling. Loans are at fixed rates of interest usually for 7–12 years, but the period may be extended to 20 years in the case of infrastructure projects (roads, canals, railways), and relief grants on interest may be available from the **Regional Fund**. Small or medium-sized investors can benefit from the Bank's global loans on investment projects where up to 50 per cent loans range from 25,000 EUA to 4m EUA. Some governments provide exchange risk cover on EIB loans so that borrowers are shielded from currency fluctuations. Applications for direct loans can be made directly to the Bank or through its national offices; in the case of indirect or global loans applications must be made through appropriate government departments or approved financial institutions.
See **European Community**, fig. 7; *see also* **Finance**, fig. 9; **Industrial policy**, fig. 12; **Regional Fund**, fig. 14; **Small businesses**.
National enquiries: *government departments for Finance*; *Commission Information Offices.*
Community responsibility: European Investment Bank, 2 place de Metz, boîte postale 2005, Luxembourg.
Regional offices:
Office for Operations in Italy of the EIB, via Sardegna 38, 1–00 187 Rome.
Representative Office in Brussels, rue de la Loi 227, B–1040 Brussels.
Liaison Office for the UK, 23 Queen Anne's Gate, London, SW1H 9BU.

European Monetary System (EMS). The principle of establishing a European Monetary System (EMS) was adopted by the European Council in July 1978. The system was formally introduced on 13 March 1979. The UK took part in the negotiations and has joined the EMS although it has decided not to participate for the time being in the planned exchange rate mechanism. Greece has signed the basic agreements of the EMS but is not a member and the drachma is not included when calculating the value of the European Currency Unit. Under the provisions laid down by the European Council, any European country with particularly close economic and financial ties with the Community may take part in the exchange rate and intervention mechanisms.
The purpose of the EMS is to create a zone of monetary stability in Europe, through the implementation of certain exchange rate, credit and resource transfer policies. This was to ensure that monetary instability did not jeopardize the process of genuine integration within the Community. Central to the system are the **European Currency Unit** (ECU), and the European Monetary Co-operation Fund (EMCF) to manage operations under the system. The EMS comprises three mechanisms: the exchange rate and intervention mechanism, the accounting and settlement mechanism, and the credit mechanism. In addition the EMS incorporates measures designed to strengthen the economies of the less prosperous participating members.

(i) *Exchange rate and Intervention Mechanism.* The exchange rate and intervention mechanism is in two parts: (*a*) the maintenance of bilateral limits of fluctuation, or cross rates, between participating currencies, by unlimited compulsory intervention on the exchanges; and (*b*) a presumption to take action on the part of the authorities responsible for a currency whose rate is identified by the 'divergence indicator' as exceeding certain limits which are fixed in terms of the ECU and which will generally be reached before the bilateral margins of fluctuation.

Bilateral intervention obligations: all EEC currencies have an ECU-related central rate, expressed as a certain quantity of currency per ECU (*see* Table).

Currency	*ECU-related central rates* 1 ECU =
Belgian franc	40.7985
Dutch guilder	2.81318
Danish krone	7.91917
German Deutschemark	2.54502
Italian lire	1262.92
French franc	5.99526
Irish punt	0.685145

By linking together the ECU-related central rates each EMS currency has a series of bilateral cross rates with the other participating currencies. The bilateral intervention limits are calculated by applying to each of the bilateral cross rates the maximum margin of fluctuation of plus or minus 2.25 per cent (6 per cent for the lira). The participating countries are obliged to keep the rates of their currencies within these bilateral limits.

Divergence intervention obligations: the divergence indicator identifies the currency showing the greatest divergence from the average. It is thus intended to provide an objective basis for triggering consultations between the relevant authorities, and by pinpointing responsibilities more clearly, aims for a fairer allocation of the burden of adjustment. The indicator calculates for each currency the relationship between (*a*) the appreciation or depreciation in the market rate of the ECU against the ECU-related central rate for the currency, and (*b*) the maximum percentage appreciation or depreciation which the rate of the ECU expressed in the currency may show against its ECU-related central rate. (In a system where all the currencies maintain margins of plus or minus 2.25 per cent against one another, this maximum deviation is reached, in the case of a given currency, when the latter is standing at its bilateral limit of plus or minus 2.25 per cent against all the other currencies.) When the appreciation (premium) or depreciation (discount) in the market rate of the ECU in terms of a given currency reaches 75 per cent of this maximum spread, that currency is said to have reached its divergence threshold (*see* Table).

Currency	*Divergence threshold 75% of maximum spread*
Belgian franc	1.53
Dutch guilder	1.5159
Danish krone	1.64
German Deutschemark	1.1386
Italian lire	4.1116
French franc	1.3638
Irish punt	1.6688

The action available to the issuing country of a diverging currency includes diversified intervention, measures of domestic monetary policy, changes in central rates, or other economic policy measures. If a currency remains above its divergence threshold consultations take place in appropriate Community institutions, including the **Council of Ministers**.

(ii) *Accounting and Settlement Mechanisms.* In the EMS ECUs are created by the

EMCF against contributions of dollars and of gold by the participating central banks. These contributions – which take the form of three-month revolving swaps under national control – represent 20 per cent of the central banks' gold holding and 20 per cent of their gross dollar reserves. In return, the central banks are credited by the EMCF with an aggregate amount of ECUs. Quarterly adjustments are made to ensure that each central bank's contribution to the EMCF always represents at least 20 per cent of its gold and dollar reserves and to take account of any price or rate changes that may have occurred in the reserves deposited with that body. A net user of ECUs is required to pay interest to a net holder, with no interest being paid on the amount of outstanding ECUs issued against the deposit of reserves. The interest rate is equal to the average of the official discount rates of all EEC central banks, weighted in accordance with their respective currencies' weights in the ECU. Purchases of Community currencies by a central bank represent for the bank an accumulation of claims on the EMCF. Conversely, sales of Community currencies by a central bank on its foreign exchange market represent an accumulation of debts with the EMCF. These debts and claims are recorded by the EMCF in the form of debits or credits in accounts denominated in ECUs. The conversion of Community currencies into ECUs is made at the rate obtaining on the day of intervention.

This accumulation of debts and claims represents very short-term financing facilities granted between the central banks (*see* below). Settlement by debtor central banks is made in the first place, in assets denominated in the currency of the creditor central bank; subsequently in whole or in part in ECUs created against the deposit of reserves up to a limit of 50 per cent of its claim (unless the creditor central bank agrees otherwise); and for any balance outstanding, as a rule, in accordance with the composition of the debtor central bank's reserves including gold. By denominating debt and claims in ECUs, the system has introduced the concept of Community burden sharing in respect of the exchange rate risk.

(iii) *Credit Mechanisms.* There are three credit mechanisms incorporated in the EMS: the very short-term financing and the short-term monetary support (STMS), both of which are the responsibility of the central banks, and medium-term financial assistance (MTFA), which is granted by the Council. Very short-term financing is granted by the participating central banks to each other through the EMCF in order to permit interventions in Community currencies. Such operations are denominated in ECUs and are unlimited in amount. Short-term monetary support (STMS) helps to meet financing needs arising from temporary balance of payments deficits caused by unforeseen difficulties or cyclical divergencies. The mechanism is based on a system of debtor and creditor quotas which determine each EEC central bank's borrowing entitlement and financing obiligations. Where circumstances so justify, a 'rallonge' mechanism enables the amount of support which a debtor country may receive to be increased over and above the quotas. As a general rule, a single central bank may not receive more than one-half of the rallonge. The maximum lending capacity of the mechanism now stands at 14,000 ECUs. Medium-term financial assistance (MTFA) is mutual assistance within the meaning of Article 108 of the EEC Treaty. It is granted by the Council to any member state experiencing difficulties or seriously threatened with difficulties as regards its balance of payments. Each member state is required to grant credits only up to a specific commitment ceiling, the total amount of these ceilings being 14,100 million ECUs. As a rule, no country can be granted loans amounting to more than 50 per cent of the total amount of the commitment ceilings. Assistance is conditional, with a borrower country having to agree to certain economic and monetary conditions. It is denominated in ECUs and repayable within a period of between two and five years.

(iv) *Measures to strengthen the economies of less prosperous member states.* These measures are conditional upon their full and effective participation in the exchange rate and intervention mechanism. Such measures include the granting of three per cent interest rate subsidies for loans made available to the less prosperous countries by the Community institutions, which are required to use the new financial facility and by the European Investment Bank.

These loans may amount to 1000 million EUA per year for a period of five years; the interest rate subsidies granted amounting to 200 million EUA per year for five years. The funds provided are concentrated on the financing of selected infrastructure projects and programmes, on the understanding that any direct or indirect distortion of the competitive position of specific industries has to be avoided. A more detailed description of the EMS is contained in 'The European Monetary System', *European Economy*, offprint of no. 3, July 1979; enquiries for copies should be directed to *Commission Information Offices.*

Two years after the introduction of the EMS the reserve pooling and other arrangements were intended to be consolidated into a European Monetary Fund (EMF), with the ECU as a reserve asset and a means of settlement of account. Whether such progress will be achieved remains in doubt. The postponement of the EMF was confirmed by the European Council in December 1980.

See also **European Monetary Union; Finance**, fig. 9.

National enquiries: *government departments for Finance.*

Commission responsibility: *D-G II (Economic and Financial Affairs).*

Committees: Monetary Committee (Article 105, EEC Treaty; OJ 17, 5.10.1958; OJ 77, 21.5.1964; OJ L 84, 31.3.1976); Committee of Governors of the Central Banks (OJ 77, 21.5.1964); Economic Policy Committee (OJ L 63, 5.3.1974).

European monetary union (EMU). A goal set at a conference of heads of state or government of the six founder members of the Community in The Hague in 1969. In 1971 the Council of Ministers adopted a Resolution on the achievement of EMU by 1980 (OJ C 28, 27.3.1971) but there was little consensus as to how this aim should be implemented. On 24 April 1972, under the Basle Agreement, it was agreed to establish an exchange rate scheme to limit the margins of fluctuation between Community currencies (the 'snake') to a permissible margin of fluctuation against the dollar (the 'tunnel'). Thus the Basle Agreement became known as 'the Snake in the Tunnel'.

The 1973 oil crisis and the subsequent floating of currencies resulted in the UK, Italy and France withdrawing from the 'snake'. By 1974 only five Community countries (Germany, Belgium, the Netherlands, Luxembourg and Denmark) were operating the 'snake' in what was virtually a German Deutschemark zone. The need for a broader zone of currency stability became increasingly apparent in the late 1970s. In October 1977, Roy Jenkins, President of the Commission, urged that EMU was necessary as a means of consolidating the **Customs union**, the Common Agricultural Policy and other existing policies, and the Community would benefit from having an international reserve currency alongside that of the USA. On the initiative of the French and German governments a scheme for a **European monetary system** (EMS) was adopted by the **European Council** in December 1978, and the initial phase was established on 13 March 1979.

For the history of the EMU see 'The European Monetary System', *European Economy*, offprint of No.3 (July 1979; available from *Commission Information Offices*).

See also **European monetary system**; **Finance**, fig. 9.

National enquiries: *government departments for Finance.*

Commission responsibility: *D-G II (Economic and Financial Affairs).*

European Parliament. The European Parliament is one of the four major institutions of the **European Community**. Called the European Assembly under Articles 137–144 of the **Treaty of Rome**, it consisted of 198 members nominated by national Parliaments in accordance with the representation laid down in the Treaty. Germany, France, Italy and the United Kingdom sent 36 members each to the Assembly; Belgium and the Netherlands 14 each; Denmark and Ireland 10 each; and Luxembourg 6.

Article 138 of the Treaty, however, laid down that the eventual aim should be a Parliament directly elected in accordance with a uniform procedure in all member countries. The first direct elections, without a uniform procedure, took place in June 1979 for a 410-member Parliament consisting of 81 representatives each from Germany, France, Italy and the UK; 25 members from the Netherlands, 24 from Belgium, 16 from Denmark, 15 from Ireland and 6 from Luxembourg. In 1981 the Parliament was enlarged to 434 members to include 24 Greek representatives.

Members take their seats in the Parliament, which meets now mainly in Strasbourg, according to political conviction rather than nationality. The major parties are the Socialist Group (including representatives from every Community country); the European People's Party (mainly Christian Democrats from Belgium, France, Germany, Ireland, Italy, Luxembourg and the Netherlands); the European Democratic Group (UK Conservatives and some representation from Denmark); the Communist and Allied Group (Denmark, France and Italy); the Liberal and Democratic Group (Belgium, Denmark, France, Germany, Ireland, Italy, Luxembourg and the Netherlands); the Group of the European Progressive Democrats (Denmark, France, Ireland and the UK); and a number of Independents.

The Parliament is run by a Bureau, comprising the President and 12 Vice-Presidents who are elected by secret ballot to serve for two-and-a half years. For some purposes the Bureau is enlarged to include the chairmen of the political groups. One of the main tasks of this enlarged Bureau is to draw up the draft agenda for each of Parliament's plenary sessions held seven or eight times a year for a week at a time, together with occasional extraordinary sessions of two days' duration. Under Article 139 of the Treaty of Rome the Parliament must hold an annual session, and must meet 'without requiring to be convened' on the second Tuesday in March. Under the old Parliament this was the occasion to elect the President, Vice-Presidents and appoint committees, but the elected Parliament has introduced new rules providing longer terms of office.

The basic work of the Parliament is done through 15 specialized committees (*see* **European Parliament: committees**). All business is conducted in the official languages of the Community with simultaneous interpretation; and all documents are published in the official languages. The powers of the Parliament are laid down in the Treaty of Rome (*see* **European Parliament: powers**), but are continually evolving in relation to the European Commission and the Council of Ministers.

European MPs are elected for a term of five years; while entitled to common Community allowances, their salaries vary in accordance with national Parliament decisions.

The Parliament has its own Secretariat based on Luxembourg. The Directory of European MPs is in the address section.

See **European Community**, fig. 7; *see also* **Budget**, fig. 2; **European Parliament**: **committees**; **European Parliament**: **electoral systems**; **European Parliament**: **powers**; **European Parliament**: **Secretariat**; **European Parliament**: **working methods**; **Legislative preparation**, fig. 13.

National enquiries: European MPs and European Parliament Information Offices (*see* below).

Community responsibility: Secretariat of the European Parliament, European Centre, PO box 1601, Luxembourg.

The following is a list of information service centres of the European Parliament.

Secretariat of the European Parliament, D-G for Information and Public Relations, Publications and Central Documentation Division, European Centre, PO box 1601, Luxembourg (4–30–01)

Belgium: 3 boulevard de l'Empereur, B–100 Brussels (513–40–70/513–94–60).

Denmark: Børsen, DK–1217 Copehagen (14–33–77)

France: 288 boulevard St Germain, 75007 Paris (550–34–11)

Germany: (main office) European Parliament, Luxembourg; (branch office) 10 Friedrich-Wilhelm-Strasse, D–5300 Bonn (23–16–42)

Ireland: 29 Merrion Square, Dublin 2 (76–19–13)

Italy: 29 via Poli, Rome 00186 (679–05–07)

Luxembourg: European Centre, Kirchberg (4–30–01)

Netherlands: 'Vijverhof', Buitenhof 37, 2513 The Hague (46–63–15)

United Kingdom: 2 Queen Anne's Gate, London SW1 (222–4201)

European Parliament: committees. Under the **Treaty of Rome** Parliament has a right to be consulted on most **European Commission proposals** (draft legislation) before the **Council of Ministers** takes a final decision (*see* **European Parliament: powers**). On the first day of each plenary session, legislative proposals received by

the President are sent to one or more of the 15 specialized standing committees concerned with particular areas of Community activity: Political Affairs; Agriculture; Budgets; Economic and Monetary Affairs; Energy and Research; External Economic Relations; Legal Affairs; Social Affairs and Employment; Regional Policy and Regional Planning; Transport; Environment, Public Health and Consumer Protection; Youth, Culture, Education, Information and Sport; Development and Co-operation; Budgetary Control; and Rules of Procedure and Petitions.
The Committee appoints a 'rapporteur' to draw up a draft report on the proposal, including amendments (*see* **European Parliament: working methods**). The rapporteur is appointed by agreement among the political groups (*see* **European Parliament**) represented on the Committee. Committees meet between plenary sessions of the Parliament, usually in Brussels; a member of the Commission supplies members with relevant information. Committee discussions are usually held in private, but Committee Reports, obtainable on subscription from the Office for Official Publications, often provide background to Commission proposals. Names of Committee members are published in the *Bulletin* of the European Parliament. *See also* **European Parliament: working methods.**
National enquiries: *European MPs*; *European Parliament Information Offices* (*see*

EUROPEAN PARLIAMENT: ELECTORAL SYSTEMS

Country	*Voting system*	*Franchise*	*Polling day*	*Comments*
Belgium	PR in two linguistic 'constituencies' (Flemings 13, Walloons 11).	Votes for all Belgians domiciled in Belgium.	10 June	Those in Brussels can choose which constituency to vote in. Voting compulsory.
Denmark	1 seat for Greenland. Rest of Denmark PR on national lists.	Votes for all Danes resident in the Community.	7 June	
France	PR on national lists. 5% 'hurdle'.	Votes for all French nationals in the world.	10 June	Overseas departments and territories included.
Germany	PR on national or *Land* lists (choice for parties). 5% 'hurdle'.	Votes for all Germans resident in the Community	10 June	3 seats for Berlin filled by nomination from Berlin *Landtag*.
Ireland	Single Transferable Vote in 4 multi-member constituencies.	Votes for all Community nationals resident in Ireland.	7 June	£1000 deposit for candidates.
Italy	PR in 5 constituencies.	Votes for all Italian nationals.	10 June	
Luxembourg	PR on national lists but cross-party voting possible.	Votes for Luxembourgers resident in Luxembourg only.		Compulsory voting. National elections on same day.
Netherlands	PR on national lists.	Votes both for Dutch residents in the Community and Community nationals resident in the Netherlands with no vote elsewhere.	7 June	
UK (Great Britain)	Simple majority (first-past-the-post) system in 78 constituencies.	Votes for residents only.	7 June	£500 deposit for candidates.
UK (N. Ireland)	1 constituency electing 3 MEPs by Single Transferable Vote System.			

European Parliament). *Office for Official Publications of the European Communities.*
Community responsibility: Secretariat of the European Parliament, European Centre, PO box 1601, Luxembourg.

European Parliament: electoral systems. The first elections to the **European Parliament** took place from 7–10 June 1979. Under Article 138 of the **Treaty of Rome**, the eventual aim is a Parliament elected in accordance with a uniform procedure in all member countries, but in 1979 it was agreed that member countries should adopt their own voting systems. With the exception of Great Britain, countries operated some form of proportional representation (PR).
A Committee of the European Parliament is examining procedures for introducing a broadly uniform system of voting throughout the Community for the next election in 1984.
National enquiries: *government departments for Interior/Internal affairs.*

European Parliament: powers. The European Parliament is not a legislative body or government like a national Parliament. Its role may be likened to that of 'advise and consent' as, more powerfully, in the USA Congress. The **Treaty of Rome** and the **Treaty of Paris** establishing the Communities, lay down some outlines for the European Parliament's role, but amendments to the Treaties, particularly on budgetary matters, and evolving relationships with the **European Commission** and the **Council of Ministers**, have made constant changes. The formal powers of the Parliament, in the case of legislation where the Council of Ministers takes the final decision, are limited to the right to be consulted (though not in all cases) on Commission proposals before these are adopted by the Council. The Parliament may suggest amendments, which are embodied in a **Resolution** or an opinion. These are sent to the commission and the Council (*see* **European Parliament: working methods**), but apart from the special conditions attaching to the Community **Budget**, nothing in the Treaties obliges either of the other institutions to accept them. In practice, however, the Commission takes increasing note of Parliamentary opinion and often amends its proposals accordingly.
In 1975 the Treaty of Rome was amended (Article 203 et seq.) to give Parliament more extensive control over the Budget (*see* **Budgetary procedures**), including not only the power to amend, but, in certain circumstances, to reject the budget, as it did in December 1979. It also has the responsibility to check whether the budget, once passed, is put into effect.
The Parliament has power (Article 144 of the Treaty of Rome) to dismiss the Commissioners of the European Commission, providing that a motion of censure is carried by a two-thirds majority of the votes cast and representing a majority of the European MPs (MEPs). Such a motion of censure in the non-elected Parliament in 1976 failed to achieve the requisite majority.
It is open to MEPs to question both the Commission and the Council about any aspect of the Community's business, particularly where the interests of those that they represent are likely to be directly affected. Questions to the Commission or Council may be in writing or they may be put down for oral reply during a Parliamentary sitting. Questions and answers are published in the **Official Journal of the European Communities** (Series C).
The European Parliament accepts petitions relating to Community activity. When received these are referred to the relevant Parliament committee for examination. The committee subsequently reports to Parliament and may ask for the petition to be forwarded to the **Council of Ministers** or to the **European Commission.**
The Parliament also receives an annual report from the current Chairman of the Conference of Foreign Ministers on what has been achieved in the field of **European Political Co-operation.** And under Article 143 of the Treaty the Commission must submit its Annual Report to the Parliament for open discussion. The role of the European Parliament is a developing one. The Parliament is pressing its limited powers of consultation and initiation.
See also **European Community**, fig. 7.
National enquiries: *EP Information Offices* (*see* **European Parliament**); European MPs (*see* Directory of the Members of the European Parliament in the address section).

Community responsibility: Secretariat of the European Parliament, European Centre, PO box 1601, Luxembourg.

European Parliament: Secretariat. The Parliamentary Secretariat services the Parliament and consists of five Directorates-General headed by a Secretary-General.
Secretary-General: Hans Joachim Opitz
D-G I: Sessional and General Services (Director-General: Enrico Vinci)
D-G II: Committees and Inter-Parliamentary Delegations
D-G III: Information and Public Relations (Director-General: Raymond Legrand-Lane)
D-G IV: Personnel and Finance (Director-General: Francesco Pasetti Bombardella)
D-G V: Research and Documentation (Director-General: John P. S. Taylor)
Each accredited political group has its own Secretariat, headed by a Secretary-General. A Directory of the Departments and Political Groups of the European Parliament is available from the Secretariat in Luxembourg.
See also **Recruitment of Community staff.**
National enquiries: *EP Information offices* (*see* **European Parliament**). Secretariat of the European Parliament, European Centre, PO box 1601, Luxembourg.

European Parliament: working methods. Article 142 of the **Treaty of Rome** gives Parliament the power to adopt its own rules of procedure. (It was under this Article that the 'Assembly' established by the Treaty decided that its name should be the European Parliament.) Except where otherwise stated in the Treaty, Parliament acts by an absolute majority of the votes cast (Article 141). Under 'normal procedure' legislative proposals received by the President of the Parliament from the **European Commission** are referred immediately to one of the 15 specialized Parliament Committees where, following the appointment of a rapporteur, the draft report is discussed with the responsible Commissioner and/or his representatives participating. A final test is adopted comprising the **Resolution** (Section A), an 'explanatory statement' (Section B) and possibly the opinions of other committees consulted. The report is presented to the full Parliament by the rapporteur, and debated with the Commissioner, and sometimes a representative of the **Council of Ministers**, replying. It is then adopted, and possibly amended, by a simple majority of those present. In order to accelerate decisions on uncontroversial matters the Parliament may adopt proposals without report (Rule 27A), or without debate (Rule 27).
Once adopted the Resolution is forwarded to the Commission and the Council as Parliament's 'opinion'. The Parliament also draws up reports on matters it considers important, and holds emergency debates on issues of major topical interest. Under Article 140 of the Treaty the Commission is entitled to attend all meetings of the Parliament and 'be heard'; it is also required to reply orally or in writing to questions put to it by MEPs. Since 1974 Question Time has become an important part of House procedure when MEPs put questions both to the Commission and, by convention, to a representative of the Council of Ministers.
The proceedings of Parliament and answers to Questions (but not the debates) are published in the **Official Journal of the European Communities** (Series C). *Committee Reports of the European Parliament* contain the official reports of the individual committees and are obtainable in the official Community languages from the Office for Official Publications, Luxembourg, on subscription. The Parliament also produces a weekly Bulletin intended for MEPs and including information such as the agenda for future sittings, lists of EP working documents, questions for written reply, and lists of committees and their membership. Also available is a *Directory of the Departments* and political groups of the European Parliament. Information on other publications, including the *Rules of Procedure*, is available from EP Information Offices. These often publish their own news-sheets on EP activities (for example, *EP News*, from the London Office).
See also **European Parliament: committees.**
National enquiries: *European Parliament Information Offices* (*see* **European Parliament**); *Office for Official Publications of the European Communities.*
Community responsibility: Secretariat of the European Parliament, European Centre, PO box 1601, Luxembourg.

European Political Co-operation (EPC). Although within the spirit of the **Treaty of Rome,** EPC lies outside the Treaty institutions, and it was not until the adoption of the Luxembourg Report in 1970 (Bull. EC 11-1970) that procedures were established to encourage political co-operation among Community member countries. A second report in 1973 (Bull. EC 12-1974, Section 1104) modified these procedures in the light of experience and later they were extended to meet the demands of the **European Parliament** for better consultation on and reporting of Ministers' decisions.
The system works through the Conference of Foreign Ministers, serviced by a Political Committee composed of senior foreign ministry officials. The Conference meets privately and informally almost every month, with additional meetings at the **European Council** or when member countries are attending the UN or international conferences. Working parties deal *ad hoc* or on a longer-term basis with special areas of policy. The **European Commission** attends political co-operation meetings as a 'guest', and is invited to take part in some working party discussions. While it may give its views, it does not participate in the decisions. The **Council of Ministers Secretariat** is never present. Conference decisions are published in the *Bulletin of the European Communities* and not in the *Official Journal.*
The Chairman of the Conference (who is also the President of the Council of Foreign Ministers), gives an oral report to the **European Parliament**, followed by debate; the report is subsequently published in the *Bulletin.*
Although at times of crisis differences in policy are evident, since 1970 the habit of consultation and co-ordination has developed steadily among Community members, and a united front is usually presented at the United Nations and other international gatherings.
See also **European Community**, fig. 7.
National enquiries: *government departments for Foreign/External Affairs.*
Commission responsibility: *Secretariat-General of the Commission.*

European Regional Development Fund (ERDF). *See* **Regional Fund.**

European schools. European schools were started in 1957 for children of parents working for the Community. While studying their mother tongue and the literature and history of their native country with teachers of their own nationality, children benefit from contact with pupils from other Community countries. There are schools in Brussels (two), Luxembourg, Varese (Italy), Karlsruhe, Mons, Mol (Belgium), Munich (Germany) and Culham (UK). The schools are independent organizations, run under the aegis of an intergovernmental Board of Governors, and are open only to children of parents working for the Community.
See also **Education**, fig. 4.
National enquiries: *government departments for Education/Science.*

European Social Fund (ESF). *See* **Social Fund.**

European Trade Union Confederation (ETUC). A confederation of 32 trade union organizations in 18 Western European countries, representing a total of 40 million trade union members. It started in 1952 as an organization of the Free (non-Communist) Trade Unions of the six founder member countries of the **European Coal and Steel Community** (ECSC) and later of the **European Economic Community** (EEC), and was constituted in its present form in 1973. All organizations represented (sometimes more than one from each country) are affiliated to the International Confederation of Free Trade Unions and adhere unreservedly to the principles of free and democratic trade unionism. Countries represented are: Austria, Belgium, Denmark, Fed. Rep. of Germany, Finland, France, Greece, Iceland, Italy, Luxembourg, Malta, Netherlands, Norway, Sweden, Switzerland, United Kingdom. The Congress, the highest governing body, meets every three years; the Executive Committee on which all ETUC members are represented, meets six times a year and decides on the implementation of resolutions and action programmes decided by the Congress. It also represents the ETUC *vis-à-vis* European institutions, governments and employers' organizations. The ETUC Secretariat is in Brussels. ETUC's aim is to influence European policies in the interests of working people and their families through the **European community**, the

European Free Trade Association, and the **Council of Europe**. It has direct representation on the Community **Consumer Consultative Committee**.
See also **European Community**, fig. 7; **European Trade Union Institute**; **Representative organizations**.
National enquiries: *national trades union organizations.*

European Trade Union Institute (ETUI). The research, information/documentation and educational instrument of the European trade union movement. It was established in 1978 on the initiative of the **European Trade Union Confederation** (ETUC) to deal with European aspects of economic, social and political developments with particular importance for the workers and their trade unions. Trade union organizations of the ETUC are also members of the ETUI and as such constitute the governing bodies, consisting of a General Assembly and a Management Committee. The Institute publishes reports relevant to European trade union matters, organizes conferences, and maintains close contact with the **European Commission**, the **European Parliament**, the **European Foundation for the Improvement of Living and Working Conditions** in Dublin, and the European Centre for the Development of Vocational Training in Berlin. While financed from several sources, the Community is the largest donor.
National enquiries: central trade union corporate body.

European Unit of Account (EUA). *See* **Units of account.** *See also* **European Currency Unit.**

European University Institute. Inaugurated in 1976 in Florence, the university has two aims: (*i*) to help outstanding research students in preparing a doctoral thesis or in doing advanced research in the fields of History and Civilization, Economics, Law, and Political and Social Science; (*ii*) to co-operate with other centres of learning in fostering knowledge and understanding of current problems, with special reference to the Community.
All candidates must have the equivalent of an honours degree, should be able to speak at least two Community languages, and their post-graduate work must be relevant to the aims of the Institute. Scholarships are available from appropriate national institutions for those accepted by the Entrance Board.
See also **Education**, fig. 4; **Education grants**; **Research**; **University research**.
National enquiries: *government departments for Education/Science.*
University enquiries: should be sent directly to the European University Institute, Badia Fiesolana, Florence.

Exchange visits. Article 50 of the **Treaty of Rome**, requires member countries, within the framework of a joint programme, to encourage the exchange of **young workers**. The first programme adopted in 1964 was replaced by a second in 1979 (**Decision** 79/642/EEC, OJ L 185, 21.7.1979) designed to develop opportunities for young workers to broaden their vocational training by a period of training in another country. To qualify for such visits young workers must be between 18 and 28 years of age, have begun their working life before the age of 20, received basic vocational training and have practical work experience.
Exchanges are organized by approved agencies operating at Community level based on an agreement between them and the **European Commission**. Training periods may be of a long duration of 4–16 months with an employer in the host country or for short periods of 3 weeks to 3 months – the latter mainly intended to allow the trainees to become familiar with working life in the host country.
The Commission can allow grant aid, not exceeding 75 per cent of the expenses incurred towards the cost of the return journey from home to place of employment, a flat rate weekly contribution per trainee, and supplementary aid per trainee and per week of language training for training periods of long duration. The scheme is to be reviewed in 1984.
See **Work and employment**, fig. 18; *see also* **Education grants**; **Finance**, fig. 9.
National enquiries: should be addressed to any of the following agencies operating exchange visits.
Belgium: Ministère de l'Emploi et du Travail, Direction de la Politique de l'Emploi, 53 rue Belliard, B–1040 Brussels; Ministerie van Tewerkstelling en Arbeid, Directie van de Werkgelegenheid, Belliardstraat 51–53, B–1040 Brussels

Denmark: Arbejdsdirektoratet, Ornevej 30, DK–2400 Copenhagen
France: Ministère du Travail, Delégation de l'Emploi, 55 avenue Bosquet, 75007 Paris
Germany: Zentralstelle für Arbeitsvermittlung, Feuerbachstrasse, 42 Frankfurt 1
Ireland: Ministry of Labour, Mespil Road, Dublin
Italy: Ministerio del Lavoro, 22 via Pastrengo, Rome
Luxembourg: Administration de l'Emploi, 34 avenue de la Porte-Neuve, Luxembourg
Netherlands: Directoraat-Generaal voor de Arbeidsvoorziening, Volmerlaan 1, Rijswijk ZH
United Kingdom: Central Bureau for Educational Visits and Exchanges (CBEVE), 43 Dorset Street, London W1H 3FN
Commission responsibility: *D-G V (Employment and Social Affairs), Directorate B.*

Export credit insurance. In 1977 a Directive was proposed for the adoption of uniform Community principles in export credit insurance systems for medium and long-term transactions with public and private buyers. The Commission had proposed earlier the establishment of a European export bank. The European Community then participated in international negotiations concluded in February 1978 at which it was agreed to implement an Arrangement of officially supported export credits (Bull. EC 2–78). The Arrangement sets a minimum percentage for down-payments, maximum repayment periods and minimum interest rates. It also contains guidelines on local costs and lays down procedures for the satisfactory operation of the Arrangement.
National enquiries: *government departments for Industry/Trade.*
Commission responsibility: *D-G XVIII (Credit and Investments), Directorate B.*

Export restitution payments. Subsidies paid to exporters under the Common Agricultural Policy from the Export Fund to bridge the gap between high Community price levels and lower world prices.
See **Agriculture: Common Agricultural Policy**, fig. 1; *see also* **Finance**, fig. 9.
National enquiries: *government departments for Agriculture/Fisheries/Food.*
Commission responsibility: *D-G VI (Agriculture), Directorate G.*

External trade. Community commercial (trade) policy stems from Article 113 of the **Treaty of Rome**, and is based on uniformly established principles regarding tariff and trade agreements, liberalization, export policy and protective measures (including those taken in cases of **dumping** and subsidies). Thus goods imported into the Community are treated in the same way whichever country they enter (*see* **Customs union**) and there are uniform **Regulations** governing exports throughout the Community. Protection against sensitive import products (such as **textiles**) is negotiated by the Community; any individual national action has to be approved by the **European Commission** under the relevant Regulation.
Since 1 January 1975 all external trade negotiations have been conducted by the commission, subject to approval by the **Council of Ministers**, and not bilaterally by member countries. As the world's largest trading bloc the Community has established a network of trading agreements with countries of all continents. These have taken the form of (*i*) association agreements (*see* **Turkey**); (*ii*) free trade agreements (*see* **European Free Trade Association**); (*iii*) trade or economic co-operation agreements (*see* list below); and (*iv*) the **Lomé Conventions**. The Community also has regular institutionalized consultations on trade matters with the USA, Japan, Australia and New Zealand. Legislation regarding products is continually updated depending on the economic situation and is published in the **Official Journal of the European Communities**.
See also **Competition policy**; **Council for Mutual Economic Assistance**; **Dumping**; **Finance**, fig. 9; **Footwear**; **General Agreement on Tariffs and Trade**; **Generalized system of preferences**; **Steel**.
National enquiries; *government departments for Overseas aid/Development.*
Commission responsibility: *D-G I (External Relations)* and *D-G VIII (Development).*
Committees: Select Committee for Consultations on Trade Agreements with Third Countries (OJ 71, 4.11.1961); Committee on External Trade Statistics

fig. 8 EXTERNAL TRADE POLICY

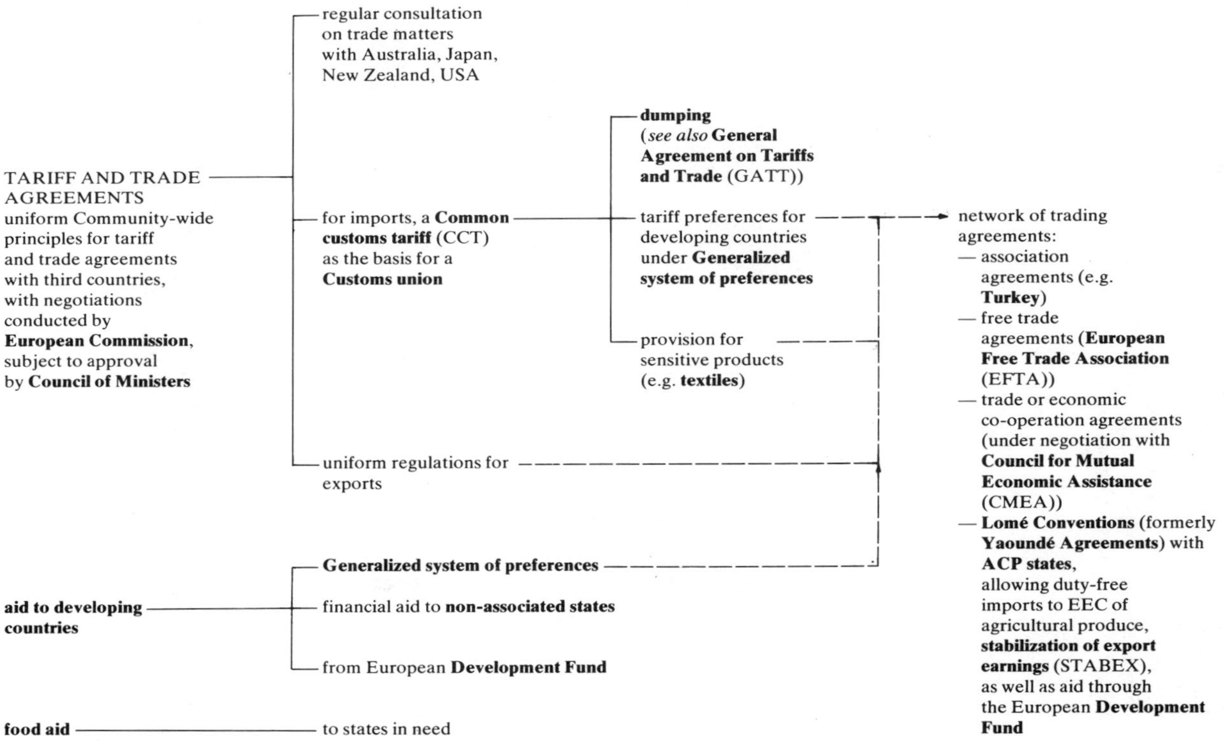

(OJ L 161, 17.7.1972; OJ L 183, 14.7.1975); Advisory Committee on Common Rules for Exports (OJ L 324, 27.12.1969); Advisory Committee on Export Credit Insurance (OJ L 254, 23.11.1970); Advisory Committee on Common Rules for Imports (OJ L 131, 25.5.1979); Advisory Committee on Common Rules for Imports from State-Trading Countries (OJ L 131, 29.5.1979); Article 113 Committee (Article 113 EEC; OJ 71, 4.11.1961; OJ L 326, 29.12.1969); Select Committee on Co-operation Agreements between Member States and Third Countries (OJ L 208, 30.7.1974).

LIST OF MAIN EEC AGREEMENTS WITH OTHER COUNTRIES

(* – *textile agreements concluded under the Arrangement regarding International Trade in Textiles*)

TABLE 1

AGREEMENTS WITH CENTRAL AND NORTH EUROPEAN COUNTRIES

Country	*Entry into force*	*Duration*	*OJ no.*	*Notes*
Austria	1.1.1973	unlimited	L 300, 1972	Preferential trade agreement setting up an industrial free trade area. The trade provisions were effective as from 1.10.1972.
	1.1.1974	unlimited	L 294, 1972 L 337, 1973	Agreement on Community goods in transit through Austria.
	1.5.1976	unlimited	L 188, 1975 L 98, 1976	Agreement on goods in transit between the Community and Greece and Turkey in the event of goods being re-shipped from Austria.
	1.3.1978	unlimited	L 142, 1977 L 44, 1978	Extenstion of the scope of the regulation relating to Community transit (between EEC, Switzerland and Austria).
	28.4.1978 (date of signing)	unlimited	not yet published	Exchange of letters covering the terms of co-operation in the environment sphere.
Finland	1.1.1974	unlimited	L 328, 1973 L 334, 1973	Preferential trade agreement setting up an industrial free trade area.
Iceland	1.4.1973	unlimited	L 301, 1972 L 61, 1973	Preferential trade agreement setting up an industrial free trade area. Additional agricultural concessions operative since 1.7.1976.
Norway	1.7.1973 *de facto* 27.2.1980 (date of signing)	unlimited 10 years as of the date of entry into force	L 171, 1973 L 226, 1980	Preferential trade agreement setting up an industrial free trade area. Agreement on fisheries.

continued overleaf

Country	*Entry into force*	*Duration*	*OJ no.*	*Notes*
Sweden	1.1.1973	unlimited	L 300, 1972	Preferential trade agreement setting up an industrial free trade area.
	de facto 21.3.1977 (date of signing)	10 years may be extended	L 226, 1980	Agreement on fisheries.
	10.5.1976	unlimited	L 162, 1976	Agreement for co-operation in the field of controlled thermo-nuclear fusion and plasma physics.
Switzerland	1.1.1973	unlimited	L 300, 1972	Preferential trade agreement setting up an industrial free trade area.
	1.1.1974	unlimited	L 294, 1972 L 334, 1973	Agreement on Community goods in transit through Switzerland.
	30.5.1979	unlimited	L 242, 1978	Agreement for co-operation in the field of controlled thermo-nuclear fusion and plasma physics.
	28.9.1979	31.12.1983	L 214, 1979	Agreement for extension of the Community data transmission network (EURONET) to Swiss territory.
Faroe Islands (Danish territory outside the Community)	temporary application effective as from 1.1.1977	10 years may be extended	L 226, 1980	Agreement on fisheries.

TABLE 2

AGREEMENTS WITH STATE-TRADING COUNTRIES

Country	*Entry into force*	*Duration*	*OJ no.*	*Notes*
China	1.6.1978	5 years renewable	L 123, 1978 L 143, 1978	Non-preferential trade agreement: development of economic and commercial trade.
	1.1.1980	31.12.1983	L 345, 1979	Agreement on trade in textiles.
Romania	*de facto* 1.1.1978	5 years (31.12.1982)	see L 357, 1977	Agreement on trade in textiles.
	1.1.1981	5 years renew-able	not yet published	Agreement on trade in industrial products.
	28.7.1980 (date of signing)	unlimited	not yet published	Agreement setting up the Joint Committee.

TABLE 3

AGREEMENTS WITH MEDITERRANEAN COUNTRIES IN EUROPE

(a) Association Agreements

Country	*Entry into force*	*Duration*	*OJ no.*	*Notes*
Cyprus	1.6.1973	first stage extended to 31.12.1980	L 133, 1973 L 143, 1973	Association agreement, second stage of which provided for progressive establishment of customs union.
		by Temporary Protocol	L 339, 1977 L 332, 1978	Financial Protocol and Protocol extending the agreement to include economic co-operation signed on 15.9.1977.
		signed on 7.2.1980	L 172, 1978 L 189, 1978	Supplementary Protocol which came into force on 1.7.1978.
	1.4.1980		L 84, 1980 L 85, 1980	Temporary Protocol which came into force on 1.4.1980.
Malta	1.4.1971	first stage extended to 31.12.1980	L 61, 1971 L 70, 1971	Association agreement, second stage of which provided for the establishment of customs union. Protocol in force from 1.6.1976 extending agreement to include agriculture and co-operation. Financial Protocol signed on 4.3.1976 and came into force on 1.11.1978.
	1.1.1978	by Additional Protocol signed on 27.10.1977	L 111, 1976 L 304, 1977 L 313, 1977 L 295, 1978	
Turkey	1.12.1964	unlimited	L 217, 1964 L 67, 1979 L 84, 1979	Association agreement establishing a customs union and providing for ultimate full membership. Third financial Protocol signed on 12 May 1977 and came into force on 1.5.1979, effective up to 31.10.1981.

Country	Entry into force	Duration	OJ no.	Notes
Spain	1.10.1970	unlimited first stage: not less than 6 years	L 182, 1970	Preferential trade agreement (free trade) adjusted to apply to the enlarged Community on 1.7.1977. Spain officially requested full EEC membership on 28.7.1977.
	15.4.1980	unlimited	not yet published see Comm. (78) 643 final	Framework agreement relating to fisheries.
	14.7.1980 (date of signing)	3 years	L 190, 1980	Agreement in the field of controlled thermo-nuclear fusion.
Portugal	1.1.1973	unlimited	L 301, 1972 L 226, 1976	Preferential trade agreement establishing a free trade area. Trade provisions of Additional Protocol came into force on 1.11.1976, under Interim Agreement signed on 20.9.1976 and which has since been extended. This Protocol provides industrial, technical and social co-operation. Financial aid was also granted. Portugal officially requested full EEC membership on 28.3.1977.
	1.11.1978		L 274, 1978 L 297, 1978	Financial and Additional Protocols came into force on 1.11.1978.
	1.1.1980		L 348, 1979	Supplementary Protocol, came into force on 1.1.1980.
Yugoslavia	*de facto* 1.1.1978	5 years (31.12.1982)	see L 357, 1977	* Agreement on trade in textiles.
	2.4.1980 (date of signing)	unlimited	not yet published	Framework agreement on co-operation.
	1.7.1980	until the previous agreement comes into force, at the latest 30.6.1985	L 130, 1980 L 139, 1980	Interim agreement relating to trade and trade co-operation.

TABLE 4

AGREEMENTS WITH MEDITERRANEAN COUNTRIES IN AFRICA AND ASIA

Country	*Entry into force*	*Duration*	*OJ no.*	*Notes*
Algeria	1.11.1978	unlimited	L 263, 1978 L 295, 1978	Co-operation agreement.
Morocco	1.11.1978	unlimited (Financial Protocol: up to 31.10.1981)	L 264, 1978 L 295, 1978 L 141, 1976	Co-operation agreement (commercial, industrial, technical, social and financial). Provisions include free access to EEC market for industrial goods and preferential treatment for agricultural products. Trade provisions operative from 1.7.1976 by virtue of extended Interim agreement.
Tunisia	1.11.1978	unlimited (Financial Protocol: up to 31.10.1981)	L 265, 1978 L 295, 1978 L 141, 1976	Co-operation agreement (commercial, industrial, technical, social and financial). Provisions include free access to EEC market for industrial goods and preferential treatment for agricultural products. Trade provisions operative from 1.7.1976 by virtue of extended Interim agreement.
Arab Republic of Egypt	1.11.1978	unlimited (Financial Protocol: up to 31.10.1981)	L 266, 1978 L 295, 1978 L 126, 1977	Co-operation agreement (commercial, industrial, technical and financial). Provisions include free access to EEC market for industrial goods and preferential treatment for agricultural products. Trade provisions operative from 1.7.1976 by virtue of extended Interim agreement.
	de facto 1.1.1978 signed 24.11.1980	5 years	see L 357, 1977	* Agreement on trade in textiles.

Country	*Entry into force*	*Duration*	*OJ no.*	*Notes*
Israel	1.7.1975	unlimited	L 136, 1975 L 165, 1975	Agreement establishing an area of free trade and co-operation.
	1.11.1978	unlimited (Financial Protocol up to 31.10.1981)	L 270, 1978 L 295, 1978	Additional Protocol on industrial, technical and financial co-operation.
Jordan	1.11.1978	unlimited (Financial Protocol up to 31.10.1981)	L 268, 1978 L 295, 1978 L 126, 1977	Co-operation agreement (commercial, industrial, technical and financial). Provisions include free access to EEC market for industrial goods and preferential treatment for agricultural products. Trade provisions operative from 1.7.1977 by virtue of Interim agreement.
Lebanon	1.11.1978	unlimited (Financial Protocol: up to 31.10.1981)	L 267, 1978 L 295, 1978 L 133, 1977	Co-operation agreement (commercial, industrial, technical and financial). Provisions include free access to EEC market for industrial goods and preferential treatment for agricultural products. Trade provisions operative from 1.7.1977 by virtue of Interim agreement.
Syria	1.11.1978	unlimited (Financial Protocol: up to 31.10.1981)	L 269, 1978 L 295, 1978 L 126, 1977	Co-operation agreement (commercial, industrial, technical and financial). Provisions include free access to EEC market for industrial goods and preferential treatment for agricultural products. Trade provisions operative from 1.7.1977 by virtue of Interim agreement.

TABLE 5

CONVENTION WITH AFRICAN, CARIBBEAN AND PACIFIC COUNTRIES (ACP)

Country	*Duration*	*Notes*
60 States: Bahamas, Barbados, Benin, Botswana, Burundi, Cameroon, Cape Verde, Central African Republic, Chad, Comoros, Congo, Dominica, Equatorial Guinea, Ethiopia, Fiji, Gabon, Gambia, Ghana, Grenada, Guinea, Guinea-Bissau, Guyana, Ivory Coast, Jamaica, Kenya, Kiribati, Lesotho, Liberia, Madagascar, Malawi, Mali, Mauritania, Niger, Nigeria, Papua New Guinea, Rwanda, St Lucia, St Vincent, Samoa, Sao Tomé Principe, Senegal, Seychelles, Sierra Leone, Somalia, Sudan, Surinam, Swaziland, Tanzania, Togo, Tonga, Trinidad and Tobago, Tuvalu, Uganda, Upper Volta, Western Samoa, Zaire, Zambia, Zimbabwe.	until 28.2.1985	General convention signed at Lomé covering essentially (*i*) trade co-operation; free access to EEC market for ACP goods; (*ii*) stabilization of export earnings; (*iii*) industrial, technical and financial co-operation.

TRADE AGREEMENTS WITH OTHER ASIAN COUNTRIES

(a) Countries with which co-operation agreements have been signed

Country	Entry into force	Duration	OJ no.	Notes
Bangladesh	1.12.1976	5 years renewable	L 319, 1976 L 329, 1976	Non-preferential commercial co-operation agreement.
	1.11.1974	unlimited	see L 313, 1979	Agreement on trade in silk fabrics and hand-woven cotton fabrics.
	1.11.1974	unlimited	see L 313, 1979	Agreement on trade in hand-make products.
	1.8.1980 (*de facto* 1.1.1978)	31.12.1982	L 298, 1979 L 254, 1980	* Agreement on trade in textiles.
	1.5.1980	until 31.12.1983	not published	Agreement on trade in jute products.
India	1.4.1974	5 years renewable	L 82, 1974 L 123, 1974	Non-preferential commercial co-operation agreement.
	18.7.1975	unlimited	L 190, 1975	Agreement guaranteeing Indian sugar exports (as in ACP protocol).
	de facto 1.1.1978	5 years	see L 357, 1977 (Comm. (78)538)	* Agreement on trade in textile products.
	de facto 1.1.1981	2 years	not published	Agreement on trade in coir products.
	de facto 1.1.1980 initialled 30.1.1980	31.12.1983	see Comm. (80)91 final, Comm. (80)155 final	Agreement on trade in jute products.
	1.7.1968	unlimited	see L 313, 1979	Agreement on trade in silk fabrics and hand-woven cotton fabrics.
	1.9.1969	unlimited	see L 313, 1979	Agreement on trade in hand-made products.
Pakistan	1.7.1976	5 years renewable	L 168, 1976	Non-preferential commercial co-operation agreement.
	1.2.1980 (*de facto*) 1.1.1978)	31.12.1981 (may be extended until 31.12.1982)	L 298, 1979 L 11, 1980	* Agreement on trade in textiles.
	initialled 20.6.1970	unlimited	see L 313, 1979	Agreement on trade in silk fabrics and hand-woven cotton fabrics.
	1.9.1969	unlimited	see L 313, 1979	Agreement on trade in hand-made products.

continued overleaf

Country	*Entry into force*	*Duration*	*OJ no.*	*Notes*
Sri Lanka	1.12.1975	5 years renewable	L 247, 1975 L 299, 1975	Non-preferential commercial co-operation agreement.
	October 1974	unlimited	not published	Exchange of letters on trade in coir products.
	1.3.1980 (*de facto* 1.1.1978)	31.12.1982	L 298, 1979 L 58, 1980	* Agreement on trade in textile products.
	1.6.1975	unlimited	see L 313, 1979	Agreement on trade in silk fabrics and hand-woven cotton fabrics.
	1.9.1971	unlimited	see L 313, 1979	Agreement on trade in hand-made products.

(*b*) *Other Asian countries*

Country	*Entry into force*	*Duration*	*OJ no.*	*Notes*
Hong Kong	*de facto* 1.1.1978 (signed 12.2.1980)	31.12.1982	see L 357, 1977 L 95, 1980	* Agreement on trade in textiles.
Indonesia	*de facto* 1.1.1978 (signed 4.9.1979)	31.12.1982	L 350, 1979	* Agreement on trade in textiles.
	1.1.1978	unlimited	see L 313, 1979	Agreement on trade in silk fabrics and hand-woven cotton fabrics.
	1.9.1971	unlimited	see L 313, 1979	Agreement on trade in hand-made products.
Iran	1.9.1971	unlimited	see L 313, 1979	Agreement on trade in hand-made products.
Korea, Republic of	1.2.1980 (*de facto* 1.1.1978)	31.12.1982	L 298, 1979 L 23, 1980	* Agreement on trade in textiles.

Country	*Entry into force*	*Duration*	*OJ no.*	*Notes*
Laos	1.6.1975	unlimited	see L 313, 1979	Agreement on trade in silk fabrics and hand-woven cotton fabrics.
	1.6.1975	unlimited	see L 313, 1979	Agreement on trade in hand-made products.
Macao	*de facto* 1.1.1978 (signed 19.7.1979)	31.12.1982	L 298, 1979	* Agreement on trade in textile products.
Malaysia	*de facto* 1.1.1978	31.12.1982	see L 357, 1977	* Agreement on trade in textiles.
	1.1.1976	unlimited	see L 313, 1979	Agreement on trade in hand-made products.
Philippines	*de facto* 1.1.1978	31.12.1982	see L 357, 1977	* Agreement on trade in textiles.
	1.9.1971	unlimited	see L 313, 1979	Agreement on trade in hand-made products.
Singapore	1.6.1980 (*de facto* 1.1.1978)	31.12.1982	L 350, 1979 L 129, 1980	* Agreement on trade in textiles.
Thailand	1.1.1975	unlimited	not published	Exchange of letters on trade in jute products.
	1.2.1980 (*de facto* 1.1.1978)	31.12.1982	L 298, 1979 L 26, 1980	* Agreement on trade in textiles.
	1.1.1973	unlimited	see L 313, 1979	Agreement on trade in silk fabrics and hand-woven cotton fabrics.
	1.9.1971	unlimited	see L 313, 1979	Agreement on trade in hand-made products.
ASEAN (Indonesia, Malaysia, Philippines, Singapore, Thailand)	1.10.1980 (signed 7.3.1980)	five years renewable	L 144, 1980 L 254, 1980	Co-operation agreement.

TABLE 7

AGREEMENTS WITH LATIN AMERICAN COUNTRIES

Country	*Entry into force*	*Duration*	*OJ no.*	*Notes*
Argentina	1.1.1972	3 years renewable	L 249, 1971	Non-preferential trade agreement – annual renewal by exchange of letters.
	de facto 1.1.1978 (signed 18.9.1979)	31.12.1982	L 298, 1979	*Agreement on trade in textiles.
	6.11.1963	20 years	L 186, 1963	Agreement for co-operation on the peaceful uses of nuclear energy.
Bolivia	1.1.1976	unlimited	see L 313, 1979	Agreement on trade in hand-made products.
Brazil	1.8.1974	3 years renewable	L 102, 1974	Non-preferential trade agreement.
	de facto 1.1.78 (signed 23.1.80)	31.12.1982	L 70, 1980	*Agreement on trade in textiles.
	24.6.1965	20 years	L 79, 1969	Agreement for co-operation on the peaceful uses of nuclear energy.
	18.9.1980 (date of signing)	5 years renewable	not yet published	Framework agreement for commercial and economic co-operation.
Chile	1.1.1978	unlimited	see L 313, 1979	Agreement on trade in hand-made products.
Colombia	*de facto* 1.1.1978	5 years	see L 357, 1977	*Agreement on trade in textiles.
Ecuador	1.1.1976	unlimited	see L 313, 1979	Agreement on trade in hand-made products.
El Salvador	1.1.1978	unlimited	see L 313, 1979	Agreement on trade in silk fabrics and hand-woven cotton fabrics.
	1.1.1978	unlimited	see L 313, 1979	Agreement on trade in hand-made products.

Country	*Entry into force*	*Duration*	*OJ no.*	*Notes*
Guatemala	*de facto* 1.1.1978 (signed 7.11.1979)	31.12.1982	L 350, 1979	* Agreement on trade in textile products.
Haiti	signed 15.1.1980 *de facto* 1.1.1978	31.12.1982	L 70, 1980	Agreement on trade in textiles.
Honduras	1.1.1977	unlimited	see L 313, 1979	Agreement on trade in silk fabrics and hand-woven cotton fabrics.
	1.1.1977	unlimited	see L 313, 1979	Agreement on trade in hand-made products.
Mexico	1.11.1975	5 years renewable	L 247, 1975 L 262, 1975	Non-preferential agreement on commercial and economic co-operation.
	de facto 1.1.1978	31.12.1982	see L 357, 1977	* Agreement on trade in textiles.
Panama	1.1.1976	unlimited	see L 313, 1979	Agreement on trade in hand-made products.
Paraguay	1.1.1976	unlimited	see L 313, 1979	Agreement on trade in hand-made products.
Peru	1.9.1980 (*de facto* 1.1.1978)	31.12.1982	L 350, 1979 L 234, 1980	* Agreement on trade in textile products.
	1.1.1977	unlimited	see L 313, 1979	Agreement on trade in hand-made products.
Uruguay	1.8.1974	3 years renewable	L 333, 1973 L 209, 1974	Non-preferential trade agreement.
	de facto 1.1.1978 (signed 28.1.1980)	31.12.1982	L 70, 1980	* Agreement on trade in textile products.
	1.1.1975	unlimited	see L 313, 1979	Agreement on trade in hand-made products.

TABLE 8

AGREEMENTS WITH NORTH AMERICAN COUNTRIES

Country	*Entry into force*	*Duration*	*OJ no.*	*Notes*
Canada	1.10.1976	unlimited	L 260, 1976 L 273, 1976	Non-preferential framework agreement for commercial and economic co-operation.
	18.11.1959	10 years and longer unless notice is given to terminate	L 60, 1959	Agreement for co-operation on the peaceful uses of atomic energy.
	16.1.1978	unlimited	L 65, 1978	Amendment to the preceding, relating to safeguard measures.
		31.12.1980	L 226, 1980	Agreement extending the fisheries agreement.
		31.12.1980	L 226, 1980	Agreement on salmon fishing.
United States of America	9.6.1977	up to 1.7.1984 may be extended	L 141, 1977	Agreement concerning fisheries off the coasts of the United States.
	27.8.1958	unlimited	L 17, 1959	Agreement between Euratom and the United States.
	18.2.1959	up to 31.12.1985	L 17, 1959	Agreement for co-operation on the peaceful uses of atomic energy.
	25.7.1960	up to 31.12.1995	L 31, 1961	Additional agreement to the preceding.

F

Falkland Islands. A dependent territory of the UK, covered by the **Lomé Conventions**.
Enquiries: UK Foreign and Commonwealth Office, Downing Street, London SW1A 2AL.

Farm Fund [European Agricultural Guidance and Guarantee Fund (EAGGF); Fond Européen d'Orientation et de Garantie Agricole (FEOGA)]. A fund which finances the Common Agricultural Policy (CAP), and accounts for up to 70 per cent of the Community **budget**. The Guarantee Section of the Fund guarantees the **intervention price** or support price system of the CAP; the Guidance Section provides grants (*i*) to improve and modernize farming; (*ii*) to help special categories of farmers; and (*iii*) to improve the general efficiency of farming and fishing. Special grants may also be made for digging up old vines or fruit trees, withholding milk from the market, and eradicating cattle disease. The Fund can contribute up to 50 per cent of the cost of eligible projects depending on circumstances.
See also **Agriculture: Common Agricultural Policy**, fig. 1; **Agriculture: processing and marketing**; **Agriculture: production grouping**; **Farm information and training services**; **Farming marginal terrain**; **Farm modernization**; **Farm retirement**; **Forestry**.
National enquiries: *government departments for Agriculture/Fisheries/ Food.*
Commission responsibility: *D-G VI (Agriculture), Directorate G.*

Farm information and training services. The **Farm Fund** (Guidance Section) reimburses 25 per cent of national government expenditure on farm guidance and information services designed to help farmers (**Directive** 72/161/EEC). Help is also available for training schemes for farmers.
See **Agriculture: Common Agricultural Policy**, fig. 1; *see also* **Finance**, fig. 9; **Social Fund**.
National enquiries: *government departments for Agriculture/Fisheries/Food.*
Commission responsibility: *D-G VI (Agriculture), Directorate G.*
Committees: Community Committee on the Farm Accounting Data Network (FADN) (OJ 109, 23.6.1965); Standing Committee on Agricultural Statistics (OJ L 1979, 7.8.1972).

Farming marginal terrain. Hill farms and others in difficult regions of climate or terrain can be helped by direct payments, depending on the scale of the farm (headage payments on cattle and sheep for instance), and by capital grant or interest rebates for farm improvements or equipment. The **Farm Fund** (Guidance Section, Directive 75/268/EEC) reimburses national governments 25–35 per cent of eligible national expenditure.
See **Agriculture: Common Agricultural Policy**, fig. 1; *see also* **Farm modernization**; **Finance**, fig. 9.
National enquiries: *government departments for Agriculture/Fisheries/Food.*
Commission responsibility: *D-G VI (Agriculture), Directorate G.*

Farm modernization. Modernization aids for farming are available from the **Farm Fund** (Guidance Section, Directive 72/159/EEC) in the form of grants for

low-income farms capable of improvement within a national development programme; as cash incentives to encourage beef and lamb production; to help farmers keep better accounts; for general improvement of land and irrigation, etc. The Farm Fund reimburses 25 per cent of national government eligible expenditure (or more in the case of collective irrigation works in the Mezzogiorno, drainage works in Ireland, water control works in the Bas-Hérault area and infrastructure works in the Mezzogiorno and Southern France).
See **Agriculture: Common Agricultural Policy**, fig. 1; *see also* **Finance**, fig. 9.
National enquiries: *government departments for Agriculture/Fisheries/Food.*
Commission responsibility: *D-G VI (Agriculture), Directorate G.*

Farm retirement. Older farmers and farm workers can be helped to retire early through the **Farm Fund** (Guidance Section, Directive 72/160/EEC). Legislation provides for an annual payment to farmers aged between 55 and 65 who give up farming so that their land can be leased or sold to other farmers, or used for other purposes (forestry, leisure, or public use). Farmers or workers receive an annuity or lump sum payment from their governments, 25 per cent of which is reimbursed from the Fund (up to 65 per cent in Ireland and Italy where there is an above average population of poor farmers).
See **Agriculture: Common Agricultural Policy**, fig. 1; *see also* **Finance**, fig. 9.
National enquiries: *government departments for Agriculture/Fisheries/Food.*
Commission responsibility: *D-G VI (Agriculture), Directorate G.*

FAST. *See* **Forecasting and Assessment in the field of Science and Technology.**

Fats, oils and oilseeds. These products were brought under Common Market rules in 1966 (**Regulation** (EEC) 136/66) mainly to avoid undercutting olive oil production. The legislation covers rape, turnip rape (colza), sunflower seeds, soya beans, fats of vegetable origin (margarine) or extracts from fish. Seasonal **guide prices** and **intervention prices** are fixed by the **Council of Ministers** for these products, differing according to locality. Producers may also qualify for deficiency payments designed to cover the gap between the Community guide price and lower import world prices. While customs duties are imposed on some lower-priced imports, there is no other control as these imports are protected by the rules of the **General Agreement on Tariffs and Trade**. **Export restitution payments** are available to exporters to bridge the gap between Community guide prices and world prices.
See also **Agriculture: Common Agricultural Policy**, fig. 1; **Olive oil**.
National enquiries: *government departments for Agriculture/Fisheries/Food.*
Commission responsibility: *D-G VI (Agriculture), Directorate C.*
Committees: Advisory Committee on Oils and Fats (OJ L 355, 24.12.1973; OJ L 123, 6.5.1974; OJ L 221, 12.8.1974); Management Committee for Oils and Fats (OJ 172, 30.9.1966).

Federal Republic of Germany. *See* **Germany, Federal Republic of.**

Feedingstuffs. Community methods of sampling and analysis for the official control of animal feedingstuffs were introduced in 1970. These provisions were later extended to fix maximum permissible levels for harmful substances and products in feedingstuffs, the marketing of straight feedingstuffs, and additives.
See also **Agriculutre: Common Agrticultural Policy**.
National enquiries: *government departments for Agriculture/Fisheries/Food.*
Commission responsibility: *D-G VI (Agriculture), Directorate C.*
Committees: Advisory Committee on Feedingstuffs (OJ L 211, 19.7.1977); Standing Committee on Feedingstuffs (OJ L 170, 3.8.1970; OJ L 270, 14.12.1970; OJ L 124, 10.5.1973).

FEOGA. *See* **Farm Fund.**

Fertilizers. Legislation introduced in 1976 (Directive 76/116/EEC, OJ L 24, 30.1.1976) harmonizes the laws of Community countries regarding the composition, labelling, denomination and packaging of simple and compound fertilizers. Those conforming with the **Directive** may be sold as 'EEC fertilizers'. An expert Committee advises the **European Commission** on technical changes in fertilizers that should be brought within the scope of

the Directive. A directive concerning liquid fertilizers is under consideration. Amended Directive 77/535/EEC (OJ L 213, 22.8.1977) lays down rules for sampling and analysis.
See **Consumer protection**, fig. 3; *see also* **Agriculture: Common Agricultural Policy**, fig. 1.
National enquiries: *government departments for Agriculture/Fisheries/Food.*
Commission responsibility: *D-G VI (Agriculture), Directorate B.*
Committee: Committee for the Adaptation to Technical (and Scientific) Progress of the Directives on Fertilizers (OJ L, 24, 30.1.1976).

Fiji. Fiji is one of the **ACP states** and a signatory to the **Lomé Conventions.** A Protocol annexed to the Convention guarantees Fiji sugar exports to the Community (*see* **Sugar**).
Enquiries: Chancellerie diplomatique, avenue de Cortenberg 66, B–1040 Brussels.

Finance. Community instruments affecting finance are the **European Monetary System**, designed to stabilize fluctuations in exchange rates among participating states and support the less prosperous participating states; **tax policies** to encourage trade and capital movements; **investment** policies for the free movement of **capital**, the protection of investors and Community investment itself; and the income and expenditure associated with the European Community's **budget**.
Community income derives from the **common customs tariff**, **levies** and up to 1 per cent of **value added tax** (VAT) which are the Community's **own resources**. Community expenditure supports the main policies by a variety of grants and loans as shown in fig. 9. These include trade preferences for developing countries, and aid for agriculture in the form of price support as adjusted by **monetary compensation amounts** for exchange rate fluctuations.
National enquiries and Commission responsibilities: refer to other specific entries shown in fig. 9 overleaf.
Committees: Economic and Social Committee (ESC) (Article 193 EEC, Article 165 Euratom); Monetary Committee (Article 105 para. 2 EEC; OJ 17, 5.10.1958; OJ 77, 21.5.64; OJ 1 84. 31.3.1976); Committee of Governors of the Central Banks (OJ 77, 21.5.1964); Economic Policy Committee (OJ L 63, 5.3.1974).

Financial mechanism. The financial mechanism was adopted in principle by the Dublin **European Council** in 1975 and translated into Community legislation in 1976 (OJ L 131, 20.5.1976). It was designed to meet British concern about future UK contributions to the Community **budget** and involved a complicated formula relating to the gross contribution of member countries to the budget. The mechanism was amended in 1980 to enable Britain to benefit from higher budgetary reimbursements as a means of reducing her net contribution to the Community budget (Amended Regulation (EEC) 2743/80, OJ L 284, 29.10.1980).
See also **Budget**, fig. 2; **Budget: net effects on members states**; **Finance**, fig. 9.
National enquiries: *government departments for Finance.*
Committee: Committee on Supplementary Measures in Favour of the United Kingdom (OJ L 284, 29.10.1980).

Finland. Finland signed a co-operation agreement with the **Council for Mutual Economic Assistance** in 1973 and is an associate member of the **European Free Trade Association**.
Enquiries: Chancellerie diplomatique, place Stéphanie 20, B–1050 Brussels.

Fish. At the end of May 1980 the **Council of Ministers** adopted a joint declaration stating the need to adopt measures introducing a new common fisheries policy by 1 January 1981. Subsequent negotiations broke down in December 1980 over allocating quotas and fishing within the coastal waters of other member states. Agreement is expected to be reached in 1981 based on five basic principles: (*i*) rational and non-discriminatory Community measures for management of resources (conservation measures); (*ii*) fair allocation of catches (quotas); (*iii*) effective controls of the conditions governing fishing; (*iv*) adoption of structural measures with a Community cash contribution; (*v*) long-term fisheries agreements with third countries. The new measures are designed to replace the outdated provisions of a 1971 fisheries policy adopted by the Six prior to Britain entering the Community.

fig. 9 COMMUNITY FINANCE POLICIES

European Monetary Union
aim: to create a zone of monetary stability

- **European Monetary System** is an initial scheme of co-operation between participating member states in keeping fluctuations of exchange rates against each other within narrow limits
  - measured in **European Currency Units**
  - financed by intervention by member states with support from a reserve pool intended to become a European Monetary Fund
  - medium term loans for economic assistance to less prosperous participating states

tax policies
aim has been expressed as harmonization of member states' taxes especially those affecting trade and capital movements

- some harmonization of the structure and basis of assessment for **value added tax** (VAT), customs duties and levies, but rates of tax remain a national prerogative

European Community **budget**
(*see* fig. 2)

- financed by the Community's **own resources** derived from **common customs tariff**, **levies**, and up to 1% of **value added tax**
- determined by **Council of Ministers** and **European Parliament** (*see* **budgetary procedures**), with adjustment via the **financial mechanism** (*see also* **Budget: net effects on member states**)
- audited by **Court of Auditors**

investment
- Community investment financed by direct borrowing in capital markets (Ortoli facility) in co-operation with the **European Investment Bank**
- **European Investment Bank** loans for projects for underdeveloped regions, for those of common interest to several member states, or for those called for by the progressive development of the common market
- encouragement for free movement of **capital** (*see also* **company capitalization**, **company law**), and protection of investors (*see* **stock exchange: listing particulars**, **mergers**, **company accounts**, **company (group) accounts**, **unit trusts**, **auditors**)

grants and loans in:
- **agriculture: common agricultural policy** (*see* fig. 1), via
  - price support – *see* **intervention prices**, **export restitution payments**
  - **monetary compensation amounts** for exchange rate fluctuations in **green currencies**
  - direct grants and loans for **farm modernization**, **farm retirement**, **agriculture: production grouping (hops**, **silk worms)**, **farm information and training services**, **farming marginal terrain**, **agriculture: processing and marketing**, **forestry**, olive groves (*see* **olive oil**), **fish**, **milk and milk products**
- **aid to developing countries**, mainly via **external trade** preferences (*see* below), but also via the European **Development Fund**, via bilateral aid between member states and recipients, and directly in **Food aid**, and in special aid to **non-associated states**
- **education** (*see* fig. 4; *see also* **education grants**), specifically for teacher and student exchanges, study visits, language teaching exchange, research on European integration (*see* **University research**), and **school milk**
- **energy** (*see* fig. 5), for **coal** liquefaction and gasification, and for **energy research programmes (nuclear energy**, energy-saving projects, and energy exploitation, including **geothermal energy**, **solar energy**), and proposed for coal stocking and coal usage in electricity generation
- **environment** (*see* fig. 6), for experimental contracts for recycling (*see* **recycling: tenders**)
- **external trade** (*see* fig. 8), for developing countries via **generalized system of preferences** including **Lomé Conventions** and **stabilization of export earnings**, for exports to **Japan**, and indirectly for sensitive products (e.g. **textiles**)
- **industrial policy** (*see* fig. 12), for **shipbuilding**, for **steel**, for **telematics**, for **coal and steel** (production, housing projects, redundancy costs, research, and **orphans**), and for all firms in certain coal and steel areas (*see* **coal and steel** conversion projects) (*see also* external trade above, **industry: state aids**, **small businesses**)
- regional development, from the **Regional Fund** (*see* fig. 14), for approved investment for infrastructure assistance, and for approved projects in response to economic circumstances or to Community policies
- **research** (*see* fig. 15), in **science and technology** and in **medical and public health research** (*see also* energy above, social policy below and **Joint Research Centre**)
- **social policy** (*see* fig. 16), from the **Social Fund**, for training, retraining or resettlement schemes (with special provisions for **women** and **young workers**), for **handicapped people** and for research (*see also* **European Foundation for the Improvement of Living and Working Conditions** and **poverty**
- **work and employment** (*see* fig. 18), for **exchange visits** between **young workers**

Fish and fishery products come under Common Agricultural Policy rules regarding a price and trading system and common rules on **competition** (Consolidated **Regulation** (EEC) 100/76, OJ L 20, 28.1.1976). In 1978 a Regulation ((EEC) 1852/78, OJ L 211, 1.8.1978) provided for help from the **Farm Fund** towards restructuring the inshore fishing industry in order to 'promote the rational use of the available resources and best use of production factors' and so ensure 'an equitable standard of living for those dependent on fishing for their livelihood'.
As from 1981 quality standards of water for shellfish breeding will have to conform to Directive 79/923/EEC (OJ L 281, 10.11.1979) (*see* **Water**).
Conservation of fish stocks has become an essential part of the common fisheries policy. In March 1980 Community Ministers agreed two Regulations (OJ L 84, 28.3.1980): (*i*) establishing total allowable catches (TAC); and (*ii*) on the recording and declaring of catches.
In September 1980 the Council agreed short-term technical measures to conserve stocks (OJ L 258, 1.10.1980).
See **Agriculture: Common Agricultural Policy**, fig. 1; *see also* **Finance**, fig. 9.
National enquiries: *government departments for Agriculture/Fisheries/Food.*
Commission responsibility: *D-G XIV (Fisheries).*
Committees: Advisory Committee on Fishery Products (OJ L 355, 24.12.1973); Joint Committee on Social Problems in Sea Fishing (OJ L 243, 5.9.1974); Scientific and Technical Committee on Fisheries (OJ L 156, 23.6.1979); Management Committee on the Fishing Industry (OJ L 20, 28.1.1976; OJ L 51, 23.2.1977).

Flax, hemp and linseed. Production and marketing of these products is regulated by common market legislation (**Regulation** (EEC) 619/71, OJ L 72, 26.3.1971). Help to producers is available from the **Farm Fund**. Conditions for assistance vary according to whether production is for seed or for fibres.
See also **Agriculture: Common Agricultural Policy**, fig. 1.
National enquiries: *government departments for Agriculture/Fisheries/Food.*
Commission responsibility: *D-G VI (Agriculture), Directorate C.*
Committees: Advisory Committee on Flax and Hemp (OJ L 355, 24.12.1973; OJ L 52, 23.2.1974); Management Committee for Flax and Hemp (OJ L 146, 4.7.1970).

Fond Européen d'Orientation et de Garantie Agricole (FEOGA). European Agricultural Guidance and Guarantee Fund; *see* **Farm Fund**.

Food: additives. Substances used by food manufacturers to give food better colour, to make it keep longer, or to make it simpler to use. In an effort to standardize the safety of such products throughout the Community, five 'horizontal' Directives, applying to all foodstuffs, are in force. These affect: (*i*) anti-oxidants (Directive 70/357/EEC, OJ L 157/70); (*ii*) colouring matter (Directive 2645, OJ L 115/62, 23.10.1962); (*iii*) emulsifiers, stabilizers, thickeners and gelling agents (Directive 74/329/EEC, OJ L 189/74, 18.6.1974); (*iv*) preservatives (Directive 64/54/EEC, OJ L 12/64); (*v*) the fixing of maximum levels in oils and fats of erucic acid (Directive 76/621/EEC, OJ L 202/76, 20.7.1976). These Directives are continually amended and brought up to date in consultation with the **Scientific Committee for Food**.
See also **Consumer protection**, fig. 3; **Harmonization**.
National enquiries: *government departments for Agriculture/Fisheries/Food.*
Commission responsibility: *D-G III (Internal Market and Industrial Affairs), Directorate A (2).*
Committees: Advisory Committee on Foodstuffs (OJ L 182, 12.7.1975); **Scientific Committee for Food** (OJ L 136, 20.5.1974); Standing Committee on Foodstuffs (OJ C 148, 19.11.1969; OJ L 291, 19.11.1969); Concerted Action Committees on the Effect of Processing on the Physical Properties of Foodstuffs (OJ L 54, 25.2.1978) and on the Effects of Thermal Processing and Distribution on the Quality and Nutritive Value of Food (OJ L 270, 27.10.1979).

Food aid. Community food aid is donated directly to needy states or through international organizations, such as the UN World Food Programme. There are two categories: (*i*) emergency aid reserved for famines following natural catastrophes,

such as drought or flood, when the Community supplies the goods, including transport and distribution costs, free; and (*ii*) normal aid, when food is supplied free of charge to Community ports (and sometimes to a country's borders) but where the recipient country covers the cost of transport and distribution. Aid takes the form of cereals, skimmed milk powder and butter-oil. Under the International Food Aid Convention the Community supplies 1,287,000 tonnes of cereals from Community and individual members country stocks, and donates 150,000 tonnes of skimmed milk powder and 45,000 tonnes of butter-oil. These products may either be used directly as food, or sold by the recipient country under certain conditions in order to raise funds for improving indigenous food supplies. India has used this procedure to improve her dairy industry.
See **External trade**, fig. 8; *see also* **Finance**, fig. 9; **International products agreements**; **International Wheat Agreement**.
National enquiries: *government departments for Overseas aid/Development.*
Commission responsibility: *D-G VIII (Development), Directorate D (1).*

Food: packaging. Some forms of packaging contain dangerous substances which may contaminate food. Two **Directives** ('Materials and articles intended to come into contact with foodstuffs' (76/893/EEC, OJ L 340/76, 23.11.1967) and 'Materials and articles which contain vinyl monomer and are intended to come into contact with foodstuffs' (78/142/EEC (with corrigendum), OJ L 44/78, 30.1.1978)) regulate the amount of these substances which may be allowed in containers or packaging. The Commission is working on further legislation that would regulate the composition of plastic packaging.
See also **Consumer protection**, fig. 3; **Harmonization**.
National enquiries: *government departments for Consumer protection.*
Commission responsibility: *D-G III (Internal Market and Industrial Affairs), Directorate A (2).*
Committees: Advisory Committee on Foodstuffs (OJ L 182, 12.7.1975); **Scientific Committee for Food** (OJ L 136, 20.5.1974); Standing Committee on Foodstuffs (OJ C 148, 19.11.1969; OJ L 291, 19.11.1969).

Foodstuffs: labelling. A **Directive** adopted in 1979 (79/112/EEC, OJ L 33/79, 18.12.1978) attempts to tighten the laws in the member countries on the labelling, presentation and promotion of foodstuffs. The object is to provide greater protection against misleading descriptions and give consumers more information. Manufacturers are obliged to give details on their labels of the ingredients used and the date from which the food in question is no longer edible. The Directive applies to all foods, whether pre-packaged or not.
See also **Consumer protection**, fig. 3.
National enquiries: *government departments for Consumer protection.*
Commission responsibility: *D-G III (Internal Market and Industrial Affairs), Directorate A (2).*
Committees: Advisory Committee on Foodstuffs (OJ L 182, 12.7.1975); **Scientific Committee for Food** (OJ L 136, 20.5.1974); Standing Committee on Foodstuffs (OJ C 148, 19.11.1969; OJ L 291, 19.11.1969).

Footwear. At the end of the 1970s the footwear industries in the Community were severely hit by low-cost imports, particularly from Hong Kong, Taiwan and South Korea. These imports followed restrictions imposed by the USA, Canada, Australia and Japan on shoe imports. Under Article 135 of the Act of Accession Ireland was authorized by the **European Commission** to adopt protective measures for her footwear industry against a general list of suppliers. In October 1977 the Commission decided to set up a Joint Committee for the Footwear Industry, composed of employer and employee representatives from all Community countries, to study social and economic problems arising in the industry, and to advise on Community action (Bull. EC 9–1977). Since 1978 the Commission has operated a system of surveillance of shoe imports into the Community (OJ L 94/78), and earlier adopted a four-year technological research programme for the industry (1977–1980; OJ L 61, 5.3.1977). The European Footwear Manufacturers' Confederation has urged the Commission to take further measures.

See also **Competition policy**; **External trade**; **Industrial policy**.
National enquiries: *government departments for Industry/Trade.*
Commission responsibility: *D-G III (Internal Market and Industrial Affairs), Directorate C.*
Committee: Joint Committee for the Footwear Industry (set up in 1977; not published in OJ).

Forecasting and Assessment in the field of Science and Technology (FAST). A Community five-year research programme adopted in 1978 whose main objective is to define long-term research and development priorities for the Community on the basis of which new Community research programmes can be planned. Major areas covered include: (*i*) long-term supply of resources; (*ii*) long-term technical and structural changes; and (*iii*) evolving social systems, such as health care needs and the role of communications (OJ L 225, 16.8.1978).
See also **Research**; **Science and technology**.
National enquiries: *government departments for Education/Science.*
Commission responsibility: *D-G XII (Research, Science and Education), Directorate B.*
Committee: Advisory Committee on Programme Management (FAST) (OJ C 192, 11.8.1977; OJ L 255, 16.8.1978).

Foreign workers. In the Community foreign workers are differentiated from migrant Community nationals in that they do not possess the same rights, conferred on Community citizens under Articles 48–51 of the **Treaty of Rome**, regarding freedom of movement and non-discrimination in employment, remuneration and social security benefits (*see* **Migrant workers**). A Community Action Programme in favour of migrant workers and their families was noted by the **Council of Ministers** in 1976 (EC Bull., Suppl. 3/76) and called for the achievement of genuine parity in the treatment of national and migrant workers, going beyond working conditions and extending to participation in collective life. Member countries agreed, as an aim, gradually to eliminate all forms of discrimination, and some progress has been made. Certain categories of workers from third countries (that is, from outside the EC) are covered by special Community agreements (e.g. Yugoslavia) or by the foreign immigration laws or bilateral agreements, as they may exist, of each member country.
From 1981 the children of foreign workers will be entitled to receive special language teaching to enable them to integrate more quickly into the normal school environment, and to be taught in their mother tongue (**Directive,** 77/486/EEC). Under a 1965 **European Commission** Recommendation (OJ C 137, 27.7.1965) member countries are called upon to ensure adequate accommodation for their foreign workers.
See also **Migrant workers**; **Social policy**; **Work and employment**, fig. 18.
National enquiries: *government departments for Industry/Trade*; *government departments of Interior/Internal affairs*; *government departments for Employment/Labour.*
Commission responsibility: *D-G V (Employment and Social Affairs), Directorate D.*

Forestry. To help the agricultural population in the Mediterranean regions of Italy and France, a five-year forestry programme was launched in 1979 (Regulation (EEC) 269/79 OJ L 38, 14.2.1979), to replant or improve forests, construct roads, provide terracing and fire protection, and undertake studies and experiments. The cost to the **Farm Fund** will be 184 million European **Units of account** (EUA), subject to upward review after three years. The Fund can contribute up to 50 per cent of capital costs, subject to a minimum national contribution of 40 per cent and, except in special circumstances, a minimum 5 per cent contribution from land owners. A forestry strategy to reduce EC reliance on imported wood is under consideration (OJ C 301, 15.12.1978).
See **Agriculture: Common Agricultural Policy**, fig. 1; *see also* **Finance**, fig. 9.
National enquiries: *government departments for Agriculture/Fisheries/Food.*
Commission responsibility: *D-G VI (Agriculture), Directorate F.*

France. France is founder member of the **European Coal and Steel Community** (ECSC), the **European Economic Community** (EEC) and the **European Atomic Energy Community** (Euratom).

Enquiries: Permanent Representative (COREPER) 37/40 boulevard du Regent, B–1000, Brussels.

Fruit and vegetables. Community policy aims to provide stability in fluctuating markets for these perishable goods through a system of buying in certain produce (cauliflowers, tomatoes, cucumbers, apples, peaches, pears and table grapes) when market prices fall for three successive days to 40–70 per cent below the **basic price** set by the **Council of Ministers**. The **Farm Fund** reimburses producer cooperatives or member governments for buying-in costs, but only for goods reaching Community qualitative standards. The legislation (Amended Regulation (EEC) 1035/72, OJ L 266, 25.11.1972) provides for disposal of bought-in produce through free distribution to charities or school children, for animal feed, or for industrial purposes and distilling, but not for destruction (although this happens exceptionally). The Regulation also sets common graded quality standards, other than for local use, for products to be eaten fresh (cauliflowers, cabbage, brussel sprouts, spinach, lettuce, endives and curly endives, chicory, leeks, garden peas, runner beans, carrots, onions, garlic, asparagus, artichokes, tomatoes, gherkins, white celery, citrus fruit, table grapes, apples, pears, apricots, peaches, cherries, plums, strawberries, with further produce to be added from time to time). Imports can be controlled by imposing a countervailing duty when the price of imports falls below the **reference price** for two successive days. This reference price is virtually a minimum import price based on the cost of production and marketing. It can be seasonally increased and is additional to **customs duties**, which vary between 10–21 per cent for vegetables and between 7–25 per cent for fruit. Producer organizations have considerable responsibility in the fruit and vegetable sector, and grant aid is available for their establishment. They are entitled to fix a reserve or fall-back price for each commodity, at which price they may intervene with help from the Farm Fund in buying up produce so that it will not be marketed below this level.

See also **Agriculture: Common Agricultural Policy**, fig. 1; **Seeds: common catalogue**.

National enquiries: *government departments for Agriculture/Fisheries/Food.*

Commission responsibility: *D-G VI (Agriculture), Directorate E.*

Committees: Advisory Committee on Fresh and Processed Fruit and Vegetables (OJ L 355, 24.12.1973; OJ L 123, 6.5.1974; OJ L 221, 12.8.1974); Management Committee for Fruit and Vegetables (OJ L 118, 20.5.1972).

Fruit jams, jellies, marmalade and chestnut purée. These products may be marketed in the Community provided that they conform to the definitions and rules laid down in **Directive** 79/693/EEC (OJ L 205/79) which details the minimum amount of fruit etc that they must contain.

See also **Consumer protection**, fig. 3; **Harmonization**.

National enquiries: *government departments for Agriculture/Fisheries/Food.*

Commission responsibility: *D-G III (Internal Market and Industrial Affairs), Directorate A (2).*

Committee: Management Committee for Products Processed from Fruits and Vegetables (OJ L 73, 21.3.1977).

Fruit juices (soft drinks). Amended **Directive** (75/726/EEC, OJ L 311/75) has the dual aim of abolishing barriers to trade and of protecting the consumer from misleading products. The Directive defines the various products (fruit, fruit purée, fruit juices, fruit nectar etc) and gives a positive list of the substances and quantities admitted in the manufacture and processing of fruit juices; substances not on the list are prohibited.

See also **Consumer protection**, fig. 3; **Harmonization**.

National enquiries: *government departments for Agriculture/Fisheries/Food.*

Commission responsibility: *D-G III (Internal Market and Industrial Affairs), Directorate A (2).*

G

Gabon. One of the **ACP states**, Gabon is a signatory to the **Lomé Conventions**.
Enquiries: Chancellerie diplomatique, avenue Winston Churchill 112, B–1180 Brussels.

Gambia. One of the **ACP states**, Gambia is a signatory to the **Lomé Conventions**.
Enquiries: Chancellerie diplomatique, rue Joseph II 5–7, B–1040 Brussels.

Gas. Community supplies of natural gas (in 1980 accounting for about one-fifth of total energy consumption) are expected seriously to decline by the end of the century unless steps are taken to find new reserves or substitutes.
To offset this decline the **European Commission** has recommended three lines of action (Comm. (80)295 final of 2 June 1980): (*i*) technological development to enable isolated gas fields in the North Sea or deeper and difficult geological formations to be exploited; (*ii*) diversification of external suppliers plus extended contracts with **Norway**; (*iii*) development of natural gas substitutes through liquefied petroleum gas and coal gasification.
See also **Energy**, fig. 5.
National enquiries: *government departments for Energy.*
Commission responsibility: *D-G XVII (Energy), Directorate C.*

GATT. *See* **General Agreement on Tariffs and Trade.**

General Agreement on Tariffs and Trade (GATT). An agreement which came into force on 1 January 1948 as a multilateral trade treaty embodying reciprocal commercial rights and obligations as a means of expanding and liberalizing world trade. It sets out common rules and obligations concerning international trading arrangements and a framework for the negotiation of agreements to liberalize world trade by removing barriers and problems that fetter such trade. It is accepted by over 80 fully-participating countries, and nearly 30 participating under special arrangements, accounting altogether for 80 per cent of world trade.
There have been a series of 'rounds' to negotiate agreements, the latest the 'Tokyo Round', started under the Tokyo Declaration of 1973 and concluded in 1979, with most of its provisions coming into force on 1 January 1980.
The **European Commission** negotiates on behalf of the Community in the Multilateral Trade Negotiations under GATT. (For a detailed description of the codes, legal texts and effects of the 1979 agreements on the Community, see Comm. (79)514 of 8 October 1979, Annexes I and II and supplements; also published in OJ 71, 17.3.1980). The Community has also negotiated a number of bilateral textile agreements under the GATT Multifibre Arrangement (MFA) (*see* **Textiles**).
See also **External trade**, fig. 8.
National enquiries: *government departments for Industry/Trade; government departments for Customs and excise.*
Commission responsibility: *D-G I (External Relations), Directorate A (1).*
GATT, centre William Rappard, 154 rue de Lausanne, 1211 Geneva 21, Switzerland.

Generalized system of preferences (GSP). Adopted by the Community on 1 July 1971 the GSP involves a scheme of tariff preferences for developing countries to encourage diversification of their economies. Other industrialized countries operating various forms of GSP are Japan, Norway, Finland, Sweden, New Zealand, Switzerland, Austria, Canada and the USA. Australia offers a similar system of preferences as do some of the Eastern European state-trading countries. The main features of the scheme are that tariff preferences are (*i*) generalized; that is, they are normally granted by the majority of industrialized countries; (*ii*) non-discriminatory: they are accorded to all developing countries without distinction; (*iii*) unilateral: they are not the outcome of negotiations with the beneficiary countries. Preferences are not reciprocal in that the beneficiary countries are not required to grant corresponding duty exemption on imports.

The Community makes an annual offer (usually published in December in the **Official Journal of the European Communities**) of reduced duty or duty-free imports on a large number of processed agricultural and industrial goods originating from developing countries, within the limits of certain quantities (ceilings or quotas). Once the limit is reached the **customs duties** laid down in the **Common customs tariff** (CCT) may again be applied. The ceilings are usually calculated on the basis of the level of imports in previous years. Imports under ceilings are not divided among member countries and when a ceiling is reached the Commission decides whether the normal rate of duty should be restored. Details of ceilings are not published but information on their use is obtainable from government departments of Customs and excise. A further limitation, known as the butoir, requires that goods from any one beneficiary country may not take up more than a certain percentage of the overall Community tariff quota for a particular product. Similarly in the case of ceilings, once imports from a particular supplying country reach the butoir the normal duty may be restored to imports from that source. Special concessions are made for the least developed countries (as defined by the UN) which are often exempt from ceilings or quotas except for **textiles**.

The Community introduced a new GSP in 1981. The main difference between the old scheme and the new is in the calculation of ceilings and quotas. From 1981 overall quotas and ceilings applying to the import of sensitive products as a whole throughout the Community were abolished. Instead, each beneficiary country was offered individually-assessed preferential quantities, and if these were exceeded, normal tariff duties were imposed on that country alone. The purpose of the change was to prevent more competitive countries using up the total quota at the expense of less competitive. In 1980, for instance, 13 countries, mainly from Asia and Latin America, accounted for 70 per cent of preferential imports.

See **External trade**, fig. 8; *see also* **Finance**, fig. 9; **Lomé Conventions**.

National enquiries: *government departments for Industry/Trade*; *government departments for Customs and excise.*

Commission responsibility: *D-G I (External Relations), Directorate E (2).*

Geothermal energy. Exploitation of the heat from the depths of the earth. This may take the form of (*i*) boring holes in the hottest regions of the earth's crust (volcanic regions) to provide water at over 150° Centigrade to drive turbines and provide electricity (e.g. Lardarello, Tuscany); (*ii*) pumping up warm or tepid water from underground to heat houses or green houses (e.g. in the Parisian Basin (Creil, Melun)); (*iii*) hot rock geothermics, which can be exploited through fracture and injection of pressurized water.

The Community is contributing to research on all these aspects (OJ L 158/1979 and OJ L 231/79) and tenders for projects are periodically called for in the **Official Journal of the European Communities**. Belgium, Denmark, Germany and the Netherlands are experimenting with applications of geothermal energy.

See **Energy**, fig. 5; *see also* **Energy research programmes**; **Finance**, fig. 9; **Research**; **Science and technology**; **Solar energy**.

National enquiries: *government departments for Energy.*

Commission responsibility: *D-G XII (Research, Science and Education), Directorate C (2).*

Committees: Advisory Committee on the

Management of Projects for the Exploitation of Geothermal Energy (OJ L 93, 12.4.1979); Advisory Committee on Programme Management (Geothermal Energy) (OJ C 192, 11.8.1977).

German Democratic Republic. The German Democratic Republic has been a member of the **Council for Mutual Economic Assistance** since 1950.
Enquiries: GDR embassies.

Germany, Federal Republic of. Germany is a founder member of the **European Coal and Steel Community** (ECSC), the **European Economic Community** (EEC) and the **European Atomic Energy Community** (Euratom).
Enquiries: Permanent representative (COREPER), 64 rue Royale, B–1000 Brussels.

Ghana. One of the **ACP states,** Ghana is also a signatory of the **Lomé Conventions.**
Enquiries: Chancellerie diplomatique, rue Gachard 44, B–1000 Brussels.

Gibraltar. When the UK joined the European Community in 1973 Gibraltar was included under Article 227 (4) of the **Treaty of Rome** relating to European territories for whose external relations a member country is responsible.
At Gibraltar's request, however, certain exceptions were negotiated which exclude it from the **Common customs tariff** (CCT), the Common Agricultural Policy (CAP) and the need to apply **Value added tax** (VAT). Gibraltarians, however, have the right of free movement and establishment in the Community and the UK is obliged to impose levies on the export of agricultural products to Gibraltar. Community directives, where of local practical application, are given legal force in Gibraltar by means of legally enacted ordinances.
Future relationships with the Community may be affected by the entry of Spain (*see* **Enlargement of the Community**).
See also **Agriculture: Common Agricultural Policy**.
National enquiries: *government departments for Foreign/External affairs.*
Commission responsibility: *D-G I (External Relations).*

Grants and loans. For a complete listing *see* **Finance**, fig. 9.

Greece. Greece joined the **European Community** as its tenth member on 1 January 1981. Greece signed an **Association agreement** with the EC on 9 July 1961 which came into force on 1 November 1962, but was 'frozen' from 21 April 1967 to 7 September 1974 during the period of the Colonels' régime. On 12 June 1975 the new Greek government formally applied for full Community membership, and following prolonged negotiation, the Greek Accession Treaty was signed in Athens on 23 May 1979 (for text see OJ L 291, 19.11.1979). Under the Treaty Greece is entitled to one Commissioner on the **European Commission**; the **Council of Ministers** is enlarged to ten; and there are 24 Greek members of the **European Parliament**. Where, under Article 148 (2) of the **Treaty of Rome**, the Council is required to act by a qualified majority, Greece will have five weighted votes. While contributing immediately to the Community's budgetary **own resources** system Greece is allowed a transitional period until 1 January 1986 to dismantle internal tariff barriers and adjust to the **Common customs tariff** (CCT); free movement of workers, as set out in Article 48 of the Treaty of Rome, will only come into effect on 1 January 1988, although provisions for those eligible to exercise **right of establishment** (setting up a business, practising certain professions and the self-employed) operate from 1 January 1981. All Greek nationals or other Community nationals wishing to work in Greece are subject to national immigration law until the end of the transition period unless the governments concerned decide to reduce the period.
National enquiries: *Commission Information Offices*; *government departments for Employment/Labour.*
Community enquiries: Permanent Representative (COREPER), 264a avenue de Tervuren, B–1150 Brussels.

Green currencies. Common support prices under the Common Agricultural Policy are fixed annually in **units of account** (EUA), but farmers actually receive money in their own currencies from the **Farm Fund**, calculated at special exchange rates or 'green currencies'.
See also **Agriculture: Common Agricultural Policy**, fig. 1; **Monetary compensatory amounts**.

National enquiries: *government departments for Agriculture/Fisheries/Food.*
Commission responsibility: *D-G VI (Agriculture), Directorate G.*

Grenada. Grenada is one of the **ACP states** and a signatory of the **Lomé Conventions.**
Enquiries: Chancellerie diplomatique, avenue des Arts 24, 7 étage, B–1040 Brussels.

GSP. *See* **Generalized system of preferences**.

Guatemala. Guatemala has had a bilateral agreement on **textiles** since 1978. *See* **External trade**: *List of main EEC Agreements with Other Countries,* Table 7.
Enquiries: Chancellerie diplomatique, boulevard Saint-Michel 3, B–1040 Brussels.

Guide price. The equivalent of a **target price** for **beef and veal**, the guide price acts both as a target price and as the gauge for deciding on import control and intervention buying. A single rate applies throughout the Community.
See also **Agriculture: Common Agricultural Policy**, fig. 1; **Intervention price**.
National enquiries: *government departments for Agriculture/Fisheries/Food.*
Commission responsibility: *D-G VI (Agriculture), Directorate G.*

Guinea. Guinea is one of the **ACP states** and a signatory to the **Lomé conventions.**
Enquiries: Chancellerie diplomatique, Chaussée de Malines, 1950 Kraainem.

Guinea-Bissau. Guinea-bissau is one of the **ACP states** and a signatory to the **Lomé Conventions**.
Enquiries: Chancellerie diplomatique, avenue Palmerston 2, B–1040 Brussels.

Guyana. Guyana is one of the **ACP states** and signatory to the **Lomé Conventions.** A Protocol annexed to the Convention guarantees Guyana sugar exports to the Community (*see* **Sugar**).
Enquiries: Chancellerie diplomatique, avene des Arts 21–22, B–1040 Brussels.

H

Hairdressers. A **European Commission proposal** to achieve mutual recognition of qualifications for hairdressers, and so entitle them to practice their profession anywhere in the Community was put before the **Council of Ministers** in 1972 (OJ C 106, 23.10.1971), but has not so far been implemented.
See also **Work and employment**, fig. 18.
National enquiries: *government departments for Employment/Labour.*
Commission responsibility: *D-G III (Internal Market and Industrial Affairs), Directorate D (5).*

Haiti. Haiti has a bilateral agreement with the Community on **textiles**. *See* **External trade**: *List of Main EEC Agreements with Other Countries,* Table 7.
Enquiries: Chancellerie diplomatique, rue Joseph II 3, B–1040 Brussels.

Handicapped people. The Community Social Action Programme includes the handicapped among those requiring special help (*see* **Social policy**), and the principle is embodied in a 1974 Council **Resolution** (OJ C 80, 9.7.1974). This defines handicap as 'any limitation of a person's physical or mental ability which affects his daily activity and his work'. Community help has concentrated on stimulating 'the employment and geographical and professional mobility' of handicapped persons through vocational and other training aided by the **Social Fund**. The Fund can contribute up to 50 per cent (60 per cent in regions of high unemployment) to government approved or aided training schemes.
In addition the **European Commission** has established a network of Community-sponsored rehabilitation and training centres as part of a research programme to assist the handicapped.
Following a report on 'The elimination of architectural barriers to the mobility of handicapped persons' (Comm. (75)432 final of 25.7.1975), the Commission has assisted the **Council of Europe** in drawing up minimum accessibility standards for homes, and given financial support to several projects and pilot studies which contribute to improving housing conditions (for example, by offering increased mobility for those in wheelchairs etc). Some projects relate to city planning (in Evry in France and Rotterdam in the Netherlands); others deal with housing renovation programmes (in Italy and the UK); others with the construction of new homes.
The Community also operates the UNESCO Florence Agreement (and Nairobi Protocol) whereby articles for the blind (OJ L 184/75 and OJ L 193/75) and, subject to certain conditions, materials specially designed for the education, employment and social advancement of the physically or mentally handicapped, can be imported duty-free (OJ L 134/79). A useful Commission report on vocational rehabilitation of handicapped people (1974–9; Comm. (79)572 final, of 26.10.79) summarises Community activity and suggests future developments. It also outlines legislation and work for the handicapped in each Community country.
See **Social policy**, fig. 16; *see also* **Finance**, fig. 9
National enquiries: *government departments for Employment/Labour*; *government departments for Health*; consult also specialized agencies which deal directly with training for the handicapped.

Commission responsibility: *D-G V (Employment and Social Affairs) (Chief Adviser with special responsibility for coordinating work for the handicapped).*
Committee: Concerted Action Committee for Registration of Congenital Abnormalities (OJ L 52, 23.2.1978).

Harmonization (Internal Community trade). Customs duties (tariffs) were abolished among the six founder members of the Community in 1968 and among the Nine in 1977, but **non-tariff barriers to trade** still hinder the free movement of goods in the community. Article 100 of the **Treaty of Rome** requires the **Council of Ministers** to issue **directives** for the approximation (harmonization) of national laws or administrative regulations that affect the proper functioning of the common market. The aim is not harmonization for its own sake, but to enable consumers to reap the benefit of competition, and manufacturers to take advantage of a market of over 260m people – for example so that cars from one country cannot be excluded from the market of others because of different component standards affecting steering equipment or registration plates. Some progress in the removal of technical barriers has been made on motor vehicles, tractors, metrology (measuring instruments), electrical goods, textiles, pressure vessels (aerosol containers, gas cylinders), dangerous substances, lifts and lifting apparatus, crystal glass, fertilizers and fuels. Although there has also been considerable harmonization on food law (sugar levels, additives etc) a number of Commission **proposals** on **consumer protection** await adoption by the Council of Ministers (*see* Table 3 below). Texts of adopted directives are published in the **Official Journal of the European Communities** (Series L) and the text of Commission proposals in Series C. Directives are constantly amended to take account of technical change.

For non-technical barriers, applied in member countries sometimes for health or environmental reasons, the Commission prefers to seek informal harmonization rather than by directive. It is guided in proposing harmonized standards by the work of international bodies or codes such as the International Organization for Standardisation (ISO), the International Electrotechnical Commission (IEC), the International Organization for Legal Metrology (IOLM) and the Codex Alimentarius. The **European Committee for Standardization** (CEN) and the **European Commission for Electrotechnical Standardization** (CENELEC), founded to encourage common European standards, have produced little agreement. The 1979 GATT Agreement on Technical Barriers to Trade is designed to check, at international level, the proliferation of national divergent technical standards and regulations by signatory countries. The Commission has powers to investigate and ensure that member countries are implementing adopted legislation has indicated that future harmonization will concentrate on motor vehicles, tractors, mechanical and electrical engineering, and the construction industry. It will also consider ways of removing barriers caused by different certificate and inspection standards. Its activities will also be influenced by the judgement of the **European Court of Justice** in the **Cassis de Dijon case.**

See also **Common customs tariff**; **Company law**; **Competition policy**; **Customs union**; **Environment**, fig. 6; **General Agreement on Tariffs and Trade**; **Industrial policy**, fig. 12; **Noise**; **Non-tariff barriers to trade**; **Transport**, fig. 17; **Work and employment**, fig. 18.

National enquiries: *government departments for Industry/Trade*; *government departments for Agriculture/Fisheries/Food*; *government departments for Consumer protection*; a regularly-updated list of Community proposed or adopted harmonization legislation is published annually by the UK Department of Trade in *British Business* (eleventh floor, Millbank Tower, Millbank, London SW1P 4QU).
Commission responsibility: *D-G III (Internal Market and Industrial Affairs).*
Committees: Committee on the Implementation at Community Level of the Agreement on Technical Barriers to Trade (OJ L 14, 19.1.1980); Committee on Commerce and Distribution (GCD) (set up in June 1978, not published in OJ); Committees for the Adaptation to Technical and Scientific Progress of the Directives on Motor Vehicles (OJ L 42, 23.2.1970; OJ L 81, 28.3.1978), on Lifting and Mechanical Handling Appliances (OJ L 335, 5.12.1987), on Agricultural and Forestry Tractors (OJ L 84, 28.3.1974), on Aerosol Dispensers (OJ L 147, 9.6.1975), and on Construction Plant and Equipment (OJ L 33, 8.2.1979).

fig. 10 HARMONIZATION: INTERNAL COMMUNITY TRADE

- aim is to support the full functioning of the common market by
  - establishing a a **CUSTOMS UNION**
    - as a component of which a **common customs tariff** (CCT) has been adopted (*see also* **Budget**)
      - **duty-free allowances**
      - **passports**
  - under **COMPETITION POLICY** prohibiting agreements which adversely affect trade between member states or competition within the common market
    - compulsory notification of agreements within scope
      - exemptions, including **small businesses** (*see* **Industrial policy**, fig. 12)
      - monitoring of aids to industry by member states (*see* **Industry: state aids**)
    - investigation by European Commission of suspected infringements
      - judgements on infringements by **European Court of Justice**
    - provisions concerning **public supply contracts** and **public works contracts**
  - under **HARMONIZATION** policy removing **non-tariff barriers to trade** by:
    - eliminating technical barriers to trade (*see* **Harmonization**: *Eliminating Technical Barriers to Trade Within the European Community*, Tables 1–3)
      - **European Committee for Standardization** (CEN)
      - **European Commission for Electrotechnical Standardization** (CENELEC)
    - facilitating the free movement of **capital** and freedom of corporate establishment (*see also* **Work and employment,** fig. 18)
      - in:
        company law — **European company statute**
        company capitalization
        bankruptcy
      - and by protecting investors in:
        stock exchange: listing particulars
        company accounts
        company (group) accounts
        qualification of **auditors**
        mergers
    - harmonizing **patent law**

ELIMINATING TECHNICAL BARRIERS TO TRADE WITHIN THE EUROPEAN COMMUNITY

TABLE 1

INDUSTRIAL

Subject	*Reference of directive or latest draft*	*Status (where applicable)*	*Related standards activity (where applicable)*
BOATS AND THEIR FITTINGS			
Type approval	Comm. (76)393 final	Commission proposal (OJ 24.8.1976)	
Pleasure craft made of reinforced plastic	XI/592/74 III/1018/80	preliminary draft further preliminary draft	
BUILDING AND CIVIL ENGINEERING EQUIPMENT AND MACHINES			
General Directive	Comm. (74)2195 final	Commission proposal (OJ 14.4.1975)	
Determination of the noise produced by construction plant and equipment	79/113/EEC (19.12.1978) Comm. (79)573 final	Directive (OJ L 33, 8.2.1979) Commission amending proposal (OJ C 300, 1.12.1979)	
Permissible sound level for pneumatic concrete-breakers and jack-hammers	Comm. (74)2195 final	Commission proposal (OJ 14.4.1975)	
Permissible sound emission for tower cranes	Comm. (75)558 final	Commission proposal (OJ 8.3.76)	
Permissible sound level of grass cutting machines	XI/28/75 rev.1 III/1584/77–EN Comm. (78)387 final	preliminary draft preliminary draft Commission final proposal (OJ C 86, 2.4.1979)	
Permissible sound emission level for current generators for welding Permissible sound emission level for current generators for power supply	Comm. (75)558 final	Commission proposal (OJ 8.3.1976)	
Noise emitted by air compressor	ENV/168/77 rev.1 Comm. (78)121 final modification of Comm. (78)121 final	preliminary draft Commission proposal (OJ C 94, 19.4.1978) (OJ C 87, 3.4.1979)	

continued overleaf

TABLE 1 *continued*

Subject	*Reference of directive or latest draft*	*Status (where applicable)*	*Related standards activity (where applicable)*
Permissible sound emission level for dozers, loaders and excavators	ENV/487/78	preliminary draft	
	ENV/488/78	preliminary draft	
(Site safety)			
Roll-over protective structures	XI/554/75	preliminary draft	
	II/440/78 rev.1	further preliminary draft	
	Comm. (79)786 final	Commission proposal (OJ C 104, 28.4.1980)	
Falling object protective structures	XI/555/75	preliminary draft	
	III/440/78 rev.1	further preliminary draft	
	Comm. (79)786 final	Commission proposal (OJ C 104, 28.4.1980)	
Dimensions of operators' cabins	XI/556/75	preliminary draft	
Protecting guards and shields	XI/557/75	preliminary draft	
(Road safety)	work started but no papers yet received		
CONSTRUCTION MATERIALS			
Cement	work in abeyance		expert groups formed in CEN to examine different aspects of cement
Ceramic tiles	work in abeyance		CEN draft on terminology submitted to EEC in June 1974; other work in progress
Flat glass	XI/437/74	preliminary draft	
	III/1417/77–EN	preliminary draft	
PVC pipes	work in abeyance		
Fire resistance	XI/790/75 rev.2	preliminary draft	fire resistance tests covered in ISO by ISO/TC 92
	III/1202/77–EN	preliminary draft	
Water supply equipment	work proposed by tripartite working group but project shelved		draft standards at various stages of preparation
Construction products (framework directive)	III/1098/77–EN	preliminary draft	
	III/1098/77–E rev.1	preliminary draft	
	III/613/78–E	draft council resolution on product priorities	
	II/1098/77–F rev.2.	further preliminary draft	
	Comm. (78)449 final	Commission final proposal	
	Comm. (79)453 final	Commission amending proposal	

Subject	*Reference of directive or latest draft*	*Status (where applicable)*	*Related standards activity (where applicable)*
Safety of glass products intended for use in buildings	III/1438/77–EN	preliminary draft	
COSMETICS			
Cosmetic products	76/768/EEC (27.7.1976)	Directive (OJ 27.9.1976)	
	Comm. (79)250 final	Commission amending proposal (OJ C 165, 2.7.1979)	
	Comm. (79)403 final	second Commission amending proposal	
	79/661/EEC (24.7.1979)	Directive (OJ L 192, 31.7.1979) [this Directive relates to Comm. 79(403) final and extends the period laid down in Article 5 of 76/768/EEC as regards the substances and colouring agents listed in annex 4 thereof]	
	ENV/289/77	preliminary draft for adaptation to technical progress	
	Comm. (80)914 final (30.1.1981)	third Commission amending proposal	
CRYSTAL GLASS			
Crystal glass	69/493/EEC (15.12.1969)	Directive (OJ 29.12.1969)	
DANGEROUS SUBSTANCES AND PREPARATIONS			
Classification, packaging and labelling of dangerous substances	67/548/EEC (27.6.1967)	Directive (OJ 16.8.1967)	
	73/146/EEC (21.5.1973)	amending Directive (OJ 25.9.1973)	
	75/409/EEC (24.6.1975)	amending Directive (OJ 14.7.1975)	
	76/907/EEC (14.7.1976)	Commission Directive adapting to technical progress 67/548/EEC (OJ 30.12.1976)	
	Comm. (76)433 final	Commission amending proposal (OJ 5.11.1976)	
	corrigendum to 76/907/EEC	(OJ L 28, 2.2.1979)	

continued overleaf

TABLE 1 *continued*

Subject	*Reference of directive or latest draft*	*Status (where applicable)*	*Related standards activity (where applicable)*
	79/370/EEC (30.7.1979)	Commission Directive adapting to technical progress for the second time 67/548/EEC (OJ L 88, 7.4.1979)	
	79/831/EEC (18.9.1979)	Directive amending for the sixth time 76/548/EEC (OJ L 259, 15.10.1979)	
	ENV/157/80	preliminary draft; third technical progress adaptation	
Classification, packaging and labelling of pesticides	Comm. (74)2193 final	Commission proposal (OJ 20.2.1975)	
	78/631/EEC (26.6.1978)	Directive (OJ 29.7.1978)	
	Comm. (80)859 final (15.12.1980)	Commission amending proposal	
Approval and putting into circulation of agricultural pesticides	15/175/VI/1969	preliminary draft	
	Comm. (76)427 final	Commission proposal	
	13269/III/70	preliminary draft	
Classification, packaging and labelling of dangerous preparations (solvents)	73/173/EEC (4.6.1973)	Directive (OJ 11.7.1973)	
	III/ex XI/790/76 rev.4	draft amending Directive	
	Comm. (77)718 final	Commission final proposal	
	80/781/EC	Directive amending 73/173/EEC (OJ L 229, 30.8.1980)	
Classification, packaging and labelling of paints, varnishes, glues and related products	Comm. (75)311 final	Commission proposal (OJ 23.7.1975)	
	77/728/EEC (7.11.1977)	Directive (OJ 28.11.1977)	
Classification, packaging and labelling of dangerous products of general use in the home (household preparations)	XI/780/76	preliminary draft	
	XI/1/76 rev.1	preliminary draft	
Corrosives	work started but no papers yet available		
Detergents	73/404/EEC (22.11.1973)	Directive (OJ 17.12.1973)	
Methods of testing the biodegradability of anionic surfactants	73/405/EEC (22.11.1973)	Directive (OJ 17.12.1973)	
Methods of testing the biodegradability of non-ionic surfactants	XI/315/76	preliminary draft	
	III/1293/77	preliminary draft	
	Comm. (80)40 final (8.2.1980)	Commission final proposal (OJ C 104, 28.4.1980)	
Detergents – toxicity	work in abeyance		

Subject	Reference of directive or latest draft	Status (where applicable)	Related standards activity (where applicable)
Restrictions on the marketing and use of certain dangerous substances and preparations	76/769/EEC (27.7.1976) Comm. (79)792 final	Directive (OJ 27.9.1976) Commission amending proposal (OJ C 31, 8.2.1980)	
Restrictions on the marketing and use of certain types of asbestos fibre	III/366/77 rev.1 Comm. (79)419 final (29.2.1980)	preliminary draft Commission final proposal	
Classification, packaging and labelling of dangerous substances not covered by original Directive (67/548/EEC)	III/365/77	preliminary draft	
Restrictions on the marketing and use of fancy lamps, ashtrays and other ornamental objects containing trichlorothylene, tetrachloro-thylene of carbon tetrachloride	Comm. (79)84 final 79/663/EEC (24.7.1979)	Commission proposal (OJ C 80, 27.3.1979) Directive (OJ L 97, 3.8.1979)	
Restrictions on the marketing and use of tris phosphate in the treatment of certain articles which come into contact with the skin	Comm. (79)123 final 79/663/EEC (24.7.1979)	Commission proposal (OJ C 96, 12.4.1979) Directive (OJ L 197, 3.8.1979)	
Restrictions on the marketing and use of benzene	Comm. (80)570	final Commission proposals (OJ C 285, 4.11.1980)	
EDUCATIONAL MATERIALS			
Educational materials	work not started		
ELECTRICAL			
Electrical equipment designed for use within certain voltage limits	73/23/EEC	Directive (OJ 26.3.1973)	
Electro-medical equipment Medical X-ray equipment	Comm. (74)2178 final	Commission proposal (OJ 12.2.1975)	
Electrical equipment for use in potentially explosive atmospheres (framework directive)	76/117/EEC (18.12.1975)	Directive (OJ 30.1.1976)	CENELEC work continuing

continued overleaf

TABLE 1 *continued*

Subject	*Reference of directive or latest draft*	*Status (where applicable)*	*Related standards activity (where applicable)*
Electrical equipment for use in explosive atmospheres (special Directive)	XI/508/75	preliminary draft	
	XI/1119/76 rev.1	preliminary draft	
	XI/79/77	amendment	
	XI/80/77	amendment	
	Comm. (77)660 final	Commission proposal (OJ 6.1.1978)	
	79/196/EEC	Directive (OJ L 43, 20.2.1979)	
Electrical equipment for use in potentially explosive atmospheres in mines susceptible to fire damp	Comm. (80)12 final	Commission proposal (OJ C 104, 28.4.1980)	
Radio interference caused by electrical household appliances, portable tools and similar equipment	76/889/EEC (4.11.1976)	Directive (OJ 4.12.1976)	CISPR
	corrigendum	(OJ L 105, 28.4.1977)	
	III/155/80	preliminary draft for adaptation to technical progress	
Suppression of radio interference from fluorescent lighting luminaries	76/890/EEC 4.11.1976	Directive (OJ 4.12.1976)	
	corrigendum	(OJ L 105, 28.4.1977)	
	II/156/80 rev.1	preliminary draft for adaptation to technical progress	
	III/156/80 rev.2	further preliminary draft	
Suppression of radio interference from radio and television sets	Comm. (73)569 final	Commission proposal	CISPR
Suppression of radio interference from industrial, scientific and medical equipment	Comm. (74)1181 final	Commission proposal (OJ 6.3.1975)	CISPR
Plugs and sockets	XI/685/76	preliminary draft withdrawn	
Connection of television peripherals to domestic television receivers	III/1842/79	preliminary draft	
EQUIPMENT USING IONISING RAYS			
Equipment using ionising rays	work started but no papers yet received		
FERTILIZERS			
General Directive	76/116/EEC (18.12.1975)	Directive (OJ 30.1.1976)	

Subject	*Reference of directive or latest draft*	*Status (where applicable)*	*Related standards activity (where applicable)*
Sampling and methods of analysis	77/535/EEC (22.6.1977)	Directive (OJ 22.8.1977)	
	III/213/78–EN	preliminary draft adapting 77/535/EEC to technical progress	
	79/138/EEC (14.12.1978)	Commission Directive adapting 77/535/EEC to technical progress (OJ L 39, 14.2.1970)	
Marketing of high nitrogen content ammonium nitrate based fertilizer	Comm. (75)635 final	Commission proposal (OJ 23.1.1976)	
	80/876/EEC (15.7.1980)	Directive (OJ L 250, 23.9.1980)	
Marketing of liquid fertilizers	work started but no papers yet received		
FIREFIGHTING EQUIPMENT			
Portable fire extinguishers	work started but no papers yet received		CEN standard in preparation
FUELS			
Problems of the lead content of petrol	Comm. (73)2050 final	Commission proposal (OJ 31.1.1974)	
	78/611/EEC (24.6.1978)	Directive (OJ 22.7.1978)	
Sulphur content of certain liquid fuels	75/716/EEC (24.11.1975)	Directive (OJ 27.11.1975)	
Use of fuel oils with aim of decreasing sulphurous emissions	Comm. (75)681 final	Commission proposal (OJ 8.3.1976)	
	Comm. (77)407 final	Commission amending proposal	
GAS APPLIANCES			
Framework Directive for gas appliances and associated safety and control devices	Comm. (74)2179 final	Commission proposal (OJ 16.6. 1975)	revised draft standard (EN 26) adopted in September 1976
Instantaneous production of hot water for sanitary purposes	Comm. (74)2179 final	Commission proposal (OJ 16.6.1975)	
Cookers	work started but no papers yet available		draft CEN standard undergoing revision
Central heating boilers	work started but no papers yet available		EEC Commission looking at national legislation prior to considering draft

continued overleaf

TABLE 1 *continued*

Subject	*Reference of directive or latest draft*	*Status (where applicable)*	*Related standards activity (where applicable)*
Gas governors	work started but no papers yet available		revision of CEN working draft awaited for discussion
Independent space heaters	work started but no papers yet available		CEN proposals on covector heaters and open-fronted heaters have been examined
GAS PIPELINES			
Gas pipelines (construction)	18/871/III/69	preliminary draft withdrawn with oil pipelines	
LIFTS AND LIFTING APPARATUS			
Certification and marking of wire ropes, chains and hooks	73/361/EEC (19.11.1973) 76/434/EEC (13.4.1976)	Directive (OJ 5.12.1973) Commission Directive (OJ 8.5.1976) adapting 73/361/EEC to technical progress	
Common provisions for lifting and mechanical handling appliances (general Directive)	Comm. (75)336 final	Commission proposal (OJ 29.9.1975)	
Tower cranes for building work and safety aspects thereof	XI/276/76 rev.1 XI/882/76 Comm. (78)677 final	preliminary draft preliminary draft Commission proposal (OJ C 25, 29.1.1979)	
Builders' hoists	work started but no papers yet available		draft CEN standard in preparation
Conveyor-belts	work started but no papers yet available		
Electrically operated lifts	Comm. (75)336 final	Commission proposal (OJ 29.9.1975)	CEN standard approved by all member states except Ireland
Powered industrial trucks	XI/768/76 Comm. (79)229 final	preliminary draft Commission proposal (OJ C 165, 2.7.1979)	
MACHINE TOOLS AND MACHINES			
Common provisions for the working of metals, wood, paper and other materials	XI/216/74 Comm. (77)656 final	preliminary draft Commission proposal (OJ 27.1.1978)	

Subject	Reference of directive or latest draft	Status (where applicable)	Related standards activity (where applicable)
Grinding wheels and grinding machines	XI/217/74	preliminary draft	draft standard sent to Commission end 1974
Portable grinding machines	XI/270/75	preliminary draft (but now agreed to divide into 3 separate Directives)	draft CEN standard has been prepared
	Comm. (77)656 final	Commission proposal (OJ 27.1.1978)	
Fixed grinding machines	work started but no papers yet available		
Grinding wheels	work started but no papers yet available		
Woodworking machines (surface planing machines)	III/10/79	preliminary draft	
METAL SCAFFOLDING			
Working metal scaffolds	XI/34/76	preliminary draft suspended *sine die*	CEN standard approved and published but not accepted by UK
METROLOGICAL			
General Directive	71/316/EEC (26.7.1971)	Directive (OJ 6.9.1971)	
	72/427/EEC (19.12.1972)	amending Directive (OJ 28.18.1972)	
	Comm. (80)850 final (15.12.1980)	Commission amending proposal	
Clinical mercury-in-glass maximum reading thermometers	76/764/EEC (27.7.1976)	Directive (OJ 27.9.1976)	
	Comm. (80)850 final	Commission amending proposal	
Medium accuracy bar and cylindrical weights	71/317/EEC (26.7.1971)		
Measuring of the standard mass per storage volume of grain	71/347/EEC (12.10.1971)	Directive (OJ 25.10.1971)	
Calibration of the tanks of vessels	71/349/EEC (12.10.1971)	Directive (OJ 25.10.1071)	
Material measures of length	73/362/EEC (19.11.1973)	Directive (OJ 5.12.1973)	
	III/771/77 rev.1	preliminary draft; Commission Directive adapting 73/362/EEC to technical progress	
	Comm. (78)134 final	Commission proposal	
	78/629/EEC (19.6.1978)	Directive (OJ 29.7.1978)	

continued overleaf

TABLE 1 *continued*

Subject	*Reference of directive or latest draft*	*Status (where applicable)*	*Related standards activity (where applicable)*
Non-automatic weighing machines	73/360/EEC (19.11.1973)	Directive (OJ 5.12.1973)	
	73/696/EEC (27.7.1976)	Commission Directive; technical progress adaptation (OJ 27.8.1976)	
Electrical energy meters	76/891/EEC (4.11.1976)	Directive (OJ 4.12.1976)	
Meters for liquids other than water	71/319/EEC (26.7.1971)	Directive (OJ 26.7.1971)	
Measuring systems for liquids other than water	77/313/EEC (5.4.1977)	Directive (OJ 28.4.1977)	
Ancillary equipment for meters for liquids other than water	71/348/EEC (12.10.1971)	Directive (OJ 25.10.1971)	
Gas volume meters	71/318/EEC (26.7.1971)	Directive (OJ 6.9.1971)	
	adapted to technical progress by 74/331/EEC (12.6.1974)	Commission Directive (OJ 12.7.1974)	
	XI/355/76 rev.3	preliminary draft; second technical progress adaptation	
	78/365/EEC (31.3.1978)	Commission Directive (OJ L 104, 18.4.1978)	
Making-up by volume of certain pre-packaged liquids	75/106/EEC (19.12.1974)	Directive (OJ 15.2.1975)	
	XI/948/76	preliminary draft	
	XI/1082/76	preliminary draft	
	Comm. (77)455 final	Commission amending proposal (OJ 19.10.1977)	this document proposes amendments to the Articles of 75/106/EEC
	79/1005/EEC (23.11.1979)	Directive (OJ L 308, 4.12.1979)	
	78/891/EEC	Commission Directive adapting to technical progress the annexes of 75/106/EEC (OJ L 311, 4.11.1978)	
Bottles used as measuring containers	75/107/EEC (19.12.1974)	Directive (OJ 15.2.1975)	
Cold water meters	75/33/EEC (17.12.1974)	Directive (OJ 20.1.1975)	OIML recommendation existing
Hot water meters	XI/996/76 rev.1	preliminary draft	
	Comm. (77)495 final	Commission proposal	
	79/830/EEC (11.9.1979)	Directive (OJ L 259, 15.10.1979)	
Thermal energy meters	III/214/77	preliminary draft	OIML studies proceeding
Road and rail transport tanks for use as measuring containers	Comm. (74)877 final	Commission proposal (OJ 13.9.1974); withdrawn (OJ C 26, 3.2.1977)	completely withdrawn
Taximeters	77/95/EEC (21.12.1976)	Directive (OJ 31.1.1977)	
Alcohol-meters and alcohol hydrometers	76/765/EEC (27.7.1976)	Directive (OJ 27.9.1976)	
	corrigendum	(OJ 5.3.1977)	

Subject	Reference of directive or latest draft	Status (where applicable)	Related standards activity (where applicable)
Alcohol tables	76/766/EEC (27.7.1976)	Directive (OJ 27.9.1976)	
Saccharimeters	work started but no papers yet available		OIML studies proceeding
Continuous totalizing weighing machines	75/410/EEC (24.6.1975)	Directive (OJ 14.7.1975)	
Instruments for determining the fat content of dairy produce	work started but no papers yet available		OIML studies proceeding
Metallic manometers	III/1919/72	preliminary draft in abeyance; further work in hand	OIML recommendations may be used for particular instruments
Apparatus for measuring arterial pressure	work started but no papers yet available		OIML recommendation will be considered
Weights of from 1 mg to 50 kg of above medium-accuracy	74/148/EEC (4.3.1974)	Directive (OJ 28.3.1974)	
Instruments for measuring moisture content of grain	XI/86/74	preliminary draft	OIML recommendations may need amplification
Electronic devices incorporated or associated with measuring instruments	XI/667/76 rev.4	preliminary draft	
	III/379/78–F	further preliminary draft	
	Comm. (78)766 final	Commission final proposal (OJ C 42, 15.2.1979)	
Units of measurement	71/354/EEC (18.10.1971)	Directive (OJ 29.10.1971)	Revisions to the earlier Directives under active consideration
	76/770/EEC (27.7.1976)	Amending Directive (OJ 27.9.1976)	
	corrigendum to 76/770/EEC	(OJ 14.12.1976)	
	III/92/78–EN	preliminary draft amending Directive	
	Comm. (79)89 final	Commission final proposal (OJ C 81, 28.3.1979)	
	80/181/EEC	Directive (OJ C 39, 15.2.1980) repealing 71/354/EEC	
Check-weighing and grading machines	Comm. (75)573 final	Commission proposal (OJ 8.3.1976)	
	78/1031/EEC (5.12.1978)	Directive (OJ L 364, 27.12.1978)	
Making-up by weight or by volume of certain pre-packaged products	76/211/EEC (20.1.1976)	Directive (OJ L 46, 21.2.1976)	
	III/348/78	preliminary draft for adaptation to technical progress	
	78/891/EEC	Commission Directive (OJ 4.11.1978) adapting to technical progress the technical annexes of 76/211/EEC	
Differential pressure gas meters	work not started		OIML studied proceeding

continued overleaf

TABLE 1 *continued*

Subject	*Reference of directive or latest draft*	*Status (where applicable)*	*Related standards activity (where applicable)*
Ranges of nominal quantities permitted for certain pre-packaged products	Comm. (76)384 final 80/232/EEC (15.1.1980) III/613/80	Commission proposal (OJ 18.8.1976) Directive (OJ L 51, 25.2.1980) preliminary amending draft	European standard adopted on packages for washing and cleaning powders
Scale of charges for the testing of gas meters	Comm. (74)776 final	Commission proposal (OJ 1.7.1974)	
Instruments for measuring the carbon monoxide content of exhaust gases	III/1526/78 rev.5 Comm. (80)850 final (15.12.1980)	preliminary draft Commission final proposal	OIML studies proceeding
Tyre pressure gauges	III/1528/78–EN rev.1 Comm. (80)850 final (15.12.1980)	preliminary draft Commission final proposal	
MOPEDS			
Type approval	Comm. (72)1645 final Comm. (73)1732 final	Commission proposal Commission amending proposal	
Engines	work started but no papers yet received		
Noise	work started but no papers yet received		
Braking devices	XI/710/75	preliminary draft	
Rear-view mirrors	Comm. (79)772 final 80/780/EEC (22.7.1980)	Commission proposal Directive (OJ L 229, 30.8.1980)	
MOTOR CYCLES			
Type approval	Comm. (74)2177 final	Commission proposal (OJ 20.2.1975)	
Permissible sound level and exhaust system	Comm. (75)634 final	Commission proposal (OJ C 54, 8.3.1976) Directive adopted but not yet published	
Fuel system integrity	XI/567/75	preliminary draft	
Rear-view mirrors	Comm. (79)772 final 80/780/EEC (22.7.1980)	Commission proposal Directive (OJ L 229, 30.8.1980)	
MOTOR VEHICLES			
Type approval	70/156/EEC (6.2.1970) Comm. (76)721 final	Directive (OJ 23.2.1970) Commission amending proposal (OJ 2.2.1977)	

Subject	*Reference of directive or latest draft*	*Status (where applicable)*	*Related standards activity (where applicable)*
	78/315/EEC (21.12.1977)	Directive (OJ 28.3.1978)	
	78/547/EEC (12.6.1978)	Directive (OJ 26.6.1978)	
	80/1267/EEC (16.12.1980)	Directive (OJ L 375, 31.12.1980)	
Rear registration plates	70/222/EEC (20.3.1970)	Directive (OJ 6.4.1970)	
Sound level and exhaust system	70/157/EEC (6.2.1970)	Directive (OJ 23.2.1970)	
	adapted to technical progress by 73/350/EEC (7.11.1973)	Commission Directive (OJ 22.11.1973)	
	77/212/EEC (8.3.1977)	Directive amending 70/157/EEC (OJ 12.3.1977)	
	III/185/80	preliminary draft for adaptation to technical progress	
Fuel tanks and rear protective devices	70/221/EEC (20.3.1970)	Directive (OJ 6.4.1970)	
	XI/249/75	preliminary draft for adaptation to technical progress	
	XI/260/75 rev.2	further preliminary draft for adaptation to technical progress	
	corrigendum to 70/221/EEC (20.3.1970)	(OJ L 65, 15.3.1979)	
	79/490/EEC (18.4.1979)	Commission Directive adapting 70/221/EEC to technical progress (OJ L 128, 26.5.1979)	
	corrigendum to 79/490/EEC (18.4.1979)	(OJ L 188, 26.7.1979)	
	III/484/80 rev.1	preliminary draft; second technical progress adaptation	
Audible warning devices	70/388/EEC (27.7.1970)	Directive (OJ 10.8.1970)	
Air pollution by gases from positive ignition (spark ignition) engines	70/220/EEC (20.3.1970)	Directive (OJ 6.4.1970)	
	adapted to technical progress by 74/290/EEC (28.4.1974)	Directive (OJ 15.6.1974)	
	77/102/EEC (30.11.1976)	Commission Directive adapting 70/220/EEC to technical progress (OJ L 32, 3.2.1977)	
	78/665/EEC (14.7.1978)	further Commission Directive adapting 70/220/EEC to technical progress (OJ L 223, 14.8.1978)	
Steering equipment	70/311/EEC (8.6.1970)	Directive (OJ 18.5.1970)	
Doors	70/387/EEC (27.7.1970)	Directive (OJ 10.8.1970)	
Direction indicator lamps	76/759/EEC (27.7.1976)	Directive (OJ 27.9.1976)	

continued overleaf

TABLE 1 *continued*

Subject	*Reference of directive or latest draft*	*Status (where applicable)*	*Related standards activity (where applicable)*
Suppression of radio interference produced by spark ignition engines	72/245/EEC (20.6.1972)	Directive (OJ 6.7.1972)	
Installation of lighting and light signalling devices	76/756/EEC (27.7.1976)	Directive (OJ 27.9.1976)	
	III/304/79	preliminary draft for adaptation to technical progress	
	80/233/EEC (21.11.1979)	Commission Directive adapting 76/756/EEC to technical progress (OJ L 51, 25.2.1980)	
	corrigendum to 80/233/EEC	(OJ L 111, 30.4.1980)	
Windscreen-wiper and windscreen washer systems	Comm. (76)571 final	Commission proposal	
	78/18/EEC (21.12.1977)	Directive (OJ 28.3.1978) and corrigendum (OJ 19.7.1978)	
Field of vision	Comm. (75)619 final	Commission proposal (OJ C 54, 8.3.1976)	
	77/649/EEC (27.9.1977)	Directive (OJ 19.10.1977) and corrigendum (OJ 19.10.1977)	
Rear-view mirror	71/127/EEC (1.3.1971)	Directive (OJ 22.3.1971)	
	XI/453/76	preliminary draft	
	III/1569/78 rev.1	preliminary draft for adaptation to technical progress	
	79/795/EEC	Directive (OJ L 239, 22.9.1979)	
Electrical connections between vehicles and their trailers	Comm. (68)633 final	Commission proposal withdrawn; further work in hand	
Reverse and speedometer equipment	75/443/EEC (26.6.1975)	Directive (OJ 26.7.1975)	
Electrical circuits	work not started		
Maximum speed (method of determination)	work not started		
Braking devices	71/320/EEC (26.7.1971)	Directive (OJ 6.9.1971)	
	adapted to technical progress by 74/132/EEC (11.2.1974)	Commission Directive (OJ 19.3.1974)	
	adapted further to technical progress by 75/524/EEC (25.7.1975)	Commission Directive (OJ 8.9.1975) and corrigendum (OJ 23.9.1975)	
	III/95/78 rev.2	preliminary draft for further adaptation to technical progress	
	79/489/EEC (18.4.1979)	Commission Directive adapting further to technical progress 71.320/EEC (26.7.1971) (OJ L 128, 26.5.1979)	
	corrigendum to 79/489/EEC	(OJ L 188, 26.7.1979)	
[illegible]	Comm. (72)981 final	Commission proposal (OJ 16.11.1972)	

Subject	*Reference of directive or latest draft*	*Status (where applicable)*	*Related standards activity (where applicable)*
Interior fittings (interior part of the passenger compartment other than interior rear-view mirrors, layout of controls, roof or sliding roof, backrest and rear part of seats)	74/60/EEC (17.12.1973)	Directive (OJ 11.2.1974)	
	78/632/EEC (19.5.1978)	Commission Directive adapting to technical progress Council Directive 74/60/EEC (OJ 29.7.1978)	
Arrangement of foot controls	XI/341/76	preliminary draft	
Identification of controls, tell-tales and indicators	Comm. (76)571 final	Commission proposal	
	78/316/EEC	Directive (OJ L 81/3, 28.3.1978)	
Tyres	Comm. (76)712 final	Commission proposal (OJ 14.2.1977)	
Mechanical coupling equipment between vehicles and trailers	XI/14/77	preliminary draft	
Anchorages for safety belts	76/115/EEC (18.12.1975)	Directive (OJ 30.1.1976)	
	Comm. (80)804 final (29.2.1980)	Commission amending proposal (OJ C 87, 9.4.1980)	
	III/847/80	preliminary draft for adaptation to technical progress	this document proposes amendments to the Articles of 76/115/EEC
Emission of pollutants by motor vehicles with diesel-fuelled (compression-ignition) engines	72/306/EEC (2.8.1972)	Directive (OJ 20.8.1972)	
	corrigendum to 72/306/EEC	Directive (OJ 23.11.1977)	
External projections	74/483/EEC (17.9.1974)	Directive (OJ 2.10.1974)	
	79/488/EEC (18.4.1979)	Commission Directive adapting 74/483/EEC to technical progress (OJ L 128, 26.5.1979)	
Head-restraints of seats	Comm. (74)2180 final	Commission proposal (OJ 14.14.1975)	
	78/932/EEC	Directive (OJ L 325, 20.11.1978)	
Devices to prevent the unauthorized use of motor vehicles	74/61/EEC (17.12.1973)	Directive (OJ 11.2.1974)	
Strength of seats and their anchorages	74/408/EEC (22.7.1974)	Directive (OJ 12.8.1974)	
	Comm. (80)84 final (29.2.1980)	Commission amending proposal (OJ C 87, 9.4.1980)	
Behaviour of the steering mechanism in the event of impact	74/297/EEC (4.6.1974)	Directive (OJ 20.6.1974)	
Safety belts and restraint systems	77/541/EEC (28.6.1977)	Directive (OJ 29.8.1977)	
	Comm. (80)84 final	Commission amending proposal (OJ C 87, 9.4.1980)	this document proposes amendments to the Articles of 77/541/EEC
	III/848/80	preliminary draft for adaptation to technical progress	

continued overleaf

TABLE 1 *continued*

Subject	*Reference of directive or latest draft*	*Status (where applicable)*	*Related standards activity (where applicable)*
Statutory plates and inscriptions their location and method of attachment	76/114/EEC (18.12.1975) 78/507/EEC (19.5.1978)	Directive (OJ 30.1.1976) Commission Directive adapting 76/114/EEC to technical progress (OJ 13.6.1978)	
Windscreen defrosting and demisting systems	Comm. (76)571 final 78/317/EEC (21.12.1977)	Commission proposal Directive (OJ 28.3.1978) and corrigendum (OJ 19.7.1978)	
Interior fittings – seats (other than strength of seats and anchorages)	work not started		
Special provision for public transport vehicles	XI/347/76	Preliminary draft	
Special provisions for taxis	work not started		
Special provisions for goods vehicles	XI/1042/76	preliminary draft	
Towing devices	77/389/EEC (18.5.1977)	Directive (OJ 13.6.1977)	
Legs of trailers and semi-trailers	XI/508/73 rev.1	preliminary draft	
Reflex reflectors	76/757/EEC (27.7.1976)	Directive (OJ 27.9.1976)	
Front fog lamps and filament lamps	76/762/EEC (27.7.1976)	Directive (27.9.1976)	
Rear registration plate lamps	76/760/EEC (27.7.1976)	Directive (OJ 27.9.1976)	
End-outline marker lamps, front position (side) lamps, rear position (side) lamps and stop lamps	76/758/EEC (27.7.1976)	Directive OJ 27.9.1976)	
Headlamps	76/761/EEC (27.7.1976)	Directive (OJ 27.9.1976)	
Rear fog lamps	77/538/EEC (28.6.1977)	Directive (OJ 29.8.1977) corrigendum (OJ L 284, 10.10.1978)	
Parking lamps	77/540/EEC (28.6.1977)	Directive (OJ 29.8.1977) corrigendum (OJ L 284, 10.10.1978)	
Reversing lamps	77/539/EEC (28.6.1977)	Directive (OJ 29.8.1977) corrigendum (OJ L 284, 10.10.1978)	
Hazard warning devices	work not started		
Springs	work not started		
Verification of fuel consumption	XI/702/76	preliminary draft	
Heating systems	Comm. (76)702 final 78/548/EEC (12.6.1978)	Commission proposal (OJ 14.2.1977) Directive (OJ 26.6.1978)	
Wheel guards	Comm. (76)702 final 78/549/EEC (12.6.1978)	Commission proposal (OJ 14.2.1977) Directive (OJ 26.6.1978)	

Subject	Reference of directive or latest draft	Status (where applicable)	Related standards activity (where applicable)
Measurement of fuel consumption	Comm. (79)781 final (19.1.1980)	Commission proposal (OJ C 104, 28.4.1980)	
	80/1268/EEC (16.12.1980)	Directive (OJ L 375, 31.12.1980)	
Measurement of engine power	Comm. (79)781 final (10.1.1980)	Commission proposal (OJ C 104, 24.4.1980)	
	80/1269/EEC (16.12.1980)	Directive (OJ L 375, 31.12.1980)	
Weights and dimensions of goods vehicles	Comm. (71)654 final	Commission proposal	
Weights only of goods vehicles	Comm. (78)728 final	Commission proposal	
NOISE EMITTED BY DOMESTIC APPLIANCES			
Noise emitted by domestic appliances	ENV/45/78–FR	preliminary draft	
NON-MILITARY ARMS AND AMMUNITION			
Non-military arms and ammunition	work started but no papers yet received		
OIL PIPELINES			
Oil pipelines (construction)	Comm. (68)640 final	proposal withdrawn (OJ C 26, 3.2.1977)	
PACKAGING MATERIALS			
Packaging materials	work not started		
PRECIOUS METALS			
Articles made from precious metals	Comm. (75)607 final	Commission proposal (OJ 16.1.1977)	proposal expected to be withdrawn

continued overleaf

TABLE 1 *continued*

Subject	*Reference of directive or latest draft*	*Status (where applicable)*	*Related standards activity (where applicable)*
PRESSURE VESSELS			
General Directive	76/767/EEC (27.7.1976)	Directive (OJ 27.9.1976)	
Seamless steel gas cylinders	Comm. (72)1689	Commission proposal	ISO committee considering
Aerosol dispensers	75/324/EEC (20.5.1975)	Directive (OJ 9.6.1975)	
Seamless aluminium alloy gas cylinders	Comm. (74)966 final	Commission proposal (OJ 13.9.1974)	
Welded unalloyed steel gas cylinders	Comm. (74)965 final	Commission proposal (OJ 13.9.1974)	ISO committee considering CEN working groups 23 awaiting ISO views; draft CEN standard has been prepared for ballot
Unfired pressure vessels of welded steel	XI/584/75 XI/584/77 rev.2 Comm. (78)702 final	preliminary draft preliminary draft Commission final proposal (OJ C 37, 10.2.1979)	
Shell boilers for producing steam	work started but no papers yet available		ISO standard in preparation based on 'Rules for Construction of Stationary Boilers'; the Commission a awaits a shorter draft of the ISO standard (submitted to it by the Association of European Shell Boilers Makers)
Pressure vessels for vehicle air systems	work started but no papers yet available		
PROTECTIVE CLOTHING AND EQUIPMENT			
Protective helmets (industrial)	work started but no papers yet received		
Safety helmets for motor vehicle drivers and their passengers	XI/227/75	preliminary draft	
Respiratory protective devices	work started but no papers yet received		
Industrial safety belts and harnesses	work started but no papers yet received		
Eye protectors	work started but no papers yet received		

Subject	*Reference of directive or latest draft*	*Status (where applicable)*	*Related standards activity (where applicable)*
Protective footwear	work started but no papers yet received		
RUBBER AND PLASTICS			
Reinforced plastic tanks for carriage of dangerous substances by road	Comm. (71)1446 final	Commission proposal (OJ 15.3.1972) Proposal withdrawn	
TEXTILES			
Textile names	71/307/EEC (26.7.1971) 75/36/EEC (17.12.1974)	Directive (OJ 16.8.1971) Directive supplementing 71/307/EEC (OJ 20.1.1975)	
	Comm. (79)778 final	Commission amending proposal (OJ C 63, 13.3.1980)	
Quantitative analysis of binary textile fibre mixtures	72/276/EEC (17.7.1972)	Directive (OJ 31.7.1972)	this document proposes amendments to the technical annex of 72/276/EEC
	Comm. (79)567 final	Commission amending proposal (OJ C 283, 13.11.1979)	
Quantitative analysis of ternary fibre mixtures	73/44/EEC (26.2.1973)	Directive (OJ 30.3.1973)	CEN working group acts as liaison between Commission and ISO on matters of textile analysis
Quantitative analysis mixtures of fibres of the same chemical nature	work started but no papers yet available		
Elimination of foreign matter	work started but no papers yet available		
TOYS			
Toys safety requirements	XI/288/74 ENV/9/79 Comm. (80)369	preliminary draft further preliminary draft Commission final proposal	work proceeding on a draft CEN standard dealing with safety rules

continued overleaf

TABLE 1 *continued*

Subject	*Reference of directive or latest draft*	*Status (where applicable)*	*Related standards activity (where applicable)*
TRACTORS AND AGRICULTURAL MACHINERY			
Type approval	74/150/EEC (4.3.1974)	Directive (OJ 28.3.1974)	
	Comm. (78)682 final	Commission amending proposal	
	79/694/EEC (24.7.1979)	Directive (OJ L 205, 13.8.1979) [this Directive introduces type approval for the separate technical units to be fitted to tractors]	
Maximum design speed and load platforms	74/152/EEC (4.3.1974)	Directive (OJ 28.3.1974)	
Certain parts and characteristics	74/151/EEC (4.3.1974)	Directive (OJ 28.3.1974)	
Projecting parts	XI/48/74	preliminary draft following reconsideration of Comm. (68)565 final	
Towable load	Comm. (68)565	Commission proposal referred back for further consideration; proposal withdrawn	
Rear-view mirrors	74/346/EEC (25.6.1974)	Directive (OJ 15.7.1974)	
Lighting and light signalling devices	Comm. (74)895 final	Commission proposal (OJ 13.9.1974)	
	78/933/EEC (17.10.1978)	Directive (OJ L 325, 20.11.1978)	
Steering equipment	75/321/EEC (20.5.1975)	Directive (OJ 9.6.1975)	
Power connection for lighting and light signalling devices	75/323/EEC (20.5.1975)	Directive (OJ 9.6.1975)	
Suppression of radio interference produced by spark ignition engines	75/322/EEC (20.5.1975)	Directive (OJ 9.6.1975)	
Driver's seat	XI/604/76	preliminary draft	
	XI/693/76	preliminary draft	
	C/229/16 [no Comm. final no. issued]	Commission proposal to Council (OJ 26.9.1977)	
	III/403/78	further preliminary draft	
	78/764/EEC (25.7.1978)	Directive (OJ L 225, 18.9.1978)	
Passenger seats	76/763/EEC (27.7.1976)	Directive (OJ 27.9.1976)	
Coupling between tractor and trailer	Comm. (68)565 final	Commission proposal referred back later for further consideration; proposal later withdrawn	
Braking devices	76/432/EEC (6.4.1976)	Directive (OJ 8.5.1976)	
Safety glass	XI/299/74	preliminary draft	
Emission of pollutants from diesel engines	77/537/EEC (28.6.1977)	Directive (OJ 29.8.1977)	
Tyres	work not started		
Power take-off	III/401/78–FR	preliminary draft	

Subject	*Reference of directive or latest draft*	*Status (where applicable)*	*Related standards activity (where applicable)*
Field of vision and windscreen wipers	74/347/EEC (25.6.1974)	Directive (OJ 15.7.1974)	
	III/151/79	preliminary draft for adaptation to technical progress	
	79/1073/EEC (22.11.1979)	Directive (OJ L 331, 27.12.1979)	
Location and attachment of statutory plates and inscriptions	work started but no papers yet available		
Length, width and unladen weight	work started but no papers yet available		
Maximum authorized weight on each axle and distribution of weight between axles	work started but no papers yet available		
Maximum vertical load applied to mechanical coupling devices	XI/509/73	preliminary draft	
Speed governor	work started but no papers yet available		
Reverse gear	III/247/78	preliminary draft	
	79/533/EEC (17.5.1979)	Directive (OJ L 145, 13.6.1979)	
Roll-over protection structures	77/536/EEC (28.6.1977)	Directive (OJ 29.8.1977)	
	XI/1036/76 rev.1	preliminary draft technical annexes	
	III/794/77	modification of XI/1036/76 rev.1	
	Comm. (78)389 final	Commission proposal (OJ 11.11.1978)	
	79/622/EEC (25.6.1979)	Directive (OJ L 179, 17.7.1979)	
Other means of protection against the weather	work started but no papers yet available		
Location, identification and operation of controls, tell-tales and indicators	XI/44/74	preliminary draft	
	III/340/78	further preliminary draft	
	III/340/78 rev.2	further preliminary draft	
	III/340/78 rev.3	further preliminary draft	
	Comm. (80)849 final (16.12.1980)	Commission final proposal	
Coupling hooks (front coupling devices)	III/1199/77	preliminary draft	
	Comm. (78)385 final	Commission proposal	
	79/533 (17.5.1979)	Directive (OJ L 145, 13.6.1979)	
Driver-perceived noise level	77/311/EEC (29.3.1977)	Directive (OJ 28.4.1977)	
Headlamps and incandescent electric filament lamps	III/245/78–EN	preliminary draft	
	Comm. (78)380 final	Commission proposal (OJ 22.8.1978)	
	79/532/EEC (17.5.1979)	Directive (OJ L 145, 13.6.1979)	

continued overleaf

TABLE 1 *continued*

Subject	*Reference of directive or latest draft*	*Status (where applicable)*	*Related standards activity (where applicable)*
End-outline marker lamps Front position (side) lamps Rear position (side) and stop lamps Direction indicator lamps Reflex reflectors Rear registration plate lamps Front fog lamps and filament lamps for such lamps Rear fog lamps Reversing lamps Parking lamps	III/245/78–ENz Comm. (78)380 final 79/532/EEC (17.5.1979)	preliminary draft Commission proposal (OJ 22.8.1978) Directive (OJ L 145, 13.6.1979)	
Operating space access to the driving position (entry and exit facilities) and to the doors and windows)	Comm. (78)678 final 80/720/EEC	Commission proposal (OJ C 25, 29.1.1979) Directive (OJ L 194, 26.7.1980)	

TABLE 2

FOOD-LAW HARMONIZATION

Subject	*Reference of Directive or latest draft*	*Status (where applicable)*
FOOD		
Cocoa and chocolate products	73/241/EEC (24.7.1973)	Directive (OJ 16.8.1973)
	74/411/EEC (1.8.1974)	amending Directive (OJ 12.8.1974)
	74/644/EEC (19.12.1974)	amending Directive (OJ 28.12.1974)
	75/155/EEC (4.3.1975)	amending Directive (OJ 11.3.1975)
	76/628/EEC (20.7.1976)	amending Directive (OJ 16.8.1976)
	78/609/EEC (29.6.1978)	amending Directive (OJ 22.7.1978)
	78/432/EEC (10.10.1978)	amending Directive (OJ 17.10.1978)
	80/608/EEC (30.6.1980)	amending Directive (OJ 3.7.1980)
Erucic acid levels in food	76/621/EEC (20.7.1976)	Directive (OJ 28.7.1976)
Erucic acid content in fats and oils	80/891/EEC (25.7.1980)	Directive on methods of analysis (OJ 27.9.1980)
Certain sugars	73/437/EEC (11.12.1973)	Directive (OJ 27.12.1973)
	III/797/77	preliminary draft
	79/786/EEC (26.7.1979)	Directive on methods of analysis (OJ 22.9.1979)
Certain partly or wholly dehydrated preserved milk	78/630/EEC (19.6.1978)	amending Directive (OJ 29.7.1978)
	79/106/EEC (13.11.1979)	Directive on methods of analysis (OJ 24.12.1979)
Honey	74/409/EEC (22.7.1974)	Directive (OJ 12.8.1974)
Fruit juices and similar products	75/726/EEC (17.11.1975)	Directive (OJ 1.12.1975)
	79/168/EEC (5.2.1979)	amending Directive (OJ 13.2.1979)
	Comm. (79)740 final	Commission proposal (OJ 25.1.1980)
Natural mineral waters	80/777/EEC (15.7.1980)	Directive (OJ 30.8.1980)
Foodstuffs for particular nutritional uses	77/94/EEC (21.12.1976)	Directive (OJ 31.1.1977)
Jams, marmalades, fruit jellies	79/693/EEC (24.7.1979)	Directive (OJ 13.8.1979)

continued overleaf

TABLE 2 *continued*

Subject	*Reference of Directive or latest draft*	*Status (where applicable)*
Coffee extracts and chicory extracts	77/436/EEC (27.6.1977)	Directive (OJ 12.7.1977)
	77/1066/EEC (13.11.1979)	Directive on methods of analysis (OJ 24.12.1979)
Labelling, presentation and advertising of foodstuffs	79/112/EEC (18.12.1978)	Directive (OJ 8.2.1979)
Tomato products:		
tomato concentrates	1821/VI/76	preliminary draft
preserved tomatoes	1822/VI/76	preliminary draft
Processing and handling of quick frozen foods	III/576/77	preliminary draft
Casein and caseinates	Comm. (79)9 final	Commission proposal (OJ 24.2.1979)
Soft drinks	III/200/79	preliminary draft
FOOD ADDITIVES		
Acids, bases and salts	260/VI/76	preliminary draft
Antioxidants	70/357/EEC (13.7.1970)	Directive (OJ 18.7.1970)
	74/412/EEC (1.8.1974)	amending Directive (OJ 12.8.1974)
	78/143/EEC (30.1.1978)	amending Directive (OJ 15.2.1978)
	Comm. (80)418 final	Commission proposal (OJ 13.8.1980)
	III/218/78	preliminary draft
	78/664/EEC (25.7.1978)	Directive on specific criteria of purity of antioxidants (OJ 14.8.1978)
Colouring matters	2645 (23.10.1962)	Directive (OJ 11.11.1962)
	65/469/EEC (25.10.1965)	amending Directive (OJ 26.10.1965)
	67/653/EEC (24.10.1967)	amending Directive (OJ 30.10.1967)
	68/419/EEC (20.12.1968)	amending Directive (OJ 24.12.1968)
	70/358/EEC (13.7.1970)	amending Directive (OJ 18.7.1970)
	76/399/EEC (6.4.1976)	amending Directive (OJ 26.4.1976)
	78/144/EEC (30.1.1978)	amending Directive (OJ 15.2.1978)
	81/20/EEC (20.1.1981)	amending Directive (OJ 14.2.1981)
	III/218/78	preliminary draft
	Comm. (79)413 final	Commission proposal (OJ 10.8.1979)

Subject	*Reference of Directive or latest draft*	*Status (where applicable)*
Emulsifiers, stabilizers, thickeners and gelling agents	74/329/EEC (18.6.1974)	Directive (OJ 12.7.1974)
	78/612/EEC (29.6.1978)	amending Directive (OJ 22.7.1978)
	80/597/EEC	amending Directive (OJ 23.6.1980)
	78/663/EEC (25.7.1978)	Directive on specific criteria of purity (OJ 14.8.1978)
Flavourings	Comm. (80)286 final	preliminary draft
Preservatives	64/54/EEC (5.11.1963)	Directive (OJ 27.1.1964)
	65/569/EEC (23.12.1965)	amending Directive (OJ 28.12.1965)
	66/722/EEC (14.12.1966)	amending Directive (OJ 20.12.1966)
	67/427/EEC (27.6.1967)	amending Directive (OJ 11.7.1967)
	68/420/EEC (20.12.1968)	amending Directive (OJ 24.12.1968)
	70/359/EEC (13.7.1970)	amending Directive (OJ 16.7.1970)
	71/160/EEC (30.3.1971)	amending Directive (OJ 17.4.1971)
	72/2/EEC (20.12.1971)	amending Directive (OJ 4.1.1972)
	72/444/EEC (26.12.1972)	amending Directive (OJ 31.12.1972)
	74/62/EEC (17.12.1973)	amending Directive (OJ 11.2.1974)
	74/394/EEC (22.7.1974)	amending Directive (OJ 30.7.1974)
	76/462/EEC (4.5.1976)	amending Directive (OJ 14.5.1976)
	76/629/EEC (20.7.1976)	amending Directive (OJ 16.8.1976)
	78/145/EEC (30.1.1978)	amending Directive (OJ 15.2.1978)
	79/40/EEC (18.12.1978)	amending Directive (OJ 19.1.1979)
	Comm. (80)416 final	Commission proposal (OJ 13.8.1980)
	III/218/78	preliminary draft
	65/66/EEC (26.1.1965)	Directive on specific criteria for purity for preservatives (OJ 9.2.1965)
	67/428/EEC (27.6.1967)	amending Directive on purity criteria (OJ 11.7.1967)
	76/463/EEC (4.5.1976)	amending Directive on purity criteria (OJ 14.5.1976)
Starches	III/973/77	preliminary draft
Solvents	III/467/79–EN	preliminary draft

continued overleaf

TABLE 2 *continued*

Subject	*Reference of Directive or latest draft*	*Status (where applicable)*
MATERIAL AND ARTICLES INTENDED TO COME INTO CONTACT WITH FOODSTUFFS		
General Directive on materials and articles intended for contact with food	76/893/EEC (23.22.2976)	Directive (OJ L 340, 9.12.2976)
Proposal for a directive relating to ceramic articles intended for contact with food	Comm. (74)2173 final	Commission proposal (OJ C 46, 27.2.1975)
Proposal for a directive on an overall migration limit for the constituents of plastic materials and articles intended for contact with food	Comm. (78)115 final	Commission proposal (OJ C 141, 16.6.1978)
Method of analysis to establish the level of overall migration into stimulants from plastic materials and articles	III/1521/78	preliminary draft
Conventional classification of foodstuffs on the basis of migration tests to be carried out on plastic materials and articles	4235/VI/75	preliminary draft
Materials and articles which contain vinyl chloride monomer and are intended for contact with food	78/142/EEC (30.1.1978)	Directive (OJ L 44, 15.2.1978)
Method of analysis for the official control of the vinyl chloride monomer level in materials and articles intended for contact with food	80/766/EEC (8.7.1980)	Commission Directive (OJ L 213, 16.8.1980)
Symbol to accompany materials and articles intended for contact with food	80/590/EEC (9.6.1980)	Commission Directive (OJ L 151, 19.6.1980)
Proposal for a directive on regenerated cellulose film intended for contact with food	Comm. (81)5 final.	Commission proposal
Proposal for a directive on stainless steel materials and articles intended for contact with food	688/VI/73	preliminary draft; work in abeyance since 1973
Proposal for a directive on glass and glass ceramic articles intended for contact with food	1892/VI/75	preliminary draft; work in abeyance since 1975

TABLE 3

CONSUMER PROTECTION

Subject	*Reference of Directive or latest draft*	*Status (where applicable)*
Approximation of the laws of member states on liability for defective products	Comm. (79)415 final	amending Commission proposal (OJ 26.10.1979)
Consumer protection in respect of contracts negotiated away from business premises	Comm. (76)544 final	Commission proposal (OJ 29.1.1977)
	Comm. (78)2 final	amending Commission proposal (OJ 1.6.1978)
Standard terms in consumer contracts	ENV/384/76 (August 1976)	preliminary draft
Misleading and unfair advertising	Comm. (77)724 final (28.2.1978)	Commission proposal (OJ 21.3.1978)
	Comm. (79)353 final (6.7.1979)	amending Commission proposal
Consumer credit	Comm. (79)69 final (23.2.1979)	Commission proposal (OJ 27.3.1979)
Price display harmonization	III/755/78	preliminary draft
	III/755/78 rev.1 (4.10.1978)	amended preliminary draft

Health and safety. The Community Social Action Programme approved in 1974 (*see* **Social policy**) provided for a special programme on health and safety at work. In 1978 the **Council of Ministers** adopted a **Resolution** (OJ C 165, 1978) outlining a course of action to increase the protection of workers against occupational risks of all kinds 'by improving conditions of work, knowledge and human attitudes'. The aim is to have achieved by the end of 1982: (*i*) common statistical means of assessing the gravity and causes of accidents at work; (*ii*) harmonization of exposure limits for certain dangerous substances that are known to produce cancer or have other harmful effects (asbestos, arsenic, lead etc); (*iii*) prevention of the dangers and harmful effects of machines by limiting noise levels and improving the design, construction and use of plant; (*iv*) development of common methods of monitoring pollutants and environmental conditions at work. Special attention will be given to the monitoring of exposure in the case of women, especially of expectant mothers, and of adolescents.

See also **Environment**; **Social policy**, fig. 16; **Toxic substances**; **Work and employment**.

National enquiries: *government departments for Health*; *government departments for Industry/Trade.*

Commission responsibility: *D-G V (Employment and Social Affairs), Directorate E*

Committees: Mines Safety and Health Commission (Decision of Representatives of the Governments of Member States of 9.7.1957; OJ 28, 31.8.1957; OJ 46, 22.3.1965; OJ L 185, 9.7.1974); Advisory Committee on Safety, Hygiene and Health Protection at Work (OJ L 185, 9.7.1974); Committee of Senior Officials on Public Health (OJ L 167, 30.6.1975; OJ L 176, 15.7.1977; OJ L 233, 24.8.1978; OJ L 33, 11.2.1980); Committees for the Adaptation to Technical (and Scientific) Progress of the Directives on Electrical Equipment for Use in Potentially Explosive Atmospheres (OJ L 24, 30.1.1976), and on the Provision of Security Signs at Places of Work (OJ L 229, 7.9.1977).

Holiday medical care. Community citizens benefit from free or reduced medical care in all Community countries. The cost of benefit is, in principle, borne by the legislation of the Community country where the worker is insured, but some countries require payment towards medical costs and in that case the visitor (whether on holiday or on business) must comply with the rules of the country where he/she falls ill. In 1981 the **self-employed** became eligible for the same reciprocal benefits as the employed worker. At a later date the non-employed (such as the handicapped) are expected to be covered in certain circumstances, but this will depend on national administrative action. To avoid difficulties the insured worker should apply for a certificate of entitlement to treatment (Form E.111) from his local social security office before going away, unless he is visiting Ireland, the UK or Denmark where it is not needed. Belgium, France and Luxembourg require costs of treatment to be paid, part of which is then refunded on application to local sickness insurance offices. (It may be wise to take out private insurance to cover unrefundable costs.)

A visitor is generally entitled to treatment only if the condition is urgent. However, pensioners and their dependants or people receiving industrial injuries benefit, may be able to obtain a wider range of treatment. Arrangements for free or reduced cost treatment apply only if treatment is undertaken by doctors and hospitals operating under the sickness insurance scheme of the country concerned. Where applicable refunds should be applied for in person or by post before leaving the country; it is often difficult to obtain reimbursement after returning home.

Generally, in Denmark, Germany, Ireland, the UK and Italy medical care is given free by doctors and dentists approved by the insurance organizations, though charges are sometimes made for medicines. In the Netherlands while medical care and prescribed medicines are free, part of the cost may have to be paid for dental treatment. In Belgium, France and Luxembourg the insured person must normally pay all or part of the cost of treatment and can claim reimbursement on the scale applied to these countries' own citizens.

See also **Migrant workers**; **Social policy**, fig. 16.

National enquiries: information about

medical treatment can be obtained from the following organizations.
Belgium: regional offices of the Auxiliary Fund for Sickness and Invalidity Insurance (Caisse Auxiliaire d'Assurance Maladie-Invalidité), 10 boulevard St Lazare, B–1030 Brussels (head office); alternatively, Friendly Societies (Mutualités)
Denmark: the social and health division of the local council, or the National Social Security Office (Sikringsstyrelsen), Aebeløgade 1, PO box 2566, DK–2100 Copenhagen
France: (*i*) outside Paris: local sickness insurance offices (Caisses Primaires d'Assurance Maladie); (*ii*) in Paris: International Relations Service (Service des Relations Internationales de la Sécurité Sociale) or the central local sickness fund for the Paris area (Caisse Primaire Centrale d'Assurance Maladie de la Région Parisienne), centre 461, 84 rue Charles Michel, 75093 St Denis
Germany: local sickness insurance offices (Allgemeine Ortskrankenkassen (AOK))
Ireland: the Health Board of the area in which you are staying
Italy: any of the local offices of the National Institute for Sickness Insurance (Instituto Nazionale per l'Assicurazione contro le Malatti (INAM))
Luxembourg: the National Sickness Insurance Fund for Manual Workers (Caisse Nationale d'Assurance Maladie des Ouvriers), 10 rue de Strasbourg, Luxembourg; also local offices
Netherlands: the Netherlands General Sickness Insurance Fund (Algemeen Nederlands Onderling Ziekenfonds (ANOZ)), Kaap Hoorndreef, 24–28, Utrecht
United Kingdom: Department of Health and Social Security (DHSS), Overseas branch, Newcastle; also local social security offices
For information on countries outside the Community, enquire at local social security or sickness offices.
Commission responsibility: *D-G V (Employment and Social Affairs), Directorate D (3).*

Holidays. Official public holidays vary widely throughout the community; *see* fig. 11. There is no community co-ordination. Senior officials of the **European Commission** tend to take holiday during August.

Home safety. The Commission has suggested the setting up in each Community country of a network of monitoring centres, particularly hospitals and clinics, in which detailed records of cases of accident occurring in the home would be kept in a prescribed standard form, then collated nationally and registered on tape for computer processing at Community level. The resulting analysis would highlight major risks to safety in the home caused by particular products and would enable all governments to take preventive action.
See also **Consumer protection**, fig. 3.
National enquiries: *government departments for Consumer protection.*
Commission responsibility: *Environment and Consumer Protection Service.*

Honduras. Honduras has an agreement with the Community on trade in certain **textiles** and hand-made products. *See* **External trade**: *List of Main EEC Agreements with Other Countries*, Table 7.
Enquiries: Chancellerie diplomatique, avenue de Gaulois 3 (5e étage), B–1040 Brussels.

Honey. Honey in its various forms (thick, clear, comb, clover honey etc) may only be sold in the Community if it is genuine. **Directive** 74/409EEC (OJ L 221/74) defines 'honey' and lays down rules regarding composition, description and labelling.
See also **Consumer protection**, fig. 3; **Harmonization**.
National enquiries: *government departments for Agriculture/Fisheries/Food.*
Commission responsibility: *D-G III (Internal Market and Industrial Affairs), Directorate A (2).*

Hong Kong. A UK dependent territory, Hong Kong has had an agreement with the Community on **textiles** since 1978. *See* **External trade**: *List of Main EEC Agreements with Other Countries*, Table 6 (*b*).
See also **Footwear**.
Enquiries: Hong Kong Government Office, 6 Grafton Street, London W1.

Hops. Hops may only be marketed within the Community if they conform to qualitative and other standards laid down in **Regulation** (EEC) 1170/77 (OJ L 137, 3.6.1977). Import tariffs are bound by the **General Agreement on Tariffs and Trade**,

fig. 11 DATES OF EUROPEAN PUBLIC HOLIDAYS 1981

	Jan	Feb	Mar	Apr	May	Jun	Jul	Aug	Sep	Oct	Nov	Dec
Belgium	1			20	1 9(*a*) 28	8	21	15			11	25
Denmark	1			16 17 20	15 28	5(*b*) 8						25 26
France	1			20	1 28	8	14	15			11	25
Germany	1 6(*c*)		2(*c*) 3(*c*)	17 20	1	8 9(*d*) 17 18(*c*)		15			18	25 26
Greece	1 6		9 25	24 27	1	15		15		28		25 26
Ireland	1		17	17 20		1		3		26		25 28
Italy (*e*)	1			20 25				15				8 25 26
Luxembourg	1		2	20	1 28	8 23		15 31(*f*)			2	25 26
Netherlands	1			17(*g*) 20 30	28	8						5(*b*) 25 26
Portugal	1		3	17 25	1	10 13(*h*) 18 24(*i*)		15		5		18 24 25
Spain	1 6		19	16 17 20(*j*)	1 15(*k*) 25(*j*)	18 24(*j*)	25	15	9(*k*) 11(*j*) 24(*j*)	12		8 25 26(*j*)
United Kingdom	1 2m			17 20(*n*)	4 25			3(*m*) 31(*n*)				25 28

Jan Feb Mar Apr May Jun Jul Aug Sep Oct Nov Dec

Notes: (*a*) EC Commission; (*b*) half day; (*c*) in some or all of the Catholic Länder: Baden Wurttenberg, Bavaria, Hesse, Saarland, North Rhine-Westphalla, Rhineland-Palatinate; (*d*) Frankfurt; (*e*) excluding local saints' days; (*f*) Luxembourg city; (*g*) government departments; (*h*) Lisbon; (*i*) Oporto; (*j*) Barcelona; (*k*) Madrid; (*m*) Scotland; (*n*) not Scotland.

therefore no **levies** or refunds are available, but there are special grants for setting up producer groups or co-operatives which have a leading role in regulating production to the needs of the market. Subsidies may be paid to producers if the Council of Ministers so decides after receiving an annual report and **proposal** from the **European Commission**. **Regulation** (EEC) 2253/77 (OJ L 261, 14.10.1977) provides for subsidies to encourage producers to change to better varieties. Half the cost of such aid is borne by the **Farm Fund**.

See also **Agriculture: Common Agricultural Policy**, fig. 1; **Agriculture: production grouping**; **Finance**, fig. 9.

National enquiries: *government departments for Agriculture/Fisheries/Food.*

Commission responsibility: *D-G VI (Agriculture), Directorate E.*

Committees: Advisory Committee on Hops (OJ L 175, 4.8.1971).

Household products (specification and labelling). The Commission is preparing legislation, within the general framework of the Directive on **dangerous substances**, which will give special attention to the technical aspects of packaging of household products and to warning signs on packages in regard to their possible handling by children. The prohibition or limitation of sale of certain products is also envisaged.

See also **Consumer protection**, fig. 3; **Toys**.

National enquiries: *government departments for Consumer protection.*

Commission responsibility: *Environment and Consumer Protection Service* and *D-G III (Internal Market and Industrial Affairs).*

Hungary. Hungary is a founder member of the **Council for Mutual Economic Assistance**. The Community has a bilateral agreement with Hungary regarding **textiles**.

Enquiries: Hungarian embassies.

I

Ice cream. As part of Community **consumer protection** policy the Commission proposed in 1970 (OJ C 125, 13.10.1970) that foods which claim to be milk (or cream) products should really be so. This would have caused difficulties to British ice cream manufacturers who generally use vegetable or animal fats in ice cream rather than cream, and the proposal was withdrawn in 1977.
See also **Consumer protection**, fig. 3.
National enquiries: *government departments for Industry/Trade.*
Commission responsibility: *Environment and Consumer Protection Service.*

Iceland. Iceland joined the **European Free Trade Association** in March 1970, and entered into a preferential trade agreement setting up an industrial free trade area in 1973.
See **External trade**: *List of Main EEC Agreements with Other Countries,* Table 1.
Enquiries: Chancellerie diplomatique, avenue des Lauriers 19, B–1150 Brussels.

India. In December 1973 India and the Community signed a Commercial Co-operation Agreement to develop and diversify trade between the two countries; this agreement became a model for future agreements between the Community and other **non-associated states**. In 1978 the Indian government indicated that it would like a broader co-operation agreement with the Community. A new Trade and Co-operation Agreement including co-operation on scientific and technical matters was signed in 1981.
India is the largest beneficiary under the Community's **Generalized System of Preferences** (GSP), and has concluded agreements on **textiles** under the Multi-fibre Arrangement, on jute products (**Regulation** (EEC) 1701/77, OJ L 188, 28.7.1977) and coir (Regulation (EEC) 105/78, OJ L 17, 21.1.1978).
Community **food aid** is an important contributor to India's rural development, particularly through 'Operation Flood' designed to use sales of Community skimmed milk and butter-oil to build up an efficient Indian dairy industry by 1985.
See also **External trade**.
Enquiries: Chancellerie diplomatique, avenue Molière 129, B– 1180 Brussels.
Commission responsibility: *D-G I (External Relations)*; *D-G VIII (Development).*

Indonesia. Indonesia has agreements with the Community on hand-made products and **textiles** (*see* **External trade**: *List of Main EEC Agreements with Other Countries,* Table 6(*b*)). It is also a member of the **Association of South East Asian Nations** (ASEAN) with whom the Community concluded a co-operation agreement in December 1979.
Enquiries: Chancellerie diplomatique, avenue de Tervuren 294, B–1150 Brussels.

Industrial policy. Community industrial policy derives mainly from the **Treaty of Paris** which, under Article 5, allows for measures of intervention in the coal and steel industries. The **Treaty of Rome** is less explicit on intervention and relies more on Community financial aids (loans and grants from the **European Coal and Steel Community**, the **European Invest-**

fig. 12 INDUSTRIAL POLICY

aims are:

1. encouragement of modern TECHNOLOGICAL INDUSTRY – **telematics**, data-processing, microprocessing

2. encouragement of **SMALL BUSINESSES** – exemption from prohibition of agreements restricting or distorting competition (*see also* **Harmonization**, fig. 10), provision of industrial project loans (*see* below – coal and steel), establishment of business co-operation centre

3. reorganization of DECLINING INDUSTRIES to increase competitiveness
   - **textiles** – *see also* **External trade**, fig. 8
   - **footwear** – *see also* **External trade**, fig. 8
   - **shipbuilding** – aid within a medium-term strategy
   - **steel** – surveillance, anti-dumping duty, reference prices, third country agreements, long-term industry plan providing aid

4. intervention in **COAL AND STEEL** INDUSTRIES under the **Treaty of Paris** and provision under **Treaty of Rome** of financial aids
   - European Coal and Steel Community (ECSC) loans and grants (*see* **Coal and steel**) for:
     - industrial projects – low-interest loans towards investment on projects directly and primarily to increase production, to reduce costs, or to facilitate marketing (coal and steel only)
     - conversion projects – low-interest loans for developing or expanding economically sound activities capable of absorbing redundant workers into productive employment (ALL FIRMS IN CERTAIN COAL AND STEEL AREAS)
     - housing projects – low-interest loans for improved housing conditions for coal and steel workers
     - redundancy costs – grants towards tide-over allowances, resettlement allowances, vocational training for redundant coal and steel workers
     - research grants – in coal and steel where results are likely to benefit the Community as a whole
     - **orphans** of workers in coal, iron and steel – financial assistance from the Paul Finet Foundation
   - *see also* **European Investment Bank**; **Regional Fund**

---

ment Bank, the **Regional Fund**) to provide investment assistance, and training or research grants. Economic recession in the 1970s, however, leading to declining industries in **steel**, **textiles**, **footwear**, and **shipbuilding**, has encouraged member countries to co-operate with the **European Commission** on a limited scale in joint Community action to help safeguard these industries against third-country imports, and to encourage reorganization and conversion to meet increasing external competition. The Commission has also sought to encourage a Community dimension in modern technological industries such as **telematics**.
See also **Company law**; **Competition policy**; **Energy**, fig. 5; **Finance**, fig. 9; **Harmonization**, fig. 10; **Industry: state aids**; **Non-tariff barriers to trade**.
National enquiries: *government departments for Industry/Trade.*
Commission responsibility: *D-G III (Internal Market and Industrial Affairs).*
Committee: Advisory Committee on Industrial Research and Development (CORDI) (OJ L 203, 27.7.1978).

Industry: state aids. The European Commission does not seek in principle to prevent national governments from giving state aids to ailing industries. The Commission is the guardian of the **Treaty of Rome** however, and has the task of ensuring that any state aids to industry do not contravene Community rules on fair competition (*see* **Competition policy**). The Commission takes the view that aid should be authorized when it is necessary to correct severe regional imbalances, to help accelerate industrial growth or change, to permit certain industries to contract without undue social distress, or to neutralize, at least temporarily, distortions of competition due to outside factors. In deciding whether aid is permissible under the Treaties the Commission applies three guiding principles: (*i*) aid should not be granted to preserve the *status quo*, it must be part of a reorganization programme; (*ii*) rescue measures are permissible when they provide a breathing space for long-term solutions to those industries with acute social problems; (*iii*) investment assistance should not expand capacity, since over-capacity is prevalent in all crisis sectors. Employment aids are permissible if they are allocated to troubled areas as part of a reorganization programme. The Commission has no objection to state aid being used to stimulate, particularly by stepping up research and development, growth sectors where the principal competition is from highly industrialized or technologically advanced countries such as in the fields of data processing, electronics, telematics and aerospace.

See **Industrial policy**, fig. 12; *see also* **Finance**, fig. 9; **Harmonization**, fig. 10.

National enquiries: *government departments for Industry/Trade.*

Commission responsibility: *D-G IV (Competition), Directorate D.*

Insurance. A first Directive in 1973 (73/239/EEC; OJ L 228, 16.8.1973) sought to co-ordinate the laws, regulations and administrative provisions 'relating to the pursuit of the business of direct insurance other than life assurance'. A supplementary Directive abolished restrictions on right of establishment in the same field, as from 1 February 1976 (73/240/EEC, OJ L 228 of 16.8.1973).

It became clear that the legislation was not working effectively, and in 1975 the **European Commission** drafted a second directive, itself substantially amended in 1978 and 1980 (Comm. (78)63, 16.2.1978 and Comm. (80)854, 16.12.1980). Major problems to its adoption include authorization procedure for the provision of services, the role and rights of agencies and branches, fiscal questions and the law applicable to the contract.

In March 1981 the Council referred the matter to the **Committee of Permanent Representatives** (COREPER) to seek 'as a matter of priority' a compromise solution to the question of authorization, taking account both of the principle of rights of establishment enshrined in the **Treaty of Rome** and the guarantees to be given where the services are provided. The long delay in approving action has been attributed to the fears of several Community countries about opening their domestic insurance markets to competition from abroad.

The Commission has also proposed including in any new legislation a new class of insurance – tourist assistance – which would bring within Community rules a large percentage of travel assistance operations which are similar to insurance transactions (OJ C 51, 10.3.1981). The Commission believes that the enormous growth of these operations in recent years requires uniform protection for assistance insurance policy holders, and free competition and freedom of establishment for organizations providing such assistance. Such operators should be subject to the same rules as other non-life insurance companies under Directive 73/239/EEC. The **Council of Ministers** is expected to examine this issue in November 1981. If adopted it would come into effect by the end of 1983.

National enquiries: *government departments for Finance.*

Commission responsibility: *D-G XV (Financial Institutions and Taxation), Directorate A.*

Internal commerce and trade. *See* **Harmonization**.

International product agreements. Market regulation agreements intended to balance over the medium or long term the supply and demand for certain products on international markets. World commodity supply problems have been a responsibility of the UN since the end of World War II. In 1954 the Commission on International Commodity Trade (CICT) was established under the aegis of the UN Economic and Social Council, Agreements have been concluded for wheat (*see* **Cereals**, **International Wheat Agreement**), tin, **sugar**, **olive oil**, coffee, cotton, **textiles** and cocoa (*see* table below). The European Community has had observer status in committees set up under various

TABLE OF CURRENT INTERNATIONAL AGREEMENTS REGARDING CERTAIN PRODUCTS

Product	*Validity*	*Mechanism of Agreement*	*Participants*
Cocoa	2nd International Cocoa Agreement (1975); provisional entry into force on 1 October 1976 for three years with possibility of extension for two years without new negotiations.	Export quotas; buffer stock (maximum 250 000 tonnes) financed by tax of 1 US cent per pound; upper and lower price limits for cocoa beans; annual examination of operation of Agreement.	Most major exporting and importing countries, except USA.
Coffee	International Coffee Agreement (1976); entry into force on 1 October 1976 for six years.	Export quotas to keep prices in certain brackets; promotion fund and special fund; collaboration between members.	Most major exporting and importing countries, except USSR.
Olive oil	International Olive Oil Agreement (1979); entry into force on 1 January 1980 for five years.	Essentially consultation procedures involving producers and consumers; propaganda fund to be used to improve measures designed to stimulate consumption; does not incorporate mandatory provisions on prices and buffer stocks.	33 countries represented at the signing of the Agreement in Geneva in 1979.
Sugar	International Sugar Agreement (1973); entered into force 1 January 1974 for two years; extended until 31 December 1977 to facilitate negotiations of new Agreement:	No economic provisions.	Most major exporting and importing countries with exception of EC (observer).
		Price bracket (11–21 cents/pound) export quotas, buffer stock of 2.5 million tonnes.	EC observer
	7 October 1977: new Agreement concluded; entered into force on 1 January 1978 for five years.		

continued overleaf

Product	Validity	Mechanism of Agreement	Participants
Textiles	Arrangement regarding International Trade in Textiles (GATT all-fibres Arrangement); entered into force on 1 January 1974 for four years; extended for four years.	Progressive elimination or harmonization with other provisions of Arrangement of all unilateral restrictions or those resulting from bilateral agreements. Possible exemptions from certain provisions of the Arrangement agreed jointly in particular cases to avoid disruption of markets. EC has concluded bilateral voluntary restraint agreements with a number of countries.	50 countries
Tin	5th International Tin Agreement provisional entry into force on 1 July 1976, for five years.	Buffer stock (40 000 tonnes); possibility of export quotas; establishment of buffer stock consisting of compulsory contributions by producing countries and voluntary contributions by consuming countries. Fixing of ceiling and floor prices.	Main producers: excluding China. Principal consumers: EC, Japan, USA (for first time) and USSR.
Wheat	International Wheat Agreement (1971) comprising: – Wheat Trading Convention – Food Aid Convention Expiry: 30 June 1974 Extensions: until 30 June 1975 30 June 1976 30 June 1978 30 June 1979 30 June 1981	Wheat Trading Convention (1971) does not contain any restrictive economic clauses; provision for exchange of information. Each party to Food Aid Convention must supply minimum annual tonnage of cereals as aid for developing countries.	Principal exporters: Argentina, Australia, Canada, EC, USA and USSR; Principal importers: Brazil, China, EC, India, Japan, Peru, United Arab Republic and Venezuela. Members: Argentina, Australia, Canada, EC, Finland, Japan, Sweden, Switzerland, USA.

international agreements and has entered into certain agreements accordingly.
See also **Food aid**.
National enquiries: *government departments for Industry/Trade.*
Commission responsibility: *D-G I (External Relations), Directorate D.*

International Wheat Agreement. An agreement signed in 1971 (which superseded earlier agreements) consisting of two legal instruments: The Wheat Trade Convention and the Food Aid Convention (1971). The first is concerned with international co-operation in wheat matters, the second apportions cereal contributions as food aid to developing countries. The Protocols governing the Conventions have been regularly renewed as signatories have not been able to agree on change. The Fifth Extension of the two Protocols, which, unless a new international agreement is reached meanwhile, expires on 30 June 1981, was adopted by the Community in June 1979 (OJ L 152, 20.6.1979). The minimum contribution of edible cereals from the Community to developing countries under food aid is 1,287,000 tonnes.
See also **Cereals**; **Food aid; International product agreements**.
National enquiries: *government departments for Agriculture/Fisheries/Food; government departments for Overseas aid/Development.*
Commission responsibilities: *D-G VI (Agriculture), Directorate H; D-G VIII (Development), Directorate D (1).*

Intervention agency. Each Community government must establish an intervention agency or board which is responsible to the **European Commission** for administering aspects of the Common Agricultural Policy in particular providing for the buying-in of certain farm products at the **intervention price.** The UK has a single agency, the Intervention Board for Agricultural Produce. In some Community countries (e.g. Ireland) the government department for agriculture undertakes the task of intervention; others, such as France, use different organizations for different commodities.
See also **Agriculture: Common Agricultural Policy**, fig. 1.
National enquiries: *government departments for Agriculture/Fisheries/Food.*
Commission responsibility: *D-G VI (Agriculture), Directorate B.*

Intervention price. The market price support system of the Common Agricultural Policy works through the **intervention agency** of each member country. These agencies have the responsibility of buying in produce when market prices fall below a certain fixed intervention price. Intervention prices for **cereals** (wheat, barley, maize and rye) are between 12–20 per cent below the **target price**; for **beef and veal** the intervention price is 10 per cent below the **guide price**, and for **pigmeat** it is 85–92 per cent of the **basic price.**
See also **Agriculture: Common Agricultural Policy**, fig. 1; **Finance**, fig. 9.
National enquiries: *government departments for Agriculture/Fisheries/Food.*
Commission responsibility: *D-G VI (Agriculture), Directorate G.*

Investment. Under a Council of Ministers **Decision** (78/870/EEC, 16.10.1978), the **European Commission** is empowered to borrow funds from the capital market under the 'New Community Instrument for Borrowing or Lending' (NCI), known as the 'Ortoli facility' after the Commissioner who suggested it. The funds are used for promoting investment within the Community in co-operation with the **European Investment Bank** (EIB) and as a general rule, may cover a higher proportion of the fixed investment cost of an approved project than loans drawn solely from the Bank's own resources. Loans through the NCI are available for infrastructure (transport, telecommunications, agricultural improvements, water supply works and environmental projects) and for energy (energy saving, alternative energy sources, diversification of Community energy supplies etc). The Commission decides on the eligibility of projects for NCI assistance in accordance with guidelines laid down in the legislation. These are mainly concerned with reducing regional economic differences and improving opportunities for employment. Applications for loans may be submitted direct to the EIB, through the Commission, or through the member government concerned.
See also **Finance**, fig. 9.
National enquiries: regional offices of the

European Investment Bank; *government departments for Finance.*
Community responsibility: *D-G XVIII (Credit and Investments);* **European Investment Bank.**

Iran. Since 1971 Iran has had an agreement with the Community on hand-made products. *See* **External trade**: *List of Main Agreements with Other Countries,* Table 6 (*b*).
Enquiries: Chancellerie diplomatique, avenue de Tervuren 415, B–1150 Brussels.

Iraq. Iraq has signed a co-operation agreement with the **Council for Mutual Economic Assistance**.
Enquiries: Commercial attaché, avenue des Sept Bonniers 103, B–1190 Brussels.

Ireland. The Republic of Ireland joined the **European Community** on 1 January 1973. *See* **Enlargement of the Community**.
Enquiries: Permanent Representative (COREPER), 5 avenue Galilée, B–1030 Brussels.

Isle of Man. *See* **Channel Islands and Isle of Man**.

Israel. Since 1975 Israel has had an agreement with the Community establishing an area of free trade and co-operation, including industrial, technical and financial co-operation. *See* **External trade**: *List of Main EEC Agreements with Other Countries,* Table 4.
Enquiries: Chancellerie diplomatique, avenue de l'Observatoire 40, B–1180 Brussels.

Italy. Italy is a founder member of the **European Coal and Steel Community** (ECSC), the **European Economic Community** (EEC) and the **European Atomic Energy Community** (Euratom).
Enquiries: Permanent Representative (COREPER), 74 rue de la Loi, B–1040 Brussels.

Ivory Coast. The Ivory Coast is one of the **ACP states** and a signatory to the **Lomé Conventions**.
Enquiries: Chancellerie diplomatique, avenue Fr. Roosevelt 234, B–1050 Brussels.

J

Jamaica. Jamaica is one of the **ACP states** and a signatory to the **Lomé Conventions**. A Protocol annexed to the Convention guarantees the country's sugar exports to the Community (*See* **Sugar**).
Enquiries: Chancellerie diplomatique, rue de la Loi 83–85, B–1040 Brussels.

Japan. Trade relations between Japan and the **European Community** show a Community trade deficit that has regularly increased. To try to improve the position EC delegations headed by the former President of the Commission, Roy Jenkins, and other senior Commissioners visited Japan in 1977 and 1978. This led to the adoption of a joint declaration designed to encourage Community exports to Japan, whereby the Japanese would seek to expand internal consumption (thereby raising demand both for national and imported products), open their market by removing all barriers, and temporarily moderate sensitive exports. To assist Community exporters the Community offers grants for periods of 18 months to study the Japanese language and a six-month training period in a Japanese firm, and it has a consultant living in Tokyo who organizes seminars for exporters in Community countries, providing them, among other things, with sector by sector studies of the Japanese market. One aim is to expand the range of Community exports from traditional luxury products to mechanical and food products, anti-pollution equipment etc. In October 1980 Japan told the Commission that it would try to restrain exports to the Community of colour televisions and cars as part of short-term measures to remove growing trade friction. Meanwhile, the Commission has proposed a re-examination of Community trade policy with Japan, with a view to developing a common trading strategy (Comm. (80)444, 15.7.1980), designed to remove present resrictions on trade.
See also **Finance**, fig. 9.
Enquiries: Chancellerie diplomatique, avenue des Arts 58 (7e étage), boîtes 13–14, B–1040 Brussels.
Commission responsibility: *D-G I (External Relations), Directorate B (2).*

Jet. *See* **Joint European Torus**.

Job information [Système Européen de Diffusion des Offres et des demandes d'emploi enregistrées en Compensation internationale (SEDOC)]. Article 49 (d) of the **Treaty of Rome** requires member countries to set up appropriate machinery 'to bring offers of employment into touch with applications for employment', as part of the principle of freedom of movement for Community workers in the Treaty of Rome (*see* **Work and employment**). Under the implementing legislation (**Regulation** 1612/68) the system is operated through national agencies and co-ordinated by the European Co-ordination Office of the Commission. SEDOC enables vacancies to be notified, in a commonly-accepted code, to all national agencies and to the **European Commission** when job offers cannot be filled by their own nationals. The national agencies inform local employment offices of the vacancies available, and arrange contacts between prospective workers and employers.
The Commission European Co-

ordinating Office is assisted by a Committee of representatives of national departments of employment or their agencies which meets regularly to ensure the operation of the system.
See also **Migrant workers**; **Work and employment**, fig. 18.
National enquiries: *government departments for Employment/Labour.*
Commission responsibility: *D-G V (Employment and Social Affairs), Directorate D (2).*

Joint European Torus (JET). JET is a doughnut-shaped vacuum vessel designed to create cheap, clean energy by the fusion of hydrogen atoms, as on the surface of the sun. The purpose is to build such an experimental vessel large enough to study a plasma in conditions simulating those in a thermo-nuclear reactor. JET is the cornerstone of the Community Fusion Programme (**Decision** 80/318/Euratom, OJ L 72, 18.3.1980) and is operated jointly by the **European Atomic Energy Community** (Euratom) and member institutions. Situated in Culham, England, JET is the first experiment of its kind to be initiated at Community level; building is expected to be completed by the beginning of 1983 (Decision 78/471/Euratom, including Statutes of JET, OJ L 151, 7.6.1978). JET is managed by a Council, assisted by an Executive Committee and a JET Scientific Council to advise on scientific and technical matters. The Council is composed of representatives of the following organizations or governments: Euratom, Belgium; Commissariat de l'Énergie Atomique (CEA), France; Comitato Nazionale per l'Energie Nucleare (CNEN) and Consigho Nazionale delle Ricerche (CNR), Italy; the Forsøgsanleg Risø, Denmark; Luxembourg; Ireland; the Kernforschungsanlage Jülich GmbH (KFA) and the Max-Planck-Gesellschaft zur Förderung der Wissenschaften c V–Institut fur Plasma Physik (IPP), Germany; National Swedish Board for Energy Source Development; the Stichting voor Fundamenteel Onderzoek der Materie (FOM), Netherlands; UK Atomic Energy Authority (UK). The Swiss Confederation joined JET in 1979. Euratom bears 80 per cent of the costs of the project, the UK 10 per cent plus site and services; the remaining 10 per cent is shared by all members except Euratom.
See also **Energy**, fig 5; **European schools**; **Joint Research Centre**; **Nuclear energy**; **Research**, fig. 15; **Science and Technology**.
National enquiries; consult above Institutions; *government departments for Energy.*
Commission responsibility: *D-G XII (Research, Science and Education), JET Project.*

Joint Research Centre (JRC). The **European Atomic Energy Community** (Euratom), founded in 1957, led to the creation of the JRC. The organization employs 2300 people at Ispra in Italy, Geel in Belgium, Petten in the Netherlands and Karlsruhe in West Germany, and undertakes direct research for the European Community. The Centre is concerned mainly with research on nuclear energy, but also does work on other sources of energy, such as **solar energy**. During the 1960s the JRC embarked on large-scale projects which for political and other reasons proved unsatisfactory. In January 1974 the Council of Ministers adopted a **Resolution** (OJ C 7, 29.1.1974) introducing new guidelines for scientific and technical research; and in 1977 it adopted a four-year research programme for the JRC (**Decision** 77/488/EEC/Euratom). This was superseded in March 1980 by a further programme (1980–83) costing 850m units of account (EUA) and concerned particularly with efforts to improve energy supply, nuclear safety, and environmental protection (Decision 80/317/EEC/Euratom, OJ L 72, 18.3.1980). The Commission document (Comm. (79)121 final, 20.3.1979) provides a useful Technical Annex to the 1980–83 Programme.
The most important project in the Programme involves the super-SARA experiment at Ispra, which will simulate a reactor accident caused by lack of coolant. Because of its international significance both the USA and Japan are expected to participate.
The Community is also contributing 340m EUA to a joint Fusion Programme 1979–83 (Decision 80/318/Euratom, OJ L 72, 18.3.1980) designed to build an economically viable fusion reactor, fuelled by deuterium, and with no environmental drawbacks. The cornerstone of the fusion programme is the **Joint European Torus** (JET).

See **Research**, fig. 15; *see also* **Energy**, fig. 5; **Finance**, fig. 9; **Science and technology**; **Solar energy**.
National enquiries: *government departments for Energy.*
Commission responsibility: *D-G XII (Research, Science and Education), Directorate D.*
Joint Research Centre:
Director-General and Director of Programmes: Commission headquarters, rue de la Loi 200, B–1049 Brussels.
Geel: Steenweg op Retie, 2440 Geel, Belgium
Karlsruhe: D–7500 Karlsruhe, Postfach 2266, Germany
Ispra: Varese, Italy
Petten: Westerduinweg 3, 1755 ZG-Petten (NHO) Netherlands
JET, Culham, Oxfordshire, UK
Committee: General Advisory Committee of the JRC (GAC) (OJ L 16, 20.1.1971).

Jordan. Jordan entered into a co-operation agreement with the Community in 1977, providing free access to the Community market for industrial goods and preferential treatment for agricultural products. *See* **External trade**: *List of Main EEC Agreements with Other Countries,* Table 4.
Enquiries: Chancellerie diplomatique, avenue du Brésil 12, B–1050 Brussels.

JRC. *See* **Joint Research Centre.**

K

Kenya. Kenya is one of the **ACP states** and a signatory to the **Lomé Conventions**. A Protocol annexed to the Convention guarantees the country's sugar exports to the Community (*see* **Sugar**).
Enquiries: Chancellerie diplomatique, avenue de la Joyeuse Entrée, 1–5, B–1040 Brussels.

Kiribati [formerly Gilbert Islands]. Kiribati is one of the **ACP states** and a signatory to the **Lomé conventions.**

Korea, Republic of. Since 1978 the Community has had a bilateral agreement with Korea on **textiles**. *See* **External trade**: *List of Main EEC Agreements with Other Countries,* Table 6 (*b*).
Enquiries: Chancellerie diplomatique, avenue Hamoir 3, B–1180 Brussels.

L

Laos. Since 1975 Laos has had an agreement with the Community regarding certain textiles and hand-made products. *See* **External trade**: *List of Main EEC Agreements with Other Countires,* Table 6 (*b*).
Enquiries: Laos embassies.

Lawyers. Since March 1979 lawyers have been allowed to provide services in any member state in the **European Community** (**Directive** 77/249/EEC, OJ L 78, 26.3.1979). However, they do not have a right of establishment (as do **doctors**) to set up and practise anywhere in the Community. A lawyer providing services is exempt from residence and registration requirements of the host member state, but he must practise under the same conditions as locally-registered lawyers. Member states may reserve certain acts for specified categories of lawyer, may require the observance of local rules of courtesy, and representation before a court in conjunction with a colleague practising at the court in question. Legal activities other than those in the courts are governed by rules of professional conduct in the Directive. There is an officially-recognized liaison committee: Commission Consultative des Barreaux de la Communauté Européenne (CCBE) [Consultative Committee of the Bars and Law Societies of the European Community].
See also **Work and employment**, fig. 18.
National enquiries: *government departments for Employment/Labour*; appropriate professional organizations.
Commission responsibility: *D-G III (Internal Market and Industrial Affairs), Directorate D (5).*

Lebanon. Lebanon has had a co-operation agreement (commercial, industrial, technical and financial) with the Community since 1977, providing free access to Community markets for industrial goods and preferential treatment for agricultural products. *See* **External trade**: *List of Main EEC Agreements with Other Countries,* Table 4.
Enquiries: Chancellerie diplomatique, rue Guillaume Stocq 2, B–1050 Brussels.

Legislative preparation. Before a **European Commission proposal** reaches the **Council of Ministers** it goes through a long drafting stage. Ideas for action on any matter may originate from the Council, from the **European Parliament**, from a member country or from the Commission, but whatever the source it is the responsibility of the Commission to handle it. Initially the staff of the appropriate Directorate-General (D-G) produce a working paper consulting as necessary other D-Gs and national organizations, government departments, trades unions and employers. The Commission (aided by the views of the Chefs de Cabinet) then approves a paper which reflects its own position and this is then referred for practical advice through the relevant D-G to informal meetings of experts from the member countries appointed by the national government departments concerned. Some of these expert committees have been institutionalized, such as the Consumer Consultative Committee and the Committee on Vocational Training; others are temporary.
The Commission must formally approve the final draft or proposal which is then

fig. 13 LEGISLATIVE PROCESSES OF THE EUROPEAN COMMUNITY

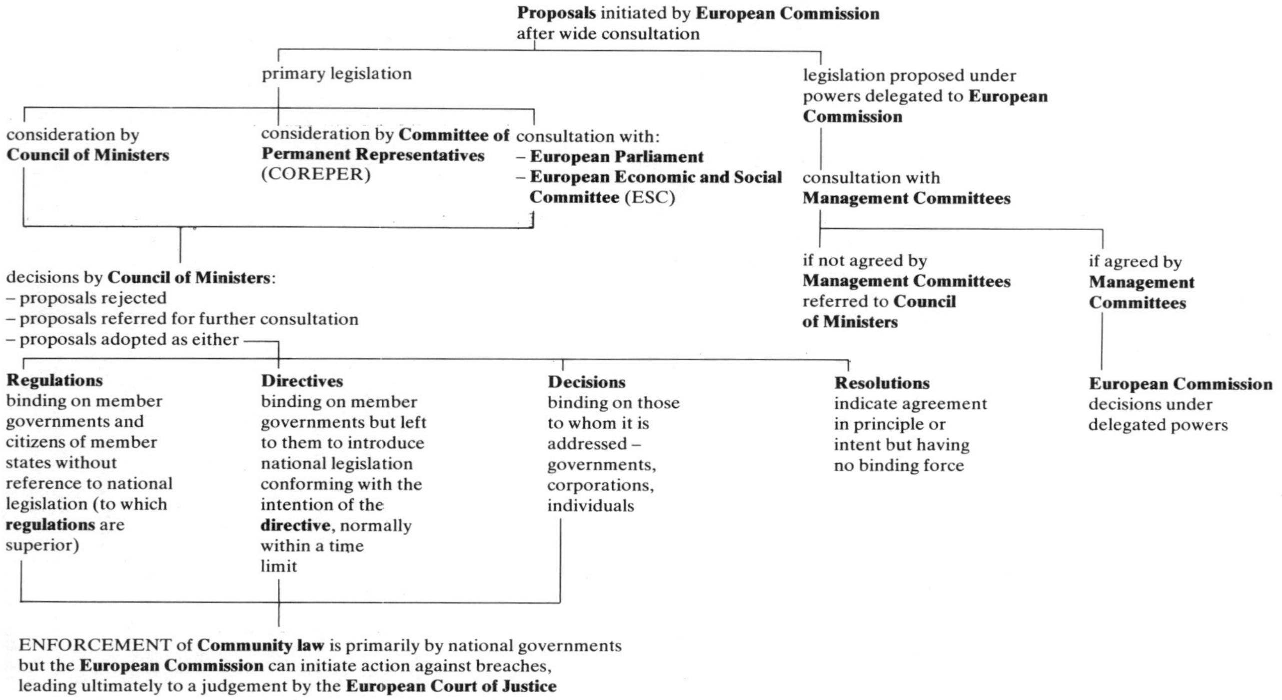

usually published in the form of a Commission document (Comm.) which is available to the public. The document is sent to the Council of Ministers via Council working groups and the **Committee of Permanent Representatives** (COREPER) which discuss it and try to reach agreement. It is also usually referred to the **European Parliament** and to the **Economic and Social Committee** (ECS) for comment or opinion, and it is at this stage that **representative organizations** can also make their views known. The views of the Parliament and the ECS are not binding on the Commission nor the Council of Ministers, but the Commission often amends its own proposals in the light of these views. COREPER, which receives instructions from governments, plays an important role in fashioning the final legislation, but matters of major political implication are decided only by the Council of Ministers.
When the proposal finally comes before the Council it can only be amended by unanimous agreement. If there is agreement the proposal can be adopted by a (weighted) majority.
See **Council of Ministers**.
National enquiries: *Commission Information Offices.*

Lesotho. Lesotho is one of the **ACP states** and a signatory to the **Lomé Convention**.
Enquiries: Chancellerie diplomatique, avenue Louise 177, B–1050 Brussels.

Levies. Varying duties applied to imports of agricultural products into the Community which serve to bring their prices up to the **threshold price** as fixed under the Common Agricultural Policy.
See **Agriculture: Common Agricultural Policy**, fig. 1; **Budget**, fig. 2; **Finance**, fig. 9.
National enquiries: *government departments for Customs and excise.*
Commission responsibility: *Customs Union Service.*

Liberia. Liberia is one of the **ACP states** and a signatory to the **Lomé Conventions**.
Enquiries: Chancellerie diplomatique, avenue des Touristes 18, B–1640 Rhode-St-Genese.

Libya.
Enquiries: Chancellerie diplomatique, avenue Victoria 28, B–1050 Brussels.

Liechtenstein. Although it is not a member of the European Community, Liechtenstein is subject to Community rules regarding imports from third (non-Community) countries (Regulation (EEC) 1050/70, OJ L 124, 8.6.1970 as amended by Regulation (EEC) 1429/71, OJ L 151, 7.7.1971).
See also **External trade**.
Enquiries: Liechtenstein Diplomatic Mission, c/o Swiss Embassies.

Lomé Conventions. The first Convention, signed at Lomé, Togo (Lomé I) on 28 February 1975, came into force on 1 April 1976 and expired on 28 February 1980; Lomé II, a renegotiated Convention, came into force on 1 March 1980 and runs until 1 March 1985. The original model was based on co-operation as equals of the Community and 46 countries from Africa, the Caribbean and the Pacific (*see* **ACP states**), and was designed to provide a 'balanced response' to the varying needs of developing countries that are signatories to the Convention. Under Lomé I 99.5 per cent of ACP agricultural exports entered the Community market duty-free; in addition the scheme to stabilize export earnings on agricultural products helped the poorest ACP countries to withstand fluctuations in the price of their products. The Convention also provided Community funds, through the European **Development Fund** and other sources such as the **European Investment Bank** (EIB), of 3466m **units of account** (EUA) to help finance projects in ACP countries, with particular reference to rural and industrial development. For the background and full text of the Convention see 'Lomé Dossier', *The Courier*, no. 31 (reprint).
Lomé II was signed by 58 ACP countries, since extended to over 60. Duty-free arrangements affecting agricultural products were extended to allow in ACP exports of tomatoes, carrots, onions and asparagus and preferential arrangements for beef and veal were consolidated. The list of products affected by the **stabilization of export earnings** (STABEX) was extended, and under a special scheme 280m EUA was allocated towards safeguarding mineral production in ACP exporting countries from price fluctuations. Special stress was laid on strengthening industrial

co-operation, development of energy resources, agricultural co-operation, the development of rural areas, and help to the least developed ACP states. A Technical Centre for Agricultural and Rural Co-operation is to be established to spread better knowledge and technology. The Community has allocated 5607m EUA to cover the five-year period of the Convention. As with Lomé I, implementation of the Convention is governed by the Council of Ministers, composed of the Community **Council of Ministers**, the **European Commission** and a member of the government of each of the ACP states. The Council meets once a year, or as necessary, and defines the broad outline of the work to be undertaken. The Council is assisted by a Committee of Ambassadors, composed of one representative each of Community member states, the Commission and ACP states, and which has delegated powers of action between Council meetings. A Consultative Assembly composed of European MPs and designated ACP parliamentarians or representatives meets annually with the objective of strengthening co-operation between the Community and its ACP partners and furthering the aims of the Convention. Subjects for discussion are prepared by a Joint Committee which normally meets twice a year. For the background and full text of the Convention see 'Lomé II Dossier', *The Courier*, no. 58 (special issue, reprint).
See also **Aid to developing countries**; **Development Fund**; **External Trade**, fig. 8; **Finance**, fig. 9; **Food aid**; **Generalized System of Preferences**.
National enquiries: for Dossiers apply to *Commission Information Offices*; for other matters consult *government departments for Overseas aid/Development.*
Commission responsibility: *D-G VIII (Development). Directorate B.*

Luxembourg. Luxembourg is a founder member of the **European Coal and Steel Community** (ECSC), the **European Economic Community** (EEC) and the **European Atomic Energy Community** (Euratom).
Enquiries: Permanent Representative (COREPER), 73 avenue de Cortenberg, B–1040 Brussels.

M

Madagascar [Malagasy Republic]. Madagascar is one of the **ACP states** and a signatory to the **Lomé Conventions**. A Protocol annexed to the Convention guarantees the country's sugar exports to the Community (*see* **Sugar**).
Enquiries: Chancellerie diplomatique, avenue de Tervuren 276, B–1150 Brussels.

Maghreb countries. The Maghreb countries cover collectively **Algeria**, **Morocco** and **Tunisia**.
See also **External trade**: *List of Main EEC Agreements with Other Countries.*
Commission responsibility: *D-G VIII (Development), Directorate B.*

Malawi. Malawi is one of the **ACP states** and a signatory to the **Lomé Conventions**. A Protocol annexed to the Convention guarantees the country's sugar exports to the Community (*see* **Sugar**).
Enquiries: Chancellerie diplomatique, avenue de Tervuren 276, B–1150 Brussels.

Malaysia. Malaysia is a member of the **Association of South East Asian Nations** (ASEAN). In December 1979 the Community concluded a co-operation agreement with Malaysia seeking to 'consolidate, deepen and diversify' commercial relations (*see* **External trade**: *List of Main EEC Agreements with Other Countries,* Table 6 (*b*)). A bilateral agreement restricting textile exports to the Community has been in operation since 1978 (*see* **Textiles**).
Enquiries: Chancellerie diplomatique, rue Charles Lemaire 1, B–1160 Brussels.

Mali. Mali is one of the **ACP states** and a signatory to the **Lomé Conventions**.
Enquiries: Chancellerie diplomatique, avenue Molière 487, B–1060 Brussels.

Malta. Since 1979 Malta has had an **association agreement** with the Community. The first stage of the agreement was extended to 31 December 1980. The second stage provides for the establishment of a **Customs union**. *See* **External trade**: *List of Main EEC Agreements with Other Countries,* Table 3 (*a*).
Enquiries: Chancellerie diplomatique, rue Jules Lejeune 44, B–1060 Brussels.

Management Committees. In order to ensure the proper functioning and development of the common market the **European Commission** may receive delegated powers, not only to carry out Council decisions, but to take on its own authority day-to-day measures needed to keep Community common policies functioning and up to date. This applies particularly to the Common Agricultural Policy (CAP) and the **Common customs tariff** (CCT). The **Council of Ministers** wished to ensure that detailed decisions in these areas are taken in close consultation with governments. Under the CAP Management Committees of government representatives are attached to the Commission, with one Committee for each main category of products. The Commission submits draft measures to the appropriate Committee which gives its opinion by qualified majority, the votes being weighted as in the Council. The Committees' opinions are not binding on the Commission, but if there is disagreement the matter goes before the Council which may, within one month, reverse the Commission's decision. If the Committee and the Commission are in agreement, or the Committee offers no opinion, the Commission's decision is final and there is no appeal to the Council. In the majority of cases Committee and Commission agree.

The system has been extended to help the Commission manage different aspects of the CCT and to control technical and health standards, especially in the food and animal health fields. Procedures are similar to those of CAP Management Committees, but in some cases where there is disagreement the Commission may make a **proposal** to the Council which decides on the draft measure by a qualified majority vote. If the Council reaches no decision within a certain time (normally three months) the Commission takes the decision itself. A list of Management Committees set up for each organization of the agricultural market is appended below.

See **Legislative preparation**, fig. 13; *see also* **Agriculture**: **Common Agricultural Policy**; **Committees**; **European Community**, fig. 7.

National enquiries: consult appropriate government departments.

Commission responsibility: *D-G VI (Agriculture); Customs Union Service.*

Committees: Management Committee for Oils and Fats; Management Committee for Live Plants; Management Committee for Milk and Milk products; Management Committee for Beef and Veal; Management Committee for Raw Tobacco; Management Committee for Flax and Hemp; Management Committee for Hops; Management Committee for Seeds; Management Committee for Fruit and Vegetables; Management Committee for Sugar; Management Committee for Cereals; Management Committee for Pigmeat; Management Committee for Poultrymeat and Eggs; Management Committee for Fishery Products; Management Committee for Products Processed from Fruit and Vegetables; Management Committee for Isoglucose; Management Committee for Dried Fodder; Management Committee for Wine; Management Committee for Sheep and Goats.

Marine pollution. A major source of marine pollution is oil, mainly by dumping from ships, but also from land-based sources. Various international conventions within the framework of the UN International Maritime Consultative Organization (IMCO) seek to control this pollution: for example the London Convention (1954) and the Oslo Convention (1972) on routine discharges from ships; the Paris Convention (1974) on pollution from land-based sources, and the Barcelona Convention (1976) which, originally convened by the UN Environment Programme (UNEP), is concerned with cleaning the Mediterranean Sea. Community member countries are signatories to all or some of these Conventions, but the Community is itself a signatory (on behalf of all members) to the Paris and Barcelona Conventions.

In 1978 the Community adopted two **directives** in order to reduce risk of pollution through accident. One sets out the qualifications required by deep sea pilots operating in the Channel and the North Sea (*see* **Pilots**); the other defines the safety standards applicable to tankers which frequent Community ports (*see* **Tankers**).

See also **Environment**, fig. 6; **Toxic effluent**; **Transport**, fig. 17.

National enquiries: *government departments for Environment.*

Commission responsibility: *D-G I (External Relations); Environment and Consumer Protection Service.*

Committee: Advisory Committee on the Control and Reduction of Pollution Caused by Hydrocarbons discharged at Sea (OJ L 138, 22.7.1980).

Mashreq countries. The Mashreq countries cover collectively **Egypt**, **Jordan**, **Lebanon** and **Syria**.

See also **External trade**: *List of Main EEC Agreements with Other Countries.*

Commission responsibility: *D-G VIII (Development), Directorate B.*

Mauritania. Mauritania is one of the **ACP states** and a signatory to the **Lomé Conventions.**

Enquiries: Chancellerie diplomatique, avenue de la Colombie 6, B–1050 Brussels.

Mauritius. Mauritius is one of the **ACP states** and a signatory to the **Lomé Conventions.**

Enquiries: Chancellerie diplomatique,

rue des Bollandistes 68, B–1040 Brussels.

MCAs. *See* **Monetary compensation amounts**.

Medical and public health research. Research undertaken indirectly on behalf of the Community by approved national research institutions in accordance with guidelines laid down by a **Resolution** in January 1974 on scientific and technological research (OJ C 7, 29.1.1974). A first research programme adopted in 1978 (Decisions 78/167/EEC, 78/168/EEC, and 78/169/EEC, OJ L 52, 23.2.1978) was followed in March 1980 by a second programme (80/344/EEC; OJ L 78, 25.3.1980) covering four ongoing concerted projects: (*i*) detection of the tendency to thrombosis; (*ii*) the understanding, evaluation and treatment of hearing impairment; (*iii*) criteria for perinatal monitoring; and (*iv*) common standards for qualitative electro-cardiography. For details of research and organizations concerned in carrying them out *see* below. The Commission co-ordinates the research; the Community is contributing 2.32m units of account (EUA) to the programme.

The Community also operates a Radiation Protection Programme (see Euratom Reports on 'The Protection Programme of the European Community', available from the EC Office of Official Publications, payment required). The fifth programme as proposed by the **European Commission** (Comm. (79)158) for 1980–84 will consist of six major closely-integrated activities to afford the best protection of human life and the environment. These activities are designed (*i*) to update basic standards for health protection against hazards from ionizing radiation; and (*ii*) to evaluate the biological and ecological consequences of nuclear activities and of the use of nuclear energy and ionizing radiation.

While not strictly related to research but of importance to the medical profession, the Commission has also proposed the establishment of an 'organ bank' for matching human organs and blood throughout the Community (Comm. (78)761) and the protection from radiation of persons undergoing medical examination or treatment. The draft legislation defines a number of objectives for the training and informing of medical and para-medical personnel on the subject of radiation protection and on technical surveillance of installations (Comm. (79)738 final, 17.12.1979).

See **Research**, fig. 15; *see also* **Energy**, fig. 5; **Finance**, fig. 9; **Science and technology**.

National enquiries: see organizations listed under *Projects in the Field of Medical and Public Health Research*, §I.

Commission responsibility: *D-G XII (Research, Science and Education), Biology, Radiation Protection and Medical Research Programme.*

PROJECTS IN THE FIELD OF MEDICAL AND PUBLIC HEALTH RESEARCH

I. Implementation and co-ordination of the national contributions to the projects

The following authorities carrying out medical research in the participating member states will ensure the implementation of the national contributions to the projects indicated in Sections II–V, as well as their co-ordination at a national level.

Belgium: Fonds de la Recherce Scientifique Médicale (FRSM), Brussels
Fonds voor Geneeskundig Wetenschappelijk Onderzoek (FGWO), Brussels

Denmark: Statens laegevidenskabelige Forskningsråd, Copenhagen

France: Institut National de la Santé et de la Recherche Médicale (INSERM), Paris

Germany: The above-mentioned projects will be provisionally carried out by the following institutes until the appointment of the national co-ordinator responsible:

Project no. 1
Zentrum für Innere Medizin der Universität Giessen
Department für Innere Medizin der Universität Ulm

Project no. 2
Institut für Physiologie und Biokybernetik der Universität Erlangen–Nuremberg
Hals-, Nasen und Ohrenklinik der Universität Münster

	Project no.3
	Frauenklinik der Universitat Düsseldorf
	Project no.4
	Abteilung Innere Medizin I der RWTH Aachen
	Department für Biometrie und medizinische Informatik der Medizinische Hochschule Hannover
Ireland:	Medical Research Council of Ireland, Dublin
Italy:	Consiglio Nazionale delle Ricerce (CNR), Rome
	Istituto superiore di sanità, Rome
Netherlands:	Gezondheidsorganisatie TNO and Stichting Medisch Wetenschappelijk Onderzoek FUNGO, The Hague
United Kingdom:	Medical Research Council (MRC), London

II. Projects relating to the detection of the tendency to thrombosis (Project no.1, four years)

The research will be carried out with the purpose of acquiring scientific and technical knowledge in this field, selected for its importance at Community level.

The research is expected to cover the following topics:
(*i*) detection of activated clotting factors and of their reaction products;
(*ii*) quantitative analysis of the inhibitors of the clotting system;
(*iii*) studies of the active and inhibitory components of the fibrinolytic system;
(*iv*) studies of blood platelets;
(*v*) pilot studies in well-defined populations following standardization of materials and methodology.

Belgium, Denmark, France, Germany, Ireland, Italy, the Netherlands and the UK will contribute research under the topics mentioned above.

III. Project relating to the understanding, evaluation and treatment of hearing impairment (Project no.2, three years)

The research will be carried out with the purpose of acquiring scientific and technical knowledge in this field, selected for its importance at Community level.

The research is expected to cover the following topics:
(*i*) comparative studies of the relationships between histopathological, functional and clinical data in cases of perceptive hearing losses;
(*ii*) development and/or improvement of electrophysiological auditory function tests;
(*iii*) improvement of artificial auditory stimulation;
(*iv*) mathematical modelling of normal and impaired auditory systems.

Belgium, Denmark, France, Germany, Ireland, Italy, the Netherlands and the UK will contribute research under the topics mentioned above.

IV. Project relating to criteria for perinatal monitoring (Project no.3, four years)

The research will be carried out with the purpose of acquiring scientific and technical knowledge in this field, selected for its importance at Community level.

The research is expected to cover the following topics:
(*i*) definition of specific high-risk groups for perinatal monitoring;
(*ii*) evaluation and improvement of existing processing techniques and methods for monitoring;
(*iii*) drawing up common quantitative methods to define the neonatal condition;
(*iv*) studies of the correlations between neonatal conditions and relevant perinatal parameters obtained during labour; establishment of common criteria for perinatal monitoring.

Belgium, Denmark, France, Germany, Ireland, Italy, the Netherlands and the UK will contribute research under the topics mentioned above.

V. Project relating to common standards for quantitative electrocardiography (Project no.4, four years)

The research will be carried out with the purpose of acquiring scientific and technical knowledge in this field, selected for its importance at Community level.

The research is expected to cover the following topics:
(*i*) standardization of ECG measuring procedures in quantitative (computer) terms; comparative studies of measurements performed by different programmes; drawing up of guidelines and definition of common standards for measurement;

(*ii*) standardization of the diagnostic criteria and of the algorythmic documentation of their operation;
(*iii*) establishment of a modest pilot library of ECGs.

Belgium, Denmark, France, Germany, Ireland, Italy, the Netherlands and the UK will contribute research under the topics mentioned above.

Mergers. The third Directive on **Company law** (78/855/EEC, OJ L 295, 20.10.1978) is concerned with the harmonization of national rules affecting domestic mergers of public limited liability companies where one company acquires all the assets and liabilities of another, and the latter is dissolved without liquidation. The aim of the directive is to co-ordinate the procedures for, and effects of, mergers and similar operations in order to arrive at an equivalent degree of protection throughout the Community for the members, creditors and employees of companies involved. The **directive** is to be implemented by October 1981. It defines a merger; stipulates those companies which may be merged; lays down minimum requirements for the contents, publication and supervision of the draft terms of mergers to be drawn up by administrative or management bodies; and determines the powers of general meetings and the rights of individual shareholders and of minority shareholders. The directive is also concerned with the protection of interests of creditors, particularly debenture holders. The protection of employees in the event of a merger or similar operation, although covered by Directive 77/187/EEC (OJ L 61, 5.3.1977) is reaffirmed in the third Directive (*see* **Mergers: employee protection).**
See also **Company law**; **Harmonization**, fig. 10; **Work and employment**, fig. 18.
National enquiries: *government departments for Industry/Trade.*
Commission responsibility: *D-G III (Internal Market and Industrial Affairs), Directorate D (1).*

Mergers: employee protection. In the event of mergers employee protection is covered by Directive 77/187/EEC (OJ L 61, 5.3.1977) and applies to the transfer of any undertaking, in whole or in part, to another employer. Employees must be informed of the reasons and implications of the transfer, and their rights safeguarded, including collective agreements and pension rights, until normal termination or dismissal.
See also **Company law**; **Mergers**; **Social Policy**, fig. 16; **Work and employment**, fig. 18.
National enquiries: *government departments for Employment/Labour; government departments for Industry/Trade.*
Commission responsibility: *D-G V (Employment and Social Affairs), Directorate D (1).*

Merger Treaty (1965). The Merger Treaty revised the Treaties establishing the European Communities and Acts relating to the Communities, and merged the Institutions of the three Communities: the **European Coal and Steel Community** (ECSC), the **European Economic Community** (EEC) and the **European Atomic Energy Community** (Euratom). These were first established under the **Treaty of Paris** (1951) and the **Treaty of Rome** (1957). From 1 July 1967 the major Institutions of the **European Community** (EC) became the **European Commission**, the **Council of Ministers**, the **European Parliament** and the **European Court of Justice**. The Treaty also established a single **Economic and Social Committee** (ECS).
See also **European Community**, fig. 7.

Mexico. Mexico has had a non-preferential agreement on commercial and economic co-operation with the Community since 1975, and a bilateral agreement on **textiles** since 1978. *See* **External trade**: *List of Main EEC Agreements with Other Countries*, Table 7.
Enquiries: Chancellerie diplomatique, avenue Louise 375 (10e étage), B–1050 Brussels.

Midwives. From January 1983 midwives will be able to practise their profession anywhere in the Community, subject to the minimum training requirements and mutual recognition of qualifications set out in **directives** 80/154/EEC and 80/155/EEC (OJ L 33, 11.2.1980). The legislation follows the pattern adopted for **nurses** in 1977, but goes further to specify a common minimum range of activities which a midwife will be entitled to carry out within each member country. The Directives require that the training of direct entrants to midwifery shall be three years. In the case of a Registered General Nurse or equivalent, the Directives require 18 months training for all midwives, followed by one years's clinical practice for those wishing to take advantage of free movement.

An Advisory Committee on the Training of Midwives (**Decision** 80/156/EEC) consisting of three experts from each member country (one from the profession, one from the training institutions and one government representative) advises on comparable training levels throughout the Community. The Committee of Senior Officials on Public Health, set up to ensure the smooth application of the legislation for **doctors**, had its remit extended to cover midwives (Decision 80/157/EEC). *See also* **Work and employment**, fig. 18.

National enquiries: *government departments for Employment/Labour*, appropriate professional organizations.

Commission responsibility: *D-G III (Internal Market and Industrial Affairs), Directorate D (5).*

Committee: Advisory Committee on the Training of Midwives (OJ L 33, 11.2.1980).

Migrant Workers. There is no definition of a migrant worker in Community legislation, but for purposes of practical application a migrant is one in a 'migratory situation' from another country where because of his/her origins, colour or creed, he/she is subject to discrimination in the society in which he/she now works. Under Articles 48–51 of the **Treaty of Rome** nationals of one Community country working in another Community country have certain rights, but the definition of 'national' is a matter for national governments over which the Community has no jurisdiction. Thus, certain categories of people resident in the Community (for example, UK non-patrials and persons from third countries) do not possess the rights conferred under the Treaty of Rome, and for purposes of differentiation may be termed **foreign workers**. For Community nationals the Treaty confers the right of free movement within the Community with no discrimination as regards employment, remuneration, and other conditions of work, except for employment in the public services and certain restrictions regarding the rights of establishment (*see* **Work and employment**). An important aspect of this freedom (Article 51) is the right to have and retain social security benefits, implemented for insured workers under **Regulations** (EEC) 1408/71 and (EEC) 574/72. These came into effect among the six founder members on 1 October 1972, and in Denmark, Ireland and the UK (including **Gibraltar**) on 1 January 1973. To help workers and others obtain their proper benefits the **European Commission** has published a series of guides: (*i*) a *General Guide*, setting out the rights and obligations regarding social security of employed persons going to work in another Community country (there are separate booklets for each Community country); (*ii*) *Temporary Stay* – information for those going on short visits, such as holidays or business trips (*see also* **Holiday medical care**); (*iii*) workers posted abroad or employed in more than one member country, such as commercial travellers; (*iv*) pensioners – designed for pensioners who were formerly employed persons and for pension claimants who reside or stay temporarily in a Community country; (*v*) *Members of the Family*, intended for members of a worker's family who reside in a member country other than that of the worker. Enquiries about the guides should be directed to *Commission Information Offices*, but it is also advisable to consult local social security or insurance offices before going to work abroad.

In 1978 the Commission proposed amending Regulation (EEC) 1408/71 (OJ L 149, 5.7.1971) to include the self-employed and the non-employed (those of independent means or the handicapped) and their families, so that they could benefit in the same way as the employed worker (OJ C 18, 1978). In November 1980 the Council of Ministers agreed in principle to include the self-employed, with implementing legislation expected before the end of 1981.

Community legislation also provides, as from 1981, for the children of migrant workers (including foreign workers) to receive special intensive language training to enable them to integrate more quickly into the normal school environment, and for migrant children also to be taught in their mother tongue (Directive

77/486/EEC). In September 1981 the Commission asked member countries to notify it of the measures taken to implement the Directive, and intends to publish brochures on pilot schemes of teaching in the mother tongue – notably Italian, Portuguese and Arabic.
To help those wishing to work abroad know what opportunities are available the Commission operates an information exchange system of work supply and demand known as SEDOC (*see* **Job information**).
See also **Exchange visits**; **Foreign workers**; **Self-employed**; **Social policy**, fig. 16; **Work and employment**, fig. 18.
National enquiries: *government departments for Employment/Labour; government departments for Education; government departments for Social security.*
Commission responsibility: *D-G V (Employment and Social Affairs), Directorates D (2), D (3).*
Committees: Advisory Committee on Social Security for Migrant Workers (OJ L 149, 5.7.1977); Administrative Commission on Social Security for Migrant Workers (OJ L 149, 5.7.1971; OJ C 68, 21.8.1973).

Milk and milk products. These products became subject to common market rules under the Common Agricultural Policy in 1968 (based on much amended **Regulation** (EEC) 804/68, OJ L 148/68). A common **target price** is established annually for milk, but only about a quarter goes for liquid consumption, so that most price management is concerned with milk products, for which there are **intervention prices** for **butter** and skim milk, and (Italy only) for cheese. To avoid undercutting from imports threshold prices are set for 12 pilot products (such as whey powder, cheese, cascin) which influence the threshold prices of others. The importer pays a **levy** to cover the difference between the imported landed price and the threshold price. In an effort to reduce diary product surpluses, the **Council of Ministers** approved in 1977 financial assistance to encourage producers to leave dairying (Regulation (EEC) 1078/77, OJ L 131, 26.5.1977) and a **co-responsibility levy.** The co-responsibility levy is a deduction from the price farmers usually receive for milk which is then used to subsidize milk consumption. Other amended legislation (Regulation (EEC) 1411/71, OJ L 148/71) regulates the fat content of milk sold for human consumption.
See also **Agriculture: Common Agricultural Policy**, fig. 1; **Consumer protection**, fig. 3; **Finance**, fig. 9; **New Zealand**; **School milk**.
National enquiries: *government departments for Agriculture/Fisheries/Food.*
Commission responsibility; *D-G VI (Agriculture), Directorate D.*
Committees; Advisory Committee on Milk and Milk Products (OJ L 355, 24.12.1973; OJ L 179, 19.7.1977); Management Committee for Milk and Milk Products (OJ L 148, 28.6.1968).

Milk: condensed and dried. Community legislation (**Directive** 76/118/EEC, OJ L 24/76) lays down the rules for the composition, description, and labelling of condensed milk and dried milk products intended for human consumption. Allowances are made in the Directive for differences between practices in the UK and other member states.
See also **Agriculture: Common Agricultural Policy**, fig. 1; **Consumer protection**, fig. 3; **Harmonization**.
National enquiries: *government departments for Agriculture/Fisheries/Food; government departments for Consumer protection.*
Commission responsibility: *D-G III (Internal Market and Industrial Affairs), Directorate A (2).*

Monaco. Monaco is an autonomous principality with intimate Treaty links with France. Since 1963 there has been a complete customs union between the two countries, although Monaco retains independent responsibility for external affairs, including adherence to treaties. Monaco is not a member of the European Community, although in practice receiving its benefits because of the customs union with France.
Enquiries; Monaco Consulates-General.

Monetary compensatory amounts (MCAs). Under the Common Agricultural Policy, common support prices for products are paid in **green currencies** at special exchange rates. Thus the prices farmers receive vary between countries when measured in normal exchange rate terms. Common pricing becomes more

difficult when exchange rates fluctuate; to offset these fluctuations MCAs were introduced in 1971. MCAs are a system of border subsidies or **levies** which are applied to raise or lower the national price when farm products move from one Community country to another (Amended **Regulation** (EEC) 974/71, OJ L 106, 12.5.1971).
See also **Agriculture: Common Agricultural Policy**, fig. 1; **Finance**, fig. 9.
National enquiries: *government departments for Agriculture/Fisheries/Food.*
Commission responsibility: *D-G VI (Agriculture), Directorate G.*

Mongolia. Mongolia has been a member of the **Council for Mutual Economic Assistance** since 1962.
Enquiries: Mongolian embassies.

Monnet Committee. *See* **Action Committee for United States of Europe.**

Montserrat. A UK overseas territory, Montserrat is covered by the **Lomé Conventions**.
Enquiries: UK Foreign and Commonwealth Office, Downing Street, London SW1A 2AL.

Morocco. Since 1976 Morocco has had a co-operation agreement (commercial, industrial, technical, social and financial) which provides free access to the Community market for industrial goods and preferential treatment for agricultural products. *See* **External trade**: *List of Main EEC Agreements with Other Countries,* Table 4.
Enquiries: Chancellerie diplomatique, avenue F.D. Roosevelt 98, B–1050 Brussels.

Motor vehicle industry. *See* **Harmonization**; **Noise**.

Mozambique. Formerly a Portuguese colony, Mozambique indicated interest in acceding to the Lomé Conventions, but subsequently decided against it.
Enquiries: Mozambique embassies.

Mutton and lamb. *See* **Sheepmeat.**

N

Namibia (South West Africa). A former German colony, Namibia became a mandated territory under the League of Nations, following World War I, with South Africa as the mandating authority. The General Assembly of the United Nations revoked the mandate in 1966, but despite continuing UN pressure and internal guerrilla war, full independence had not been attained by the end of 1980, largely owing to South African resistance to a UN plan, backed by members of the **European Community**, for UN supervision of free elections leading to an independence constitution.
Commission responsibility: *D-G I (External Relations), Directorate A (2).*
Enquiries: Chancellerie diplomatique, rue de la Loi 28, boîtes 15–16, B–1040 Brussels.

Nepal.
Enquiries: Chancellerie diplomatique, Im Hag 15, D–5300, Bonn-Bad Godesberg.

Netherlands. The Netherlands are a founder member of the **European Coal and Steel Community** (ECSC), the **European Economic Community** (EEC) and the **European Atomic Energy Community** (Euratom).
Enquiries: Permanent Representative (COREPER), 62 rue Belliard, B–1040 Brussels.

New Zealand. The New Zealand economy was closely related to the British market for exports of dairy products and mutton and lamb (sheepmeat) before the UK joined the European Community in 1973. This situation was recognized in the UK **Treaty of Accession**, and Protocol 18 laid down four basic principles governing future access to the Community of New Zealand butter, including transitional arrangements to permit progressively reduced imports of butter from 165,811 tonnes in 1973 to 138,176 tonnes in 1977. In 1975 the Dublin **European Council** set new guidelines for New Zealand butter imports into the Community for 1978–80; these were to be reduced from 125,000 tonnes to 115,000 tonnes. Further reductions in 1981 (94,000 tonnes) and 1982 (92,000 tonnes) were expected to result in a basic import level of 90,000 tonnes from 1984 onwards; the **Council of Ministers** would undertake a full-scale review, based on a Commission report, before 1 August 1984. All New Zealand butter imports are subject to **levies** at Community (mainly UK) ports to ensure that they do not undercut Community butter prices (OJ L 260, 3.10.1980).
Wool is New Zealand's foremost single export to the Community, and the Community remains its largest customer. New Zealand exports of **sheepmeat** to the United Kingdom were unaffected by Community membership as long as there was no common market for these products. The introduction of the common market régime on 20 October 1980 (**Regulation** (EEC) 1837/80, OJ L 183, 16.7.1980) led to negotiations with New Zealand and other suppliers to restrict exports to certain levels in return for a tariff concession of a 20 per cent reduction of the Community duty on imports.
New Zealand cheese exports to the Community almost disappeared after 1977, but following the conclusion of the Tokyo

Round of the **General Agreement on Tariffs and Trade,** quotas comprising 6500 tonnes of cheddar cheese and 3000 tonnes of processed cheese were introduced in 1980.

Despite all these arrangements, whereas in the early 1960s the Community took 67 per cent of New Zealand's overall exports, with more than half being absorbed by the UK, by 1980 this proportion had fallen to 31 per cent of which 65 per cent went to the UK. Other leading customers were the USA (14 per cent), Japan (14 per cent) and Australia (12 per cent). Increasing outlets for dairy products are also being found in the countries of the **Association of South Eastern Asian Nations** (ASEAN).

See also **Butter**.

National enquiries: Chancellerie diplomatique, boulevard, du Regent 47–48, B–1000 Brussels.

Commission responsibility: *D-G I (External Relations), Directorate B (2).*

Nicaragua.

Enquiries: Chancellerie diplomatique, rue de la Fauvette 86, B–1180 Brussels.

Niger. Niger is one of the **ACP states** and a signatory to the **Lomé Conventions**; it was formerly a signatory to the **Yaoundé Agreements**.

Enquiries: Chancellerie diplomatique, avenue F.D. Roosevelt, B–1050 Brussels.

Nigeria. Nigeria is one of the **ACP states** and a signatory to the **Lomé Conventions.**

Enquiries: Chancellerie diplomatique, avenue de Tervuren 3*bis*, B–1040 Brussels.

Noise. Under the Community **environment** programme noise is considered a pollutant if it interferes with sleep, speech, causes annoyance, affects the performance of work, or causes damage to hearing. Restrictions on noise levels can also cause barriers to trade. Thus much of the Community legislation on noise falls also under the **harmonization** programme. **Directives** adopted include specifications of permissible noise levels for cars, lorries and motor bicycle exhaust systems (Directive as amended, OJ L 66, 12.3.1977), and sound levels for equipment used in the construction industry (OJ L 33, 8.2.1978). **Proposals** in the pipe-line include restrictions on noise from pneumatic concrete breakers and jack hammers (OJ C 82, 14.4.1975) and compressors (OJ C 94, 19.4.78; OF C 87, 3.4.1979). A directive due to come into force in 1986 (with a possible extension to 1988) seeks to reduce noise from subsonic aircraft (OJ L 18, 24.1.80). This requires that any subsonic aircraft with maximum certificated take-off weight not exceeding 5700 kg. and all civil subsonic jet aeroplanes may not be used unless they have been granted a noise certification on the basis of satisfactory evidence that the aircraft complies with the noise emission requirements set out in the Directive.

See also **Environment**, fig. 6; **Harmonization**; **Transport**, fig. 17.

National enquiries: *government departments for Environment.*

Commission responsibility: *Environment and Consumer Protection Service*; *D-G III (Internal Market and Industrial Affairs), Directorate A (2).*

Non-associated states. Developing countries, mainly in Asia and Latin America, which are not covered by the **Lomé Conventions.** Since 1976 the Community has allocated a small, but increasing amount of financial aid, mainly to the poorest of these countries, but also to more prosperous countries if the projects concerned are clearly in favour of helping their poorest regions or populations. Most projects are concerned with rural development, and a number are co-financed by the Community and other international organizations such as the Asian Development Bank and the Inter-American Development Bank. For information on tendering for contracts *see* European **Development Fund**.

See also **External trade**, fig. 8; **Finance**, fig. 9.

National enquiries: *government departments for Overseas aid/Development*; *government departments for Industry/Trade.*

Commission responsibility: *D-G VIII (Development).*

Non-tariff barriers to trade. Most countries have regulations on the quality, technical charcteristics and safety of products often for legitimate reasons of consumer or environmental protection. These measures, however, vary from country to country, and are obvious barriers to trade in that producers who have complied with national standards find they must adapt to other standards if they wish to export their products. (Vehicle rear-fog-lamps, for example, may be compulsory in some countries and only optional in others.) Article 100 of the **Treaty of Rome** requires that the Council of Ministers, acting unanimously, should seek to harmonize or approximate such regulations to ensure the free movement of goods throughout the Community. Non-technical barriers, such as quotas, or measures having equivalent effect, which hinder the free movement of goods (Article 30 et seq.) are also contrary to the principles of the Treaty of Rome. This was made clear by the **European Court of Justice** in judgements in the **Cassis de Dijon case** of 20 February 1979 and the 'cider vinegar case' (Case 788/79) of 20 June 1980. The Court stated that any product lawfully produced and marketed in one member country must, in principle, be admitted to the market of any other member country. This was subject only to narrow exceptions justified by reference to vital interests which could be accepted as taking precedence over the Community interest of free trade. Such exceptions could include public health, protection of consumers, or environmental matters, provided they were not excessively applied, served a sufficiently compelling purpose, and were the most effective means of achieving that purpose with the least hindering of trade.

The ruling is expected to have a far reaching effect on the liberalization of trade in the Community, enabling the **European Commission** to seek and to proceed more effectively against new non-tariff barriers. In October 1980 the Commission sent a letter to all Community governments outlining its view on the consequences of the judgement (OJ C 256, 3.10.1980).

See also **Harmonization,** fig. 10.

National enquiries: *government departments for Industry/Trade.*

Commission responsibility: *D-G III (Internal Market and Industrial Affairs), Directorate C (1).*

Norway. A founder member of the **European Free Trade Association**, Norway applied to join the **European community** in 1973, but the government proposal was defeated on a referendum.

See also **Committee on European Co-operation in the Field of Scientific and Technical Research**; **Energy**, fig. 5.

Enquiries: Chancellerie diplomatique, rue Archimède 17, B–1040 Brussels.

Nuclear energy. Under the **Treaty of Rome** establishing the **European Atomic Energy Community** (Euratom) the Community is required: (*i*) to promote research in the field of nuclear energy; (*ii*) to establish uniform safety standards to protect the health of workers and of the general public; (*iii*) to facilitate investment in the development of nuclear energy; and (*iv*) to ensure safeguards against diversion of nuclear materials. The Treaty also (though this has not been achieved) conferred on the Community the right of ownership in respect of special fissile materials.

The **European Commission** has estimated that to cover an energy gap between demand and supply by 2000, nuclear energy should account for 15 per cent of supply. To this end the Community is engaged directly or through national research bodies, in major research or industrial projects: (*i*) involving thermo-nuclear fusion (*see* **Joint European Torus**); (*ii*) reactor safety carried out mainly by the **Joint Research Centre** at Ispra; and (*iii*) health protection against radio-active hazard (*see* **Medical and public health research**).

The Community's own resources of nuclear material are insufficient to meet future requirements, but a programme of reprocessing spent nuclear fuels and re-using them in advanced types of reactors such as fast breeders, could help to remedy this. An *ad hoc* Advisory Committee on the Reprocessing of Irradiated Fuels was set up in 1980 to examine the situation and to report on problems of storage (**Decision** OJ L 52, 26.2.1980).

See also **Energy**, fig. 5; **Energy research programmes**; **Euratom Supply Agency**; **Finance**, fig. 9.

National enquiries: *government departments for Energy.*

Commission responsibility: *D-G XII (Research, Science and Education), Directorate D*; *D-G XVII (Energy), Directorate D, Directorate E.*

Committees: Fast Reactors Co-ordinating Committee (FRCC), set up in April 1970 (not published in OJ); Advisory Committee on the Reprocessing of Irradiated Nuclear Fuels (OJ L 52, 26.2.1980); Advisory Committee on Programme Management (OJ C 192, 11.1.1977); Advisory Committee on Fusion, set up in March 1976 (not published in OJ).

Nurses. From 1979 qualified nurses have been free to practise their profession anywhere in the Community, subject to the minimum training requirements and mutual recognition of qualifications set out in **Directives** 77/452/EEC and 77/453/EEC (OJ L 176, 15.7.1977).

An Advisory Committee on Training in Nursing (**Decision** 77/454/EEC), consisting of three experts each from each member country, one from the profession, one from the training institutions and one government representative, advises on comparable training levels throughout the Community. The Committee of Senior Officials on Public Health, set up to ensure the smooth application of the legislation for **doctors**, had its remit extended to cover nurses (Decision 77/455/EEC).

See also **Midwives**; **Work and employment**, fig. 18.

National enquiries: *government departments for Employment/Labour*; appropriate professional organizations.

Commission responsibility: *D-G III (Internal Market and Industrial Affairs), Directorate D (5).*

Committee: Advisory Committee on Training in Nursing (OJ L 1976, 15.7.1977).

O

OECD. *See* **Organization for Economic Co-operation and Development**.

Official Journal of the European Communities (OJ). A daily Community publication published in all the official languages (Danish, Dutch, English, French, German, Italian and Greek). The OJ is published in three parts: (*i*) *Legislation* (Series L) consists of all the final legislation of the Community, that is **Regulations, Directives** and **Decisions**; (*ii*) *Communications et Information* (Series C), containing draft legislation (**proposals**); the proceedings of the **European Parliament** and answers to Parliamentary questions; business of the **European Court of Justice**; notices of competition for **recruitment of Community staff**; and the opinions of the **Economic and Social Committee**. Current exchange rates for the European **units of account** (EUA) against world currencies are also listed in Series C; (*iii*) *Supplement* to the OJ (S) contains notices and **public supply contracts**. Both contracts for public works and public supplies above a certain level of expenditure must be advertised in the S section, which also contains model notices for the publication of such contracts.
A separately published Annex of the OJ contains the debates of the **European Parliament**. Indexes of the OJ are published separately every month; there is also an annual index. Subscriptions to the series available from government publications sales offices.
Under **Regulation** (EEC) 857/72 of 24 April 1972 a special edition of the OJ containing legislation which was in force at the time of the accession to the Community of Denmark, Ireland and the UK was published in English and Danish.
See also **Legislative preparation**, fig. 13.
National enquiries: *Commission Information Offices*; information offices of the **European Parliament**; *government publications sales offices.*
Community responsibility: *Office for Official Publications of the European Communities.*

Oil. Rising oil prices throughout the 1970s and unreliability of supplies resulted in 1980 in Community agreement on a general framework of action designed to reduce oil consumption to approximately 40 per cent of all energy consumption by 1990 (compared with 55 per cent in 1978) and to boost alternative sources of energy supply (*see* **Energy**). In December 1979 the Council of Ministers agreed on import ceilings with the aim of keeping total import levels between 1980 and 1985 to the 1978 level of 472 million tonnes; a temporary monitoring procedure introduced for oil imports (OJ L 220, 30.8.1979; OJ L 73, 19.3.1980) was expected to continue in 1981.
See also **Energy**, fig. 5; **Marine pollution**; **Tankers**; **Waste oils**.
National enquiries: *government departments for Energy.*
Commission responsibility: *D-G XVII (Energy), Directorate C.*

OJ. *See* **Official Journal of the European Communities**.

Olive oil. Olive oil was brought under common market rules in 1966 (**Regulation** (EEC) 136/66) which mainly affect French and Italian producers. Imports are

subject to variable **levies** covering the difference between the Community **threshold price** and the landed import price. If market prices fall below the **guide price**, fixed by the Council of Ministers, producers are paid bridging or deficiency payments to bring them up to the guide price. Surplus production is bought in by local **intervention agencies** at the **intervention price**. Producers can be helped from the **Farm Fund** (payments are made by appropriate national authorities) to establish a register of their olive groves (amended Regulation (EEC) 154/75). The Community is a signatory to the International Oil Agreement 1979 (Directive 79/1065/EEC, OJ L 327, 24.12.1979) concerned with regulating the world market in olive oil.
See also **Agriculture: Common Agricultural Policy**, fig. 1; **Fats, oils and oilseeds**; **Finance**, fig. 9.
National enquiries: *government departments for Agriculture/Fisheries/Food*; national intervention agencies.
Commission responsibility: *D-G VI (Agriculture), Directorate C.*

Oman.
Enquiries: Chancellerie diplomatique, avenue Kléber 67, 75016 Paris.

Organization for Economic Co-operation and Development (OECD). The OECD was established by the Paris Convention (1960), by 20 founder states (Austria, Belgium, Denmark, France, Germany, Greece, Iceland, Ireland, Italy, Luxembourg, Netherlands, Norway, Portugal, Spain, Sweden, Switzerland, Turkey, the UK, the USA and Canada) joined later by Japan, Finland, Australia and New Zealand. Yugoslavia is an associate member under special statute. The Community generally participates in the OECD's work.
The object of the organization is to promote economic and social welfare throughout the OECD area (*i*) by assisting member governments in the formulation and co-ordination of policies; (*ii*) to stimulate and harmonize members' aid efforts in favour of developing countries; and (*iii*) to contribute to the expansion of world trade.
The OECD is governed by a Council of all the members, a Secretary-General appointed by the Council and an Executive Committee of ten members. The organization has set up several autonomous bodies, notably the International Energy Agency (IEA) and the Centre for Educational Research and Innovation (CERI).
See also **European Community**, fig. 7.
Enquiries: OECD, Château de la Muette, 2 rue André Pascal, 75775 Paris CEDEX 16.

Orphans. The Paul Finet Foundation was created by the **European Coal and Steel Community** (ECSC) in 1965 in honour of Paul Finet, its former President, to provide financial help to orphans of those workers in the coal, iron and steel industries who died after 30 June 1965 (1 January 1973 in the UK, Ireland and Denmark) from industrial accidents or occupational diseases. The Foundation helps children over 14 with their education or vocational training.
Enquiries or applications should be made through teachers, appropriate unions in the coal and steel industries, or through the firm or nationalized industry.
See also **Education**, fig. 4; **Finance**, fig. 9; **Industrial policy**, fig. 12.
Other enquiries: Paul Finet Foundation, Bâtiment Jean Monnet, rue Alcide de Gasperi, Luxembourg-Kirchberg.

Own resources. The system adopted in 1970 by the Community to finance the **budget** (**Decision** of 21 April 1970, OJ L 94, 28.8.1970) so that revenue would no longer have to rely on direct contributions from member countries. Revenue is collected by governments and automatically passed onto the **European Commission** in the form of customs duties from the **Common customs tariff** (CCT), from agricultural **levies** (less ten per cent repaid to member governments to cover the cost of collection) and up to one per cent of **Value added tax** (VAT) on a common harmonized base of goods and services. By 1982 at the latest this formula is expected to be inadequate to meet Community needs.
See also **Budget: net effects on member states**; **Finance**, fig. 9.
National enquiries: *government departments for Finance.*
Commission responsibility: *D-G XIX (Budgets), Directorate B (1).*
Committee: Advisory Committee on the Communities' Own Resources (OJ L 336, 27.12.1977).

P

Pakistan. Pakistan has various agreements with the Community regarding **textiles** and hand-made products. *See* **External trade**: *List of Main EEC Agreements with Other Countries,* Table 6 (*a*).
See also **Non-associated states**.
Enquiries: Chancellerie diplomatique, avenue des Gaulois 25, B–1040 Brussels.

Panama. Since 1976 Panama has had an agreement with the Community on hand-made products. *See* **External trade**: *List of Main EEC Agreements with Other Countries,* Table 7.
Enquiries: Chancellerie diplomatique, rue Belliard 19, B–1040 Brussels.

Papua New Guinea. Papua New Guinea is one of the **ACP states** and a signatory to the **Lomé Conventions.**
Enquiries: Chancellerie diplomatique, avenue des Ombrages 11b, B–1200 Brussels.

Paraguay. Since 1976 Paraguay has had an agreement with the Community on trade in hand-made products. *See* **External trade**: *List of Main EEC Agreements with Other Countries,* Table 7.
Enquiries: Chancellerie diplomatique, avenue Louise 502, Boîte 15, B–1050 Brussels.

Passports. In 1974 a summit meeting of heads of government decided that a working party should be set up 'to study the possibility of establishing a Passport Union and, in anticipation of this, the introduction of a uniform (Community) passport'. In 1975 the **European Commission** submitted a report on the issues involved (Bull. EC 7-1975), and the heads of government, now sitting as the **European Council** agreed on the introduction of a uniform passport which could be issued by 1978 and so avoid all passport checks at Community frontiers. Despite pleas from the **European Parliament** and assurances that the passport would not be a Brussels-administered device but a national one, with governments retaining full issuing authority, the Community passport has not yet materialized. In March 1981 member governments agreed to use 'their best endeavours' to introduce a European passport by 1985. The cover, wine-red in colour, is expected to carry the words 'European Community', the name of the issuing state, its national emblem, and the word 'passport'. It may also contain a machine-readable page to aid immigration control.
See **Transport**, fig. 17; *see also* **Harmonization**, fig. 10; **Holiday medical care**.
National enquiries: *government departments for Foreign/External affairs.*
Commission responsibility: *D-G III (Internal Market and Industrial Affairs), Directorate D (1).*

Patent law. The Community Patent Convention (CPC), signed in Luxembourg in December 1975, together with the European Patent Convention (EPC) (1973), provides a complete body of European Patent Law and procedure (OJ L 17, 1976). The EPC came into force on 7 October 1977; the CPC is expected to become operational in 1982–3, and subject to a transitional period, will offer those concerned a choice between national patents governed by national law with

limited territorial effect and the Community patent. The Patent Co-operation Treaty (a world-wide treaty covering the filing, search and publication of patent applications) came into force in June 1978.
See also **Harmonization**, fig. 10.
National enquiries: *government departments for Industry/Trade.*
Commission responsibility: *D-G XIII (Scientific and Technical Information and Information Management), Directorate A (1).*
European Patent Office (EPO), Motorama House, Rosenheimerstrasse 30, Munich.

Paul Finet Foundation. *See* **Orphans.**

Peas and field beans (for animal feed). A maximum price for aid fixed annually is set to enable producers to counter competition from producers of linseed meal. Aid is equal to 45 per cent of the difference between the world market price for soya meal and the activating price. Aid is payable on condition that contracts for guaranteed minimum prices fixed by the **European Commission**, are concluded between manufacturers of animal feedstuffs and producers.
See also **Agriculture: Common Agricultural Policy**.
National enquiries: *government departments for Agriculture/Fisheries/ Food.*
Commission responsibility: *D-G VI (Agriculture), Directorate C.*

Peru. Peru has agreements with the Community on trade in **textiles** and hand-made products. *See* **External trade**: *List of Main EEC Agreements with Other Countries*, Table 7.
Enquiries: Chancellerie diplomatique, avenue de Tervuren 179, B–1040 Brussels.

Pesticides. Directive 76/895/EEC (OJ L 340, 9.12.1976) lays down maximum levels of pesticide residues that may be allowed in produce for human (or in exceptional cases, animal) consumption as listed in the Directive. A Scientific Committee for Pesticides, composed of experts from the member countries, advises the **European Commission** on technical developments.
See also **Agriculture: Common Agricultural Policy**, fig. 1.
National enquiries: *government departments for Agriculture/Fisheries/Food.*
Commission responsibility: *D-G VI (Agriculture), Directorate B.*
Committee: Scientific Committee on Pesticides (OJ L 124, 12.5.1978).

Pharmaceuticals (proprietary medicinal products). Community interest has been to abolish barriers to the free movement of medicinal products, subject to public health safeguards for their conception and manufacture.
The first Directive (65/65/EEC; OJ 22, 9.2.1965) came into force on 1 January 1967. It requires that the placing of a proprietary medicinal product on the market of a member country must be subject to the authorization of the competent authority of that country. Two Directives adopted in 1975 (75/318/EEC, 75/319/EEC; OJ L 147, 9.6.1975) laid down further rules governing: (*i*) particulars and documents concerning the results of tests carried out with proprietary medicinal products which were the subject of applications for marketing authorization; (*ii*) the qualifications required of persons drawing up documents and particulars concerning control methods and the results of tests, and the manner in which applications for marketing authorizations should be made.
A Committee for Proprietary Medicinal Products (CPMP) was established under Directive 75/319/EEC (amended by Directive 78/420/EEC; OJ L 123, 11.5.1978) with the task of advising on a pharmaceutical product brought onto the market where doubts arose as to its innocuousness and efficacy. In 1980 the **European Commission** proposed amending the three Directives (OJ C 355, 31.12.1980) to take account of new products and improve marketing procedures. In particular the Commission would like to see mutual recognition of national authorizations for marketing, so that a medicine manufactured and marketed in one Community country should, in principle, be allowed on the market of any other.
The **European Parliament** has been particularly concerned by barriers to trade in pharmaceutical products caused by pricing policies. The European Court of Justice has ruled (Cases 65/75 and 88–90, OJ C 136, 17.6.1976) that the imposition of a

maximum price – insofar as it applies to imported products – constitutes the equivalent of a quantitative restriction, and therefore contravenes Article 30 of the **Treaty of Rome** (*see* **Competition policy**). The price of drugs is greatly influenced by the prices governments are prepared to subsidize under national health policies, often setting such prices too low for exporters to compete with a home product. The Parliament has urged the Commission to take more positive action in such cases.
A 1977 Directive (OJ L 11, 14.1.1978) lays down rules governing colouring matters which may be added to medicinal products. A Commission suggestion to harmonize differences between national laws on advertising pharmaceutical products was not accepted, but such laws remain subject to Community rules on misleading and unfair **advertising**.
National enquiries: *government departments for Health.*
Commission responsibility: *D-G III (Internal Market and Industrial Affairs), Directorate A.*
Committees: Committee for Proprietary Medicinal Products (OJ L 147, 9.6.1975; OJ L 123, 11.5.1978); Pharmaceutical Committee (OJ L 147, 9.6.1975).

Phillipines. The Phillipines are a member of the **Association of South East Asian Nations** (ASEAN) with whom the Community concluded a co-operation agreement in December 1979 seeking to 'consolidate, deepen and diversify' commercial relations. (*See* **External trade**: *List of Main EEC Agreements with Other Countries,* Table 6 (*b*).) A bilateral agreement restricting textile exports to the Community has been in operation since 1978 (*see* **Textiles**).
Enquiries: Chancellerie diplomatique, chausée de la Hulpe 130, B–1050 Brussels.

Pigmeat. Arrangements under the Common Agricultural Policy introduced in 1967 (**Regulation** (EEC) 121/67, 13.6.1967) are designed to put a floor price in the home market by occasional intervention but to make the **intervention price** unattractive, compared with other commodities, to producers. A **basic price** is fixed for pigs; when market prices (expressed as a **reference price**) fall to 85–92 per cent below the basic price **intervention agencies** can step in, subject to decision by the **European Commission** after extensive consultation with the **Management Committee** for pigmeat. Each quarter the Commission, in conjunction with the Management Committee, decides a **sluicegate price** for imports of pigs and pigmeat. If imports enter the Community below the sluicegate price, **levies** are imposed to bring them up to this level, calculated on the difference between world market and Community costs for cereals for pig feeding, and seven per cent of the sluicegate price, Community producers are thus given a margin of preference. Exporters can claim **export restitution payments,** although their extent is limited by the restrictions of the **General Agreement on Tariffs and Trade** (GATT).
See also **Agriculture: Common Agricultural Policy**, fig. 1; **Animal health and meat inspection**.
National enquiries: *government departments for Agriculture/Fisheries/Food*; national intervention agencies.
Commission responsibility: *D-G VI (Agriculture), Directorate D.*
Committees: Advisory Committee on Pigmeat (OJ L 355, 24.12.1973); Management Committee for Pigmeat (OJ L 282, 1.11.1975).

Pilots. As part of the Community **environment** programme against **marine pollution** a 1978 **Directive** (79/115/EEC, OJ L 33, 8.2.1979), that came into force on 1 January 1980, requires all member countries, in the interests of safety, to ensure that vessels wishing to use the services of pilots in the North Sea and the English Channel shall be able to call on adequately qualified deep sea pilots.
The purpose is both to raise the qualifications of deep sea pilots operating in the North Sea and the Channel, and to encourage vessels flying the flag of member countries to use such pilots. The Community is also seeking, through the UN Inter-Governmental Maritime Consultative Organizations (IMCO) to encourage non-EEC vessels to use such pilots in these seas.
See also **Environment**, fig. 6; **Tankers**; **Transport**, fig. 17.
National enquiries: *government departments for Transport.*
Commission responsibility: *D-G VII (Transport), Directorate A.*

Pitcairn Island. Pitcairn Island is an overseas UK territory which is included in the **Lomé Conventions**.

Poland. Poland is a founder member of the **Council for Mutual Economic Assistance**.
Enquiries: Polish embassies.

Pollution. *See* **Beaches**; **Environment**; **European Foundation for the Improvement of Living and Working Conditions**; **Marine pollution**; **Noise**; **Pilots**; **Recycling: paper, tyres and drink containers**; **Tankers**; **Toxic effluent**; **Waste**; **Waste oils**; **Water**; **Wildlife**.

Portugal. As a member of the **European Free Trade Association** Portugal concluded an Agreement with the Community on 22 July 1972. This improved Portuguese access to the Community market for agricultural products while maintaining a high level of protection for industrial products. An improved Agreement was signed on 20 September 1976. Following free elections after the death of Dr. Antonio de Oliveira Salazar the government applied for membership of the Community on 13 March 1977, and negotiations began on 17 October 1978. Portugal is expected to join the Community on 1 January 1983, subject, as in the case of **Greece**, to a minimum five-year period of transition.
See also **Enlargement of the Community**.
Commission responsibility: *D-G I (External Relations), Directorate G (2).*
Enquiries: Chancellerie diplomatique, boulevard de l'Impératrice 66, B–1000 Brussels.

Potatoes. Potatoes are not yet covered by the Common Agricultural Policy. Longstanding draft proposals to include them in common market regulations remain before the Council of Ministers. The marketing of seed potatoes is subject to Common Market rules as applied under amended **Directive** 66/403/EEC (OJ 125, 11.7.1966) (*see* **Seeds**).
See also **Agriculture: Common Agricultural Policy**, fig. 1.
National enquiries: *government departments for Agriculture/Fisheries/ Food.*
Commission responsibility: *D-G VI (Agriculture), Directorate E (3).*

Poultry. The sale of poultry for eating is strictly governed by Community legislation on hygiene and water content. Hygiene standards are laid down in amended **Directive** 71/118/EEC (OJ L 55/71), which specifies standards to be observed in slaughterhouses, cutting-up premises and stores, and inspection procedures. The water content in frozen poultry is controlled by amended **Regulation** (EEC) 2967/76 (OJ L 339, 1976), and such standards must be applied for export to countries outside the Community. The Regulation excludes New York dressed (uneviscerated) poultry, in particular the sale of producers' own 'dry-plucked' poultry, usually sold at Christmas. A **proposal** is under consideration to exclude from the full impact of the hygiene Directive small-scale producers, such as those rearing birds for paté de foie gras.
See also **Agriculture: Common Agricultural Policy**, fig. 1; **Animal health and meat inspection**; **Consumer protection**, fig, 3; **Eggs**.
National enquiries: *government departments for Agriculture/Fisheries/Food.*
Commission responsibility: *D-G VI (Agriculture), Directorate D.*
Committees: Advisory Committee on Poultrymeat (OJ L 355, 24.12.1973); Management Committee for Poultrymeat and Eggs (OJ L 282, 1.1.1971).

Poverty. In 1974 the Community adopted a **social policy** programme that listed among its priorities specific measures to combat poverty through a series of pilot schemes (EC Bull., Suppl. 2/74). From 1975 to the end of 1980 about 25 national projects were spread among the nine Community countries, and were aided by up to 50 per cent of costs from the Community **Social Fund**. The aim was to identify the causes of poverty, and to suggest new ways in which it might be combated. The projects covered a wide range, and the Commission itself sponsored four cross-frontier studies. Pending a full evaluation report of the project expected in mid-1981, the Commission produced an interim report detailing progress (Comm. (80)666, 4.11.1980). The Council of Ministers decided however to await the full evaluation before continuing tide-over funding. This was despite requests from the Commission and the European Social and Community Action Program-

me (ESCAP) – an *ad hoc* voluntary organization which brought together at European level a number of project leaders. The cost of the experiment to the Community was 20m **units of account**.
See also **Finance**, fig. 9.
National enquiries: *government departments for Social security.*
Commission responsibility: *D-G V (Employment and Social Affairs), Directorate C.*

Price index. The Community publishes a monthly Consumer Price Index, summarizing and comparing movement in the index prices in Community countries other than Ireland.
See also **Consumer protection**, fig. 3.
National enquiries: *Commission Information Offices.*
Commission responsibility: *Statistical Office, Directorate A (2).*

Processed fruit and vegetables. Regulation (EEC) 516/77 (OJ L 73, 21.3.1977) provides financial aids for listed processed fruit and vegetables (dried, frozen, tinned, concentrates and juices), based on the difference between production prices in the Community and non-EC countries. The list is continually being extended.
See also **Agriculture: Common Agricultural Policy**, fig. 1.
National enquiries: *government departments for Agriculture/Fisheries/Food.*
Commission responsibility: *D-G VI (Agriculture), Directorate E.*

Product liability. National laws of liability for defective products differ, and a draft **directive** to harmonize legislation (OJ C 271, 26.10.1979) still awaits adoption. The Commission proposal places liability on the manufacturer or importer of defective goods, irrespective of fault. The aim is to free the consumer from the burden of proving fault and has been welcomed by consumer organizations. Manufacturers have argued that such legislation would shift the burden too far.
See also **Consumer protection**, fig. 3.
National enquiries: *government departments for Industry/Trade.*
Commission responsibility: *D-G III (Internal Market and Industrial Affairs), Directorate D.*

Proposals. A proposal is a recommendation for action sent by the **European Commission** to the **Council of Ministers**. The Commission finalizes each proposal only after consultation with governments, employers, trade unions or other interested organizations. Before the Council makes any decision, the proposal is referred for opinion to the **European Parliament**, the **Economic and Social Committee** (ESC) and Council Working Groups, and the Commission may amend the proposal accordingly. The proposal is considered by the **Committee of Permanent Representatives** to the European Communities (COREPER) where, in the presence of the Commission, national viewpoints are discussed. If agreement is reached at this official level the proposal again comes before the Council of Ministers where it may be further amended, referred for further consultation or rejected. The proposal may be adopted as a **Decision**, a **Directive** or a **Regulation**, each requiring different levels of implementation under national law.
See **Legislative preparation**, fig. 13; *see also* **European Community**, fig. 7; **Harmonization**; **Official Journal of the European Communities**.

Public opinion polls (Euro-Barometer; Euro-Baromètre). Public opinion polls have been conducted on behalf of the **European Commission** each spring and autumn since September 1973. An identical set of questions is put to different representative samples of the population in each of the Community countries. Regular questions include attitudes to unifying Western Europe, to membership of the European Community, and to the pace of the integration process, with additions as may be appropriate (e.g. attitudes to the European Parliament). National institutes, all members of the European Omnibus Survey, conduct the poll during a prescribed period.
All survey data are stored at the Belgian Archives for the Social Sciences (1 place Montesquieu, B–1348 Louvain-la-Neuve). They are at the disposal of all institutes which are members of the European Consortium for Political Research (Essex), of the Inter-University Consortium for Political and Social Research (Michigan) and of all those interested in social sciences research.
See also **Consumer protection**, fig. 3.

National enquiries: Institutes of the European Omnibus Survey
Belgium: Dimarso/Inra
Denmark: Gallup Markedsanalyse
France: Institut de Sondages Lavialle
Germany: Emnid-Institut
Ireland: Irish Marketing Surveys
Italy: Istituto per le Ricerche Statistiche e l'Analisi dell'Opinione Pubblica (DOXA)
Luxembourg: Institut Luxembourgeois de Recherches Sociales (ILRES)
Netherlands: Nederlands Instituut voor de Publieke Opinie (NIPO)
United Kingdom: Social Surveys (Gallup Poll)
Commission responsibility: *D-G X (Spokesman's Group and Directorate-General for Information).*

Public supply contracts. Since 1978 public supply contracts of 200,000 European **units of account** (EUA) and over must be advertised throughout the Community, in the **Official Journal of the European Communities** (Series S), except for those concerned with transport services, water, energy or telecommunications (OJ L 13, 15.1.1977; OJ L 215, 18.8.1980). Other exceptions include cases of security, for artistic or technical reasons, or where articles are manufactured for research. Tenders must be accepted (subject to proof of competence) from the lowest or otherwise most effective bidder, irrespective of nationality within the Community. Model notices of supply contracts are published in the OJ (Series S); and notices from governments, regional, local or other public authorities must be sent to the Commission Office for Official Publications for publication in the OJ.
An Advisory Committee for Public Contracts (Amended **Decision** 71/306/EEC; OJ L 13, 15.7.1977) assists the Commission in cases of difficulty.
See also **Competition policy**; **Public works contracts**.
National enquiries: appropriate public purchasing authorities.
Commission responsibility: *D-G III (Internal Market and Industrial Affairs), Directorate B*; *Office for Official Publications of the European Communities.*
Committee: Advisory Committee on Public Contracts (OJ L 185, 16.8.1971; OJ L 13, 15.1.1977).

Public works contracts. Directive 71/305/EEC (as amended by Directive 72/277/EEC of 26.7.1972) requires common procedures for advertising and awarding public sector (government, regional and local authorities etc) construction contracts for which the estimated cost is one million **units of account** or more. Exceptions include certain industrial and nuclear installations, transport, water and energy services.
Notices must be sent to the Commission Office for Official Publications for publication in the OJ (Series S). Subject to proof of competence contracts must be awarded either to the lowest price or to the most economic tender, taking into account price, period of completion, technical merit etc.
See also **Competition policy**; **Official Journal of the European Communities**; **Public supply contracts**.
National enquiries: *government departments for Environment*; appropriate public authority.
Commission responsibility: *D-G III (Internal Market and Industrial Affairs), Directorate B.*
Committee: Advisory Committee on Public Contracts (OJ L 185, 16.8.1971; OJ 13, 15.1.1977).

R

Radiation protection programme. *See* **Medical and public health research**; **Nuclear energy**.

Recruitment of Community staff. The **European Commission** recruits for all categories of staff by open competition. Advertisements are carried in the daily and weekly national press when competitions take place. The **Council of Ministers Secretariat**, the **European Parliament** and the **European Court of Justice** carry out their own recruitment in a similar way, but on a smaller scale. Candidates are usually expected to have an adequate knowledge of at least one Community language other than their own. Information Offices can also recruit local 'agents' or staff in countries where they are situated.
National enquiries: **Commission Information Offices**. Commission responsibility: *D-G IX (Personnel and Administration), Directorate A.*

Recycling: paper, tyres and drink containers. In 1978 the member countries agreed a three-year research and development programme (1978–80) OJ L 107, 21.4.1978) for recycling paper and board, as part of the second Environment Action Programme to reduce pollution and conserve natural resources (*see* **Environment**).
In May 1980 the **European Commission** recommended a further programme of action (Comm. (80)237 final of 12.5.1980), approved by the **Council of Ministers** in December 1980, demanding greater use of recycled paper and board, development of new technologies to improve the quality of recycled products, and government-sponsored promotion programmes to make the public and manufacturers aware of the benefits in savings of imported and indigenous resources by using recycled paper.
The Commission is working on further recommendations to encourage the use of returnable drink containers and improved durability and recycling for the rubber content of old tyres.
See also **Environment**, fig. 6; **Finance**, fig. 9; **Recycling: tenders**; **Research**; **Science and technology**.
National enquiries: *government departments for Environment.*
Commission responsibility: *D-G XII (Research, Science and Education), Environment and Raw Materials Programme.*
Committee: Urban and industrial waste recycling (secondary raw materials) (OJ L 293, 20.11.1979).

Recycling: tenders. In November 1979 the Council adopted for a four-year period starting on 1 November 1979, a research and development programme concerned with the recycling of urban and industrial waste (OJ L 293, 20.11.1979). Under the programme the **European Commission** is empowered to invite tenders for contracts involving a Community contribution not exceeding 50 per cent of the cost. The first calls for tenders, published in the Official Journal, went out in February 1980 (OJ C 50, 28.2.1980) and were concerned with experiments in the recycling of household, urban, agricultural and industrial wastes. Other invitations to tender will be concerned with other aspects of waste, such as rubber. Contracts are open to individuals, institutions or an

association of persons or firms operating within the Community. Applications, with details of proposals, should be sent to the Commission, D-G XII, Research, Science and Education Division (Environment and Raw Materials Research Programme); conditions are periodically published in the Official Journal of the European Communities.
See also **Environment**, fig. 6; **Finance**, fig. 9; **Recycling: paper, tyres and drink containers**; **Research**; **Waste**.
National enquiries: *Commission Information Offices.*
Commission responsibility: *D-G XII (Research, Science and Education).*

Reference price. Reference price is similar to **threshold price**, but applies to food and vegetable imports. If such imports enter Community ports below the reference price, **levies** are charged to bring them up to that price; **customs duties** may also be charged. It is also used to describe weighted Community average prices for cattle and representative prices for pigs and pigmeat.
See also **Agriculture: Common Agricultural Policy**, fig. 1; **Beef and veal**; **Pigmeat**.
National enquiries: *government departments for Agriculture/Fisheries/Food.*
Commission responsibility: *D-G VI (Agriculture), Directorate G.*

Regional Fund [European Regional Development Fund (ERDF)]. Community regional policy is designed to help correct regional imbalances within the Community. It is expressed through the ERDF, established under **Regulation** (EEC) 724/75 (OJ L 73, 21.3.1975). Modified legislation was consolidated and new guidelines adopted in 1979 (OJ C 36, 9.2.1979) to provide greater flexibility in the application of the Fund.
The Fund consists of a 'quota' and a 'non-quota' sector. Under the quota sector regions benefiting from the Fund are limited to those already assisted by national governments through their development aid schemes, and grants from the Fund are supposed to supplement, not to replace, national aid. States receive aid in accordance with a periodically adjusted share or quota laid down in the legislation. The Fund can contribute grant aid of 20 per cent of approved investment costs for industrial, craft or service projects, with a maximum equivalent up to 50 per cent of national or regional aid in special circumstances, and subject to a ceiling depending on the number of jobs created or maintained. The national government applies to the Commission which, in consultation with the **Regional Fund Committee**, decides on the amount of aid in accordance with the regulation national quota. Private sector applications for aid from the Fund must be made through the appropriate regional or government departments.
The Fund can also contribute 30 per cent of local or regional costs on infrastructure (road, rail etc) investments of 10 million units of account (EUA) or more, though this grant aid can sometimes be extended to 40 per cent. The Fund also offers aid in the form of a 3-percentage point relief grant on loans from the **European Investment Bank**. Local authority applications must be made through appropriate government departments.
The 'non-quota' sector amounts to five per cent of the Fund's appropriations from the Community **budget** and can be used, subject to approval by the Council of Ministers, for projects outside nationally aided regions, to help finance specific development measures arising from new regional problems caused by economic crisis or the Community's own policies. The first non-quota allocations were agreed in 1980. Aid from the Regional Fund is increasingly co-ordinated with Community assistance from other sources.
See also **European Coal and Steel Community**; **European Investment Bank**; **Farm Fund**; **Finance**, fig. 9; **Industrial policy**, fig. 12; **Social policy**, fig. 16.
National enquiries: *government departments for Industry/Trade.*
Commission responsibility: *D-G XVI (Regional Policy), Directorate B.*
Committees: **Regional Policy Committee** (OJ L 73, 21.3.1975; OJ L 35, 9.2.1979); European **Regional Fund Committee** (ERDF) (OJ L 73, 21.3.1975; OJ L 35, 9.2.1979; OJ C 36, 9.2.1979).

Regional Fund Committee. A committee established under a Council **Decision** of 18.3.1975 (OJ L 73, 21.3.1975) to assist the **European Commission** in examining applications for regional aid and in making allocations from the **Regional Fund**. It

fig. 14 REGIONAL POLICY

aim: to correct regional imbalances within the **European Community**

↓

Regional Fund
- quota assistance – available only to regions already benefiting from national aid
  - percentage of approved investment costs, subject to a ceiling depending on the number of jobs created or maintained
  - infrastructure assistance
  - 3% relief on **European Investment Bank** loans
- non-quota assistance – 5% of the **Regional Fund** is for projects outside nationally aided schemes, in response to economic circumstances or **European Community** policies
- applications are examined by **Regional Fund Committee** or **Regional Policy Committee**

---

is composed of senior national officials and chaired by the Commission. Voting in the Committee is weighted in the same way as for the **Council of Ministers**.
See also **Regional Fund**, fig. 14; **Regional Policy Committee**.
National enquiries: *government departments for Industry/Trade.*
Commission responsibility: *D-G XVI (Regional policy), Directorate B (2).*

Regional Policy Committee. A committee established under a Council **Decision** of 18.3.1975 (OJ L 73, 21.3.1975), to assist the Commission in the operation of the **Regional Fund** with the specific task of examining applications in respect of large infrastructure projects. It also examines regional development programmes and annual information submitted by governments. It examines more general questions of Community regional policy, particularly ways of co-ordinating national, Community and regional policies. It is composed of senior national officials and the Commission, and chaired by one of the former.
See also **Regional Fund**, fig. 14; **Regional Fund Committee**.
National enquiries: *government departments for Industry/Trade.*
Commission responsibility: *D-G XVI (Regional Policy), Directorate B.*

Regulations. Community laws, adopted by the **Council of Ministers** on a **proposal** from the **European Commission**, which are binding on member governments, and therefore on all citizens and organizations. They are the equivalent of a national statute or Act of Parliament and take effect without reference to any national legislation, to which they are superior. Regulations must be published in the **Official Journal of the European Communities** (Series L) before they come into force. Regulations are used widely to lay down detailed rules for the **customs union** and other important sectors of the **Treaty of Rome** and the **Treaty of Paris** such as agriculture, **transport**, aspects of **social policy** and **competition policy**.
See also **Decisions**; **Directives**; **Harmonization**; **Legislative preparation**, fig. 13.

Representative organizations. Apart from official consultative bodies established under the **Treaty of Rome**, such as the **Economic and Social Committee** and the **European Parliament,** specialist multinational lobby groups have established themselves in Brussels to monitor, and where possible to influence, Community policy. They are used both to transmit the views and demands of their members to governments and the **European Commission** and to scrutinize and respond to initiatives and proposals for Community legislation. In general, the Commission consults bodies organized at Community, rather than member-state, level (that is, those representing national organizations of all member states for the area of interest concerned). Most of these Community-wide bodies are represented in Brussels.

Among the largest and best-established Community-wide representing bodies are: (*i*) the **Committee of Agricultural Organizations in the European Community** (COPA), representing farmers (but not farm workers) and including the National Farmers' Union (NFU) in the UK, the Fédération Nationale des Syndicats d'Exploitants Agricoles (FNSEA) in France and the Bauern Verband in Germany; (*ii*) the **Confederation of Industries of the European Community** (UNICE), which includes the Confederation of British Industries in the UK and the Patronat in France; (*iii*) the **Co-ordination Committee for the Textile Industries in the EEC** (COMITEXTIL), representing national textile manufacturers; (*iv*) the European Council for the Chemical Industry Federation; (*v*) the **European Trade Union Confederation** (ETUC); (*vi*) the European Office of Consumer Unions (BEUC), concerned with consumers; (*vii*) the Permanent Conference of Chambers of Commerce and Industry of the EEC. A fuller listing of the organizations represented at Community level, with their addresses, is given in the address section in the Directory of Representative organizations.

These organizations are not the only channel of communication available to interest groups; opinions and questions may also be addressed through national governments and through European Members of Parliament.

See also **European Institutions**, fig. 7; **Legislative preparation**.

National enquiries: *national trades union organizations*; *national employers organizations*; European Members of Parliament; members of the **Economic and Social Committee.**

Community responsibility: *D-G concerned.*

Research. Research programmes conducted or co-ordinated at Community level have advantages in avoiding duplication, reducing costs, and, by common funding, engaging in projects that would be beyond the financial and human means of an individual country. Community involvement in science and technology started in the coal and steel industries under the **Treaty of Paris** establishing the **European Coal and Steel Community** (ECSC). In 1957, with the establishment of the **European Atomic Energy Community** (Euratom), a **Joint Research Centre** (JRC) was set up with its main laboratories at Ispra, Italy, and others in Belgium, the Netherlands and Germany to deal with questions of nuclear energy. A summit conference of heads of government in 1972 gave further political impetus to the question of a purely Community research and development programme, and in January 1974 the **Council of Ministers** adopted four **Resolutions** (OJ C 7, 29.1.1974) setting out the guidelines for a coherent policy of scientific and technological research and of related matters in medicine and the environment (*see* **Science and technology**). The **Committee on Scientific and Technical Research** (CREST) was established with the task of co-ordinating national research and development policies and advising the Council of Ministers and the **European Commission**. The Commission is also assisted by independent scientific experts in the **Committee for European Research and Development** (CERD), and by the **Research and Development Interservice Committee** (CIRD), which co-ordinates the work of the various Directorates-General. In the wider field the Community co-operates with the **Committee on European Co-operation in the Field of Scientific and Technical Research** (COST), composed of Community and other European non-Community members, whose interest covers a wide range of subjects including telecommunications, transport, oceanography and meteorology.

Community research programmes are reviewed periodically and published in the **Official Journal of the European Communities**; annual activities are summarized in the Commission's **Annual Report** on the activities of the European Communities.

Research is carried out in three main ways: (*i*) direct action through the JRC; (*ii*) indirect action managed, co-ordinated and financed in whole or part by the Commission, but undertaken by universities or research institutions in the member countries (such as research on aspects of the environment, energy, nuclear safety, raw materials, scientific and technical information, agriculture and reference materials); (*iii*) concerted action, where member countries agree to exchange information about relevant work within national programmes, but the research itself remains under national control and funding, such as studies on the physical properties of foodstuffs and aspects of public health. The Community meets modest costs of co-ordination.

Besides co-operation within COST, the Community participates in numerous international programmes, such as those undertaken by the International Energy Agency (IEA) and the **Organization for Economic Co-operation and Development** (OECD). Euratom scholarships are also available for scientists wishing to work on research programmes in countries other than their own (enquiries should be directed to *Commission Information Officers*). *See* fig. 15 overleaf.

See also **Aircraft industry**; **Coal and Steel: ECSC financial aid**; **Community Bureau of Reference**; **Energy**, fig. 5; **Euronet Diane**; **Finance**, fig. 9; **Forecasting and Assessment in the Field of Science and Technology**; **Joint European Torus**; **Science and technology**, Table 4.

National enquiries: should be directed to appropriate research organization.

Commission responsibility: *D-G XII (Research, Science and Education).*

Research and Development Interservice Committee (CIRD). Set up in 1975 CIRD is composed of representatives of the different Directorates-General and Services of the **European Commission**, and of the **Joint Research Centre**. CIRD is responsible for research and development. The Committee's task is to ensure flexible and effective co-ordination of scientific and technical research undertaken by the Commission's different departments. It also includes representatives of the **Committee for European Research and Development** (CERD), the **European Coal and Steel Community** Advisory Committee and other research committees.

See also **Committee on Scientific and Technical Research**; **Research**, fig. 15; **Science and technology**.

Commission responsibility: *D-G XII (Research, Science and Education), Directorate B (1).*

Research into European Integration. *See* **University Research**.

Resolutions. Adopted by the **Council of Ministers** on a recommendation from the **European Commission**, resolutions indicate agreement on a principle or intent. They have no legislative or binding force. They are published in the **Official Journal of the European Communities** (Series C).

Resolutions adopted by the **European Parliament** take two forms: (*i*) giving the opinion of the Parliament when called on to consider matters referred to it by the Commission or the Council; and (*ii*) a request for action (for example, on foreign affairs) from the Parliament addressed to the Council or the Commission.

See **Legislative preparation**, fig. 13; *see also* **Decisions**; **Directives**; **Regulations**.

Rhine. As part of its **environment** programme concerned with the quality of water supplies (*see* **Water**), the Community is a signatory (together with France, Germany, Luxembourg, the Netherlands and Switzerland) to the Convention for the Protection of the Rhine against Chemical Pollution, and to the Berne Agreement establishing an International Commission for the Protection of the Rhine against Pollution (**Decision** 77/586/EEC; OJ L 240, 19.9.1977). The general aim is to carry out common research on the origins of Rhine pollution, suggest methods by which the river can be protected, and prepare common protection arrangements. The Convention details a 'black' and a 'grey' list of dangerous and less dangerous substances, on similar lines to Community legislation on **toxic effluent.**

The International Commission consists of four representatives from each signatory country (including the Community), with a Presidency rotated among members every three years. A Technical Secretariat

fig. 15 RESEARCH POLICY

aim: by common funding of Community **research**, to engage in projects that would be beyond the financial and human means of an individual country, and which avoids duplication and thus reduces costs

coherent policy for **science and technology** research, giving priority to the security of energy supplies, protection of the environment, competitiveness of European industry, and the improvement of living and working conditions

- **ENERGY RESEARCH PROGRAMMES**
  - include nuclear energy research under **European Atomic Energy Community** (Euratom) (*see also* **Energy**, fig. 5)
    - **Joint Research Centre** (JRC)
      - direct action research e.g.:
        - super SARA simulation of reactor accident
        - **Joint European Torus** (JET) fusion reactor
- CO-ORDINATION OF NATIONAL RESEARCH and development policies, and provision of advice to the **Council of Ministers** and **European Commission**, is conducted by **Committee on Scientific and Technical Research**
  - **Committee for European Research and Development** (CERD)
  - **Research and Development Interservice Committee** (CIRD)
    - indirect action research, managed, co-ordinated and financed by the **European Commission** but undertaken by other research bodies
    - concerted action research naticnally funded and managed, but closely co-ordinated by the **European Commission** (e.g. **medical and public health research**)

- CO-OPERATION with
  - **Committee on European Co-operation in the Field of Scientific and Technical Research** (COST)
    - telecommunications
    - transport
    - oceanography
    - meteorology
  - international programmes (e.g. International Energy Agency, **Organization for Economic Co-operation and Development** (OECD); European Science Foundation)
- definition of research priorities (**Forecasting and Assessment in the Field of Science and Technology** (FAST)
- summary of research programmes – *see* **Science and technology**
- information
  - **Euronet Diane**
  - **Community Bureau of Reference** (CBR)

has been established in Koblenz.
See also **Environment**, fig. 6.
National enquiries: government departments for Environment of signatory countries.
Commission responsibility: *Environment and Consumer Protection Service.*
Technical Secretariat, Convention for the Protection of the Rhine, Kaiserin-Augusta-Aulagen 15, Postfach 309, D–5400, Koblenz.

Rice. Each year the **Council of Ministers** fixes a **target price** for husked rice and **intervention prices** for paddy rice; these prices are derived from the target price but take into account conversion rates, manufacturing costs and the value of by-products (OJ L 156, 1978). Imports are subject to **threshold prices**, import licences and **levies**, and advance fixing may be suspended for a specific period. Exports may attract **export restitution payments,** but when the rice market is disturbed, an export levy may be introduced in place of the restitution payment. An export levy may also be introduced if there is a shortage within the Community.
See also **Agriculture: Common Agricultural Policy**, fig. 1.
National enquiries: *government departments for Agriculture/Fisheries/ Food.*
Commission responsibility: *D-G VI (Agriculture), Directorate C.*

Right of establishment. *See* **Work and employment**. *See also* **Accountants**; **Agriculture: right of establishment; Architects; Auditors**; **Dental practitioners**; **Doctors**; **Hairdressers**; **Lawyers**; **Midwives**; **Nurses**; **Self-employed**; **Veterinary surgeons**.

Romania. A founder member of the **Council for Mutual Economic Assistance**, Romania has also concluded trade agreements with the Community on **textiles** and other industrial products (*see* **External trade**: *List of Main EEC Agreements with Other Countries,* Table 2). and on **steel**. Romania also benefits from tariff concessions under the Community **Generalized system of preferences**.
Enquiries: Romanian embassies.

Rwanda. Rwanda is one of the **ACP states** and a signatory to the **Lomé Conventions**.
Enquiries: Chancellerie diplomatique, boulevard Saint-Michel 101, B–1040 Brussels.

S

St Helena. St Helena is a UK dependency included in the **Lomé Conventions**.
See also **ACP states**.
Enquiries: Foreign and Commonwealth Office, Downing Street, London SW1 2AL.

St Lucia. St Lucia is one of the **ACP states** and a signatory to the **Lomé Conventions**.

St Vincent and Grenadine. St Vincent and Grenadine is one of the **ACP states** and a signatory to the **Lomé Conventions**.

Sales practices. A draft **directive** (OJ C 127, 1.6.1978) is designed to safeguard the consumer from sales away from business premises that are liable to press customers into buying goods that they do not want. The **proposal** would specifically exclude sales initiated by the consumer, those affecting immovable property, contracts for a value of less than 15 **units of account** (EUA), and foodstuffs and drink (such as bread and milk) delivered by regular roundsmen. Reservations on the proposal have been expressed on behalf of catalogue-based mail order business.
See also **Consumer protection**, fig. 3.
National enquiries: *government departments for Consumer protection.*
Commission responsibility: *Environment and Consumer Protection Service (Promotion of Consumer Interests Directorate).*

San Marino. The Republic of San Marino, though independent, is closely linked with Italy through a long-dating treaty of friendship and co-operation, including a customs union. It is not a member of the **European Community**, but indirectly benefits through the customs union.
Enquiries: Consulates-General.

Sao Tomé Principe. Sao Tomé Principe is one of the **ACP states** and a signatory to the **Lomé Conventions**.

School milk. In May 1977 the Community introduced a school milk subsidy scheme, whereby the Community contributes from the **Farm Fund** to the financing of national government programmes for supplying milk and certain milk products to school children at reduced prices.
The conditions which have to be satisfied in order that the subsidy may be claimed are set out in a series of **Regulations** (1080/77; 1598/77; 1039/78; 1546/78; 2212/79). The essential points are: (*i*) the programme must be drawn up and implemented by the government or by a regional or local authority; (*ii*) those benefiting normally have to be schoolchildren; (*iii*) not more than 0.25 litres of milk (or the equivalent in milk products) per pupil per day qualifies for subsidy; (*iv*) the Community contributes 100 per cent of the **target price**; (*v*) the national government contribution must be at least 25 per cent of that of the Community.
See also **Finance**, fig. 9; **Milk and milk products**.
National enquiries: *government departments for Agriculture/Fisheries/Food.*
Commission responsibility: *D-G VI (Agriculture), Directorate D (1).*

Science and technology. It was agreed by a **Resolution** of the **Council of Ministers** on 14 January 1974 (OJ C 7, 29.1.1974) to establish a coherent policy of scientific and technological research with the aims of: (*i*) eliminating duplication of effort; (*ii*) reducing the cost of national and Community projects; (*iii*) improving their effectiveness; and (*iv*) gradually harmonizing procedures for formulating and implementing scientific policies within the Community. To accomplish this the Community countries agreed to examine and compare their research programmes and objectives. They set up the **Committee on Scientific and Technical Research** (CREST), composed of senior national officials, with the task of co-ordinating national research and development policies and advising the Council and the **European Commission**. The Commission is also advised by the **Committee for European Research and Development** (CERD), composed of independent scientific experts. Links have also been established with the European Science Foundation, a research organization directed towards basic research.

The 1974 Resolution paved the way for a new approach to Community research through direct, indirect or concerted action (*see* **Research**) whereby research could be aided as appropriate from Community funds. On this basis several joint programmes were launched between 1974 and 1977, particularly in the fields of energy and environment. New guidelines for 1977–80 proposed by the Commission (OJ C 187, 5.8.1977) set as priorities for research security of energy supplies, protection of the environment, the competitive power of Community industry at world level, and improvement of living and working conditions (*see* **European Foundation for the Improvement of Living and Working Conditions**). Research covers projects in coal, steel, safety in mines and steel plants through the **European Coal and Steel Community** (ECSC); agriculture; nuclear energy and new sources of energy (*see* **Joint Research Centre**); interchange of scientific and technical information; data-processing; medicine and public health; town planning; social problems; raw materials; water supplies; and climatological forecasting. Summaries of Community research activity are published in the Commission's **Annual Report**; *see also* Table below, *Summary of Community Research*, which outlines the basic programmes.

See **Research**, fig. 15; *see also* **Committee on European Co-operation in the Field of Scientific and Technical Research**; **Community Bureau of Reference**; **Finance**, fig. 9.

National enquiries: *government departments for Education/Science.*

Commission responsibility: *D-G XII (Research, Science and Education).*

Committees: Scientific and Technical Committee (STC) (Article 134, Euratom); Scientific and Technical Research Committee (CREST) (OJ C 7, 29.1.1974).

SUMMARY OF COMMUNITY RESEARCH 1974–8

	OJ ref.	*date*	*page*
Science and Technology policy (general)			
1. Resolutions of 14 January 1974	OJ C 72/2	29.1.1974	1
Co-ordination of national policies and the definition of projects of interest to the Community	OJ C 7/2	29.1.1974	1
European Science Foundation	OJ C 7/5	29.1.1974	4
Initial outline programme of the European Communities	OJ C 7/6	29.1.1974	5
'Europe plus 30'	OJ C 7/7	29.1.1974	6
2. Regulation of 17 September 1974			
Provision of the dissemination of information	OJ L 255/1	20.9.1974	31
3. Resolution of 18 July 1977			
Advisory committees on research programme management (ACPM)	OJ C 192/1	11.8.1977	95

SUMMARY OF COMMUNITY RESEARCH 1974–8 — *continued*

	OJ ref.	*date*	*page*
Agriculture			
Co-ordination of agricultural research	OJ L 182/1	5.7.1974	20
Swine fevers	OJ L 352/46	28.12.1974	35
Animal leucoses, livestock effluents, beef production and plant protein production	OJ L 199/37	30.7.1975	48
Joint Research Centre (JRC)			
1977–80 programme Decision	OJ L 200/4	8.8.1977	89
Nuclear safety	OJ L 200/6	8.8.1977	91
Future forms of energy	OJ L 200/6	8.8.1977	91
Environment and resources	OJ L 200/7	8.8.1977	92
Measurements, standards and reference techniques (metre)	OJ L 200/7	8.8.1977	92
Service and support activities	OJ L 200/7	8.8.1977	92
Energy			
Coal (medium-term research aid programme)	PJ C 60/16	25.5.1974	9
Coal (research and development projects)	OJ C 160/2	30.12.1974	37
Plutonium (recycling)	OJ L 349/61	28.12.1974	34
New forms of energy, conservation of energy, systems analysis (research and development programmes)	OJ L 231/1	2.9.1975	56
New forms of energy (revision of the programme)	OJ L 10/28	13.1.1977	75
Fusion and plasma physics (programme)	OJ L 90/12	3.4.1976	67
Biology, health protection	OJ L 74/32	20.3.1976	61
Nuclear safety	OJ C 185/1	14.8.1975	54
Environment			
Iron and steel industry (control of pollution)	OJ C 92/4	6.8.1974	23
Environment (programme)	OJ L 74/36	20.3.1976	65
Sewage sludge (concerted project)	OJ L 267/35	19.10.1977	107
Radioactive waste	OJ L 178/28	9.7.1975	46
Scientific and Technical Education and Training			
1977–80 programme	OJ L 10/32	13.1.1977	79
Industry			
Community Bureau of Reference (CBR) reference materials and methods	OJ L 74/34	20.3.1976	63
Data-processing (joint projects)	OJ L 223/11	16.8.1976	69
Data-processing (Advisory Committee)	OJ L 223/16	16.8.1976	74
Data-processing (software portability)	OJ L 255/22	6.10.1977	97
Data-processing (support for its use)	OJ L 255/25	6.10.1977	100
Data-processing (high-speed data transmission)	OJ L 255/28	6.10.1977	103
Data-processing (explanatory studies)	OJ L 255/31	6.10.1977	106
Foodstuffs (concerted project)	OJ L 54/25	25.2.1978	126
Textiles	OJ L 111/34	30.4.1975	43
Footwear	OJ L 61/29	5.3.1977	86
Scientific and Technical Information and Documentation (STID)			
Initial plan of action	OJ L 100/26	21.4.1975	39
Council Resolution of 24.6.1971 setting up the STID Committee	OJ C 122/7	10.12.1971	41

continued overleaf

SUMMARY OF COMMUNITY RESEARCH 1974–8 — *continued*

	OJ ref.	*date*	*page*
Raw Materials			
Primary raw materials	OJ L 72/9	14.3.1978	130
Uranium (exploration and extraction)	OJ L 72/12	14.3.1978	133
Public Health			
Safety in mines	OJ C 10/2	14.1.1977	81
Congenital abnormalities (concerted project)	OJ L 52/20	23.2.1978	114
Cellular ageing (concerted project)	OJ L 52/24	23.2.1978	118
Extracorporal oxygenation (concerted project)	OJ L 52/28	23.2.1978	122
Town Planning			
Town planning (concerted project)	OJ L 45/24	16.2.1978	111

Scientific Committee for Food. Created in 1974 (OJ L 136, 1974) and composed of highly qualified scientists, the Committee advises the Commission on all questions concerning the protection of human life and health on food products. It also deals with the composition of foodstuffs, the use of additives, the presence of contaminants, and other relevant matters, and issues periodic reports.
See also **Consumer protection**.
National enquiries: *government departments for Consumer protection.*
Commission responsibility: *D-G III (Internal Market and Industrial Affairs), Directorate A (2).*

SEDOC. Système Européen de Diffusion des Offres et des demandes d'emploi enregistrées en Compensation internationale; *see* **Job information**.

Seeds. Legislation on marketed seeds and seedlings, dating from June 1966, is designed both to improve their quality and to ensure free circulation within the Community provided they conform to the rules on labelling, packaging and certification laid down in a wide variety of **directives** (see codified legislation in OJ C 66/17, 8.6.1974); Directives 79/641/EEC (OJ L 183, 19.7.1979) and 79/692/EEC (OJ L 205, 13.8.1979). The legislation applies to 37 different species of vegetables, and establishes National Lists of vegetable varieties from all Community countries which together form the Community common catalogue, periodically updated.
In order to preserve seeds that for various reasons do not meet the testing standards required for National Lists and the common catalogue, gene banks have been set up in the UK, Germany and Italy to preserve varieties that may have gone out of commercial use. The **European Commission** is involved in research to assess and exploit natural variability for the production of new types of plants and is preparing an inventory of the sources of genes resistant to disease in Community countries.
See also **Agriculture: Common Agricultural Policy**, fig. 1; **Seeds: common catalogue**.
National enquiries: *government departments for Agriculture/Fisheries/Food.*
Commission responsibility: *D-G VI (Agriculture).*
Committees: Advisory Committee on Seeds (OJ L 52, 23.2.1974); Management Committee for Seeds (OJ L 246, 5.11.1971); Standing Committee on Seeds and Propagating Material for Agriculture, Horticulture and Forestry (OJ 125, 11.7.1966).

Seeds: common catalogue. For vegetable seeds amended Directive 70/458/EEC brings together the various national catalogues of vegetable varieties. Only varieties in the common catalogue may be marketed, and in order to be included in the catalogue a variety must be distinct, stable, sufficiently uniform, and meet certain purity and germination standards. The seeds must have national certification involving field trials before inclusion in the common catalogue, which is continually updated and published periodically in the **Official Journal of the European Communities**.

See also **Agriculture: Common Agricultural Policy**, fig. 1; **Fruit and vegetables**; **Seeds**.
National enquiries: *government departments for Agriculture/Fisheries/Food.*
Commission responsibility: *D-G VI (Agriculture).*

Self-employed. Article 48 of the **Treaty of Rome** provides for free movement of workers throughout the Community but in implementing legislation the self-employed were excluded unless they conformed to rights of establishment under Articles 52–58 of the Treaty. They were also denied the right under **Regulations** (EEC) 1408/71 and (EEC) 574/72 to social security benefits to which the employed worker is entitled (*see* **Migrant workers**).
In November 1980 the **Council of Ministers** agreed to include the self-employed in amended legislation, expected to come into force before the end of 1981. This enables the self-employed (subject to minor exceptions) to benefit from equality of treatment with nationals regarding the internal legislation of the Community country in which they work, and to entitlement to social security benefits such as sickness, maternity, invalidity, old age, death, and, under certain conditions, unemployment benefit.
See overleaf for the rules relating to main self-employed occupations.
See **Work and employment**, fig. 18; *see also* **Greece**; **Holiday medical care**.
National enquiries: *government departments for Employment/Labour; government departments for Social security.*
Commission responsibility: *D-G V (Employment and Social Affairs), Directorate D (2), Directorate D (3).*

Senegal. A former signatory to the **Yaoundé Agreements**, now one of the **ACP states** and a signatory to the **Lomé Conventions**.
Enquiries: Chancellerie diplomatique, avenue F. D. Roosevelt 196, B–1050 Brussels.

Seychelles. The Seychelles is one of the **ACP states** and a signatory to the **Lomé Conventions**.
Enquiries: Chancellerie diplomatique, avenue Paul Doumer 60, 75016 Paris.

Sheepmeat. Mutton and lamb were not included in the Common Agricultural Policy (CAP) arrangements until the adoption of Council **Regulation** (EEC) 1837/80 (OJ L 183, 16.7.1980) on 27 June 1980. The new regime came into force on 20 October 1980. It consists of measures designed to guarantee producers' incomes through a mixture of direct payments to producers and (in some areas) intervention to maintain market prices. Import arrangements are based on agreements with major external suppliers to restrict their exports to the Community to given levels in return for a tariff concession.
Basic income support for producers is provided through an annual premium set to compensate for the loss of income when the market falls below a **reference price** set for each of five regions: Italy; France; Denmark, Benelux, Germany; Ireland; UK. In addition two major forms of support may be used: intervention and a variable premium on animals sold for slaughter; these are alternatives and no member country may operate more than one of them in any given marketing year. Further detailed legislation is to be found in OJ L 275 (18.10.1980) and OJ L 276 (20.10.1980).
See also **Agriculture: Common Agricultural Policy**, fig. 1; **New Zealand**.
National enquiries: *government departments for Agriculture/Fisheries/Food.*
Commission responsibility: *D-G VI (Agriculture), Directorate D (2).*
Committee: Management Committee for Sheep and Goats (OJL 183, 16.7.1980).

Shipbuilding. The **European Commission** has warned that unless the Community shipbuilding industry reorganizes and improves its competitiveness it will have difficulties in obtaining new orders against expanding industries of developing countries such as Korea and Brazil, or of state-trading countries such as Poland.
A 1978 **Directive** (OJ L 98, 11.4.1978) was aimed at the co-ordination of aid to shipbuilding within a medium-term strategy of regulated contraction, including adequate social provision and the creation of new jobs for those adversely affected by technological change. Little however has been achieved. Externally the Community has sought co-operation from third-country shipbuilders in cutting

RULES RELATING TO MAIN SELF-EMPLOYED OCCUPATIONS

Occupation	*OJ ref.*
Accountants and self-employed activities in finance and economics	OJ C 115, 1970; OJ C 45, 1971
Agricultural services	OJ C 39, 1969
Agriculture and horticulture	OJ 1, 1965; OJ L 8, 1971
Architects	OJ 239, 1967
Banks and other financial institutions	OJ L 194, 1973
Business services (e.g. enquiry agents advertising agents	OJ 10, 1967
Dental practitioners	OJ L 233, 1978
Doctors	OJ C 146, 1975; OJ L 167, 1975
Eating, drinking and lodging establishments, camp sites	OJ L 260, 1968; OJ L 146, 1969
Engineers	OJ C 99, 1969; OJ C 51, 1970
Film distribution	OJ L 260, 1968
Film industry	OJ 159, 1963; OJ 85 1965
Film production	OJ L 218, 1970
Food, beverage and tobacco manufacture	OJ L 260, 1968; OJ L 146, 1969
Foodstuffs of animal origin and animal foodstuffs – inspection and prophylaxis	OJ C 308, 1978
Forestry, logging	OJ 263, 1967
Hairdressers	OJ C 106, 1971
Insurance agents and brokers	OJ C 14, 1971; OJ L 26, 1977
Insurance other than life assurance	OJ C 228, 1973; OJ L 243, 1975; OJ C 32, 1976; OJ L 5, 1978; OJ C 36, 1978
Journalism	EC Bull., Suppl. 8/64
Lawyers	OJ L 78, 1977
Life assurance	OJ C 27, 1974; OJ L 63, 1979; OJ L 189, 1976
Medical qualifications	OJ L 167, 1975
Midwives	OJ C 18, 1970
Mining and quarrying	OJ 117, 1964
Nurses	OJ L 176, 1977
Opticians	OJ C 155, 1969
Pharmacists	OJ C 54, 1969
Prospecting and drilling for petroleum and natural gas	OJ L 68, 1969
Real estate business (excluding surveying)	OJ 10, 1967
Reinsurance and retrocession	OJ 56, 1964
Retail trading	OJ L 260, 1968; OJ L 146, 1969
Road haulage operators and road transport passenger operators (*see also* **Transport**)	OJ C 279, 1975; OJ L 248, 1977; OJ L 334, 1977; OJ L 25, 1978
Tax consultants and attorneys	OJ C 107, 1971; OJ C 36, 1972
Travel and transport agents	OJ 73, 1966; OJ C 72, 1968
Transport, inland and international	OJ L 308, 1974
Veterinary medicinal products	OJ C 152, 1976
Veterinary medicine (*see also* **Veterinary surgeons**)	OJ L 362, 1978
Wholesale trading	OJ 24, 1961
Wholesale trading in medicinal products	OJ C 54, 1969

production and sharing orders in a regulated way. Within the **Organisation for Economic Co-operation and Development** (OECD) the Community participated in the preparation of general guidelines, approved in May 1976, which provide for an ordered reduction in shipbuilding capacity; it also sought to enter into a bilateral restrictive agreement with Japan.
In 1979 the Commission proposed a 'scrap and build' policy aimed at helping both the shipbuilding and shipping industries (Comm. (79)446 final, 25.9.1979). Under the scheme a Community-established ship-owner would have been eligible for grant aid if, when placing an order for an ocean-going ship, he also sent ships to be scrapped representing twice the tonnage to be built, calculated in terms of compensatory gross register tons (cgrt). The scheme, however, was not adopted.
See **Industrial policy**, fig. 12; *see also* **Competition policy**; **Finance**, fig. 9; **Industry: state aids**; **Regional Fund**; **Social Fund**.
National enquiries: *government departments for Industry/Trade.*
Commission responsibility: *D-G III (Internal Market and Industrial Affairs), Directorate C (4).*

Sierra Leone. Sierra Leone is one of the **ACP states** and a signatory to the **Lomé Conventions**.
Enquiries: Chancellerie diplomatique, avenue de Tervuren 410, B–1150 Brussels.

Silk worms. Amended legislation (**Regulation** (EEC) 845/72; OJ L 100, 27.4.1972) aims to encourage silk worm rearing through the establishment of producer organizations which oblige producers to comply with rules regarding production and marketing. The **Farm Fund** (Guidance Section) reimburses national governments 50 per cent of eligible expenditure.
See also **Agriculture: Common Agricultural Policy**, fig. 1; **Agriculture: production grouping**; **Finance**, fig. 9.
National enquiries: *government departments for Agriculture/Fisheries/Food.*
Commission responsibility: *D-G VI (Agriculture), Directorate B.*

Singapore. Singapore concluded an agreement with the Community on trade in **textiles** in December 1977. It is a member of the **Association of South East Asian Nations** (ASEAN) which concluded a co-operation agreement with the Community in December 1979. *See* **External trade**: *List of Main EEC Agreements with Other Countries,* Table 6 (*b*).
Enquiries: Chancellerie diplomatique, avenue F.D. Roosevelt 198, B–1050 Brussels.

Sluicegate price. Similar to the **threshold price**, the sluicegate price applies to pigmeat, eggs and poultry. Imports of these products below the sluicegate price have **levies** imposed to bring them up to that price.
See also **Agriculture: Common Agricultural Policy**, fig. 1; **Reference price**.
National enquiries: *government departments for Agriculture/Fisheries/Food.*
Commission responsibility: *D-G VI (Agriculture), Directorate G.*

Small businesses. Article 85 of the **Treaty of Rome** prohibits agreements or concerted practices between firms that result in restriction or distortion of competition within the Common Market (*see* **Competition policy**). However, since 1970, small businesses – defined as those with a maximum of 500 employees – have been excluded from the general provisions of the Treaty, provided that the aggregate annual turnover relating to minor agreements does not exceed 50m units of account (EUA), and the combined market share does not exceed five per cent (OJ C 64, 2.6.1970; OJ C 313, 29.12.1977). Many small businesses also benefit from block exemptions allowed under Article 85 for specialized agreements relating to a particular product. Since January 1978 the largest aggregate market share which may be held by firms qualifying for exemption is 15 per cent and the maximum qualifying turnover 300m EUA.
Provided that they meet the required criteria, small firms are eligible for loan assistance from the **European Investment Bank** (EIB) and the **European Coal and Steel Community** (ECSC) through global loans (that is, paid from the Community institution through an approved government intermediary or national financial or credit organization).
The **European Commission** also runs a

Business Co-operation Centre, set up in 1972, to help small and medium-sized companies co-operate to their mutual profit across Community boundaries. The Commission may initiate discussions on this 'matching' of companies where co-operation agreements appear to be of mutual advantage. In addition, subject to certain conditions, the Centre can now put Community firms in touch with suitable firms outside the Community and vice-versa. All services are free.

See also **Coal and steel: ECSC financial aid**; **Competition policy**; **Finance**, fig. 9; **Harmonization**, fig. 10; **Industrial policy**, fig. 12.

National enquiries: *government departments for Industry/Trade.*

Commission responsibility: *D-G III (Internal Market and Industrial Affairs), Directorate F (4); D-G III (Internal Market and Industrial Affairs), Business Co-operation Centre.*

Social Fund [European Social Fund (ESF)]. The Social Fund was established under Article 123 of the **Treaty of Rome** with considerable restrictions on its use. On 1 February 1971 the **Council of Ministers** amended the Treaty and adopted new rules for the Social Fund (Council **Decision** 71/66/EEC, **Regulation** (EEC) 2396/71). These were again modified in December 1977 to take account of rising unemployment in the Community (Council Decision 77/80/EEC, Regulation (EEC) 2893/77), and in 1978 to meet the particular needs of young people under 25 (Regulation (EEC) 3039/78).

The Fund operates under two main budgets designed to assist with training, retraining, or resettlement schemes (Articles 4 and 5 of the 1971 Regulation). There is also a smaller budget to finance studies and pilot schemes.

To be eligible for assistance, a scheme must be wholly or partly financed by public funds and applications to the Commission can only come from governments. In public authority schemes the Fund can meet up to 50 per cent of approved projects; in the case of private projects the Fund may match public authority support. In five regions of high unemployment (Ireland, Northern Ireland, Greenland, French Overseas Territories and the Italian Mezzogiorno) assistance can rise to 55 per cent of costs. In all private schemes an approved public body (government department, local authority, training board) as published periodically in the **Official Journal of the European Communities**, must guarantee the completion of the training operation.

Under Article 4 the Council of Ministers decides from time to time on categories of workers particularly affected by unemployment or underemployment who qualify for aid from the Fund through training, retraining or resettlement schemes. Such categories include agricultural and textile workers, migrant workers and their families, certain handicapped workers, young people under 25 who are either unemployed or seeking work (but who have not just left school), and women over 25 who have lost their jobs, or who are seeking work either for the first time or after a long period of domestic responsibility.

Aid under Article 5, while sometimes overlapping with that under Article 4, is intended to correct more general, long-term problems of unemployment in backward or declining regions, or in industrial sectors affected by technical progress. Certain special categories, however, are eligible for aid through appropriate schemes such as: (*i*) handicapped people who can be helped back to jobs in the open labour market; (*ii*) older workers (usually over 50) obliged to retrain to find a new job: (*iii*) women over 35 taking up a job for the first time; (*iv*) young people under 25 unemployed through lack of qualifications or whose qualifications are no longer in demand; (*v*) workers requiring further technical training because of technical change; (*vi*) workers in certain groups of enterprises in difficulties.

Guidelines for the Management of the Fund for 1981–3 are set out in OJ C 119, 14.5.1980. Aid is not granted in any case for social security and unemployment insurance benefits, medical expenses, capital expenditure, depreciation costs of any capital expenditure for which another Community grant has been obtained, and normal education costs. Applications for grants must be submitted by governments to the Commission by 21 October of the year preceding the year to which they relate, and government departments usually suggest that they should be submitted to them for preliminary approval well before the deadline. Applications forwarded by governments are considered by the Commission in consultation with the

fig. 16 SOCIAL POLICY

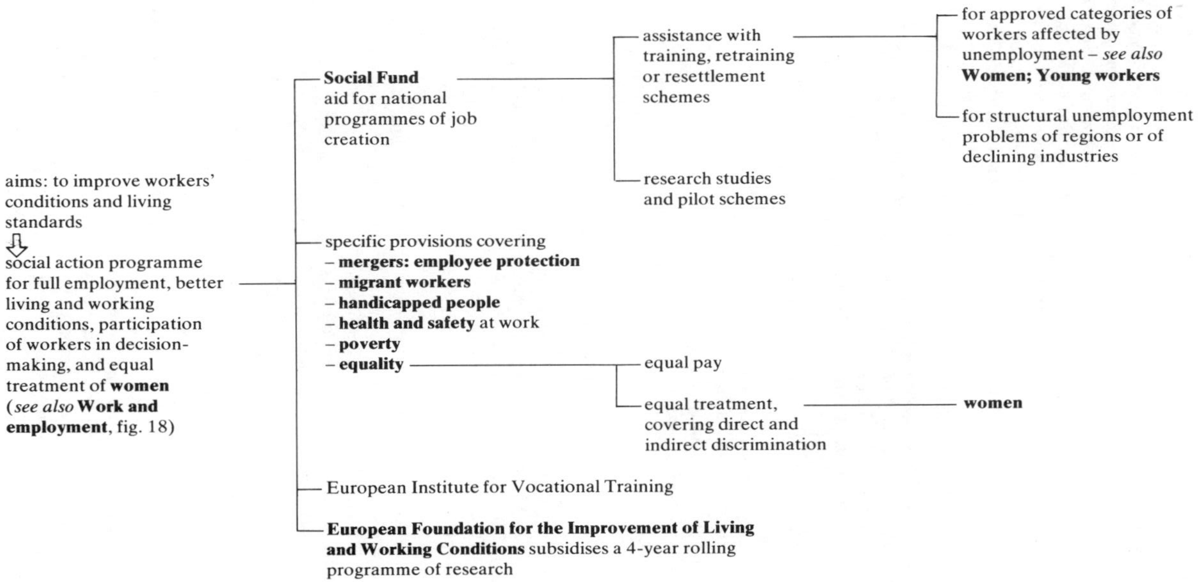

Social Fund Advisory Committee who advise on priorities and allocation of grants from the Fund. Normally the number of applications far outruns the annual appropriation to the Fund from the Community **budget**.
See **Social policy**, fig. 16; *see also* **Finance**, fig. 9; **Regional Fund**; **Social Fund Advisory Committee**.
National enquiries: *government departments for Employment/Labour.*
Commission responsibility: *D-G V (Employment and Social Affairs), Directorate C.*
Committee: Committee of the European Social Fund (Article 124 EEC, OJ 56, 31.8.1960; OJ L 92, 18.4.1968; OJ L 2, 1.1.1973).

Social Fund Advisory Committee. Under Article 124 of the Treaty of Rome, the Committee advises the **European Commission** on the administration of the **Social Fund**, and is composed of representatives of governments, trade unions and employers' organizations.
National enquiries: *government departments for Employment/Labour.*
Commission responsibility: *D-G V (Employment and Social Affairs), Directorate C.*

Social policy. The principles of social policy, aimed at improving workers' conditions and living standards, are laid down in Articles 117–122 of the **Treaty of Rome**. In January 1974 the Council of Ministers approved a Social Action Programme (EC Bull., Suppl. 2/74) concerned to achieve full employment, better living and working conditions, and increased participation of workers in company decision-making. Within the overall programme the **Council of Ministers** has adopted several **Directives** of social importance, such as equal pay and equal treatment for men and women in access to employment; training and working conditions (*see* **Equality**); safeguarding the rights of workers when businesses change hands; improving conditions for **migrant workers** whether moving within the Community or from outside; and help for **handicapped people**. Since 1977 social policy has been directed particularly towards helping the unemployed and the young (*see* **Young workers**).
The European Institute for Vocational Training in Berlin and the **European Foundation for the Improvement of Living and Working Conditions** in Dublin were set up under the Programme. The Commission issues an annual report on 'The Development of the Social Situation in the Community'. Money to implement employment objectives of the social policy comes from the Social Fund.
See **Education**, fig. 4; **Health and safety**; **Social Fund**; **Social Fund Advisory Committee**; **Work and employment**, fig. 18.
National enquiries: *government departments for Employment/Labour*; Annual reports are available from *Commission Information Offices* or from *government publications sales offices.*
Commission responsibility: *D-G V (Employment and Social Affairs).*

Solar energy. Since 1973 the Community has had a modest research programme devoted to solar and related energy sources (**geothermal energy**) undertaken by the **Joint Research Centre** (JRC) at Ispra, or in the form of shared contracts concluded between the **European Commission** and industry, research centres and universities of member countries. A second four-year programme (1979–83) allocates more resources to the development of solar energy (OJ L 231, 13.9.1979), including photovoltaic power generation. Since 1978 the Community has been prepared to offer financial support of up to 40 per cent of the total cost of projects, repayable in part or in full if the installation is commercially successful (Regulation (EEC) 1302/78, OJ L 158, 16.6.1978). Invitations to tender are published periodically in the **Official Journal of the European Communities**; applications should be directed to *D-G XVII (Energy).*
The Community can also contribute financially to the cost of projects concerned with the liquefaction and gasification of solid fuels (**Regulation** (EEC) 728/79, OJ L 93, 12.4.1979).
See **Energy**, fig. 5; *see also* **Coal**; **Energy research programmes**; **Finance**, fig. 9; **Research**; **Science and technology**.
National enquiries: *government departments for Energy.*
Commission responsibility: *D-G XVII (Energy), Directorate C.*
Committees: Solar Energy (OJ C 192, 11.8.1977); Advisory Committee on the Management of Projects for the Exploita-

tion of Solar Energy (OJ L 93, 12.4.1979).

Solomon Islands. One of the **ACP states**, the Solomon Islands are a signatory to the **Lomé Conventions**.

Somalia. Somalia is one of the **ACP states** and a signatory to the **Lomé Conventions**.
Enquiries: Chancellerie diplomatique, avenue F.D. Roosevelt 66, B–1050 Brussels.

South Africa. On 20 September 1977 the Community adopted a Code of Conduct for Community firms in South Africa which stressed the need to recognize and negotiate with black trade unions and ensure that rates of pay were above the poverty line. In addition the Code urged companies to give African employees fringe benefits such as pension schemes, unemployment benefit and medical insurance and to do everything possible to abolish segregation in canteens and workplaces. The effect of the Code in practice remains uncertain.
See also **Namibia**.
Enquiries: Chancellerie diplomatique, rue de la Loi 28, Boîtes 15–16, B–1040 Brussels.

Spain. In 1961 Spain applied for an **Association agreement** with the Community. This led to an industrial free trade agreement limited to the original six founder members (OJ L 182, 1970). Following the restoration of democracy to Spain, the government submitted an application for full Community membership on 28 July 1977. Negotiations are expected to be prolonged.
See also **Enlargement of the Community**.
Enquiries: Chancellerie diplomatique, rue de la Loi 23–27, B–1040 Brussels.
Commission responsibility: *D-G I (External Relations), Directorate G (1).*

Spierenburg Report. *See* **Community reform**.

Sri Lanka. Sri Lanka has trade agreements with the Community regarding **textiles** and hand-made products. *See* **External trade**: *List of Main EEC Agreements with Other Countries,* Table 6 (*a*).
See also **Non-associated states**.
Enquiries: Chancellerie diplomatique, avenue des Arts 21–22, B–1040 Brussels.

STABEX. *See* **Stabilization of Export Earnings**.

Stabilization of Export Earnings (STABEX). Introduced under Lomé I (*see* **Lomé Conventions**) STABEX was aimed at countering at least part of the effects on economics and producers' incomes in the **ACP states** of sudden drops in earnings caused either by fluctuations in world prices or by sharp variations in production due to climatic or other conditions. Under Lomé II the scheme was extended financially (550m units of account (EUA) as against 332m EUA under Lomé I), and the number of products covered by the scheme increased from 34 to 44 covering the bulk of the agricultural commodities that play any significant part in the economies of the ACP countries. The conditions under which the system operates were also improved under Lomé II by lowering the thresholds of dependence on previous exports and relation to earnings over the previous four years, with special concessions to the least developed, landlocked and island countries. STABEX transfers to the least developed countries are made in the form of grants. In other cases they are interest-free loans, the repayments on which go towards replenishing the system's resources.
For details of STABEX and the text of the Lomé II Convention, see 'Lomé II Dossier', *The Courier,* no. 58 (special issue, reprint).
See also **External trade**, fig. 8; **Finance**, fig. 9.
National enquiries: for Dossier apply to *Commission Information Offices*; for other matters consult *government departments for Overseas aid/Development.*
Commission responsibility: *D-G VIII (Development), Directorate B (4).*

Standing Committee on Employment. A Committee created under Council **Decision** 70/532/EEC (OJ L 273, 17.12.1970), whose role is to ensure contact at Community level of employers and workers in the promotion of employment. The Committee meets irregularly to consider business referred to it by the Council of Ministers, which must seek the Committee's opinion before it decides on matters affecting employment.

The Committee consists of Council members (Ministers of Employment etc) or their representatives, the Commission, and equal numbers of representatives from the employer and trade union sides of industry at Community level. Employer representatives are appointed from the **Confederation of Industries of the European Community** (UNICE) (11), the **Committee of Agricultural Organizations in the European Community** (COPA) (4), and the European Centre of Public Enterprises (CEEP) (3). The trade union organizations are represented by the **European Trade Union Confederation** (ETUC) (18) and 3 French trade unions (CGT, CGC and CFTC) (1 representative each).
See also **European Community**, fig. 7; **Tripartite Conference**.
National enquiries: *national trades union organizations*; *national employers organizations.*
Community responsibility: **Council of Ministers Secretariat**, *D-G B, Directorate III.*

Starch. Various **regulations** have provided for production refunds to be granted for certain products used in the manufacture of starch, potato starch and glucose. (These are maize, common wheat, potato starch, maize groats and meal intended for brewing and glucose manufacture, and broken rice also intended for brewing (OJ L 142, 1978).) In 1977 the **European Commission** declared an intention to abolish production refunds covering foodstuffs and animal feed, in four phases commencing in 1978. Following a judgement by the **European Court of Justice** refunds for maize groats and broken rice were reintroduced, and pending a decision by the **Council of Ministers** on general policy for starch products, the production refund system has been extended for a further year.
See also **Agriculture: Common Agricultural Policy**, fig. 1.
National enquiries: *government departments for Agriculture/Fisheries/ Food.*
Commission responsibility: *D-G VI (Agriculture), Directorate C.*

Steel. Measures in response to declining demand were adopted in December 1977, including: (*i*) surveillance measures, requiring member countries to notify the **European Commission** each month of steel imports (OJ L 114, 1977; and OJ L 31, 1979); (*ii*) anti-dumping measures imposing an anti-dumping duty on low-priced steel imports to bring them up to a reasonable minimum (OJ L 353, 1977); (*iii*) fixing of reference prices (minimum, guidance and delivery prices) for production targets with which producers were asked to comply (OJ L 176, 1978; OJ L 370, 1978); (*iv*) agreements with third-country suppliers on pricing and import restrictions.
In December 1978 the **Council of Ministers** approved in principle, but subject to reservations, a long-term plan for the industry (the Davignon Plan) which sought to prohibit national subsidies towards unwanted increased production, to increase Community financial aid for modernization and diversification, and to examine ways of work sharing through reducing the retirement age, reorganizing shift work, reducing the length of the working week and restricting overtime.
By mid-1980, however, voluntary agreements had broken down in face of recession and undercutting of prices, and the Commission declared a state of 'manifest crisis' in the industry under Article 58 of the **Treaty of Paris** (1951). This empowers the Commission, subject to assent by the **Council of Ministers**, to intervene in Community steel industries by enforcing production quotas, accompanied by other measures as may be relevant under Article 74 of the Treaty, such as anti-dumping legislation and import levies. Under OJ L 291 (13.10.1980) the Commission's intervention powers and quotas were expected to operate from 10 October 1980 to 30 June 1981, subject to earlier review if necessary. A report by the **European Coal and Steel Community Consultative Committee** on the first three months of the production quota system found the results satisfactory.
See **Industrial policy**, fig. 12; *see also* **Coal and steel**; **Coal and steel: ECSC financial aid**; **Finance**, fig. 9.
National enquiries: *government departments for Industry/Trade.*
Commission responsibility: *D-G III (Internal Market and Industrial Affairs), Directorate D.*

Stock Exchange: listing particulars. The Sixth Directive on Company Law (OJ L

100, 17.4.1980), adopted by the **Council of Ministers** in March 1980, aims to render equivalent the guarantees offered to investors in the member countries and to give them more protection. It lays down in detail the minimum content of official stock exchange listing particulars. It covers all securities except shares issued by undertakings which are not close-ended, and securities issued by the member countries and regional and local authorities. Listing particulars must be approved by the competent authority and widely published. The Directive is expected to facilitate the quotation of the same shares on several Community stock exchanges.
A Directive adopted in March 1979 (79/279/EEC; OJ L 66, 16.3.1979) co-ordinated the conditions for the admission of securities to such listings; further directives under consideration relate to information to be published on a regular basis by companies whose shares are admitted to official listing (OJ C 29, 1.2.1979), and to co-ordinating requirements regarding the prospectus to be published when securities are offered for subscription or sale to the public (Comm. 80(893), 31.12.1980).
See also **Company law**; **Harmonization**, fig. 10.
National enquiries: *government departments for Industry/Trade.*
Commission responsibility: *D-G III (Internal Market and Industrial Affairs), Directorate D (2).*
Committee: Contact Committee Co-ordinating the Conditions for the Admission of Securities to Official Stock Exchange Listing (OJ L 66, 16.3.1979; OJ L 100, 17.4.1980).

Student handbook. The **European Commission** periodically publishes a handbook for students in higher education (latest edition 1979). The purpose of the book is to assist students who wish to pursue their higher education in another Community country, and contains useful information on the higher education systems in each country; its institutions; types of qualifications obtainable; admission procedures; and addresses for further information and/or application forms.
The handbook is widely distributed to institutions of higher education and to organizations promoting student exchange.
See also **Education**, fig. 4; **Education grants**; **European University Institute**; **University research**.
National enquiries: *government departments for Education/Science*; *Commission Information Offices.*
Commission responsibility: *D-G XII (Research, Science and Education), Directorate A.*

Sudan. Sudan is one of the **ACP states**, and a signatory to the **Lomé Conventions**.
Enquiries: Chancellerie diplomatique, avenue F.D. Roosevelt 124, B–1050 Brussels.

Sugar. Common Market rules passed in 1968 (**Regulation** 1009/67, 18.12.1967) apply to sugar beet production and refineries within the Community. The system differs from other commodities included in the Common Agricultural Policy by introducing limited support price quotas and penalties for overproduction. On a recommendation from the **European Commission**, the **Council of Ministers** fixed an overall quota 'A' for sugar beet production equivalent to expected consumption (9,136,000 tonnes); this quota (basic quantity) is divided among member producing countries who in turn allocate a share to refineries in their territory. Each refinery then allocates a quota to sugar beet producers who are contracted to deliver this quantity to the refinery. Each year the Council fixes a **target price** and an **intervention price** for the 'A' quota and, if market prices fall to the intervention level, refiners can sell to the intervention agencies at the full intervention price.
In addition to the 'A' quota, the Council annually fixes a 'B' quota or 'maximum quantity' for sugar production and refining which is about 27.5 per cent of the basic quantity and additional to it. If refiners and farmers decide to risk higher production to maximum quantity, they must pay a production levy or tax on the 'B' quantity which is passed on to sugar beet farmers, thus reducing the value of the intervention price and acting as a deterrent to overproduction. If refiners produce over the maximum quantity – 'C' sugar – they may not sell this extra sugar to intervention agencies. The Commission may forbid its sale within the Community or place restrictions on its export.
As in the case of beet sugar, producers of

isoglucose are required to pay a levy equal to the arrangements for sugar. In 1979 the Commission proposed the introduction of a basic quota with marketing guarantee, maximum quota and levy on production between basic and maximum levels (Comm. (79)102 final).

In addition to home grown sugar, the Community has an obligation under the **Lomé Conventions** to import about 1.3 million tonnes of cane sugar each year from signatory countries. Prices for these producers are linked to Community internal target prices. Imports of white sugar, raw sugar and molasses from other non-Community countries are subject to **threshold prices** with variable **levies** imposed on entry, as with **cereals**. The Commission may restrict exports by licences and export levies when world prices are above Community levels, while **export restitution payments** may be paid when world prices are low.

Directive 73/437/EEC (OJ L 356/73) defines what is meant by sugars or sugar products for human consumption (such as white sugar, glucose syrup etc) throughout the Community and lays down the relevant composition. A further Directive (79/786/EEC; OJ L 239, 1979) sets out common methods of analysis and testing.

See also **Agriculture: Common Agricultural Policy**, fig. 1; **Consumer protection**, fig. 3; **Harmonization**; **International product agreements.**

National enquiries: *government departments for Agriculture/Fisheries/Food*; *government departments for Consumer protection*; *government departments for Customs and excise.*

Commission responsibility: *D-G III (Internal Market and Industrial Affairs), Directorate A (2)*; *D-G VI (Agriculture), Directorate C.*

Committees: Advisory Committee on Sugar (OJ L 315, 24.12.1973; OJ L 123, 6.5.1974; OJ L 221, 12.8.1974); Management Committee for Sugar (OJ L 359, 31.12.1974).

Summertime. As a first step to avoid possible confusion over different periods for summertime within the Community, agreement was reached in 1980 (with reservations from the British) to harmonize the dates on which summertime commences. In 1981 it will be 1 am 29 March, and in 1982, 1 am 28 March. No agreement was reached on the ending of summertime.

National enquiries: *government departments for Interior/Internal Affairs.*

Commission responsibility: *D-G VII (Transport), Directorate A (4).*

Surinam. Surinam is one of the **ACP states**, and a signatory to the **Lomé Conventions**. A Protocol annexed to the Convention guarantees the country's sugar exports to the Community (*see* **Sugar**).

Enquiries: Chancellerie diplomatique, avenue Louise 379, B–1050 Brussels.

Swaziland. Swaziland is one of the **ACP states** and a signatory to the **Lomé Conventions**. A Protocol annexed to the Convention guarantees the country's sugar exports to the Community (*see* **Sugar**).

Enquiries: Chancellerie diplomatique, rue Joseph II, 71 (5e étage), B–1040 Brussels.

Sweden. Sweden is a founder member of the **European Free Trade Association**.

See also **Committee on European Co-operation in the Field of Scientific and Technical Research**; **Euronet Diane**; **External trade**: *List of Main EEC Agreements with Other Countries,* Table 1.

Enquiries: Chancellerie diplomatique, rond-point Robert Schuman 6, B–1040 Brussels.

Switzerland. Switzerland is a founder member of the **European Free Trade Association**.

See also **Committee on European Co-operation in the Field of Scientific and Technical Research**; **Euronet Diane**; **External trade**: *List of Main EEC Agreements with Other Countries,* Table 1.

Enquiries: Chancellerie diplomatique, rue de la Loi 102, B–1040 Brussels.

Syria. Syria has a co-operation agreement with the Community. Provisions include free access to the Community market for industrial goods and preferential treatment for agricultural products. *See* **External trade**: *List of Main EEC Agreements with Other Countries,* Table 4.

Enquiries: Chancellerie diplomatique, avenue F.D. Roosevelt 3, B–1050 Brussels.

Système Européen de Diffusion des Offres et des demandes d'emploi enregistrées en Compensation internationale (SEDOC). *See* **Job Information**.

T

Tachographs. A tachograph is a combined speedometer and mileage counter fitted with a mechanism that records driving time, speed and distance travelled. Amended Regulation 1463/70 (OJ L 344, 1977) requires the installation and use of a tachograph in most goods vehicles over three-and-a-half-tonnes laden weight, and in larger passenger vehicles with seats for more than nine persons including the driver. The purposes of the tachograph are to ensure effective and impartial enforcement of Community legislation on **driving hours**, and to reduce accidents.
Buses on regular services and public vehicles used by police, fire brigades and refuse collectors do not require a tachograph; neither do certain tractors nor circus transport. After consulting the **European Commission** special exemptions may also be granted for national transport operations or for specialized vehicles such as mobile libraries or shops, or vehicles used for transporting milk.
The Regulation, which is binding in its entirety, was due to come into force throughout the Community in 1978, but because of internal difficulties the UK did not fully comply until 1981.
See also **Transport**, fig. 17.
National enquiries: *government departments for Transport.*
Commission responsibility: *D-G VII (Transport), Directorate A.*
Committee: Committee for the Adaptation to Technical (and Scientific) Progress of the Directives on the Introduction of Recording Equipment in Road Transport (tachographs) (OJ L 334, 24.12.1977)

Taiwan. While not a member of the Multi-Fibre Arrangement (MFA) (*see* **Textiles**), the Community has an autonomous agreement with Taiwan regarding restrictions on trade in textiles as set out in **Regulation** (EEC) 3019/77 (OJ L 357, 31.12.1977).
See also **Footwear**.

Tankers. As part of the Community **environment** programme against **marine pollution** a 1978 **Directive** (79/116/EEC; OJ L 33, 8.2.1979) lays down minimum requirements for certain tankers entering or leaving Community ports. The Directive stipulates that all tankers of more than 1600 gross registered tons (grt) must: (*i*) contact the appropriate authorities of the member country concerned regarding cargo content etc; (*ii*) fill in a check list (the Directive provides a formula); (*iii*) use the services of radar and radio stations; and (*iv*) report any incident which may affect safety at sea. Furthermore, if a member country becomes aware of a hazard for a given sea area, it must warn the other member countries concerned as quickly as possible.
See also **Environment**, fig. 6; **Pilots**; **Transport**, fig. 17.
National enquiries: *government departments for Transport.*
Commission responsibility: *D-G VII (Transport), Directorate A.*

Tanzania. Tanzania is one of the **ACP states** and a signatory to the **Lomé Conventions**. A Protocol annexed to the Convention guarantees the country's sugar exports to the Community (*see* **Sugar**).
Enquiries: Chancellerie diplomatique, avenue F.D. Roosevelt 55, B–1050 Brussels.

Target price. The target price is the basic Common Agricultural Policy price for

each commodity as fixed annually by the **Council of Ministers**. Community policies of price support for farmers are related to these target prices.
See also **Agriculture: Common Agricultural Policy**, fig. 1; **Basic price**; **Guide price**; **Intervention price**; **Reference price**; **Sluicegate price**; **Threshold price**.
National enquiries: *government departments for Agriculture/Fisheries/Food.*
Commission responsibility: *D-G VI (Agriculture), Directorate G.*

Tax policies. The 1971 Resolution proposing the establishment of the **European monetary union** (EMU) (OJ C 28, 27.3.1971) included a number of recommendations for the harmonization of member countries' taxes, including those that affect trade, for influencing capital movements within the Community, and for **duty-free allowances** to private individuals crossing Community frontiers. There has been certain harmonization of **value added tax** (VAT), **customs duties** and **levies**, and of indirect taxes on the raising of capital (Directive 69/335/EEC as amended by Directive 74/553/EEC; OJ L 303, 13.11.1974). These measures are confined to structures and bases of assessment; rates of tax remain the national prerogative. A number of Commission **proposals** await adoption as a corollary of the Sixth Directive on VAT and on harmonized excise duties on **tobacco**, **beer**, **wine** and spirits (OJ C 43, 29.4.1972) and mineral oils (OJ C 92, 21.10.1973).
A **European Commission** report, 'On scope for convergence of tax systems in the Community' (Comm. (80)139 final, 27.3.1980), available from Commission Information Offices provides a description of Community tax policies.
See also **Finance**, fig. 9.
National enquiries: *Commission Information Offices; government departments for Finance; government departments for Customs and Excise.*
Commission responsibility: *D-G XV (Financial Institutions and Taxation), Directorate B.*
Committees: Economic Policy Committee (OJ L 63, 5.3.1974); Committee on the Adjustment of National Taxation Systems relating to Commercial Vehicles (set up January 1970, not published in OJ).

Telematics. Telecommunications and the electronics industry have created one of the fastest growing industrial sectors in the Community. Since 1974 the **European Commission** has been pressing for a Community strategy aimed at relaxing existing constraints between member countries, producing common standards and interoperability of equipment, and rationalizing research and development. This is in order to improve competitiveness and to take advantage of the Community's large consumer market. A step in this direction was agreement on a 1979–83 development programme on data-processing (OJ L 231, 13.9.1979) and a **Regulation** empowering the Commission to offer financial help for projects that promote the aims of the programme (Regulation (EEC) 1996/79; OJ L 231, 13.9.1979). Projected studies include standardization and public procurement, promotional measures concerned with software and applications, and the impact of data-processing on employment and on society generally, as well as problems of confidentiality and data security. The Commission can offer financial aid of up to 100 per cent of a ceiling 100,000 **units of account** (EUA) for certain feasibility studies and up to 50 per cent of the cost of development or pilot projects that fall within the programme. Applications for aid should be made directly to the Commission under the rules laid down in the Regulation.
The Commission is working on a Community strategy for telematics that would include training, common standards, establishment of data banks and creation of a multi-purpose inter-institutional network linking Community industries and the capitals of member countries. It is also examining possibilities for co-ordinating national projects concerned with micro-electronic components (**Resolution** OJ C 231, 13.9.1979)
See **Industrial policy**, fig. 12; *see also* **Euronet Diane**; **Finance**, fig. 9; **Science and technology**, Table 4.
National enquiries: *government departments for Industry/Trade.*
Commission responsibility: *D-G III (Internal Market and Industrial Affairs),*

Directorate B (1).
Committees: Informatics (OJ C 192, 11.8.1977); Advisory Committee for the Management and Co-ordination of Data-processing programmes (OJ L 231, 13.9.1979).

Textiles. The first Multi-Fibre Arrangement (MFA) under the **General Agreement on Tariffs and Trade** (GATT) came into effect on 1 January 1974. It is designed to expand trade in the textile and clothing industry and reduce barriers, and to encourage the progressive liberalization of world trade in an orderly and equitable way, thus avoiding disruption of individual markets and individual lines of production in importing and exporting countries. By the time the first MFA expired at the end of 1977, an upsurge in textile and clothing imports from developing countries, combined with economic recession in the Community, created balance of trade difficulties and began to threaten the competitiveness of the Community's own textile and clothing industries. The Community declared that it would adhere to a new MFA only if bilateral agreements with major textile suppliers to restrict the flow of imports could be obtained. Such agreements were negotiated with over 30 suppliers for four years (1978–81) subject to the conditions laid down in **Regulation** (EEC) 3019/77 (OJ L 357, 31.12.1977), covering 127 categories of textile products and including either quotas or ceilings for particularly sensitive products or a safeguard mechanism to be invoked against sensitive products should the situation require it (*see* 'Sensitive Textile and Clothing Imports' below).
The countries included were: Argentina, Bangladesh, Brazil, Bulgaria, Colombia, Egypt, Guatemala, Haiti, Hong Kong, Hungary, India, Indonesia, Republic of Korea, Macao, Malaysia, Mexico, Pakistan, Peru, Philippines, Poland, Romania, Singapore, Sri Lanka, Thailand, Uruguay, and Yugoslavia (Taiwan is covered by autonomous measures). An agreement on textiles was also concluded with China, and there are informal arrangements with eight countries: Greece and seven countries enjoying preferential agreements with the Community (Cyprus, Malta, Mauritius, Morocco, Portugal, Spain and Tunisia). The restrictive agreements have been largely observed by suppliers, resulting in an average annual increase of 4 per cent by volume over the period, compared with an increase of around 25 per cent in 1973–6.
The MFA lapses on 31 December 1981 and in March 1981 the Commission proposed an extension of the MFA for another five years from the end of 1981, on the grounds that continuing economic recession and low-level demand made it impossible for the Community to revert to unregulated trade in textiles. A major difference from the previous MFA would be the abolition of an overall ceiling of imports, and differentiation between suppliers, so that imports would be stabilized at certain levels according to the degree of a country's development. This should provide the least developed countries with greater opportunities for export to the Community market. In addition, the Commission proposed that there should be a tightening up of MFA rules on fraud. It is also proposed that new arrangements should be negotiated with countries enjoying preferential agreements with the Community.
Meanwhile, the Commission has warned that the reprieve should be used to restructure and modernize the Community textile industry. It is contributing financially to a common research programme in co-operation with the **Co-ordination Committee for the Textile Industries in the EEC** (COMITEXTIL). Subject to certain conditions, the **European Investment Bank** (EIB) can offer financial help to encourage restructuring and efficiency; the **Social Fund** can provide assistance for redundant textile workers.
See also **Competition policy**; **External trade**: *List of Main Agreements with Other Countries* and fig. 8; **International product agreements**.
National enquiries: *government departments for Industry/Trade.*
Commission responsibility: *D-G III (Internal Market and Industrial Affairs), Directorate C (2)*; *D-G I (External Relations), Directorate C (1).*
Committees: Textile Committee (OJ L 365, 27.12.1978); Committee for the Adaptation to Technical (and Scientific) Progress of the Directive on Methods of Textile Analysis (OJ L 173, 31.7.1972).

Sensitive Textile and Clothing Imports

(covered by MFA 1978–81)

Group I

Cotton yarns
Other cotton fabrics
Fabrics of yarns of discontinuous synthetic fibres
Knitted shirts, T-shirts etc
Jerseys and pullovers
Trousers (woven)
Woven blouses
Woven shirts

Group II

Cotton towelling, toilet and kitchen linen of cotton towelling
Knitted gloves
Knitted socks and stockings other than women's stockings of synthetic yarn
Knitted underpants, knickers and briefs
Men's coats and jackets
Men's suits
Men's jackets and blazers
Men's woven underwear other than shirts
Handkerchiefs
Bed linen
Anoraks and windcheaters
Yarn of discontinuous regenerated fibres
Knitted pyjamas
Woven and knitted skirts and dresses
Trousers (knitted)
Women's woven suits
Women's woven underwear
Brassieres

Thailand. In December 1977 Thailand concluded an agreement with the Community on trade in **textiles**. It is a member of the **Association of South East Asian Nations** (ASEAN) which concluded a co-operation agreement with the Community in December 1979. *See* **External trade**: *List of Main EEC Agreements with Other Countries*, Table 6 (*b*).
Enquiries: Chancellerie diplomatique, avenue Louise 130a, B–1050 Brussels.

Threshold price. Part of the price support mechanism of the Common Agricultural Policy, the threshold price is the minimum import price at which supplies of cereals, milk products and sugar from non-Community countries can be delivered at Community ports. The threshold price differs from the **target price** insofar that transport costs are added from the port to the inland destination. If import prices are below the threshold price the difference is made up by agricultural **levies**.
See also **Agriculture: Common Agricultural Policy**, fig. 1; **Basic price**; **Guide price**; **Intervention price**; **Reference price**; **Sluicegate price**; **Target price**.
National enquiries: *government departments for Agriculture/Fisheries/Food.*
Commission responsibility: *D-G VI (Agriculture), Directorate G.*

Tin. *See* **International product agreements**.

Tobacco. Tobacco produced in the Community came within the scope of the Common Agricultural Policy in 1970 (**Regulation** (EEC) 727/70; OJ L 94, 28.4.1970). There is a common system of marketing and intervention when the price falls to 80–90 per cent of the norm price (that is **target price**). The French and Italian tobacco state monopolies have agreed to conform to Community rules. Excise duties on cigarettes have been gradually harmonized in the Community since 1973; the second stage ended on 31 December 1980 (OJ L 303, 31.12.1972; OJ L 338 28.12.1977). In July 1980 the **European Commission** proposed further stages of harmonization (OJ C 264, 11.10.1980). To avoid hiatus pending adoption, the second stage was temporarily extended.
See also **Agriculture: Common Agricultural Policy**, fig. 1.
National enquiries: *government departments for Agriculture/Fisheries/Food*; *government departments for Customs and excise.*
Commission responsibility: *D-G VI (Agriculture), Directorate E (3).*
Committees: Advisory Committee on Raw Tobacco (OJ L 355, 24.12.1973; OJ L 123, 6.5.1974); Management Committee for Raw Tobacco (OJ L 94, 28.4.1970).

Togo. Togo is one of the **ACP states** and a signatory to the **Lomé Conventions**.
Enquiries: Chancellerie diplomatique, avenue de Tervuren 264, B–1150 Brussels.

Tonga. Tonga is one of the **ACP states** and a signatory to the **Lomé Conventions**.
Enquiries: Chancellerie diplomatique, c/o the Ambassador of Fiji, avenue de Cortenberg 66, B–1040 Brussels.

Toxic effluent. A Council **Directive** of 4 May 1976 (OJ L 129, 18.5.1976) aims at halting deterioration of the aquatic environment by banning or restricting present and future discharges of harmful substances, whether into rivers, estuaries, or coastal waters. The Directive establishes water quality standards limiting the amounts (if any) that may be allowed in rivers or seas for the most dangerous substances (mercury, cadmium, DDT etc) set down in a 'black-list'; less harmful pollutants are contained in a 'grey-list' (arsenic, lead, copper, plastics) where dumping hazards tend to be localized and their effects more limited. As new products come on the market these lists are continually revised. A special Directive deals with pollution from the titanium dioxide industry, 'red mud' (OJ L 54, 25.2.1978); it calls for authorization and monitoring procedures for waste disposal and requires Community countries to reduce and then eliminate by 1987 the pollution resulting from the liquid, solid and gaseous wastes from the factories already in operation. Two Directives adopted in 1973 require **harmonization** of national laws governing the production of detergents and ways of measuring the non-solvent substances they contain (OJ L 347, 17.12.1973). A further measure to safeguard underground water sources was adopted in 1979 (Directive 80/68/EEC; OJ L 20, 26.1.1980), prohibiting the discharge of 'black-list' substances and laying down limits for dumping other materials subject to prior authorization from the appropriate authorities. The aim is to avoid both direct pollution by discharge and indirect pollution by seepage through the soil.

A draft directive awaiting approval aims to reduce pollution from paper pulp production (OJ C 99, 2.4.1975), and the **European Commission** is considering further legislation on **pesticides**. The Commission would also like to see a common procedure for evaluating and distributing information on chemicals available on the market, to complement other Community directives on the classification, packaging, sale and use of dangerous substances and preparations.

See also **Dangerous substances**; **Environment**, fig. 6; **Harmonization**; **Marine pollution**; **Waste oils**; **Water**.

National enquiries: *government departments for Environment.*

Commission responsibility: *Environment and Consumer Protection Service.*

Toys. In an effort both to improve safety standards for children's toys and to remove trade barriers, in June 1980 the **European Commission** presented a draft **directive** designed to harmonize safety standards and obligations in the Community (Comm. (80)369, 26.6.1980). While recognizing that it is impossible to insist that all toys should be safe the directive would require that, taking account 'of the use for which toys are normally intended and the reasonably foreseeable misuse children can make of them' they shall 'not endanger the safety or health of children, whether users or others, or any other person'.

See also **Consumer protection**, fig. 3; **Harmonization**; **Non-tariff barriers to trade**.

National enquiries: *government departments for Industry/Trade; government departments for Consumer protection.*

Commission responsibility: *D-G III (Internal Market and Industrial Affairs). Directorate A.*

Transport. Articles 3 (e) and 74–84 of the **Treaty of Rome** provide for the establishment of a Community common transport policy. In November 1979 the **European Commission** published a discussion 'green paper' (Comm. (79)550, 14.11.1979) setting out the options for integration at Community level covering road, rail, air and sea transport in the face of changing demands, and suggesting new priorities and the outlines of an action programme.

The aims of a common transport policy are to ensure free and easy movement of people and goods throughout the Community, but the networks have developed in accordance with national interest, and governments have been reluctant, particularly where state ownership of railways and air services are concerned, to modify transport systems with the Community interest in mind. Co-operation has progressed furthest on road transport where there have been numerous **Directives** on harmonization of standards of vehicle components (brakes, lighting, sound-levels etc; *see* **Harmonization**), but a Commission **proposal** (OJ C 16, 1979) for harmonizing national law regarding a weight limit of 44 tonnes for five-axled articulated or semi-articulated lorries, still awaits adoption. While crossing frontiers

fig. 17 TRANSPORT POLICY

aim: to ensure free and easy movement of people and goods throughout the **European Community**

- road transport
  - **harmonization** of vehicle components, and (pending adoption) of vehicle weight limits
  - facilitation of frontier crossing
  - **driving hours**, driving training, mutual recognition of national qualifications for **driving licences** and for establishing transport businesses
  - heavy vehicle **tachographs**
- rail transport
  - direct international tariffs for coal and steel to facilitate cross-frontier transport
  - uniform costings and comparability of railway accounting systems
- inland waterways
  - mutual recognition of navigation qualifications
- maritime transport
  - **marine pollution** avoidance — **tankers, pilots**
  - monitoring of cargoes and tariffs for traffic through member state ports
  - ratification of UN Convention on Code of Conduct for Liner Conferences
- air transport
  - reduction of **noise** from sub-sonic aircraft.
  - outline policy to encourage efficiency and consumer service
- personal travel
  - **passports**
  - **holiday medical care**
  - **duty-free allowances**
  - **summertime**
  - **holidays**

---

has been made easier for individual travellers, and no authorization is required for tourist buses and coaches, quota Community permits are still required to enable a certain number of long-distance hauliers to carry goods between all member countries without the need to obtain national authorizations for the passage from one country to another (OJ L 358, 1977; OJ L 366, 1978). The allocation of licences was: Belgium – 318, Denmark – 203, Germany – 512, France – 491, Ireland – 60, Italy – 383, Luxembourg – 84, Netherlands – 458, UK – 326, with a 10 per cent increase in the Community quota in 1978.
The Community has also adopted legislation specifying maximum permitted **driving hours** per day and week (OJ L 334, 1977) and requiring installation of the **tachograph** in heavy road vehicles (OJ L 181, 1973). Other Directives lay down minimum levels of training for drivers (OJ L 357, 1976), and provide mutual recognition of national certificates and qualifications so that transporters from one country are able to set up in business in other countries (OJ L 334, 1977). Common acceptance of **driving licences** and the introduction of a Community made driving licence will start to come into effect in 1983.
Almost all railway systems receive a national subsidy, and differences in financing can distort freight and other charges, thus contravening Community **competition policy**. Under the rules of the **European Coal and Steel Community** (ECSC) direct international tariffs were introduced in 1955 for transporting coal and steel by rail to ensure the same price/distance relationship no matter how many national frontiers were crossed (amended **Regulation**, OJ L 347 73). In 1977 and 1978 the Community adopted

measures to assure the comparability of railway accounting systems (OJ L 334, 1977) and uniform costing principles (OJ L 258, 1978).

Since 1976 Community countries have mutually recognized navigating qualifications on inland waterways (OJ L 21, 1976). On maritime transport the main emphasis has been on measures to avoid pollution (*see* **marine pollution**, **tankers**, **pilots**). In 1978 the Community decided to monitor tariffs and cargo of all traffic passing through their ports (OJ L 258, 1978), and in 1979 agreed to ratify the UN Convention on the Code of Conduct for Liner Conferences which aims to allocate a fair share of the traffic of national shipping companies.

Air transport remains very much a national concern, but in 1977 the Council of Ministers accepted an outline common policy for further examination (OJ C 40, 1977), and in 1979 the Commission published another discussion paper ((79) 311 of 6.7.1979) suggesting ways in which Community airline services could be made more efficient and better-adapted to serve the interests of the consumer. A Directive, due to come into effect in 1986, seeks to reduce noise from sub-sonic aircraft (OJ L 18, 24.1.1980) (*see* **Noise**). At the end of 1980 the Commission proposed a 'programme of action' in the field of transport for 1981–3 (Comm. (80)582, 21.10.1980), and submitted a draft regulation (Comm. (80)624, 1980) for an improved and flexible Community interregional air service.

See also **Animal health and meat inspection**.

National enquiries: *government departments for Transport.*

Commission responsibility: *D-G VII (Transport).*

Committees: Advisory Committee on Transport – Committee 83 (Article 83 EEC, OJ 25, 27.11.1958; OJ 102, 29.6.1964); Committee of Government Experts appointed to assist the Commission in carrying out Studies on Transport Costs (OJ 88, 24.5.1965); Advisory Committee on Aids to Transport by Rail, Road and Inland Waterway (OJ L 130, 15.6.1970); Transport Infrastructure Committee (OJ L 54, 25.2.1970); Advisory Committee on Railway Costing (OJ L 258, 21.9.1978); Advisory Committee on Railway Accounts (OJ L 334, 24.12.1977); Road Haulage Tariff Committee (OJ L 334, 24.12.1977); Joint Advisory Committee on Social Problems in Road Transport (OJ 130, 16.7.1965); Joint Advisory Committee on Social Problems in Inland Navigation (OJ 297, 7.12.1967); Joint Advisory Committee on Social Questions in the Railways (OJ L 104, 3.5.1972); Advisory Committee on Restrictive Practices and Dominant Positions in the Transport Industry (OJ L 175, 23.7.1968); Community Transit Committee (OJ L 38, 9.2.1977).

Treaty of Accession [Treaty of Brussels]. The Treaty of Accession was signed on 22 January 1972 by the six members of the Community and Denmark, Ireland, Norway and the UK, marking the Community's first enlargement. Norway later withdrew but the others acceded to the **Treaty of Paris** and **Treaty of Rome** subject to amendments and adjustments agreed in Brussels, and joined the Community on 1 January 1973. The three new members were allowed a transitional period to accomodate to Community law and financing and the Treaty included special arrangements to cover relationships between the enlarged Community and the UK's trading partners in the Commonwealth and the **European Free Trade Association** (EFTA). The Greek Treaty of Accession was signed on 23 May 1979, and Greece joined the Community on 1 January 1981, with a transitional period to 1 January 1986 to accomodate to the main provisions of Community law.

See also **Enlargement of the Community**; **European Community**, fig. 7; **Greece**.

Treaty of Brussels. *See* **Treaty of Accession**.

Treaty of Paris (1951). The Treaty of Paris established the **European Coal and Steel Community** (ECSC), the first of the Community institutions. The founder members were Belgium, France, Italy, Luxembourg, the Netherlands, and Germany. The Treaty aimed to transfer control of the basic materials of war (coal and steel) from individual governments to the ECSC High Authority, assisted by an Assembly, a Council of Ministers and a Court of Justice.

See also **European Community**, fig. 7; **Industrial policy**, fig. 12; **Treaty of Rome**.

Treaty of Rome. Two Treaties were signed on 25 March 1957 in Rome establishing the **European Economic Community** (EEC) and the **European Atomic Energy Community** (EAEC or Euratom). The founder members were Belgium, France, Italy, Luxembourg, the Netherlands and Germany. The Treaties laid down the constitutions and tasks of the Communities.
See **European Community**, fig. 7; *see also* **Budget**, fig. 2; **Industrial policy**, fig. 12; **Merger Treaty; Treaty of Accession; Treaty of Paris**

Trinidad and Tobago. Trinidad and Tobago form one of the **ACP states** and are a signatory to the **Lomé Conventions**. A Protocol annexed to the Convention guarantees the country's sugar exports to the Community (*see* **Sugar**).
Enquiries: Chancellerie diplomatique, rue Montoyer 17–19, B–1040 Brussels.

Tripartite Conference. An annual meeting between the **Council of Ministers** (representing governments) and workers' and employers' organizations which is aimed at providing a forum where these organizations can make more direct contact with Community policy-making on matters of interest to them than is possible within the broader membership of the **Economic and Social Committee**.
See **European Community**, fig. 7.
National enquiries: *national trades union organizations; national employers organizations.*
Commission responsibility: *see* **Standing Committee on Employment**.

Tunisia. Tunisia has a co-operation agreement with the Community which provides free access to the Community market for industrial goods and preferential treatment for agricultural products. *See* **External trade**: *List of Main EEC Agreements with Other Countries*, Table 4.
Enquiries: Chancellerie diplomatique, avenue de Tervuren 278, B–1150 Brussels.

Turkey. Turkey has had an **Association agreement** with the Community since 1963. *See also* **External trade**: *List of Main EEC Agreements with Other Countries*, Table 3 (*a*).
Enquiries: Chancellerie diplomatique, avenue Louise 479, B–1050 Brussels.
Commission responsibility: *D-G I (External Relations), Directorate F (2).*

Tuvalu [formerly Ellice Islands]. Tuvalu is one of the **ACP states** and a signatory to the **Lomé Conventions**.
Enquiries: awaiting representation.

U

Uganda. Uganda is one of the **ACP states** and a signatory to the **Lomé Conventions**. A Protocol annexed to the Convention guarantees the country's sugar exports to the Community (*see* **Sugar**).
Enquiries: Chancellerie diplomatique, avenue de Tervuren 317, B–1150 Brussels.

UNICE. Union des Industries de la Communauté Européenne; *see* **Confederation of Industries of the European Community**.

Union des Industries de la Communauté Européenne (UNICE). *See* **Confederation of Industries of the European Community**.

Union of Soviet Socialist Republics (USSR). The USSR is a founder member of the **Council for Mutual Economic Assistance** (CMEA). Negotiations on a trade agreement between the Community and the Soviet and Eastern European members of the CMEA have been taking place since 1978 but no firm decisions as yet have been made.
Enquiries: USSR embassies.

United Kingdom (UK). A founder member of the **European Free Trade Association**, the UK joined the European Community on 1 January 1973 (*see* **Enlargement of the Community**).
See also: **Budget: net effects on member states**.
Enquiries: Permanent Representative (COREPER), 6 rondpoint Schuman (7e–9e étage), B–1040 Brussels.

United States of America (USA). Since 1958 the Community, through the **European Atomic Energy Community** (Euratom), has had an agreement with the USA for co-operation on the peaceful uses of atomic energy. An agreement in 1977 deals with fisheries off the US coasts.
See **External trade**: *List of Main EEC Agreements with Other Countries*, Table 8.
Enquiries: Chancellerie diplomatique, boulevard du Régent 40, boîte 3, B–1000 Brussels.

Units of account [European units of account (EUA)]. The European Communities (the **European Coal and Steel Community** (ECSC), the **European Economic Community** (EEC) and the **European Atomic Energy Community** (Euratom)) have always used units of account (UA) for their financial activities. The unit is independent of national currencies but linked to them by conversion rates; this enables single common prices to be established for the whole of the Community.
Until 1971 the UA had a gold-based value (gold-parity UA) equivalent to 0.88867088 grams of fine gold. National currencies were converted in relation to this parity, but after 1971 such conversions bore no relation to the real value of national currencies in the world financial market. The Community, therefore, devised a new unit – the European unit of account (EUA) – defined in terms of a 'basket' of the currencies of the member countries. The value of the EUA varies from day to day in any one national currency according to movements in all the exchange rates involved. Rates for the

value of the EUA are published daily in the **Official Journal of the European Communities** and in the national press of each member state.
The EUA is now used for almost all Community purposes (**budget**; **European Investment Bank**; **European Coal and Steel Community**; **Lomé Conventions** etc). The main exception is the Common Agricultural Policy: here the payments retain, in theory, the gold-parity UA conversion rate, but this is offset by **green currencies** and **monetary compensation amounts** to bring currencies into line with the financial market exchange rate.
See also **Agriculture: Common Agricultural Policy**; **European Currency Unit**; **European Monetary System.**
National enquiries: for daily exchange rate see OJ (Series C) available from *Commission Information Offices* and *government publications and sales offices.*
Commission responsibility: *D-G II (Economic and Financial Affairs), Directorate D.*

Unit trusts. In 1976 the Commission published its proposal on co-ordinating laws regarding 'collective investment undertakings for transferable securities (CIUTS)' (OJ C 171, 26.7.1976). The draft directive contains proposals for rules concerning the approval and supervision of CIUTS, their structure and operation, their investment policy and the information to be made available about them. The rules are minimal, leaving each member country free to impose, within certain limits, additional or more restrictive rules. The aim is to provide more uniform safeguards for all savers. In the UK, the authorized unit trust falls within the definition of CIUTS and, while in other member countries investment companies are included, UK investment trust companies are not. No directive is expected before 1981.
See also **Company Law**.
National enquiries: *government departments for Industry/Trade.*
Commission responsibility: *D-G III (Internal Market and Industrial Affairs), Directorate D.*

University research. To encourage university research in the field of European integration the Commission offers annually a limited number of research grants (maximum 180,000 Belgian Francs) to young university teachers at the start of their careers (maximum age 40) who individually or as a team, are doing research work on European integration. Award-holders who do not complete their research must reimburse the amount they have received, but the Commission may also assist with the costs of publishing the work.
See also **Education grants**; **European University Institute**; **Finance**, fig. 9; **Research**.
National enquiries: information and application forms are available from *Commission Information Offices.*
Commission responsibility: *D-G X (Spokesman's Group and Directorate-General for Information).*

Upper Volta. Upper Volta is one of the **ACP states** and a signatory to the **Lomé Conventions**.
Enquiries: Chancellerie diplomatique, place Guy d'Arezzo 16, B–1060 Brussels.

Uruguay. Uruguay has agreements with the Community on trade in **textiles** and hand-made products. *See* **External trade**: *List of Main EEC Agreements with Other Countries,* Table 7.
Enquiries: Chancellerie diplomatique, avenue Louise 437, B–1050 Brussels.

V

Value added tax (VAT). VAT is a turnover or consumption tax payable on goods and services provided by a business. All Community countries operate VAT, although the rate at which the tax is applied differs from one country to another. Such a common tax, however, helps companies operating within the common market, and provides the basis for assessing the VAT element of the **own resources** system for financing the Community **budget**.

VAT legislation is known by numbered **directives**. The First Directive (67/227/EEC; OJ 71, 14.4.1967 and p.14 of OJ Special Edition 1967) established the principle of harmonization of legislation of member countries concerning turnover taxes. The Second Directive (67/228/EEC; OJ 71, 14.4.1967 and p.16 of OJ Special Edition 1967) laid down the structures and procedures for application of the common system of VAT. This was superseded by the Sixth Directive. Initially the **Council of Ministers** had envisaged the Community legislation coming into effect by 1 January 1970 but this date was extended under the Third, Fourth and Fifth VAT Directives to 1 January 1973.

The Decision of 21 April 1970 to introduce the own resources system of financing the budget (including a VAT element), and the enlargement of the Community in 1973 to include the UK, Denmark and Eire, led to further difficulties in reaching agreement on 'the uniform basis of assessment' or bundle of goods and services on which the tax, for Community purposes, would be levied throughout the member countries. Differences were resolved under the Sixth Directive on VAT (77/388/EEC; OJ L 145, 13.6.1977) which defines 'taxable persons' and the transactions (that is supply of goods and services and imports) to which the Community rate, up to a maximum of one per cent, shall apply. Exemptions include postal services, health, welfare and educational services, non-profit making organizations, and certain special services such as insurance and those of small businesses. National VAT rates are not affected by the Sixth Directive formula insofar as whether they are, say, 8 per cent or 40 per cent the Community gets the same share on all designated transactions (for example: if the budget levy is 0.77 per cent where goods carry an 18 per cent levy the national exchequer will retain 17.23 per cent of the tax and 0.77 per cent will accrue to the Community; on goods carrying an 8 per cent VAT rate, 7.23 per cent will be retained nationally and 0.77 per cent will go to the Community). The Eighth Directive (79/1072/EEC; OJ L 331, 27.12.1979) is concerned with the refunding of VAT to firms established in a Community country other than that in which goods and services have been invoiced inclusive of tax; this is of particular application to exhibitors at international fairs and to international carriers in that it makes it possible to accord equal treatment in respect of VAT in areas of trade where such treatment is now very uneven.

Other directives relate to mutual assistance and information in combating indirect (VAT) tax evasion and tax avoidance (79/1070/EEC; OJ L 331, 27.12.1979), and to the use of procedures to enable one member country to recover VAT and other consumption taxes due in another member country (79/1071/EEC; OJ L 331, 27.12.1979).

A draft seventh directive proposes a com-

mon system of VAT to be applied to works of art, collectors' items, antiques, and used goods (OJ C 26, 1.2.1978 and amendment OJ C 136, 31.5.1979; also Comm. (77)735, 6.1.1978 for explanatory memorandum). A draft tenth directive is concerned with the application of VAT to the hiring out of movable tangible property and proposes that the supplier 'shall be deemed to have established his business at the place where the property is at the time it is actually made available to the customer' (OJ C 116, 9.5.1979 and Comm. (79)181, 11.4.1979 for explanatory memorandum).
See **Finance**, fig. 9; *see also* **Budget**, fig. 2.
National enquiries: *government departments for Customs and excise.*
Commission responsibility: *D-G XV (Financial Institutions and Taxation), Directorate B.*
Committee: Advisory Committee on Value Added Tax (OJ L 145, 13.6.1977).

Vanuata [formerly New Hebrides]. Vanuata is one of the **ACP states** and a signatory to the **Lomé Conventions**.

VAT. *See* **Value added tax**.

Vatican City State. The Vatican's relations with Italy are regulated by the Concordat of 1929, which accords complete international sovereignty. The Vatican is not a member of the European Community; however, in November 1970, the first papal nuncio was sent as ambassador to the Community.
Enquiries: Chancellerie diplomatique, avenue des Franciscains 5–9, B–1150 Brussels.

Venezuela.
Enquiries: Chancellerie diplomatique, rue de la Science 9, B–1040 Brussels.

Veterinary surgeons. Since December 1980 veterinary surgeons have been free to practise their profession anywhere in the Community subject to the minimum training requirements and mutual recognition of qualifications as set out in **directives** 78/1026/EEC and 78/1027/EEC (OJ L 362, 23.12.1978). In this case, however, mutual recognition of diplomas does not necessarily imply equivalence in the training covered by such diplomas. Member countries may prescribe that, in addition to formal certificates of training required by the directives, national authorities must provide a certificate stating that the certificates of training are those covered by the directives.
A Council of Ministers Statement (OJ C 308, 23.12.1978) on prophylaxis and the inspection of animal foodstuffs and foodstuffs of animal origin accepts that with regard to these activities member countries should undertake to treat nationals of other member countries as their own nationals. The Directives apply to employed and self-employed veterinary surgeons.
An Advisory Committee on Veterinary Training (Decision 78/1028/EEC) consisting of three experts from each member country, one from the profession, one from a training institution, and one government representative, advises on comparable levels of training throughout the Community. The Council also made a recommendation that the veterinary qualifications of nationals of Luxembourg obtained in a third country should be recognized in all member countries.
See also **Work and employment**, fig. 18.
National enquiries: *government departments for Agriculture/Fisheries/Food; government departments for Employment/Labour;* appropriate professional organizations.
Commission responsibility: *D-G III (Internal Market and Industrial Affairs), Directorate D (5); D-G VI (Agriculture), Directorate B.*
Committee: Advisory Committee on Veterinary Training (OJ L 362, 23.12.1978).

Vietnam. Vietnam participates in various bodies of the **Council for Mutual Economic Assistance** as an observer.
Enquiries: Vietnam embassies.

Virgin Islands. The Virgin Islands are a UK dependent territory covered by the **Lomé Conventions**.
Enquiries: UK Foreign and Commonwealth Office, Downing Street, London SW1A 2AL.

Vocational training. *See* **Young workers**.

W

Waste. As part of its **environment** programme the Community adopted an anti-waste **Directive** in 1975 (75/442/EEC; OJ L 194, 25.7.1975) designed to encourage the prevention, recycling and processing of waste. Governments must ensure that waste is disposed of without endangering human health or harming the environment. A Waste Management Committee was set up in 1976 (OJ L 115, 1.5.1976) composed of two members of the **European Commission** and two experts from each member country. Its task is to supply the Commission with opinions on different aspects of waste management.
Several directives introduce stringent measures for dealing with particular toxic wastes such as polychlorinated biphenyls (PCBs or plastic products) (OJ L 108, 26.4.1976); titanium dioxide (OJ L 54, 25.2.1978) (*see* **Toxic effluent**); **waste oils** (OJ L 194, 25.7.1975); and the management of radioactive waste (OJ L 178, 9.7.1975). In 1978 it was decided to adopt a general Directive on toxic and dangerous wastes (OJ L 84, 31.3.1978), excluding those already covered by Community rules or specifically exempted. The Directive lists 27 dangerous substances selected as requiring priority consideration and the list will be periodically updated. As with other waste legislation the public authorities are required to organize disposal so as to protect human health and safeguard the environment against harmful effects from carriage, treatment, storage and tipping. The prevention, recycling and recovery of waste should be encouraged in order to conserve natural resources, and there is provision for a uniform system of permits for firms operating in this field. In accordance with the Community's 'polluter pays' principle (*see* **Environment**) costs of disposal etc should normally be paid by the polluter.
See also **Environment**, fig. 6; **Marine pollution**; **Recycling: paper, tyres and drink containers**; **Recycling: tenders**; **Waste oils**.
National enquiries: *government departments for Environment.*
Commission responsibility: *Environment and Consumer Protection Service.*
Committees: Waste Management Committee (OJ L 115, 1.5.1976); Concerted Action Committee for the Treatment and Use of Sewage Sludge (OJ L 267, 19.10.1977); Committee for the Adaptation to Technical (and Scientific) Progress of the Directives on Toxic and Dangerous Waste (OJ L 84, 31.3.1978).

Waste oils. Waste oils are estimated to account for about one-fifth of all industrial pollution. A 1975 **Directive** (OJ L 194, 25.7.1975) defines waste oils as any semi-liquid or liquid used product totally or partly consisting of mineral or synthetic oil, including oily residues from tanks, oil-water mixtures and emulsions. Member countries are required to take measures to prohibit any discharge into surface, ground or coastal waters and any dumping or processing which could be harmful or cause air pollution exceeding prescribed limits. They must also take the necessary precautions to ensure the safe collection and disposal of waste, in the latter case by recycling where possible. Private organizations undertaking any of these processes may be subsidized by public authorities.
See also **Environment**, fig. 6; **Marine pollution**; **Toxic effluent**; **Water**.

National enquiries: *government departments for Environment.*
Commission responsibility: *Environment and Consumer Protection Service.*

Water. The aim of Community legislation is to improve the use of available or potential resources, to protect high quality water supplies, and to improve the forecasting of demand. Two **Directives** (OJ L 194, 25.7.1975 and OJ L 229, 30.8.1980) lay down qualitative criteria for surface waters intended for drinking or for human consumption, and from October 1981 verification and testing will be harmonized under Directive 79/869/EEC (OJ L 27, 29.10.1979) which defines methods of measurement relating to the physical, chemical and microbiological content of water.
Another Directive is concerned with the quality of bathing water (*see* **Beaches**). To avoid contamination from pollution the Community has also adopted Directives laying down quality objectives for water intended for fish breeding (OJ L 222, 14.8.1978) and for shellfish breeding (OJ L 281, 10.11.1979).
See also **Environment**, fig. 6; **Marine pollution**; **Rhine**; **Toxic effluent**.
National enquiries: *government departments for Environment.*
Commission responsibility: *Environment and Consumer Protection Service.*
Committees: Concerted Action Committee on the Analysis of Organic Micropollutants in Water (OJ L 311, 4.11.1978); Committees for the Adaptation to Technical (and Scientific) Progress of the Directives on Surface Fresh Water Quality (OJ L 334, 24.12.1977), on the Quality of Fresh Water suitable to Support Fish Life (OJ L 222, 14.8.1978; OJ L 281, 10.11.1979), on Surface Water intended for the Abstraction of Drinking Water (OJ L 271, 29.10.1979), and on Quality of Water intended for Human Consumption (OJ L 229, 30.8.1980).

Western Samoa. Western Samoa is one of the **ACP states** and a signatory to the **Lomé Conventions**.

Whale products. In an effort to help to preserve the whale population the Community adopted a **Directive** in 1980 introducing a system of import licences for all primary whale products, to take effect from 1 January 1982. Products covered include whalemeat, whalebone, non-edible whalemeat and whale oils and fats. Licences will only be granted if products are not to be used for commercial purposes, in effect meaning a ban on whale imports into the Community. The ban will be waived, however, for Greenland eskimos and other aboriginal peoples in the Community for whom the consumption of whale products is an integral part of their culture.
The Community is also expected to accede to the International Convention on the Regulation of Whaling which aims, through the International Whaling Commission (IWC), to ensure conservation and development of whale stocks. Bans on other whale products, such as ambergris and whale hide, may be added to the directive at a later date.
See also **Environment**, fig. 6; **Wildlife**.
National enquiries: *government departments for Environment; government departments for Industry/Trade.*
Commission responsibility: *Environment and Consumer Protection Service.*

Wildlife. As part of its **environment** programme to improve the quality of life, the Community is a signatory to the Berne Convention (1979) of the **Council of Europe** on the conservation of European Wildlife and Natural Habitats, and to the UN-sponsored Bonn Convention (1980), on the conservation of Migratory Species of Wild Animals. Under both Conventions signatories are committed to take administrative and legal measures to safeguard listed endangered species and their habitats.
The Community also has its own legislation on the protection of birds (**Directive** 79/409/EEC; OJ L 103, 25.4.1979). Subject to future amendment it lists 74 species of birds that require full protection against hunting, trapping, egg-collecting or poisoning, and others that can be hunted or sold under strictly limited circumstances. The aim is to maintain hunting as a fair sport for acknowledged game birds while protecting other species.
See also **Environment**, fig. 6.
National enquiries: *government departments for Environment.*
Commission responsibility: *Environment and Consumer Protection Service.*
Committee: Committee for the Adaptation to Technical (and Scientific) Progress of the Directives on the Conservation of Wild Birds (OJ L 103, 25.4.1979).

BIRDS

PROTECTED SPECIES

(Under Community Directive 79/409/EEC)

Whooper swan	White stork	Peregrine
Bewick's swan	Spoonbill	Eleonora's falcon
Barnacle goose	Glossy ibis	White-backed woodpecker
White-headed duck	Greater flamingo	Snowy owl
Pin-tailed sandgrouse	Cormorant (continental race)	Eagle owl
Slender-billed gull	Purple gallinule	Leach's petrel
Audouin's gull	Great bustard	Storm petrel
Gull-billed tern	Little bustard	Cory's shearwater
Roscate tern	Crane	Corsican nuthatch
Sandwich tern	Bonelli's eagle	Bittern
Common tern	Booted eagle	Black stork
Arctic tern	White-tailed eagle	White-eyed pochard
Little tern	Egyptian vulture	White-fronted goose (greenland race)
Great snipe	Bearded vulture	Kite
Dotterel guignard	Black vulture	Golden plover
Avocet	Griffon vulture	Wood-sandpiper
Black-winged scilt	Honey buzzard	Collared pratincole
Red-necked phalarope	Black kite	Black tern
Stone curlew	Montagu's harrier	Short-eared owl
Great northern diver	Hen harrier	Kingfisher
Night heron	Marsh harrier	Black woodpecker
Little egret	Golden eagle	Blue-throat
Great white heron	Osprey	Barred warbler
Squacco heron	Short-toed eagle	Dartford warbler
Purple heron	Lanner falcon	

SPECIES THAT CAN BE HUNTED THROUGHOUT THE COMMUNITY

Greylag goose	Pintail	Partridge
Bean goose	Shoveler	Pheasant
Canada goose	Pochard	Snipe
Mallard	Tufted duck	Jack snipe
Teal	Red grouse	Woodcock
Gadwall	Ptarmigan	Coot
Wigeon	Red-legged partridge	Woodpigeon
Garganey	Rock partridge	Rock dove

SPECIES THAT CAN BE HUNTED IN CERTAIN STATES

Eider	Collared turtle dove	Black-tailed godwit
Red-breasted merganser	Turtle dove	Bar-tailed godwit
Goosander	Stock dove	Sported redshank
Wild turkey	Water tail	Redshank
Quail	Lapwing	Hazel hen
Moorhen	Oystercatcher	Red-crested pochard
Greenshank	Blackbird	Ruff/Reeve
Knot	Brent goose	White-fronted goose
Black grouse	Mute swan	Pink-footed goose
Capercaillie	Greater black-backed gull	Scaup
Barbary partridge	Lesser black-backed gull	Long-tailed duck
Golden plover	Herring gull	Velvet scoter
Mistle-thrush	Common gull	Common scoter
Fieldfare	Black-headed gull	Golden eye
Song-thrush	Curlew	Grey plover
Redwing	Whimbrel	Skylark

SPECIES THAT CAN BE SOLD THROUGHOUT THE COMMUNITY

Mallard	Woodpigeon	Red-legged partridge
Partridge	Red grouse	Barbary partridge
Pheasant		

SPECIES THAT CAN BE SOLD AT THE REQUEST OF A MEMBER STATE

Tufted duck	Capercaillie	Pochard
Pintail	Greylag goose	Wigeon
Ptarmigan	Eider	Teal
		Coot

SPECIES UNDER STUDY

Shoveler	Jack snipe	Scaup
Woodcock	Black grouse	Common scoter
Snipe	Golden plover	White-fronted goose

Wine. In order to encourage intra-Community trade the six EEC founder members in 1970 adopted legislation aimed at defining wine and fixing certain prices to regulate production. Annually in December the **Council of Ministers** decides upon a fixed **guide price** for wine sales in the subsequent year; the guide price is based on average market prices recorded for the preceding two years and is expected to provide farmers with a reasonable return for their produce. The Council also fixes an activating price; when the market price drops to this level certain intervention measures are triggered, the net effect of which is to withdraw wine from the market, and thus boost prices. The much-amended original legislation was consolidated in 1979 in **Regulation** (EEC) 337/79 (OJ L 54, 1979; see also amending legislation OJ L 195, 29.7.1980). This lays down the rules for a common market in wine and covers composition, strength, labelling, aid for storage and trade with third countries. It also lays down rules for controlling production and planting of vines in order to maintain quality and avoid wine lakes.

See also **Agriculture: Common Agricultural Policy**, fig. 1; **Consumer protection**, fig. 3.

National enquiries: *government departments for Agriculture/Fisheries/Food.*

Commission responsibility: *D-G VI (Agriculture), Directorate E (2).*

Committees: Advisory Committee on Wine (OJ L 355, 24.12.1973; OJ L 11, 14.1.1978); Management Committee for Wine (OJ L 54, 5.3.1979).

Women. The Social Action Programme (*see* **Social policy**) stressed the need to give women equal opportunities in Community countries. Article 119 of the **Treaty of Rome** endorsed the principle that men and women should receive equal pay for equal work and three Community **Directives** have required: (*i*) national governments to ensure that the principle of equal pay is implemented; (*ii*) that there shall be no sex discrimination on access to training and employment; and (*iii*) that in important sectors social security benefits must be applied equally to women and men (*see* **Equality**). Following the first Community-sponsored Conference on women and equality in Manchester in May 1980 the **European Commission** indicated that it was considering further directives on taxation, parental leave and work sharing, which would offer greater opportunities for women in all these fields.

Since 1 January 1978 money from the **Social Fund** has been available to help women over 25 to participate in training programmes for both traditional and non-traditional jobs after a gap in their working careers because of family responsibilities or because they failed to gain suitable qualifications at an earlier age.

Community aid depends on government application and up to 1980 few governments had availed themselves of Community help. A Commission Memorandum in 1975 on 'Equality of Treatment between Men and Women Workers' (Comm. (75)36 of 12.2.1975) stressed the need for change in educational attitudes towards women, in particular on non-discriminatory guidance in the choice of careers and a Resolution adopted by the **Council of Ministers** in 1976 (OJ C 308, 30.12.1976) called for the implementation, before 1980, of special actions 'to ensure equal educational opportunity for girls'.
In 1976 the Commission set up a Bureau for Questions affecting Women's Employment, with the aim of working at Community level to achieve equal treatment for women and men at work. Within the Commission D-G for Information (D-G X) the Information Service for Women's Organizations and Press also seeks to keep women better-informed about how women in all Community countries deal with problems of common interest. It publishes a journal, *Women of Europe*, in all the Community languages (available free) which offers a summary of women's activities in each country.
The Commission has published a number of surveys such as 'Women and Men of Europe in 1978 – A Survey of the Socio-political attitudes in the Countries of the European Community' (*Women of Europe*, suppl. no.3). Other publications include 'Women and the European Social Fund' (*Women of Europe*, suppl. no.10) and 'Women and the European Community – Community Action and Comparative National Situations' (1979), which describes Community activity on behalf of women, demonstrates differences between countries, and provides a set of reference texts and documents.
See **Social policy**, fig. 16; *see also* **Finance**, fig. 9; **Work and employment**.
National enquiries: each Community country has a different organization for dealing with questions affecting women:
Belgium: Commission du Travail des Femmes, Ministère de l'Emploi et du Travail, 51–53 rue Belliard, B–1040 Brussels
Denmark: Ligestillingsradet, Frederiksgade 21, DK–1265 Copenhagen K
France: Comité du Travail Féminin, 1 place de Fontenoy, 75007 Paris
Germany: Bundesministerium für Jugend, Familie und Gesundheit, Kennedy-Allee 105–107, D–5300 Bonn
Ireland: Employment Equality Agency, Davitt House, Mespil Road, Dublin 4
Italy: Ministerio del Lavoro e della Previdenza Sociale, via Flavia 6, Rome
Luxembourg: Comité du Travail Féminin, Schifflange, 28 Chemin Vert, Luxembourg
Netherlands: Ministerie van Cultur, Recreatie en Maatschappelijk Werk, Steenvoordelaan 370, NL–2285VL Rijswijk (ZH)
United Kingdom: Equal Opportunities Commission, Overseas House, Quay Street, Manchester M3 3HN
Commission responsibility: *D-G V (Employment and Social Affairs), Directorate B (4)*; *D-G X (Spokesman's Group and Directorate–General for Information), Directorate A*; publications available from *Commission Information Offices* or from the *Office for Official Publications of the European Communities.*

Wool. Wool is treated as an industrial product in the Community and there is no system of support prices or duty on wool imports into the Community.
See also **Agriculture: Common Agricultural Policy**, fig. 1.
National enquiries: *government departments for Industry/Trade.*

Work and employment. Article 48 of the **Treaty of Rome** provides for free movement of workers throughout the Community, and no discrimination based on nationality regarding employment, remuneration, and other conditions of work, except for employment in the public service (*see* **Migrant workers**). This right, however, is limited mainly to manual workers (Regulation (EEC) 1612/68). Those wishing to pursue professions, set up companies, or those who are **self-employed**, must conform to the rules stemming from Articles 52–58 of the Treaty on the 'right of establishment'. Such legislation, based on mutual recognition of qualifications, applies to **doctors**, **dental practitioners**, **nurses**, **midwives**, **veterinary surgeons** and, to a more limited extent, **lawyers**. Similar legislation covering **architects**, **accountants** and **hairdressers** still awaits adoption.

fig. 18 WORK AND EMPLOYMENT

- aim: free movement of workers throughout the Community (*see also* **Social policy**, fig 16 – to improve workers' living and social conditions)
  - NO DISCRIMINATION on grounds of nationality except for employment in the public service
  - specific provisions to aid free MOVEMENT, directed mainly at manual workers
    - **migrant workers**
    - **foreign workers**
    - published guides on social security entitlements
    - Community-wide **job information** centre (SEDOC)
    - aid for **exchange visits** among **young workers**
  - RIGHT OF ESTABLISHMENT for professionals and the **self-employed**, based on mutual recognition of qualifications (*see also* **Harmonization**, fig. 10)
    - including: **accountants**, **architects**, **dental practitioners**, **doctors**, **hairdressers**, **lawyers**, **midwives**, **nurses**, **veterinary surgeons**, agriculture, forestry, horticulture (*see* **Agriculture: right of establishment**)
  - freedom of CORPORATE ESTABLISHMENT to encourage Community-wide co-operation (*see* **Harmonization**, fig. 10)
    - **worker participation: company assets**
    - **worker participation: company structure**
    - qualifications of **auditors**
    - **mergers**
    - **mergers: employee protection**
    - **bankruptcy**

While there is no specific legislation affecting businesses, the **European Court of Justice** has ruled that a member state is obliged to refrain from applying any law, regulation or administrative practice which might discriminate against an individual from another member country wishing to set up in business.
See also **Company law**; **Harmonization**, fig. 10; **Health and safety**; **Job information**; **Social policy**, fig. 16.
National enquiries: *government departments for Employment/Labour*, appropriate professional organizations.
Commission responsibility: *D-G III (Internal Market and Industrial Affairs), Directorate D (1), Directorate D (2)* [both concerned with Company law], *Directorate D (5)* [concerned with mutual recognition of diplomas].
Committees: Technical Committee on Free Movement of Workers (OJ L 257, 19.10.1968); Advisory Committee on Free Movement of Workers (OJ L 257, 19.10.1968); Standing Committee on Employment (OJ L 273, 17.12.1970; OJ L 21, 28.1.1975).

Worker participation: company assets. At the request of the **Tripartite Conference** the Commission produced in 1979 a discussion guide (EC Bull., Suppl. 6/79) setting out the aims, main problems and fundamental choices involved in implementing a harmonized Community policy of worker shares in company wealth. The Bulletin provides detailed information of existing or prospective schemes in Community countries and gives a useful summary of the options.
See also **Company law**; **Work and employment**, fig. 18.
National enquiries: *government departments for Industry/Trade.*

Commission responsibility: *D-G III (Internal Market and Industrial Affairs), Directorate D.*

Worker participation: company structure. In 1972 the **European Commission** proposed a two-tier system of control for companies. A management board would decide on day-to-day matters, and a supervisory board would decide overall strategy. Employee representatives would sit on the supervisory board (**Company law**, 5th draft directive, OJ C 131, 13.12.1972). After difficulties over a definition of uniform guidelines, the Commission revised its proposals in a discussion document in 1975 (EC Bull., Suppl. 8/75). These proposals were rejected by the European Parliament in April 1980, and the Commission is reviewing the matter.

See also **Company law**; **Work and employment**, fig. 18; **Worker participation: company assets**.

National enquiries: *national trades union organizations*; *national employers organizations*; *government departments for Industry/Trade.*

Commission responsibility: *D-G III (Internal Market and Industrial Affairs), Directorate D.*

Y

Yaoundé Agreements. There were two Yaoundé Conventions: Yaoundé I was signed in 1963, and Yaoundé II in 1969. Both conventions were concerned with relations between the Community and former French, Belgian, Dutch and Italian colonies who wanted to continue their association with the Community after their independence.
The Conventions provided for the duty-free entry for certain exports from the developing countries, including the output of infant industries, a similar arrangement for exports from the Community into most of the countries, and the creation of a European **Development Fund** for these associated countries.
Following enlargement of the Community in 1973, and the entry of British Commonwealth countries, the Yaoundé Agreements were replaced by the **Lomé Conventions**.
See also **External trade**, fig. 8.

Yemen Arab Republic.
Enquiries: Chancellerie diplomatique, Kraterstrasse 7, D–5300 Bonn-Bad Godesberg.

Young workers. Rising unemployment among young workers in the late 1970s caused increasing concern in all Community countries. Although the remedy was a matter for national governments, the **Council of Ministers** approved amendment of the rules governing the European **Social Fund** to allow Fund aid towards national programmes, for a two-year period, designed to help to create jobs fulfilling a public need (**Regulation** (EEC) 3039/78, OJ L 361, 23.12.1978). Some 56,000 young people had been helped when the scheme ended in 1980, and it was renewed for a further period.
The Fund also contributes up to 50 per cent of the cost of approved training projects for young people under 25 (up to 55 per cent in regions of high unemployment). Priorities for help in 1981–3 (OJ C 119, 14.5.1980) set out in 'Guidelines for the Management of the European Social Fund', are job seekers in deprived areas such as Greenland, the French Overseas Departments, Ireland, Northern Ireland and the Mezzogiorno, and those within a list of regions drawn up by the Commission particularly affected by youth unemployment. Help from the Social Fund is only available on application from governments.
A Commission Decision of 22.10.1975 proposed the establishment of the European Vocational Training Centre with headquarters in Berlin (OJ L 279, 1975).
A 1979 Council **Resolution** (OJ C 1, 5.1.1980) recommended guidelines to member governments for linking work and training for young people (alternance) which would enable them to combine training and practical working experience. The aim is to provide not only for vocational skills but also for a broader education to help the young worker adapt to change and new jobs. Money from the Social Fund can help with pilot schemes and the co-ordination of experience. To help them gain a wider experience of life and work in other Community countries the Community contributes towards the cost of **exchange visits** for young workers.
See **Social policy**, fig. 16; *see also* **Finance**, fig. 9; **Work and employment**, fig. 18.

National enquiries: *government departments for Employment/Labour.*
Commission responsibility: *D-G V (Employment and Social Affairs), Directorate B (2).*
Committee: Advisory Committee on Vocational Training (OJ 63, 20.4.1963).

Yugoslavia. Since 1970 Yugoslavia has had a trading agreement with the Community and also benefits under the Community **Generalized System of Preferences** (GSP). Negotiations on a new agreement started in February 1978; it was finally signed on 25 February 1980, offering improved preferential access of Yugoslav products to the Community market and financial assistance of 200m **units of account** (EUA) to Yugoslavia over five years in the form of low interest loans from the **European Investment Bank** (EIB) to finance development projects (*see* **External trade**: *List of Main EEC Agreements with Other Countries,* Table 3 (*b*).
Yugoslavia concluded an agreement with the **Council for Mutual Economic Assistance** in 1964 whereby she would be able to participate in some of its activities.
Enquiries: Chancellerie diplomatique, avenue Louise 250, boîte 250, B–1050 Brussels.

Z

Zaire. Zaire is one of the **ACP states** and a signatory to the **Lomé Conventions**.
Enquiries: Chancellerie diplomatique, rue Marie de Bourgogne 30, B–1040 Brussels.

Zambia. Zambia is one of the **ACP states** and a signatory to the **Lomé Conventions**.
Enquiries: Chancellerie diplomatique, rue Froissart 89–93, boîte 7, B–1040 Brussels.

Zimbabwe [formerly Rhodesia]. Following independence in April 1980, the Zimbabwe government applied to join the **ACP states** and became a signatory to the **Lomé Conventions** on 4 November 1980. Pending ratification by the Zimbabwe and Community parliaments in 1981, a special trade agreement allowed Zimbabwe to benefit from concessions under the Lomé Convention from 1 January 1981, including preferential treatment on limited exports of beef, veal and sugar.
Enquiries: representation awaited.

ADDRESS SECTION

DIRECTORY OF THE MEMBERS OF THE EUROPEAN PARLIAMENT

The following list of the European Members of Parliament is arranged in alphabetical order by country. European MPs are given in alphabetical order by their surnames. Each entry consists of the MP's name; the political party of his own country; the political group of the European Parliament; the committee(s) of which the MP is a member; the address and telephone number of the MP. The abbreviations for the political parties of each country are given at the beginning of the list for that country. The abbreviations for the political groups of the European Parliament are as follows:

CDI	Group for the Technical Co-ordination and Defence of Independent Groups and Members
COM	Communist and Allies Group
Dep	Group of European Progressive Democrats
ED	European Democratic Group
L	Liberal and Democratic Group
NI	Non-attached
PPE	Group of the European People's Party (Christian democratic Group)
S	Socialist group

BELGIUM

(*abbreviations of political parties*)

S.P.	Socialistische Partij
P.S.	Parti Socialiste
C.V.P.-E.V.P.	Christelijke Volkspartij (Europese Volkspartij)
P.S.C.-P.P.E.	Parti social-chrétien (Parti Populaire Européen)
F.D.F.-R.W.	Front démocratique des Francophones (Rassemblement Wallon)
P.R.L.	Parti des reformes et de la Liberté
P.V.V.-E.L.D.	Partij voor vrijheid en vooruitgang (Europese Liberalen en Demokraten) Volksunie
V.U.	Volksunie

Breyer de Ryke, Luc. P.R.L.; L; Committee on Youth, Culture, Education, Information and Sport; Delegation to the Joint Parliamentary Committee of the EEC–Greece Association; 19a avenue du Gui, B–1180 Brussels (374–30–70)

Colla, Marcel G.B. S.P.; S; Committee on Budgets; Committee on Budgetary Control; ter Rivierenlaan 17, B–2100 Deurne ((031) 24–95–24)

Coppieters, Maurits P.-A. V.U.; CDI; Committee on Youth, Culture, Education, Information and Sport; Meesterstraat 161, B–2770 Nieuwekerken-Waas (Sint Niklaas-Waas) ((031) 76–57–64)

Croux, Lambert V.J. C.V.P.-E.V.P.; PPE; Committee on Energy and Research; Stationsstraat 19, B–3820 Alken ((011) 312–537)

Damseaux, André R.J.-M.M.-A. P.R.L.; L; Political Affairs Committee; 30 rue des Hougnes, B–4800 Verviers ((087) 22–11–67)

De Clercq, Willy Cl.E.H. P.V.V.-E.L.D.; L; Committee on External Economic Relations; Cyriel Buyssestraat 12, B–9000 Ghent ((091) 22–59–47)

De Gucht, Karel L.G.E. P.V.V.-E.L.D.; L; Legal Affairs Committee; O.L. Vrouwstraat 35a, bus 6, B–9370 Lebbeke ((052) 21–82–98)

De Keersmaeker, Paul, Ph.M.H. C.V.P.-E.V.P.; Committee on Transport; Broekstraat 4, B–1703 Kobbegem (Asse), ((02) 452–60–80)

Delmotte, Fernand L. P.S.; S; Committee on Regional Policy and Regional Planning; 44 chemin du Foubertsart, B–7860 Lessines ((068) 33–29–89)

Deschamps, Pierre M.L.L.C. P.S.C.-P.P.E.; PPE: Committee on External Economic Relations; Grand' Place 16, B–7890 Ellezelles ((068) 54–22–31)

Glinne, Ernest. P.S.; S; Committee on Development and Co-operation; Parlement européen, 3 boulevard de l'Empereur, B–1040 Brussels

Henckens, Jaak P.J. C.V.P.-E.V.P.; PPE; Committee on Youth, Culture, Education, Information and Sport; Getelaan 54, B–3300 Teinen ((016) 81–32–79)

Herman, Fernand H.J. P.S.C.-P.P.E; PPE; Committee on Economic and Monetary Affairs; 22 rue Philippe le Bon, B–1040 Brussels (230–41–05)

Michel, Victor J.J. P.S.C-P.P.E; PPE; Committee on Development and Co-operation; 14 rue de la Marjolaine, B–1120 Brussels ((02) 216–47–36)

Spaak, Antoinette M. F.D.F.-R.W.; NI; Committee on the Environment, Public Health and Consumer Protection; c/o Mme Gribomont, 127 chausée de Charleroi, B–1050 Brussels

Tindemans, Leo. C.V.P.-E.V.P; PPE; Political Affairs Committee; Jan Verbertlei 24, B–2520 Edegem ((02) 219–10–70)

Vandewiele, Marcel Albert. C.V.P.-E.V.P.; PPE; Committee on Energy and Research; Witte Molenstraat 108, B–8200 Bruges – St Michiels ((050) 513–82–70)

Van Miert, Karel A.L.H. S.P.; S; Political Affairs Committee; Keizerslaan 13, B–1000 Brussels ((02) 513–82–70)

Verhaegen, Joris J.B. C.V.P.-E.V.P.; PPE; Committee on Social Affairs and Employment; Booischotseweg 11, B–3160 Hulshout ((015) 22–23–39)

Vernimmen, Willy. S.P.; S; Committee on Agriculture; Astridlaan 1, B–9500 Geraardsbergen ((054) 41–32–28)

Verroken, Joannes J. C.V.P.-E.V.P.; PPE; Committee on the Environment, Public Health and Consumer Protection; Edelareberg 8, B–9700 Oudenaarde ((055) 31–16–63)

DENMARK

(abbreviations of political parties)

CD	Centrum-Demokraterne	S	Socialdemokratiet
	Folkebevaegelsen	SF	Socialistisk folkeparti
FRP	Fremskridtspartiet	V	Venstre, Danmarks liberal parti
KF	Det konservative folkeparti		
	Siumut		

Bøgh, Jørgen. Folkebevaegelsen; CDI; Committee on External Economic Relations; Kystvej 47, DK–8000 Arhus ((06) 12–16–74)

Boserup, Bodil Kathrine. SF; COM; Committee on Budgets; Committee on Budgetary Control; Damstien 32, DK–2720 Vanløse ((01) 74–04–02)

Bonde, Jens-Peter. Folkebevaegelsen; CDI; Committee on Budgets; Nørrebrogade 140 III; DK–2200 Copenhagen N ((01) 81–83–15)

Fich, Ove. S; S; Committee on Budgets; SN.T. Christiansborg, DK–1218 Copenhagen K ((01) 62–29–42)

Gredal, Eva. S; S; Political Affairs Committee; Delegation to the Joint Parliamentary Committee of the EEC–Turkey Association; SNT Christiansborg, DK–1218 Copenhagen K ((01) 11–66–00)

Haggerup, Niels Jørgen. V; L; Political Affairs Committee; Dansk Udenrigspolitisk Institut, Bremerholm 6, D–K Copenhagen K ((01) 15–87–13)

Hammerich, Else. Folkebevaegelsen; CDI; Political Affairs Committee; Folke bevaegelsens Parlamentskontor, Nørrebrogade 18b, l.tv., DK–2200 Copenhagen N

Jakobsen, Erhard V. CD; NI; Folketinget, Christainsborg, DK–1218 Copenhagen K ((01) 11–66–00)

Kirk, Kent S. KF; ED; Committee on Agriculture; Bellisvaenget 33, Hjerting DK–6700 Esbjerg ((05) 11–60–31)

Lynge, Finn. Siumut; S; Committee on Agriculture; Lille Bakkegaardsvej 1, DK–3060 Espergaerde ((03) 23–54–92)

Møller, Poul. KF; ED; Carl Baggers Allé 6, DK–2920 Charlottenlund ((01) 63–24–41)

Nielsen, Jørgen Brøndlund. V; L; Committee on Agriculture; Committee on Budgetary Control; Folketinget, Christiansborg, DK–1218 Copenhage K ((01) 11–66–00)

Nielsen, Tove. V; L; Committee on Social Affairs and Employment; 'Privat', Dansk Arbejdsgiverforening, Vester Volgade 113, DK–1503 Copenhagen V

Nyborg, Kai. FRP; DEP; Committee on Economic and Monetary Affairs; Committee on the Rules of Procedure and Petitions; Boulevard de l'Empereur 3, Groupe DEP, Bureau 3/20, B–1000 Brussels

Petersen, Eggert. S; S; Lasbvej 2, DK–8464 Galten

Skovmand, Sven. Folkebevaegelsen; CDI; Committee on Agriculture; Ravnsmosevej 2, Hedegard, DK–8584 Tranehuse

FRANCE

(abbreviations of political parties)

D.I.F.E.	Défence des intérêts de la France en Europe	P.C.F.	Parti communiste français
M.R.G.	Mouvement des Radicaux de Gauche	P.S.	Parti socialiste
		U.F.E.	Union pour la France en Europe

Ansart, Gustave. P.C.F; COM; Political Affairs Committee; Fédération du Parti Communiste Français, 18 rue Inkermann, 59000 Lille

Ansquer, Vincent F.M. D.I.F.E.; DEP; Committee on Budgets; B.P. 64, 85600 Montaigu

Baillot, Louis. P.C.F.; COM; Committee on Budgets; Comité Central du Parti Communiste Français, 2 place du Colonel Fabien, 75940 Paris Cedex 19 (238–66–55)

Baudis, Pierre. U.F.E.; L; Committee on Transport; Mairie de Toulouse, 31000 Toulouse (21–68–38)

Caillavet, Henri-Guy. U.F.E.; L; Committee on Agriculture; 28 rue Borghèse, 92200 Neuilly-sur-Seine (637–43–20)

Calvez, Corentin. U.F.E.; L; Committee on Social Affairs and Employment; 27 avenue du Languedoc, 78450 Villepreux (056–22–20)

Chambeiron, Robert. P.C.F.; COM; Legal Affairs Committee; Committee on the Rules of Procedure and Petitions; 16 rue Gustave Zédé, 75016 Paris (647–7189)

Charzat, Gisèle. P.S.; S; Committee on Energy and Research; 63 rue Lauriston, 75116 Paris (55–35–784)

Chouraqui, Nicole. D.I.F.E.; DEP; Committee on External Economic Affairs; 123 rue de Lille, 75007 Paris (550–32–19)

Clement, Jean-José. D.I.F.E.; DEP; Committee on Development and Co-operation; 33 rue de la Bienfaisance, 75008 Paris (562–11–31)

Colomb, Francisque. U.F.E.; PPE; Committee on Economic and Monetary Affairs; Sénat, Palais de Luxembourg, 75291 Parix Cedex 06 (329–12–62)

Combe, Francis. U.F.E.; L; Committee on Economic and Monetary Affairs; Committee on the Environment, Public Health and Consumer Protection; 17 rue du Clos de la Ferme, Bondoufle, 91000 Evry (086–06–45)

Cresson, Edith. P.S.; S; Committee on Agriculture; 5 rue Clément Marot, 75008 Paris (359–97–88)

Damette, Felix. P.C.F.; COM; Committee on Regional Policy and Regional Planning; Comité Central du Parti Communiste Français, 2 place du Colonel Fabien, 75940 Parix Cedex 19 (238–66–55)

Debre, Michel J.P. D.I.F.E.; DEP; 36 rue de Bellechasse, 75007 Paris (550–40–84)

Delatte, Charles. U.F.E.; L; Committee on Agriculture; Préfecture de Région, 53 rue de la Préfecture, 21034 Dijon Cédex ((80) 43–81–81)

Deleau, Gustave. D.I.F.E.; DEP; Committee on Economic and Monetary Affairs; 50 rue de Crimée, 75019 Paris (202–35–15)

Delorozoy, Robert E.A. U.F.E.; L; Committee on Economic and Monetary Affairs; Delegation to the Joint Parliamentary Committee of the EEC–Greece Association; 2 rte des Sablières, Choisel, 78460 Chevreuse (052–08–87)

Delors, Jacques L.J. P.S.; S; Committee on Economic and Monetary Affairs; 19 bd de Bercy, 75012 Paris (307–88–83)

De March, Danielle. P.C.F.; COM; Delegation to the Joint Parliamentary Committee of the EEC – Greece Association; Le Colbert – Entrée B, Avenue Colbert, 83000 Toulon

Denis, Jacques. P.C.F.; COM; Committee on Development and Co-operation; Comité Central du Parti Communiste Français, 2 place du Colonel Fabien, 75940 Paris Cedex 19 (202–70–10)

Diligent, Andre F.E. U.F.E.; PPE; Political Affairs Committee; C.D.S., 205 bd Saint Germain, 75007 Paris ((1) 544–72–50)

Donnez, Georges H. U.F.E.; L; Legal Affairs Committee; 51 Grand Place, 59230 Saint Amand Les Eaux

Doublet, Maurice C.H. D.I.F.E.; DEP; Committee on transport; Saemes, 42 rue du Louvre, 75001 Paris (236–67–91)

Estier, Claude. P.S.; S; Political Affairs Committee; Delegation to the Joint Parliamentary Committee of the EEC – Greece Association; 12, rue Cortot, 75018 Paris (208–32–93)

Fanton, André. D.I.F.E.; DEP; Committee on Energy and Research; 10 rue Danton, 75006 Paris (354–06–63)

Faure, Edgar. U.F.E.; L; Committee on Regional Policy and Regional Planning; 134 rue de Grenelle, 75007 Paris (705–46–56)

Faure, Maurice. M.R.G.; S; Political Affairs Committee; 6 rue Jean Admirat, 46200 Gourdon (37–02–58)

Fernadez, Guy. P.C.F.; COM; Committee on Economic and Monetary Affairs; Fédération du Parti Communiste Français, 30 rue Michelet, 89000 Auxerre

Frischmann, Georges Louis. P.C.F.; COM; Committee on Social Affairs and Employment; Comité Central du Parti Communiste Français, 2 place du Colonel Fabien, 75940 Paris Cedex 19

Fuillet, Yvette M. P.S.; S; Committee on the Environment, Public Health and Consumer Protection; Committee on Budgetary Control; Appartement no. 20, Le Corbusier, 280 bd Michelet, 13008 Marseilles ((91) 77–21–86)

Galland, Yves A.F. U.F.E.; L; Committee on Energy and Research; Committee on the Rules of Procedure and Petitions; 36 rue Sainte Croix de la Bretonnerie, 75004 Paris

Gaspard, Françoise. P.S.; S; Committee on Budgets; Mairie de Dreux, rue de Châteaudun, 28107 Dreux (46–01–12)

Gremetz, Maxime François. P.C.F.; COM; Committee on External Affairs Relations; Comité Central du Parti Communiste Français, 2 place du Colonel Fabien, 75940 Paris Cedex 19

Hoffmann, Jacqueline. P.C.F.; COM; Committee on Youth, Culture, Education, Information and Sport; Delegation to the Joint Parliamentary Committee of the EEC – Turkey Association; 32 square Eugénie Cotton, 78190 Trappes

Israel, Gérard. D.I.F.E.; DEP; Committee on Youth, Culture, Education, Information and Sport; 85 boulevard Pasteur, 75015 Paris ((1) 291–58–49)

Lecanuet, Jean A.F. U.F.E.; PPE; Committee on Development and Co-operation; 282 bd Saint-Germain, 75007 Paris

Le Roux, Sylvie. P.C.F.; COM; Committee on Youth, Culture, Education, Information and Sport; Fédération du P.C.F., 87 rue de Glasgow, 29200 Brest (80–19–47)

Loo, Charles Emile. P.S.; S; Committee on Transport; SOCOMA – 1 rue Forbin, 13003 Marseilles (959107)

Maffre-Baugé, Emmanuel P.M. P.C.F.; COM; Committee on Agriculture; Route de Gignac, Belarga, 34230 Paulhan (98–00–58)

Malène, Christian de la. E.I.F.E.; DEP; Political Affairs Committee; Delegation to the Joint Parliamentary Committee of the EEC–Greece Association; Hôtel de Ville, 75196 Paris R.P.

Marchais, Georges. P.C.F.; COM; Political Affairs Committee; Comité Central du Parti Communiste Français, 2 place du Colonel Fabien. 75940 Paris Cedex 19 (238–66–55)

Martin, Maurice. P.C.F.; COM; Committee on Transport; Mairie de Caracassonne, 11000 Caracassonne

Martin, Simone M.M. U.F.E.; L; Committee on Regional Policy and Regional Planning; Thonance les Moulins, 52230 Poissons ((25) 95–52–90)

Martinet, Gilles. P.S.; S; Committee on Energy and Research; 12 rue Las Cases; 75007 Paris (705–18–82)

Moreau, Jacques P. P.S.; S; Committee on Economic and Monetary Affairs; 5 allée de Tourvois, 94260 Fresnes (237–22–97)

Moreau, Louise. U.F.E.; PPE; Committee on External Economic Relations; Esfrala, 747 avenue des Pins, 06210 Mandelieu la Napoule ((93) 47–95–87)

Jalton, Frederic. P.S.; S; Committee on Youth, Culture, Education, Information and Sport; 137 rue de Mont Cenis, 75018 Paris ((1) 252–36–03)

Jaquet, Gerard. P.S.; S; Committee on Development and Co-operation; Committee on the Rules of Procedure and Petitions; 2 rue Armand Moisant, 75015 Paris (320–60–95)

Josselin, Charles. P.S.; S; Committee on Regional Policy and Regional Planning; 13 place du Champ Clos, 22100 Dinan

Motchane, Didier. P.S.; S; Committee on Budgets; c/o M. Autain, Deputé de la Loire Atlantique, Assemblée Nationale, 101 rue de l'Université, Bureau 6346, 75007 Paris

Oehler, Jean A. P.S.; S; Committee on Social Affairs and Employment; 28 rue Virgile, 67200 Strasbourg ((88) 30–51–31)

d'Ormesson, Olivier. U.F.E.; PPE; Committee on Agriculture; Committee on Budgetary Control; Ferme d'Oremesson, avenue Olivier d'Ormesson, 94490 Ormesson sur Marne (576–95–28)

Percheron, Daniel. P.S.; S; Committee on Energy and Research; Lycée Diderot, avenue Montaigne, 62220 Carvin ((16–20) 37–91–73)

Pflimlin, Pierre. U.F.E.; PPE; Mairie, 9 rue Brulée, 67000 Strasbourg (32–43–40)

Pintat, Jean-François A. U.F.E.; L; Committee on Energy and Research; Delegation to the Joint Parliamentary Committee of the EEC–Turkey Assocication; 3 u Michel Ange, 75016 Paris (525–78–95)

Piquet, René-Emile. P.C.F.; COM; Committee on Economic and Monetary Affairs; Comité Central du Parti Communiste Français, 2 place du Colonel Fabien, 75940 Paris Cedex 19 (238–66–55)

Pisani, Edgard Eduoard. P.S.; S; Committee on Energy and Research; Senat, Palais du Luxembourg, 75291 Paris Cedex 06

Poirier, R. Henriette. P.C.F.; COM; Committee on External Economic Relations; Fédération du Parti Communiste Français, 15/17 rue Furtado, 33000 Bordeaux (91–45–06)

Poniatowski, Michel C. U.F.E.; L; Committee on Development and Co-operation; 22 bd Jean

Mermoz, 92200 Neuilly (745–45–30)

Pranchere, Pierre-Benjamin. P.C.F.; COM; Committee on Agriculture; 5 rue Marc Eyrolles, 19000 Tulle ((55) 26–10–38)

Pruvot, Marie-Jane. U.F.E.; L; Committee on Youth, Culture, Education, Information and Sport; B.P. no. 13, 78570 Andresy (974–58–73)

Remilly, Eugène L. D.I.F.E.; EDP; Committee on the Environment, Public Health and Consumer Protection; Delegation to the Joint Parliamentary Committee of the EEC – Turkey Association; 92 rue Saint Lazare, 75009 Paris (522–94–66)

Roudy, Yvette. P.S.; S; Committee on the Environment, Public Health and Consumer Protection; 65 cours de la Liberté, 69003 Lyon

Sable, Victor. U.F.E.; L; Committee on Development and Co-operation; Assemblée Nationale, Palais Bourbon, 75355 Paris (297–60–00)

Sarre, Georges. P.S.; S; Committee on Social Affairs and Employment; Delegation to the Joint Parliamentary Committee of the EEC–Turkey Association; Hôtel de Ville, 75004 Paris ((1) 271–37–39)

Schwartzenberg, Roger-Gerard. M.R.G.; S; Committee on Economic and Monetary Affairs; 3 rue de Rivoli, 75004 Paris (272–78–94)

Scrivener, Christiane. U.F.E.; L; Committee on Budgets; Committee on the Environment, Public Health and Consumer Protection; 21 avenue Robert Schuman, 92100 Boulogne-sur-Seine (825–44–00)

Seitlinger, Jean. U.F.E.; PPE; Political Affairs Committee; 19 rue de l'Eglise 57200 Sarreguemines ((8) 798–22–00)

Simonnet, Maurice-René. U.F.E.; PPE; Committee on Budgets; Committee on Budgetary Control; 2 rue de la Roche, 26290 Donzère (Drôme) (16(75) 98–61–30)

Sutra de Germa, Georges. P.S.; S; Committee on Agriculture; Campagne Monplézy, 34120 Pezenas (98–12–77)

Vayssade, Marie-Claude. P.S.; S; Legal Affairs Committee; Committee on the Rules of Procedure and Petitions; 78 rue du Maréchal Oudinot, 54000 Nancy ((8) 355–50–35)

Veil, Simone. U.F.E.; L; 32 rue de Babylone, 75007 Paris (556–88–06)

Vergès, Paul. P.C.F.; COM; Committee on Development and Co-operation; 87 rue Pasteur, 97400 St Denis de la Reunion (Ile de la Réunion) (21–08–07)

Weiss, Louise. D.I.F.E.; DEP; Committee on Youth, Culture, Education Information and Sport; 15 avenue du Président Wilson, 75116 Paris (723–50–65)

Wurtz, Francis. P.C.F.; COM; Committee on the Environment, Public Health and Consumer Protection; Comité du Parti Communiste Français, 2 place du Colonel Fabien, 75940 Paris Cedex 19 (238–66–55)

GERMANY

(abbreviations of political parties)

CDU	Christlich Edmokratische Union	F.D.P.	Freie Demokratische Partei
CSU	Christlich-Soziale Union	SPD	Sozialdemokratische Partei Deutschlands

---

Aerssen, Jochen van. CDU; PPE; Committee on External Economic Relations; Bundeshaus, Zi 800 HT, D–5300 Bonn 1 ((0228) 16–54–37)

Aigner, Heinrich. CSU; PPE; Committee on Budgets; Committee on Budgetary Control; Bundeshaus, Zi 1127 NH, D–5300 Bonn 1 ((0228) 16–37–24)

Alber, Siegbert. CDU; PPE; Committee on the Environment, Public Health and Consumer Protection; Committee on Budgetary Control; Garmmertinger Strasse 35, D–7000 Stuttgart 80 ((0700) 72–54–45)

Alemann, Mechthild von. F.D.P.; L; Committee on Energy and Research; Friedrich-von-Spee-Strasse 3, D–4000 Düsseldorf 31 ((0211) 40–02–57)

Arndt, Rudi. SPD; S; Committee on Budgets; Europa-Büro, Fischerfeldstrasse 7–11, D–6000 Frankfurt am Main ((0611) 29–10–96)

Bangemann, Martin. F.D.P.; L; Bundeshaus, D–5300 Bonn 1 ((0228) 16–52–69/71)

Bismarck, Philipp von. CDU; PPE; Committee on Economic and Monetary Affairs; Bundeshaus, Zimmer 912 NH, D–5300 Bonn 1 ((0228) 16–33–52/78)

Blumenfeld, Erik Bernhard. CDU; PPE; Political Affairs Committee, Bundeshaus, D–5300 Bonn 1 ((0228) 16–38–60)

Bocklet, Reinhold L. CSU; PPE; Committee on Agriculture; Grasslfingerstrasse 22a, 8031 Grobenzell ((08142) 51–023)

Brandt, Willy. SPD; S; Political Affairs Committee; Erich-Ollenhauer Haus, Ollenhauerstrasse 1, D–5300 Bonn 1 ((0228) 53–21)

Brok, Elmar H. CDU; PPE; Committee on Regional Policy and Regional Planning; Thomas-Mann-Strasse 15, D–4800 Bielefeld 17

Fellermaier, Ludwig. SPD; S; Delegation to the Joint Parliamentary Committee of the EEC–Turkey Association; Bundeshaus, D–5300 Bonn 1 ((0228) 16–33–33; 16–57–18)

Focke, Katharina. SPD; S; Committee on Development and Co-operation; Bundeshaus, Zim H.T.210, D–5300 Bonn 1 ((0228) 161)

Friedrich, Bruno. SPD; S; Political Affairs Committee; Committee on the Rules of Procedure and Petitions; Haus Frankenwarte, D–8700 Würzburg

Friedrich, Ingo. CSU; PPE; Committee on Economic and Monetary Affairs; Bühringerstrasse 12, D–8820 Gunzenhausen ((09831) 24–25)

Früh, Isidor W. CDU; PPE; Committee on Agriculture; Oberer Kirchberg 14, D–7957 Schemmerhofen 2 ((07356) 615)

Fuchs, Karl. CSU; PPE; Committee on Energy and Research; Bundeshaus NH 618, D–5300 Bonn 1 ((0228) 16–37–09)

Gabert, Volkmar. SPD; S; Committee on Transport; Committee on Budgetary Control; Landwehrstrasse 37, D–8000 München 2 ((089) 59–42–02)

Gautier, Fritz. SPD; S; Committee on Agriculture; Schlosstrasse 8111, D–3300 Braunschweig ((0531) 18–277)

Goppel, Alfons. CSU; PPE; Legal Affairs Committee; Sommerweg 2, D–8033 Krailling (857–40–34)

Habsburg, Otto. CSU; PPE; Political Affairs Committee; Hindenburgstrasse 15, D–8134 Pocking (08157/1379)

Hansch, Klaus. SPD; S; Political Affairs Committee; Committee on External Economic Relations; Committee on the Rules of Procedure and Petitions; Akazienstrasse 5, D–4000 Düsseldorf 12 ((0211) 20–19–78)

Hahn, Wilhelm F.T. CSU; PPE; Committee on Youth, Culture, Education, Information and Sport; Im Hofert 3, D–6900 Heidelberg ((06221) 80–28–17)

Hassel, Kai Uwe von. CDU; PPE; Political Affairs Committee; Bundeshaus, D–5300 Bonn 1 ((0228) 16–55–74)

Helms, Wilhelm. CDU; PPE; Committee on Agriculture; Committee on Transport; D–2832 Twistringer-Bissenhausen 2 ((04246) 353)

Herklotz, Luise. SPD; S; Committee on Agriculture; Hasenpfuhlstrasse 7, D–6720 Speyer ((06232) 75–657)

Hoff, Magdalene. SPD; S; Committee on Budgets; Delegation to the Joint Parliamentary Committee of the EEC–Greece Association; Zur Hohe 72A, D–5800 Hagen ((02331) 75–660)

Hoffman, Karl-Heinz. CDU; PPE; Committee on Transport; Theodor-Heuss-Strasse 2, D–7000 Stuttgart 1 ((0711) 20–971)

Irmer, Ulrich. F.D.P.; L; Committee on External Economic Relations; Committee on Budgetary Control; Kaufingerstrasse 25, D–8000 München 2 ((089) 22–33–67)

Jürgens, Heinrich. F.D.P., L; Committee on Agriculture; Oeftinghausen 3, D–2831 Ehrenburg (Nds) ((04275) 371)

Katzer, Hans. CDU; PPE; Bundeshaus, D–5300 Bonn 1 ((0228) 38–37–70)

Klepsch, Egon Alfred. CDU; PPE; Political Affairs Committee; Luderitzstrasse 41, D–5400 Koblenz-Pfaffendorf (753–42)

Klinkenborg, Jan. SPD; S; Committee on Transport; Oberbürgermeister der Stadt Emden, D–2970 Emden ((04921) 87–323)

Kolher, Herbert W. CDU; PPE; Delegation to the Joint Parliamentary Committee of the EEC–Greece Association; Breite Strasse 69, D–4000 Düsseldorf 1 (82–95–32)

Kühn, Heinz. SPD; S; Committee on Development and Co-operation; Friedrich Ebert-Stiftung, D–5300 Bonn

Lange, Erwin. SPD; S; Committee on Budgets; Am Buchenain 8, D–4300 Essen 16

Langes, Horst. CDU; PPE; Committee on Budgets; Delegation to the Joint Parliamentary Committee of the EEC–Turkey Association; CDU-Geschäftsstelle, Kaiserstrasse 24, D–5500 Trier (48–434)

Lemmer, Gerd Ludwig. CDU; PPE; Committee on External Economic Relations; Delegation to the Joint Parliamentary Committee of the EEC–Turkey Association; c/o Walther AG, Waltherstrasse 51, D–5000 Köln 80 ((0221) 678–53–20)

Lenz, Marlene. CDU; PPE; Committee on External Economic Relations; Burgstrasse 102, D–5300 Bonn 2

Linde, Erdmann. SPD; S; Committee on Energy and Research; Harpener Hellweg 152, D–4630 Bochum 1 ((0234) 23–38–97)

Linkohr, Rolf. SPD; S; Committee on Energy and Research; Asangstrasse 219a, D–7000 Stuttgart 61 ((0711) 32–49–45)

Lücker, Hans August. CSU; PPE; Committee on Development and Co-operation; Bundeshaus, D–5300 Bonn 1 ((0228) 16–37–54)

Luster, Rudolf. CDU; PPE; Legal Affairs Committee; Committee on the Rules of Procedure and Petitions; Platz der Republik, Reichstagsgebäude, D–1000 Berlin 21

Majonica, Ernst. CDU; PPE; Committee on External Economic Relations; Am Buschacker 18, D–5300 Bonn 2

Malangré, Kurt. CDU; PPE; Legal Affairs Committee; Committee on the Rules of Procedure and Petitions; Knöpgerweg 25, D–5100 Aachen (72–517)

Mertens, Meinolf. CDU; PPE; Committee on the Environment, Public Health and Consumer Protection; Bönkhausen 3, 5768 D–Sundern 6

Mihr, Karl-Heinrich. SPD; S; Committee on Economic and Monetary Affairs; Schwerinerweg 4, D–3505 Gudensberg ((05603) 28–30)

Müller-Hermann, Ernst. CDU; PPE; Committee on Energy and Research; Bundeshaus, D–5300 Bonn 1 ((0228) 16–29–19)

Nordolohne, Franz-Josef. CDU; PPE; Committee on Social Affairs and Employment; Bundeshaus, D–5300 Bonn 1 ((0228) 16–32–52)

Peters, Johannes Wilhelm. SPD; S; Committee on Social Affairs and Employment; Senftenbergerstrasse 16, D–6400 Dortmund 14 ((0231) 23–03–74)

Pfennig, Gero. CDU; PPE; Committee on Budgets; Reichstagsgebäude, Platz der Republik, D–1000 Berlin 21 ((030) 397–24–41/24–24)

Pöttering, Hans-Gert. CDU; PPE; Committee on Regional Policy and Regional Planning; Richard-Wagner-Strasse 15, D–5300 Bonn 1 ((0228) 65–89–84)

Rabbethge, Renate-Charlotte. CDU; PPE; Committee on Development and Co-operation; Haus Borntal, D–3352 Einbeck ((05561) 50–67)

Rinsche, Günter. CDU; PPE; Committee on Energy and Research; Feldgarten 15, D–4700 Hamm 1 ((02381) 52–330)

Salzer, Bernhard. CDU; PPE; Committee on Energy and Research; Delegation to the Joint Parliamentary Committee of the EEC–Greece Association; Dieburger Strasse 240, D–6100 Darmstadt ((66151) 71–42–40)

Salisch, Heinke. SPD; S; Committee on Social Affairs and Employment; Sonntagstrasse 2, D–7500 Karlsruhe 1 ((0721) 33–688)

Sayn-Wittgenstein-Berleburg, Casimir J. Prinz zu. CDU; PPE; Committee on Economic and Monetary Affairs, Metallgesellschaft A.G., Reuterweg 14, D–6000 Frankfurt am Main ((0611) 159–25–13)

Schall, Wolfgang. CDU; PPE; Committee on Youth, Culture, Education, Information and Sport; Waldweg 53, D–7772 Uhldingen 2 ((07556) 83–90)

Schieler, Rudolf F. SPD; S; Political Affairs Committee; Stephanienstrasse 21, D–7800 Freiburg

Schinzel, Dieter P.A. SPD; S; Committee on Economic and Monetary Affairs; Delegation to the Joint Parliamentary Committee on the EEC–Greece Association; Klappergasse 10, D–5100 Aachen ((0241 35–171/39–394)

Schleicher, Ursula. CSU; PPE; Committee on the Environment, Public Health and Consumer Protection; Bundeshaus, D–5300 Bonn 1 ((0228) 16–36–54)

Schmid, Gerhard. SPD; S; Committee on Energy and Research; Richard Wagner Strasse 4, D–8400 Regensburg ((0941) 55–553)

Schmitt, Heinz. SPD; S; Committee on External Economic Relations; Sudheide 27, D–4800 Bielefeld 14 ((0521) 17–33–11)

Schnitker, Paul. CDU; PPE; Committee on Economic and Monetary Affairs; Handwerkskammer Münster, Bismarckallee 1, D–4400 Münster ((0251) 400–35)

Schön, Karl. SPD; S; Committee on Regional Policy and Regional Planning; Danngasse 3, D–5413 Bendorf 1 am Rhein ((02622) 20–21)

Schön, Konrad. CDU; PPE; Committee on Budgets; Hohenzollernstrasse 13 (Hansa-Haus), D–6600 Saarbrucken ((0681) 53–787)

Schwencke, Olaf. SPD; S; Committee on Youth, Culture, Education, Information and Sport; Wilhelmstrasse 17, D–3070 Nienburg (Weser) ((05021) 13–636)

Seefeld, Horst. SPD; S; Committee on Transport; Im Brettspiel 53, D–7518 Bretten ((07252) 19–03)

Seeler, Hans-Joachim. SPD; S; Committee on External Economic Relations; Kurt-Schumacher-Allee 10, D–2000 Hamburg 1 ((040) 24–92–29)

Seibel-Emmerling, Lieselotte. SPD; S; Committee on the Environment, Public Health and Consumer Protection; Virchowstrasse 15a, D–8500 Nürnberg ((0911) 56–44–67)

Sieglerschmidt, Hellmut. SPD; S; Legal Affairs Committee; Committee on the Rules of Procedure and Petitions; Delegation to the Joint Parliamentary Committee on the EEC – Turkey Association; Reichstagsgebäude, Scheidemann Strasse, D–1000 Berlin 21 ((030) 397–22–28; 397–22–29; 397–22–38)

Vetter, Heinz Oskar. SPD; S; Legal Affairs Committee; Abgeordneten Büro, Heinz Oskar Vetter,

Breite Strasse 13, D–4000 Düsseldorf 1 ((0211) 82–52–12)

Vring, Thomas von der. SPD; S; Committee on Regional Policy and Regional Planning; Meissener Strasse 7, D–2800 Bremen ((0421) 35–15–57)

Wagner, Manfred W. SPD; S; Committee on Economic and Monetary Affairs; Finkenweg 30, D–6604 Saarbrücken-Brebach-Fechingen ((0681) 46–611)

Walter, Gerd. SPD, S; Committee on Economic and Monetary Affairs; Morier Strasse 45, D–2400 Lübeck 1 (49–44–07)

Walz, Hanna. CDU; PPE; Committee on Energy and Research; Bundeshaus, Zi 1418 NH, D–5300 Bonn 1 ((0228) 16–35–12)

Wawrzik, Kurt. CDU; PPE; Committee on Development and Co-operation; Am Wildpark 9, D–6800 Mannheim 31 ((0621) 74–16–00)

Weber, Beate. SPD; S; Committee on the Environment, Public Health and Consumer Protection; Sickingenstrasse 1, D–6900 Heidelberg ((06221) 33–626)

Wettig, Klaus H.W. SPD; S; Committee on Agriculture; Committee on Budgetary Control; Rohnsterrassen 6, D–3400 Göttingen ((0551) 58–150)

Wieczorek-Zeul, Heidemarie. SPD; S; Committee on External Economic Relations; Michelstadter Strasse 1, D–6090 Rüsselsheim ((06142) 32–868)

Wogau, Karl von. CDU; PPE; Committee on Economic and Monetary Affairs; Bertholdstrasse 4, D–7844 Neuenburg im Bregisgau ((07631) 72–867)

IRELAND

(abbreviations of political parties)

FF	Fianna Fail Party
FG	Fine Gael Party
Lab.	Labour Party
Ind.	Independent

Blaney, Neil T. Ind.; CDI; Committee on Regional Policy and Regional Planning; Leinster House, Kildare Street, Dublin 2 (78–99–11, ext. 303)

Clinton, Mark. FG; PPE; Committee on Agriculture; Inisfail, Newcastle, County Dublin

Cronin, (Jerry) Jeremiah. FF; DEP; Committee on Regional Policy and Regional Planning; 71 Main Street, Mallow, County Cork

Davern, Noel Michael. FF; DEP; Committee on Agriculture; Tannersrath, Clonmel, County Tipperary

Desmond, Eileen. Lab.; S; Committee on Regional Policy and Regional Planning; Ballinrea Road, Carrigaline, County Cork

De Valera, Sile. FF; DEP; Committee on Social Affairs and Employment; Dail Elreann, Leinster House, Dublin 2

Flanagan, Sean. FF; DEP; Committee on Budgets; Committee on the Rules of Procedure and Petitions; 65 St Lawrence's Road, Clontarf, Dublin 3

Kavanagh, Liam. Lab.; S; Committee on Youth, Culture, Education, Information and Sport; Mount Carmel, Wicklow, County Wicklow ((0404) 25–82)

Lalor, (Paddy) Patrick Joseph. FF; DEP; Political Affairs Committee; Main Street, Abbeyleix, County Portlaoise

McCartin, John Joseph. FG; PPE; Committee on Social Affairs and Employment; Leinster House, Kildare Street, Dublin 2 ((01) 78–99–11)

Maher, Thomas Joseph. Ind.; L; Committee on Agriculture; Irish Co-operative, Organization Society Ltd, 84 Merrion Square, Dublin ((001353) 1–76–47–83)

O'Connell, John Francis. Lab.; S; Committee on the Environment, Public Health and Consumer Protection; 24 Merchant's Quay, Dublin 8 (77–72–86)

O'Donnell, Tom G. FG; PPE; Committee on Regional Policy and Regional Planning; 37 Thomas Street, Limerick

O'Leary, Michael. Lab.; S; Committee on Budgets; Committee on Budgetary Control; Dail Eireann, Leinster House, Kildare Street, Dublin 2 (78–99–11, ext. 414)

Ryan, Richie. FG; PPE: Committee on Budgets; Committee on Budgetary Control; Dail Eireann, Leinster House, Kildare Street, Dublin 2 ((01) 60–41–13)

ITALY

(abbreviations of political parties)

D.C.	Democrazia cristiana
D.P.	Democrazia proletaria
Ind. Sin.	Indipendenti di sinistra
M.S.I.-D.N.	Movimento sociale italiano – Destra nazaionale
P.C.I.	Partito comunista italiano
P.d.U.P.	Partito di unita proletaria per il comunisto
P.L.I.	Partito liberale italiano
P.R.	Partito radicale
P.R.I.	Partito repubblicano italiano
P.S.D.I.	Partito socialista democratico italiano
P.S.I.	Partito socialista italiano
S.V.P.	Sudtiroler Volkspartei (Partito popolare sudtirolese)

Adonnino, Pietro. D.C.; PPE; Committee on Budgets; Committee on the Rules of Procedure and Petitions; Via di Villa Grazioli 11, 00193 Rome (06–654–4841, 06–656–9941)

Agnelli, Susanna. P.R.I.; L; Committee on External Economic Relations; Via XXIV Maggio 14, 00187 Rome (678–7650)

Almirante, Giorgio. M.S.I.-D.N.; NI; Committee on External Economic Relations; Camera dei Deputati, 00100 Rome

Antononiozzi, Dario. D.C.; PPE; Political Affairs Committee; Committee on External Economic Relations; Committee on Budgetary Control; Via Nomentana 373, 00162 Rome ((06) 837078–8393661)

Arfe, Gaetano. P.S.I.; S; Committee on Youth, Culture, Education, Information and Sport; Via IV Novembre 114, 00187 Rome ((06) 678–6515)

Baduel Glorioso, Maria Fabrizia. Ind.Sin,; COM; Committee on Social Affairs and Employment; Via dell'Arte 91, 00144 Rome

Barbagli, Giovanni. D.C.; PPE; Committee on Social Affairs and Employment; Via Lorenzetti 30, 52100 Arezzo ((26) 790–441617)

Barbarella, Carla. P.C.I.; COM; Committee on Agriculture; Via delle Botteghe Oscure 4, 00186 Rome ((06) 6711)

Barbi, Paolo. D.C.; PPE; Committee on Budgets; Via Pigna, 6, 00186 Rome ((06) 679–0065)

Berlinguer, Enrico. P.C.I.; COM; Political Affairs Committee; Via delle Botteghe Oscura 4, 00186 Rome ((06) 6711)

Bersani, Giovanni. D.C.; PPE; Committee on Development and Co-operation; Via delle Lame 118, 40122 Bologna (26–69–63)

Bettiza, Vincenzo. P.L.I.; L; Political Affairs Committee; c/o Il Giornale Nuovo, Piazza di Pietra 26, 00186 Rome (678–7841)

Bonaccini, Aldo. P.C.I.; COM: Committee on Economic and Monetary Affairs; Via Raffaele Balestra 44, 00152 Rome

Bonino, Emma. P.R.; CDI; Committee on Energy and Research; Committee on the Rules of Procedure and Petitions; Camera dei Deputati, 00100 Rome (679–3266)

Buttafuoco, Antonino. M.S.I.-D.N.; NI; Committee on Transport; Via Zara 4 94013 Leonforte (Enna) (0935/61737–61621)

Capanna, Mario. D.P.; CDI; Committee on Energy and Research; Delegation to the Joint Parliamentary Committee of the EEC – Turkey Association; Via Giovanni Lanza 3, 20121 Milan

Cardia, Umberto. P.C.I.; COM; Committee on Transport; Viale Merello 53, 09100 Cagliari

Carettoni Romagnoli, Tullia. Ind.Sin.; COM; Committee on External Economic Relations; Delegation to the Joint Parliamentary Committee of the EEC – Turkey Association; Via Boncompagni 16, 00187 Rome ((06) 48–53–81)

Cariglia, Antonio. P.S.D.I.; S; Political Affairs Committee; Via del Leone 13 00186 Rome ((06) 67–81–570; 47–58–940)

Carossino, Angelo. P.C.I.; COM; Committee on Transport; Via Privata Lanfranco 34/B, Casa A/1, 17011 Albisola Capo (Savona) ((019) 44–364)

Cassanmagnago Cerretti, Maria Luisa. D.C.; PPE; Political Affairs Committee; Committee on Social Affairs and Employment; Via della Mendola 57, 00135 Rome (32–82–154)

Castellina, Luciana. P.d.U.P.; CDI; Committee on Development and Co-operation; Camera dei Deputati, Palazzo Raggi, Via del Corso 173, 00100 Rome (67179591–9492)

Cecovini, Manlio. P.L.I.; L; Committee on Regional Policy and Regional Planning Fraz. Padriciano 74, 34012 Trieste ((040) 22–65–13)

Ceravolo, Domenico. P.C.I.; COM; Committee on Social Affairs and Employment; Via Buonarroti 5, 35027 Noventa Padovana (Padova) ((049) 62–83–35)

Cinciari Rodano, Maria Lisa. P.C.I.; COM; Legal Affairs Committee; Sezione Scuola – Federazione Romano PCI, Via dei Frentani 2, 00185 Rome ((06) 75–75–984)

Colleselli, Arnaldo. D.C.; PPE: Committee on Agriculture; Via Garibaldi 45/B, 32100 Belluno ((0437) 25750)

Costanzo, Roberto. D.C.; PPE; Committee on Regional Policy and Regional Planning; Delegation to the Joint Parliamentary Committee of the EEC – Turkey Association; Via XXIV Maggio 22, 82100 Benevento ((0824) 28696; 24369)

Craxi, Bettino. P.S.I.; S; Committee on Transport; Via Foppa 5, 20144 Milan

Dalsass, Joachim. SVP; PPE: Committee on Agriculture; 39040 Petersberg (Bozen) (Sudtirol) ((0471) 61–51–91)

D'Angelosante, Francescopaolo. P.C.I.; COM; Legal Affairs Committee; Committee on the Rules of Procedure and Petitions; Via D. Manin 29, 65100 Pescara (72–569)

Del Duca, Antonio. D.C.; PPE; Committee on Youth, Culture, Education, Information and Sport; Delegation to the Joint Parliamentary Committee of the EEC–Greece Association; Ospedale Civile, 66016 Guardiagrele (Chieti) ((0871) 82–391/82–219

De Pasquale, Pancrazio. P.C.I.; COM; Committee on Regional Policy and Regional Planning; Via Libertà 161/b, 90100 Palermo ((091) 29–55–89)

Diana, Alfredo. D.C.; PPE: Committee on Agriculture; c/o Confagricoltura, Corso Vittorio Emanuele 101, 00186 Rome (656–4241)

Dido, Mario. P.S.I; S; Committee on Social Affairs and Employment; Via Filippo Civinini 37, 00197 Rome (87–69–41)

Fani, Guido. P.C.I.; COM; Committee on Regional Policy and Regional Planning; Camera dei Deputati, 00100 Rome (6760)

Ferrero, Bruno. P.C.I.; COM; Committee on Development and Co-operation, Committee on the Rules of Procedure and Petitions; P.C.I., Via Chiesa della Salute 47, 10100 Torino (251058)

Ferri, Mauro. P.S.D.I.; S; Legal Affairs Committee; Via del Casaletto 265, 00151 Rome (53–04–16)

Filippi, Renzo Eligio. D.C.; PPE; Committee on External Economic Relations; Committee on Budgetary Control; Via Nino Oxilia 14, 00197 Rome (80–34–52)

Gaiotti de Biase, Paola. D.C.; PPE; Committee on Youth, Culture, Education, Information and Sport; Committee on the Rules of Procedure Petitions; Via B. Gosio 33, 00191 Rome ((06) 39–28–48)

Galluzzi, Carlo Alberto. P.C.I.; COM; Committee on External Economic Relations; Via Fabio Quinto Pittore 31, 00138 Rome (345–05–42)

Gatto, Vincenzo. P.S.I.; S; Committee on Agriculture; Viale Eritrea 87, 00199 Rome (83–49–67)

Ghergo, Alberto. D.C.; PPE; Committee on the Environment, Public Health and Consumer Protection; c/o INAM, Via Cristofore Colombo 212, 00144 Rome (513–37–87)

Giavazzi, Giovanni. D.C.; PPE; Committee on Economic and Monetary Affairs; Via Monte Ortigara, 24100 Bergamo ((035) 21–41–11)

Giummarra, Vincenzo. D.C.; PPE: Committee on External Economic Relations; Via Marchese Ugo 74, 90141 Palermo

Gonella, Guido. D.C.; PPE; Legal Affairs Committee; Senate della Repubblica, 00100 Rome (67061)

Gouthier, Anselmo. P.C.I.; COM; Committee on Budgets; Committee on Budgetary Control; Direzione P.C.I., Via delle Botteghe Oscure 4, 00186 Rome ((06) 6711)

Ippolito, Felice. Ind.Sin.; COM; Committee on Energy and Research; Via del Tritone 46, 00187 Rome (678–17–13)

Lega, Silvio. D.C.; PPE; Committee on Budgets; Via Raimondo Montecuccoli 1, 10121 Torino (51–59–90)

Leonardi, Silvio. P.C.I.; COM; Committee on Economic and Monetary Affairs; Corso Porta Ticinese 24, 20123 Milan (839–62–28)

Lezzi, Pietro. P.S.I.; S; Committee on Development and Co-operation; Discesa Gaiola 8, 80123 Naples ((081) 769–19–95)

Ligios, Giosuè. D.C.; PPE; Committee on Agriculture; Piazza Veneto, 08100 Nuoro ((0784) 33–135)

Lima, Salvatore. D.C.; PPE; Committee on Regional Policy and Regional Planning; Via Danae 19, 90149 Palermo (Valdesi) (45–45–61)

Macario, Luigi. D.C.; PPE; Committee on Economic and Monetary Affairs; Via Latina 18, 00179 Rome (758–03–92)

Macciocchi, Maria Antonietta. P.R.; CDI; Legal Affairs Committee; 1 rue Bonaparte, 75006 Paris (325–79–19)

Modiano, Marcello. D.C.; PPE; Legal Affairs Committee; Via Milano 4, 34132 Trieste ((040) 30–047)

Narducci, Angelo. D.C.; PPE; Committee on Development and Co-operation; Via del Tritone, 62/B, 00187 Rome (679–57–95)

Orlandi, Flavio. P.S.D.I.; S; Committee on Budgets; Committee on Budgetary Control; Via Livio Tempesta, 22, 00151 Rome ((06) 534–66–83)

Pajetta, Giancarlo. P.C.I.; COM; Committee on Development and Co-operation; Via delle Botteghe Oscure 4, 00186 Rome

Pannella, Marco. P.R.; CDI; Committee on External Economic Relations; Uffcio Studi, Gruppo

Radicale, Centro Calamandrei, Corso Rinascimento 65, 00186 Rome (65–45–112)

Papapietro, Giovanni. P.C.I.; COM; Committee on Youth, Culture, Education, Information and Sport; Delegation to the Joint Parliamentary Committee of the EEC – Greece Association; c/o Comitato Regionale del P.C.I., Via Roberto da Bari 31, 70100 Bari ((080) 211–100–235–284)

Pedini, Mario. D.C.; PPE; Committee on Youth, Culture, Education, Information and Sport; 25018 Montichiari (Brescia) ((030) 96–11–14)

Pelikan, Jiri. P.S.I.; S; Legal Affairs Committee; Via della Rotonda 36, 00186 Rome (65–42–228)

Petronio, Francesco. M.S.I.-D.N.; NI; Committee on Economic and Monetary Affairs; Via Felice Casati 20, 20124 Milan (222–876)

Piccoli, Flaminio. D.C.; PPE; Democrazia Cristiana, Piazza del Gesù 46, 00186 Rome (6775)

Pininfarina, Sergio. P.L.I.; L: Committee on Social Affairs and Employment; Unione Industriale, Via Fanti 17, 10128 Torino (57–18–436)

Puletti, Ruggero. P.S.D.I.; S; Committee on Regional Policy and Regional Planning; Via Marconi 14, 06100 Perugia ((075) 30–123)

Ripa di Meana, Carlo. P.S.I.; S; Committee on External Economic Relations; Dorsoduro 73, 30123 Venice (041–28–199)

Romualdi, Pino. M.S.I.-D.N.; NI; Political Affairs Committee; Camera dei Deputati, 00100 Rome (67–86–755)

Ruffolo, Giorgio. P.S.I.; S; Committee on Economic and Monetary Affairs; c/o FIME, Via Valadier 37/B, 00193 Rome ((06) 650–941)

Rumor, Mariano. D.C.; PPE; Political Affairs Committee; Via Gregoriana 54, 00187 Rome ((06) 67–98–030; 67–98–517)

Sassano, Mario. D.C.; PPE; Committee on Energy and Research; Viale XXI Aprile 5, 00162 Rome (832–07–12)

Segre, Sergio Camillo. P.C.I.; COM; Political Affairs Committee; Committee on the Environment, Public Health and Consumer Protection; Via dei Giornalisti 64, 00135 Rome (345–40–79)

Spinelli, Altiero. Ind.Sin.; COM; Committee on Budgets; Camera dei Deputati, 00100 Rome (678–67–55)

Squarcialupi, Vera. Ind.Sin.; COM; Committee on the Environment, Public Health and Consumer Protection; Via Losanna 16, 20154 Milan (345–87–81)

Travaglini, Giovanni. D.C.; PPE; Committee on Regional Policy and Regional Planning; Committee on Transport; Via del Tritone 201, 00187 Rome ((06) 679–70–31)

Veronesi, Protogene. P.C.I.; COM; Committee on Energy and Research; Via Mascarella 77, 40126 Bologna ((051) 22–51–67)

Visentini, Bruno. P.R.I.; L; Committee on Economic and Monetary Affairs; Piazza di Spagna 15, 00187 Rome (67–89–788; 67–94–651)

Vitale, Giuseppe. P.C.I.; COM; Committee on Agriculture; Via Tembien 41, 00199 Rome (83–64–35)

Zaccagnini, Benigno. D.C.; PPE; Camera dei Deputati, 00100 Rome (6760)

Zagari, Mario. P.S.I.; S; Political Affairs Committee; 161 av. Winston Churchill, Aile Waldorf App. 91, B–1180 Brussels

Zecchino, Ortensio. D.C.; PPE; Committee on Regional Policy and Regional Planning; Via d'Afflitto 70, 83031 Ariano Irpino (Avellino) (871–171)

LUXEMBOURG

(*abbreviations of political parties*)

P.C.S.	Parti chrétien social
D.P.	Demokratesch Partei
P.O.S.L.	Parti ouvrier socialiste luxembourgeois

Abens, Victor. P.O.S.L.; S; Committee on Youth, Culture, Education, Information and Sport; Hôtel de Ville, Vianden (84–106)

Estgen, Nicolas. P.C.S.; PPE; Committee on Social Affairs and Employment; Delegation to the Joint Parliamentary Committee to the EEC–Greece Association; 1 rue P. Wigreux, Howald (48–68–89)

Fischbach, Marc M.J.A. P.C.S.; PPE; Legal Affairs Committee; Committee on the Rules of Procedure and Petitions; 2 rue de Vianden, Luxembourg (44–37–25)

Flesch, Colette. D.P.; L; 11a bd Prince Henri, Luxembourg (47–961)

Hamilius, Jean. D.P.; L; Committee on the Environment, Public Health and Consumer Protection; Committee on Budgetary Control; c/o Fiduciaire Générale de Luxembourg, 21 rue Glesener, B.P. 1173, Luxembourg (49–10–71)

Lentz-Cornette, Marcelle. P.C.S.; PPE; Committee on the Environment, Public Health and Consumer Protection; 76 route d'Esch, Belvaux (59–45–36)

THE NETHERLANDS

(*abbreviations of political parties*)

C.D.A. Christen Democratisch Appèl
D'66 Demokraten '66
P.v.d.A. Partij van de Arbeid
V.V.D. Volkspartij voor Vrijheid en Democratie

Albers, Willem. P.v.d.A.; S; Committee on Transport; Weerdslag 186, 7206 BZ Zutphen ((05750) 23–127)

Berkhouwer, Cornelis. V.V.D.; L; Political Affairs Committee; Committee on the Rules of Procedure and Petitions; Stationsweg 56, 1871 LL Heiloo (Alkmaar) (072–332–791)

Beumer, Bouke. C.D.A.; PPE; Committee on Economic and Monetary Affairs; Wilhelminastraat 24a, 8019 AN Zwolle ((05200) 13–171)

Boot, Elise C.A.M. C.D.A.; PPE; Committee on Regional Policy and Regional Planning; Committee on the Rules of Procedure and Petitions; Delegation to the Joint Parliamentary Committee of the EEC – Greece Association; Parkstraat 29, 3581 PC Utrecht ((030) 32–23–76)

Cohen, Robert. P.v.d.A.; S; Committee on Development and Co-operation; E. Speeckaerlaan 87, B–1200 Brussel ((02) 771–52–45)

Dankert, Pieter. P.v.d.A.; S; Committee on Budgets; Committee on Budgetary Control; Hoogstraat 1, 1135 BZ Edam (02993–71688)

Dekker, Suzanne. D'66; NI; Committee on Social Affairs and Employment; Toussaintkade 36, 251.3 CK's-Gravehhage (070–45–36–07)

Geurtsen, Aart. V.V.D.; L; Legal Affairs Committee; Koningin Julianaweg 118, 3155 AS Maasland (01899–13178)

de Goede, Arie. D'66; NI; Committee on Economic and Monetary Affairs; Brederode 28, 2352 JR Leiderdorp (071–890769)

van der Gun, Frans G. C.D.A.; PPE; Committee on Social Affairs and Employment; Delegation to the Joint Parliamentary Committee of the EEC–Greece Association; Prof. Hugo de Vrieslaan 53, 3571 GG Utrecht ((030) 71–10–33)

van den Heuvel. Ien. P.v.d.A.; S; Political Affairs Committee; Engelberg 8, 3956 VL Leersum (03434–1376)

Janssen van Raay, James L. C.D.A.; PPE; Legal Affairs Committee; Committee on Transport; Mecklenburglaan 14, 3062 BJ Rotterdam (010–14–68–57)

Jonker, Sjouke. C.D.A.; PPE: Committee on External Economic Relations; Dahliallaan 36, 1900 Jezus Eik/Overijse (Belgie) ((02) 657–19–07)

Krouwel-Vlam, J. (Annie) B. P.v.d.A.; S; Committee on the Environment, Public Health and Consumer Protection; Committee on theRules of Procedure and Petitions; Bronkhorststraat 28, 7555 MK Hengelo ((074) 91–93–07)

Louwes, Hendrik J. V.V.D.; L; Committee on External Economic Relations; Westpolder 22, 9975 WJ Ulrum (059–56–15–04)

Maij-Weggen, Johanna R.H. C.D.A.; PPE; Committee on the Environment, Public Health and Consumer Protection; Pieter Bedijnstraat 38, 2202 VK Noordwijk aan Zee (01–719–10–471)

van Minnen, Johan. P.v.d.A.; S; Committee on Social Affairs and Employment; avenue de la Sapinière 4, B–1180 Brussels-Uccle ((02) 35–88–328)

Muntingh, Hemmo J. P.v.d.A.; S; Committee on the Environment, Public Health and Consumer Protection; Westerweg 11, 9079 PD St. Jocobiparochie (05189–673)

Nord, Hans R. V.V.D.; L; Committee on Budgets; Committee on the Rules of Procedure and Petitions; 15 rue Conrad 1, Luxembourg (44–02–83)

Notenboom, Harry A.C.M. C.D.A.; PPE; Committee on Budgets; Committee on Budgetary Control; P.O. Box 347, 5900 AH Venlo

Penders, Jean J.M. C.D.A.: PPE: Political Affairs Committee; Voorburgseweg 11, 2264 AC Leidschedndam ((70) 27–86–91)

Tolman, Teun. C.D.A.; PPE; Committee on Agriculture; Hoofdweg 45 b; 8474 CA Oldeholtpade, p. Wolvega (056–10–24–63)

Vergeer, Willem J. C.D.A.; PPE; Committee on Development and Co-operation; Rubicondreef 34, 3561 JC Utrecht ((030) 61–44–11 (08866) 23–66)

Viehoff, P. (Phili) J. P.v.d.A.; S; Committee on Youth, Culture, Education, Information and Sport; Zuidlaarderweg 3, 9756 CE Glimmen ((05906) 24–94)

Woltjer, Eisso P. P.v.d.A.; S; Committee on Agriculture; Bergkwartier 10, 5801 PS Venray (04780–84–324)

UNITED KINGDOM

(*abbreviations of political parties*)

Cons.	Conservative and Unionist Party	SDLP	Social Democratic and Labour Party
DUP	Democratic Unionist Party	SNP	Scottish National Party
Lab.	Labour Party	UUP	Ulster Unionist Party

Adam, Gordon J. Member for Northumbria; Lab.; S; Committee on Energy and Research; Delegation to the Joint Parliamentary Committee of the EEC–Greece Association; Newgate Chambers, Newgate Street, Newcastle upon Tyne NE1 5RE ((0632) 29944)

Balfe, Richard A. Member for London South Inner; Lab.; S; Committee on Budgets; 259 Barry Road, Dulwich, London SE22 OJT ((01) 299–0868)

Balfour, Neil R. Member for Yorkshire North; Cons.; ED; Committee on Economic and Monetary Affairs; 24 The Little Boltons, London SW10 9LP ((01) 373–8092)

Battersby, Robert Chr. Member for Humberside; Cons.; ED; Committee on Agriculture; Committee on Budgetary Control; West Cross, Rockshaw Road, Merstham, Surrey RH1 3BZ ((01) 649–3783)

Beazley, Peter. Member for Bedfordshire; Cons.; ED; Committee on Economic and Monetary Affairs; Committee on Energy and Research; 'Rest Harrow', 14 The Combe, Ratton, Eastbourne, Sussex BN20 9DB ((0323) 54460)

Bethell, The Lord. Member for London North West; Cons.; ED; Political Affairs Committee; Delegation to the Joint Parliamentary Committee of the EEC–Greece Association; 73 Sussex Square, London W2 2SS

Boyes, Roland. Member for Durham; Lab.; Committee on Social Affairs and Employment; P.O. Box No 30, Room No 4/74, County Hall, Durham DH1 5UR ((0385) 49371)

Brookes, Beata Ann. Member for North Wales; Cons.; ED; Committee on Social Affairs and Employment; Conservation Office, 3 Llewelyn Road, Colwyn-Bay, Clwyd, North Wales ((0492) 33878)

Buchan, Jenny O'Neil. Member for Glasgow (Scotland); Lab.; S; Committee on Youth, Culture, Education, Information and Sport; 72 Peel Street, Glasgow G11 5LR Scotland

Caborn, Richard G. Member for Sheffield; Lab.; S; Committee on Economic and Monetary Affairs; European Office, Cambridge House, Division Street, Sheffield S1 4GF ((0742) 737947)

Castle, Barbara A. Member for Greater Manchester North; Lab.; S; Committee on Agriculture; Labour Delegation to the European Parliament, St Stephen's House, Victoria Embankment, London SW1

Catherwood, Sir Fred. Member for Cambridgeshire and Wellingborough; Cons.; ED; Committee on External Economic Relations; 7 Rose Cresent, Trinity Street, Cambridge CB2 3LL ((0223) 311310)

Clwyd, Ann. Member for Mid and West Wales; Lab.; S; Committee on Social Affairs and Employment; 1 Lon Werdd, St Fagan's, Cardiff, Wales ((0222) 593492)

Collins, Kenneth D. Member for Strathclyde East (Scotland); Lab.; S; Committee on the Environment, Public Health and Consumer Protection; 11 Stuarton Park, East Kilbride G74 4LA ((03552) 37282)

Cottrell, Richard J. Member for Bristol; Cons.; ED; Committee on Transport; Committee on Youth, Culture, Education, Information and Sport; Combeside, Back Lane, Croscombe, Wells, Somerset

Courcy Ling, John de. Member for Midlands Central; Cons.; ED; Committee on the Rules of Procedure and Petitions; 31 Chapel Street, Belgrave Square, Londond SW1 ((01) 235 5655)

Curry, David M. Member for Essex North East; Cons.; ED; Committee on Agriculture; Committee on Youth, Culture, Education, Information and Sport; 35 Belgrave Square, London SW1X 8QN ((01) 235–8914; 9382)

Dalziel, Ian M. Member for Lothians (Scotland); Cons.; ED; Legal Affairs Committee; 21 Greenhill Gardens, Edinburgh EH10 4BL ((031) 447–3441)

Douro, The Marquess of. Member for Surrey; Cons.; ED; 11 Copthall Avenue, London EC2R 7LU ((01) 628–4761)

Elles, The Baroness (Diana Louie). Member for Thames Valley; Cons.; ED; Political Affairs Committee; Committee on the Rules of Procedure and Petitions; 75 Ashley Gardens, London SW1 ((01) 828–0175)

Ewing, Winifred M. Member for Highlands and Islands (Scotland); SNP: DEP; Committee on Regional Policy and Regional Planning; 52 Queen's Drive, Glasgow S2, Scotland ((041) 423–8060)

Fergusson, Adam. Member for Strathclyde West (Scotland); Cons.; ED; Political Affairs Committee; 9 Addison Crescent, London W14 ((01) 603–7900)

Ferranti, Basil de. Member for Hampshire West; Cons.; ED; Committee on Economic and Monetary Affairs; Ferranti Ltd, Millbank Tower, London SW1P 4QS ((01) 584–2256)

Foster, Norvela. Member for Birmingham South; Cons; ED; Committee on Economic and Monetary Affairs; c/o (I.A.L.) Industrial Aids Ltd., 14 Buckingham Palace Road, London SW1W 0QP ((01) 828–5036)

Forth, Eric. Member for Birmingham North; Cons.; ED; Committee on Budgets; 40a Goldieslie Road, Sutton Coldfield, West Midlands ((021) 354–4842)

Gallagher, Michael. Member for Nottingham; Lab.; S; Committee on Energy and Research; Cattle Market house, Nottingham Road, Mansfield, Nottinghamshire NG18 2AY ((0623) 31659)

Griffiths, Winston J. Member for South Wales; Lab.; S; Committee on Regional Policy and Regional Planning; 27 Murch Road, Dinas Powis, South Glamorgan CF6 4RD, Wales

Harmar-Nicholls, The Lord. Member for Greater Manchester South; Cons.; ED; Committee on Transport; Abbeylands, Weston, Stafford ((0889) 270252)

Harris, David A. Member for Cornwall and Plymouth; Cons.; ED; Committee on Regional Policy and Regional Planning; Delegation to the Joint Parliamentary Committee of the EEC – Greece Association; Little Trehan Farm, Trehan, Saltash, Cornwall PL12 4QN ((075–55) 3720)

Hooper, Gloria D. Member for Liverpool; Cons.; ED; Committee on the Environment, Public Health and Consumer Protection; 11 Cleveland Row, London SW1 ((01) 839–3929)

Hooper, William J. Member for Greater Manchester West; Cons.; ED Committee on Economic and Monetary Affairs; 23 Great Winchester Street, London EC2P 2AX ((010) 588–4545)

Hord, Brian H. Member for London West; Cons.; ED; Committee on Agriculture; Simon House, 15 Golden Square, London W1R 3AG ((01) 734–2222/5057

Howell, Paul F. Member for Norfolk; Cons.; ED Committee on Budgets; Willy's Croft, Church Road, Wreningham, Norwich, Norfolk NR16 1BA ((050–841) 596)

Hume, John. Member for Northern Ireland; SDLP; S; Committee on Regional Policy and Regional Planning; 6 West End Park, Londonderry, No. Ireland

Hutton, Alistair Henry. Member for South of Scotland; Cons.; ED; Committee on Regional Policy and Regional Planning; Committee on Youth, Culture, Education, Information and Sport; 7th floor, 121 St Vincent Street, Glasgow G2 5HW, Scotland ((041) 221–7850)

Jackson, Christopher M. Member for Kent East; Cons.; ED; Political Affairs Committee; Medlars, Oak Hill Road, Sevenoaks, Kent ((0732) 56688)

Jackson, Robert Victor. Member for Upper Thames; Cons.; ED; Committee on Budgets; 4 Churton Place, London SW1V 2LN ((01) 930–9673)

Johnson, Stanley P. Member for Wight and Hampshire East; Cons.; ED; Committee on the Environment, Public Health and Consumer Protection; Delegation to the Joint Parliamentary Committee of the EEC – Turkey Association; 30 Maida Avenue, London W2

Kellett-Bowman, Edward T. Member for Lancashire East; Cons.; ED; Committee on Development and Co-operation; Committee on Budgetary Control; Delegation to the Joint Parliamentary Committee of the EEC–Greece Association; 9 Railway View, Clitheroe, Lancashire BB7 2HA ((0200) 25939)

Kellett-Bowman, M. Elaine. Member for Cumbria; Cons.; ED; Committee on Regional Policy and Regional Planning; 33d Curzon Street, London W1Y 7AE ((01) 499–7248)

Key, Brian M. Member for Yorkshire South; Lab.; S; Committee on Transport; Committee on Budgetary Control; 57 Bly Road, Darfield, Barnsley S73 9DW, Yorkshire ((0226) 753741)

Lomas, Alfred. Member for London North East; Lab.; S; Political Affairs Committee; 342 Hoe Street, Walthamstow, London E17 ((01) 520–0756)

Marshall, John Leslie. Member for London North; Cons.; ED; 2 Birkdale Road, London W5 ((01) 991–0162)

Megahy, Thomas. Member for Yorkshire South West; Lab.; S; Legal Affairs Committee; 6 Lady Heton Grove, Mirfield, West Yorkshire WF14 9DY

Moorhouse, James. Member for London South; Cons.; ED; Committee on Transport; Hill House, 64 Honor Oak Road, Forest Hill, London SE23 3SH

Moreland, Robert J. Member for Staffordshire East; Cons.; ED; Committee on Energy and Research; Committee on Transport; 17 Barnwood Road, Gloucester ((0452) 21867)

Newton Dunn, William Francis. Member for Lincolnshire; Cons.; ED; Committee on Budgets; 42 Lanchester Road, London N6 4TA ((01) 883–2527)

Nicolson, Sir David Lancaster. Member for London Central; Cons.; ED; 15 Hill Street, London W1X 7FB ((01) 491–4366)

Normanton, Tom. Member for Cheshire East; Cons.; ED; Committee on Energy and Research; House of Commons, London SW1 ((01) 219–3000, Ext. 4190)

O'Hagan, The Lord. Member for Devon; Cons.; ED; Committee on External Economic Relations; Sutton Court, Stowey, Pensford, Bristol, Avon BS18 4DN ((01) 329–4299)

Paisley, Ian R.K. Member for Northern Ireland; DUP; NI; Committee on Energy and Research; The Parsonage, 17 Cyprus Avenue, Belfast BT5 5NT, No. Ireland ((0232) 655694)

Patterson, George Benjamin. Member for Kent West; Cons.; ED; Committee on Youth, Culture,

Education, Information and Sport; Committee on the Rules of Procedure and Petitions; 11 Buckingham Street, London WC2N 6DF ((01) 839–1340)

Pearce, Andrew. Member for Cheshire West; Cons.; ED; Committee on Development and Co-operation; 30 Grange Road, West Kirby, Wirral, Merseyside L48 4HA ((051) 625–1898)

Plumb, Sir Henry. Member for the Cotswolds; Cons.; ED; Committee on Agriculture; Southfields Farm, Coleshill, Birmingham B46 3CJ, Warwickshire ((0675) 63133)

Prag, Derek. Member for Hertfordshire; Cons.; ED; Committee on Social Affairs and Employment; Euro-Centre, Maynard House, The Common, Hatfield, Herts. AL10 0NF ((07072) 71860)

Price, Peter N. Member for Lancashire West; Cons.; ED; Committee on Energy and Research; Committee on Budgetary Control; 6 Gelliwastad Road, Pontypridd, Mid Glamorgan CF37 2BP

Prout, Christopher J. Member for Shropshire and Stafford; Cons.; ED; Legal Affairs Committee; 90 York Mansions, Prince of Wales Drive, London SW11 ((01) 622–7336)

Provan, James L.C. Member for North East Scotland; Cons.; ED; Committee on Agriculture; Wallacetown, Bridge of Earn, Perthshire, Scotland PH2 8QA ((073) 881–2243)

Purvis, John. Member for Mid-Scotland and Fife; Cons.; ED; Committee on Energy and Research; Gilmerton House, Dunino, St Andrews, Fife, Scotland KY16 8NB ((0334) 75830)

Quin, Joyce G. Member for South Tyne and Wear; Lab.; S; Committee on Agriculture; 41 Preston Avenue, North Shields, Tyne and Wear ((0632) 596139)

Rhys Williams, Sir Brandon. Member for London South East; Cons.; ED; Committee on Economic and Monetary Affairs; House of Commons, London SW1 ((01) 219–4068)

Roberts, Shelagh. Member for London South West; Cons.; ED; Committee on Transport; 23 Dovehouse Street, London SW3 6JY ((01) 352–3711)

Rogers, Alan R. Member for South East Wales; Lab.; S; Committee on Economic and Monetary Affairs; Committee on the Rules of Procedure and Petitions; Delegation to the Joint Parliamentary Committee of the EEC–Turkey Association; 3A Co-operative Buildings, Ystrad Mynach, Hengoed, South Wales CF8 7AG ((0443) 812395)

Scott-Hopkins, James S.R. Member for Hereford and Worcester; Cons.; ED; Political Affairs Committee; European Democratic Group, 32 Smith Square, London SW1P 3HH ((01) 222–9000)

Seal, Barry H. Member for Yorkshire West; Lab.; S; Committee on External Economic Relations; City Hall, Bradford, West Yorkshire BD1 1HY ((0274) 29577, Ext. 7866)

Seligman, Madron Richard. Member for Sussex West; Cons.; ED; Committee on Energy and Research; PO Box No 4, Manor Royal, Crawley, West Sussex RH10 2QB ((0293) 37457/27777)

Sherlock, Alexander. Member for Essex South West; Cons.; ED; Committee on the Environment, Public Health and Consumer Protection; Committee on Development and Co-operation; 58 Orwell Road, Felixstowe, Suffolk IP11 7PS ((039–42) 4503)

Simmonds, Richard J. Member for Midlands West; Cons.; ED; Woodlands Farm, Cookham Dean, Maidenhead, Berkshire SL6 9PJ ((062–84) 3269)

Simpson, Anthony M.H. Member for Northamptonshire; Cons.; ED; Avenue Michel-Ange 57, Brussels B–1040 (7364–219)

Spencer, Tom. Member for Derbyshire; Cons.; ED; Committee on Social Affairs and Employment; Heath House, 13 Goulton Road, London E5 8HA ((01) 985–5839)

Spicer, James W. Member for Wessex; Cons.; ED; Committee on External Economic Relations; Delegation to the Joint Parliamentary Committee of the EEC–Turkey Association; House of Commons, London SW1 ((01) 219–4195)

Stewart-Clark, Sir John. Member for Sussex East; Cons.; ED; Political Affairs Committee; Committee on External Economic Relations; Holmsley House, Holtye Common, near Cowden, Kent ((0342–86) 541)

Taylor, John David. Member for Northern Ireland; UUP; ED; Committee on Social Affairs and Employment; Committee on Regional Policy and Regional Planning; Mullinure, Armagh BT61 9EL, No. Ireland ((0861) 522409)

Taylor, John Mark. Member for Midlands East; Cons.; ED; Committee on Budgets; Committee on Budgetary Control; Delegation to the Joint Parliamentary Committee of the EEC–Turkey Association; 2/4 High Street, Solihull, West Midlands B91 3TB ((021) 704–3071)

Tuckman, Frederick A. Member for Leicester; Cons.; ED; Committee on Budgets; 6 Cumberland Road, London SW13 9LY ((01) 748–2392)

Turner, Amedée E. Member for Suffolk; Cons.; ED; Legal Affairs Committee; Committee on the Rules of Procedure and Petitions; 1 Essex Court, The Temple, London EC4Y 9AR ((01) 583–8290)

Tyrell, Alan R. Member for London East; Cons.; ED; Legal Affairs Committee; 15 Willifield Way NW11 ((01) 455–5798)

Vanneck, Hon. Sir Peter B.R. Member for Cleveland; Cons.; ED; Committee on the Environment, Public Health and Consumer Protection; Rowe and Pitman, City Gate House, 39–45 Finsbury Square, London EC2 ((01) 606–1066)

Warner, Sir Fred A. Member for Somerset; Cons.; ED; Committee on Development and Co-operation; 33 Moreton Place, London SW1 ((01) 828–7531)

Welsh, Michael J. Member for Lancashire Central; Cons.; ED; Committee on External Economic Relations; Watercrook, 181 Town Lane, Whittle-le-Woods, near Chorley, Lancashire PR6 8AG ((02572) 76992)

DIRECTORY OF GOVERNMENT DEPARTMENTS

The following is a list of the major government departments as referred to throughout the text. Within each government department the ten Community member states are listed alphabetically, followed by the name, address and telephone number (where available) of the responsible government department in that country.

GOVERNMENT DEPARTMENTS FOR AGRICULTURE/FISHERIES/FOOD

Belgium: Ministry of Agriculture, rue Marie Thérèse 1, B–1040 Brussels (219–48–30)

Denmark: Ministry of Fisheries (Fiskeriministeriet), Borgergade 16, DK–1300 Copenhagen K (01–11–03–01); Ministry of Agriculture (Landbrugsministeriet), Slotholmsgade 10, DK–1216 Copenhagen K (01–12–37–17)

France: Ministry of Agriculture (Ministère de l'Agriculture), 78 rue de Vasenne, 75700 Paris (555–95–50)

Germany: Ministry of Food, Agriculture and Forestry, Rochus Strasse 1, D–5300 Bonn-Duisdorf (751)

Greece: Ministry of Agriculture, Odos Aharnon 2–6, Athens (524–3541)

Ireland: Department of Agriculture, Kildare Street, Dublin 2 (789011); Department of Fisheries and Forestry, 22 Upper Merrion Street, Dublin 2 (789211)

Italy: Ministry of Agriculture and Forestry (Ministero dell'Agricoltura e della Foreste), via XX settembre, 00100 Rome (46–65)

Luxembourg: Ministry of Agriculture and Viticulture, 1 rue de la Congrégation, Luxembourg (478–1)

Netherlands: Ministry of Agriculture and Fisheries, P.O. Box 204001, 2500 EK The Hague (070–793911)

United Kingdom: Ministry of Agriculture, Fisheries and Food, Whitehall Place, London SW1A 2HH (01–839–7711)

GOVERNMENT DEPARTMENTS FOR CONSUMER PROTECTION

Belgium: Consumer Council, Ministry of Economic Affairs, 17–21 avenue de la Joyeuse Entrée, B–1000 Brussels (735–40–00)

Denmark: Danish Government Home Economics Council (Statens Husholdningsrad), Amagerfaelledvej 56, DK–2300 Copenhagen S (01–57–01–00); Ministry of Commerce, Slotholmsgade 12, DK–1216 Copenhagen

France: Directorate-General of Competition and Consumers (Direction Générale de la Concurrence et de la Consommation), 41 Quai Branly, 75700 Paris (550–71–11); Le Secrétariat d'État à la Consommation, Ministry of Economic Affairs and Finance, 93 rue de Rivoli, 75001 Paris

Germany: Consumers' Syndicate (Arbeitgemeinschaft der Verbraucher), Heilbachstrasse 20, D–5300 Bonn-Duisdorf (64–10–11) (including government financing); Federal Ministry of Economics, Villemombler Strasse 76, D–5300 Bonn-Duisdorf

Greece: Consumers' Protection Institute (Instituto Prostasias Katanaloton), 43 Panepistimion Street, Athens (32–42–626/250/260)

Ireland: Department of Industry, Commerce and Energy, Price Line, Oisin House, Pearse Street, Dublin 2 (68–88–88); Department of Industry and Commerce, Kildare Street, Dublin 2

Italy: Consumer Protection Division, Directorate General for Internal Commerce, Ministry of Industry (Ministero dell'Industria del Commercio et dell Artigianato) via Vittorio Veneto 33, 00100 Rome (47–05); Ministry for Industry, Trade and Craft Trades, Via Molise 8, Rome

Luxembourg: Ministry of National Economy and the Middle Classes, 4 rue de la Congrégation, Luxembourg (478–1); Ministry of National Economy, rue Beaumont 19, P.O. box 97, Luxembourg

Netherlands: Consumer Policy Division, Directorate-General for Prices, Planning and Regional Policy, Laan van N.O. Indië 123, 2593 BM The Hague (070–814011); Minister of Economic Affairs, Bezuidenhoutseweg 70, The Hague

United Kingdom: Consumer Affairs Division, Department of Trade, Millbank Tower, Millbank, London SW1P 4QU (01–211–7090; 01–211–7344); Department of Prices and Consumer Protection, 1 Victoria Street, London SW1H 0ET

GOVERNMENT DEPARTMENTS FOR CUSTOMS AND EXCISE

Belgium: Customs and Excise (Central Administration), rue Ducale 59, B–1000 Brussels (233–71–11)

Denmark: Customs Directorate (Direktoratet for Tolduaesenet), Amaliegade 44, Copenhagen (01–15–73–00)

France: Directorate-General for Customs and Indirect Taxes (Direction Générale des Douanes et Droits Indirects) (Information et Relations Publiques), 8 rue de la Tour-des-Dames, 75436 Paris Cedex 09 (280–67–22)

Germany: Customs Department, Ministry of Finance, Graurheindorfer Strasse 108, D–5300 Bonn

Greece: Customs Department, Ministry of Finance, Odos Karageorgi Servias 10, Athens

Ireland: Customs and Excise, Collectors Office, Custan House, Dublin 1 (74–29–61)

Italy: Directorate-General of Customs and Indirect Taxes (Direzione Generale delle Tasse e delle Imposte Indirette), Ministry of Finance, viale America, 00100 Rome

Luxembourg: Customs Administration, 4–6 rue du Saint-Esprit, Luxembourg (2–09–51)

Netherlands: Customs and Excise, Directorate-General for Taxation, Ministry of Finance, Casuariestraat 32, 2511 VB The Hague

United Kingdom: HM Customs and Excise, King's Beam House, 39–41 Mark Lane, London EC3R 7HE (01–626–1515)

GOVERNMENT DEPARTMENTS FOR EDUCATION/SCIENCE

Belgium: Ministry of National Education (Dutch), Kunstlann 58, Bur 5, B–1040 Brussels (513–93–85); Ministry of Education (French), rue Joseph II 30, B–1040 Brussels (219–02–37); Ministry of Economic Planning and Scientific Policy, rue Montoyer 30, B–1040 Brussels (230–94–90)

Denmark: Ministry of Education (Undervisningsministeriet), Frederiksholms Kanal 21, DK–1220 Copenhagen K (01–13–52–82)

France: Ministry of Education (Ministère de l'Education), 110 rue de la Grenelle, 75357 Paris (550–10–10); Interministerial Committee of Scientific and Technical Research (Comité Interministériel de la Recherche Scientifique et Technique), 35 rue St-Dominique, 75700 Paris (550–32–50)

Germany: Ministry of Education and Science, Heinemann Strasse 2, D–5300 Bonn-Bad Godesberg (571); Ministry of Research and Technology, Heinemann Strasse 2, D–5300 Bonn-Bad Godesberg (591)

Greece: Ministry of Culture and Sciences, Odos Aristidou 14, Athens (324–3015); Ministry of Education and Religion, Odos Mitropoleos 15, Athens (323–0461)

Ireland: Department of Education, Marlborough Street, Dublin 1 (717101); National Board for Science and Technology, Sherbourne House, Sherbourne Road, Dublin 4

Italy: Ministry of Education (Minstero della Pubblica Istruzione), viale Trastavere, 00100 Rome (58–59); National Council of Research (Consiglio Nazionale delle Richerche), Piazzale Aldo Moro 7, 00100 Rome (49–93)

Luxembourg: Ministry of National Education, 6 boulevard Royal, Luxembourg (478–1)

Netherlands: Ministry of Education and Science, P.O. box 20551, 2500 EN The Hague, (070–742742)

United Kingdom: Department of Education and Science, Elizabeth House, York Road, London SE1 7PH (01–928–9222)

NATIONAL EMPLOYERS ORGANIZATIONS

Belgium: Fédération des Industries Belges, 4 rue Ravenstein, B–1000 Brussels (511–58–80)

Denmark: Danish Employers' Confederation (Dansk Arbejdsgiverforening), Vester Voldgade 113, DK–1552 Copenhagen V (01–12–33–11)

France: National Council of French Employers (Conseil National du Patronat Français), 31 avenue Pierre 1er de Serbie, 75116 Paris (723–61–58)

Germany: Confederation of German Employers' Associations (Bundesvereinigung der Deutschen Arbeitgeberverbande (BDA)), Oberländer Ufer 72, D–5000 Köln 51 (38–01–72)

Greece: Federation of Greek Industries, Odos Xenofontos 5, Athens

Ireland: Confederation of Irish Industry, Confederation House, Kildare Street, Dublin 2 (779801)

Italy: General Confederation of Italian Industry, viale Astronomia 30, 00144 Rome

Luxembourg: Fédération des Industriels Luxembourgeois, 7 rue Alcide de Gasperi, Luxembourg-Kirchberg; Fédération des Commercants, 23 allée Scheffer, Luxembourg

Netherlands: Federation of Netherlands Industry, P.O. box 93093, Prinses Beatrixlaan 5, The Hague

United Kingdom: Confederation of British Industry, 21 Tothill Street, London SW1H 9LP (01–930–6711)

GOVERNMENT DEPARTMENTS FOR EMPLOYMENT/LABOUR

Belgium: Ministry of Employment and Labour, rue Belliard 53, B–1040 Brussels (230–90–10); Rijksdienst voor Arbeidsvoorziening, Keizerslaan 7, B–1000 Brussels (513–96–80); Office National de l'Emploi, boulevard de l'Empereur 7, B–1000 Brussels (513–96–80)

Denmark: Ministry of Labour (Arbedsministeriet), Laksegade 19, DK–1063 Copenhagen K (01–11–13–40); Arbejdskirektoratets 2, Kontor, Ornevej 30 I, DK–2400 Copenhagen NV

France: Ministry of Labour and Participation (Ministere du Travail et de la Participation), 127 rue de la Grenelle, 75700 Paris (567–55–44); Agence Nationale pour l'Emploi, 53 rue General Leclerc, 92136 Issy-les-Moulineaux (645–21–26)

Germany: Ministry of Labour and Social Affairs, Rochus Strasse 1, D–5300 Bonn-Duisdorf (741); Bundesanstalt fuer Arbeit, Regensburger Strasse 104, D–8500 Nuremburg (172285); Zentralstelle Für Arbeitsvermittlung, Feuerbachstrasse 42–46, D–6000 Frankfurt am Main (7111365)

Greece: Ministry of Labour, Odos Pireos 40, Athens (523–3110)

Ireland: Department of Labour, Mespil Road, Dublin 4 (765861)

Italy: Ministry of Labour and Social Security (Ministero del Lavoro e della Previdenza Sociale), via Flavia 6, 00100 Rome (46–83); UMOTEM, Via Pastrengo 16, Rome (46–05–75)

Luxembourg: Ministry of Labour and Social Security, 55 and 57 boulevard de la Pétrusse, Luxembourg (4–08–1); Administration de l'Emploi, 34 avenue de la Porte Neuve, Luxembourg (26–7–93)

Netherlands: Directorate-General of Labour, P.O. box 69, 2270 MA Voosburg, Balen van Andelplein 2, Voorburg (070–694001); Directoraat-General voor de Arbeidsvoorziening, Volmerlaan 1, Rijswijk (ZH) (99–31–77); Ministry of Social Affairs, P.O. box 20801, 2500 EV The Hague (070–715911)

United Kingdom: Department of Employment, Caxton House, Tothill Street, London SW1H 9NA (01–213–3000); Manpower Services Commission, Employment Service Division, Overseas Placing Unit, Pennine Centre, 20–22 Hawley Street, Sheffield S1 3GA (73–90–22)

GOVERNMENT DEPARTMENTS FOR ENERGY

Belgium: Ministry of Economic Affairs (Department of Energy), square de Meeûs 23, B–1040 Brussels (233–61–11); Atomic Energy Commission, Ministry of Economic Affairs, rue de Mot 24–26, B–1040 Brussels

Denmark: Danish Energy Agency, 11 Landemaerket, DK–1119 Copenhagen K; Ministry of Energy (Energieministeriet), Strandgade 29, Copenhagen (01–54–36–11)

France: Directorate-General for Energy and Raw Materials (Direction Générale de l'Energie et des Matières premières), 101 rue de Grenelle, 75700 Paris (555–93–00); Atomic Energy Commission (Commissariat à l'Energie Atomique), 29–33 rue de la Fédération, P.O. box 510, 75752 Paris Cedex 15 (273–60–00)

Germany: Ministry for Research and Technology, Heinemannstrasse 2, P.O. box 200706, D–5300 Bonn 2

Greece: Ministry of Industry and Energy, 80 Odos Mihalakopoulo, Athens; Greek Atomic Energy Commission, Aghia Paraskevi, Attikis, Athens

Ireland: Department of Industry, Commerce and Energy, Kildare Street, Dublin 2 (789411)

Italy: Directorate-General for Energy, Ministry of Industry, via Vittorio Veneto 33, 00100 Rome (47–05); National Committee for Nuclear Energy, via Regina Margherita 125, 00198 Rome

Luxembourg: Ministry of Transport and Energy, 19–21 boulevard Royal, Luxembourg (219–21); National Nuclear Energy Council, 19 boulevard Royal, Luxembourg

Netherlands: Directorate-General for Energy Supply (Ministry of Economic Affairs), Bezuidenhoutseweg 30, 2594 AV The Hague (070–814011); Scientific Council for Nuclear Affairs, Thorbeckelaan 360, The Hague

United Kingdom: Department of Energy, Thames House South, Millbank, London SW1P 4QJ (01–211–3000); United Kingdom Atomic Energy Authority, 11 Charles II Street, London SW1 (01–930–6262)

GOVERNMENT DEPARTMENTS FOR ENVIRONMENT

Belgium: Ministry of Public Health and Environment, Rijkdam Centrum, Esplanade 7, B–1010 Brussels (564–29–50)

Denmark: Ministry of the Environment (Miljøministeriet), Slotholmsgade 12, DK–1216 Copenhagen K (01–12–76–88)

France: Ministry of the Environment and Quality of Life (Ministère de l'Environnement et Cadre de Vie), 246 boulevard St Germain, 75775 Paris Cedex 16 (544–39–93)

Germany: Ministry of Regional Planning, Building and Urban Development, Diechmansalle, D–5300 Bad-Godesberg-Mehlem (8321)

Greece: Ministry of Planning and Environment, Amalidos Pouliou 17, Ambelokipi, Athens (642–8611)

Ireland: Department of the Environment, Custan House, Dublin 1 (742961)

Italy: Ministry for Culture and Environmental Affairs (Ministero per i Beni Culturali e Ambientali), via del Collegio Romano 27, 00100 Rome (67–23); Ministry of Public Works (Ministero dei Lavori Pubblici), Piazza Porta Pia 1, 00100 Rome (84–82)

Luxembourg: Ministry of the Environment and Tourism, 19 boulevard Royal, Luxembourg (219–21)

Netherlands: Ministry of Public Health and Environmental Hygiene, P.O. box 439, 2260 AK Leidschendam (070–209260)

United Kingdom: Department of the Environment, 2 Marsham Street, London SW1P 3EB (01–212–3434)

GOVERNMENT DEPARTMENTS FOR FINANCE

Belgium: Ministry of the Budget, rue de la Loi 26, B–1040 Brussels (230–15–80); Ministry of Economic Planning and Scientific Policy, rue Montoyer 30, B–1040 Brussels (230–94–90)

Denmark: Ministry of Finance (Finansministeriet), Christiansborg Slotsplads 1, DK–1218 Copenhagen K (01–11–44–88); Ministry of Economics (Økonomiminiteriet), Slothomsgade 12, DK–1216 Copenhagen K (01–11–62–11)

France: Ministère du Budget, 93 rue de Rivoli, 75056 Paris (260–33–00); Ministère de l'Economie, 93 rue de Rivoli, 75056 Paris

Germany: Ministry of Finance, Graurheindorfer Strasse 108, D–5300 Bonn (791)

Greece: Ministry of Finance, Odos Karageorgi Servias 10, Athens (322–4071)

Ireland: Department of Finance and Economic Planning, Government Buildings, Upper Merrion Street, Dublin 2 (767571)

Italy: The Treasury (Ministero del Tesoro), via XX settembre 97, 00100 Rome (49–81; 46–81); Ministry of Finance (Ministero delle Finanze), viale America, 00100 Rome (59–97)

Luxembourg: Ministry of Finance, 3 rue de la Congrégation, Luxembourg (478–1)

Netherlands: Ministry of Finance, Casuariestraat 32, 2511 VB The Hague (070–767767)

United Kingdom: HM Treasury, Parliament Street, London SW1P 3AG (01–233–3000)

GOVERNMENT DEPARTMENTS FOR FOREIGN/EXTERNAL AFFAIRS

Belgium: Ministry of Foreign Affairs, rue des Quatre-Bras 2, B–1000 Brussels (513–62–40)

Denmark: Ministry of Foreign Affairs (Udenrigsministeriet), Asiatisk Plads 2, DK–1448 Copenhagen K (01–92–00–00)

France: Ministry of Foreign Affairs (Ministère des Affaires Etrangères), 37 Quai d'Orsay, 75700 Paris (555–95–40)

Germany: Ministry of Foreign Affairs, Adenauerallee 99–103, D–5300 Bonn (171)

Greece: Ministry of Foreign Affairs, Odos Zalokosta 2, Athens (361–0581)

Ireland: Department of Foreign Affairs, 80 St Stephen's Green, Dublin 2 (780822)

Italy: Ministry of Foreign Affairs (Ministero degli Affari Esteri), Farnesina, 00100 Rome (36–91–1)

Luxembourg: Ministry for Foreign Affairs and Foreign Trade, 5 rue Notre-Dame; 41 boulevard Roosevelt, Luxembourg (478–1)

Netherlands: Ministry of Foreign Affairs, P.O. Box 20081, 2500 EB The Hague (070–61–49–41)

United Kingdom: Foreign and Commonwealth Office, Downing Street, London SW1A 2AL (01–233–3000)

GOVERNMENT DEPARTMENTS FOR HEALTH

Belgium: Ministry of Public Health and Environment, Rijkdam Centrum, Esplanade 7, B–1010 Brussels (564–29–50)

Denmark: Ministry of Health (Interior), Christiansborg Slotsplads 1, DK–1218 Copenhagen K

France: Ministry of Health and the Family (Ministère de la Santé et de la Famille), 8 avenue de Ségur, 75700 Paris (567–55–44)

Germany: Ministry for Youth, Health and Family Affairs, Kennedy-Allee 105–107, D–5300 Bonn-Bad Godesberg (8341)

Greece: Ministry of Social Services, Odos Aristotelous 17, Athens (523–2821)

Ireland: Department of Health, Custan House, Dublin 1 (742961)

Italy: Ministry of Health (Ministero dell Sanità), vle dell'Industrie 20, 00100 Rome (59–94)

Luxembourg: Ministry of Public Health, 57 boulevard de la Pétrusse, Luxembourg (4–08–1)

Netherlands: Ministry of Public Health and Environmental Hygiene, P.O. Box 439, 2260 AK Leidschendam (070–209260)

United Kingdom: Department of Health and Social Security, Alexander Fleming House, Elephant and Castle, London SE1 6BY (01–407–5522)

GOVERNMENT DEPARTMENTS FOR INDUSTRY/TRADE

Belgium: Ministry of External Trade, rue des Quatre-Bras 2, B–1000 Brussels; General Economic Inspectorate, rue de Mot 24–26, B–1040 Brussels; Ministry of Economic Affairs (Department of Industry), square de Meeûs 23, B–1040 Brussels (511–19–30)

Denmark: Ministry of Industry (Industrieministeriet), Slotholmsgade 12, DK–1216 Copenhagen K (01–12–11–97)

France: Ministry of Trade and Artisan Industries (Ministère du Commerce et de l'Artisanat), 80 rue de Lille, 75700 Paris (550–32–62); Ministry of Industry (Ministère de l'Industrie), 101 rue de Grenelle, 75700 Paris (555–93–00)

Germany: Ministry of Economics, Villemombler Strasse 76, D–5300 Bonn-Duisdorf (761); Federal Cartel Office (Bundeskartelant), Mehringdamm 129, D–1000 Berlin 62 (69–01–1) (restrictive practices, monopolies, mergers)

Greece: Ministry of Industry and Energy, 80 Odos Mihalakopoulo, Athens (770–8615); Ministry of Mercantile Marine, Odos vas Sophias 150, Piraeus (412–1211)

Ireland: Department of Industry, Commerce and Energy, Kildare Street, Dublin 2 (789411)

Italy: Ministry of Industry, Commerce and Crafts (Ministero dell'Industria del Commercio et dell Artigianato), via Vittorio Veneto 33, 00100 Rome (47–05); Ministry of Foreign Trade (Ministero del Commercio con l'Estero), viale America, 00100 Rome (59–93)

Luxembourg: Ministry of National Economy and the Middle Classes, 4 rue de la Congrégation, Luxembourg (478–1)

Netherlands: Ministry of Economic Affairs, P.O. box 20101, 2500 EG The Hague (070–814011)

United Kingdom: Department of Trade, 1 Victoria Street, London SW1H 0ET (01–215–7877); Department of Industry, Ashdown House, 123 Victoria Street, London SW1E 6RB (01–212–7676); Office of Fair Trading, Field House, Bream's Buildings, London EC4A 1PR (01–242–2858)

GOVERNMENT DEPARTMENTS FOR INTERIOR/INTERNAL AFFAIRS

Belgium: Ministry of the Interior and Institutional Reforms, rue de la Loi 2, B–1000 Brussels (511–06–60)

Denmark: Ministry of the Interior (Indenrigsministeriet), Christiansborg Slotsplads 1, DK–1218, Copenhagen K (01–11–69–00)

France: Ministry of the Interior (Ministère de l'Intérieur), place Beauvau, 75800 Paris (522–90–90)

Germany: Ministry of the Interior, Graurheindorfer Strasse 198, D–5300 Bonn (781)

Greece: Ministry of the Interior, Odos Stadiou 27, Athens (322–3521)

Ireland: Ministry of Justice, 72–76 St Stephen's Green, Dublin 2

Italy: Ministry of Internal Affairs (Ministero dell'Interno), piazza Viminale, Palazzo Viminale, 00100 Rome (46–67)

Luxembourg: Ministry of the Interior, 19 rue Beaumont, Luxembourg (47–82–41)

Netherlands: Ministry of Home Affairs, P.O. box 20011, 2500 EA The Hague (070–717911)

United Kingdom: Home Office, 50 Queen Anne's Gate, London SW1H 9AT (01–213–3000)

GOVERNMENT DEPARTMENTS FOR LAW/JUSTICE

Belgium: Ministry of Justice, Poelaertplein 4, B–1000 Brussels (511–42–00)

Denmark: Ministry of Justice (Justitsministeriet), Slotholmsgade 10, DK–1216 Copenhagen K (01–12–09–06)

France: Ministry of Justice (Ministère de la Justice), 13 place Vendôme, 75042 Paris Cedex 01

Germany: Ministry of Justice, Heinemann Strasse 6, D–5300 Bonn-Bad Godesberg (581)

Greece: Ministry of Justice, Odos Zinonos 2, Athens (522–5903)

Ireland: Department of Justice, 72–76 St Stephen's Green, Dublin 2 (789711)

Italy: Ministry of Justice (Ministero di Grazia e Giustizia), via Aranula, 00100 Rome (65–10)

Luxembourg: Ministry of Justice, 27 rue Joseph Jurck, Luxembourg (478–1)

Netherlands: Ministry of Justice, P.O. box 20301, 2500 EH The Hague (070–707911)

United Kingdom: Lord Chancellor's Department, Room 606, Neville House, Page Street, London SW1P 4LS (01–211–7512)

GOVERNMENT DEPARTMENTS FOR LOCAL GOVERNMENT

Belgium: Ministry of the Brussels Region, boulevard du Régent 21–23, B–1000 Brussels (513–82–00); Ministry of the Walloon Region, boulevard de l'Empereur 11, B–1000 Brussels (511–72–95); Ministry of the Flemish Region, Belliardstraat 32, B–1040 Brussels (230–09–09)

Denmark: Ministry of Greenland (Ministeriet fa Grønland), Hausergade 3, DK–1128 Copenhagen K (01–13–68–25); Faroe Islands Administration (Faeroya Landsstyri), Landsstyret DK–3800 Tórshavn; Greenland Administration, Landsstyret, DK–3900 Godthaab

France: Delegation for Regional Planning and Activity (Délégation à l'Aménagement du Territoire et à l'Action Regionale), 1 avenue Charles-Floquet, 75007 Paris (783–61–20)

Germany: Ministry of the Interior, Graurheindorfer Strasse 198, D–5300 Bonn (781)

Greece: Ministry for Northern Greece, 48 Odos Venizelou, Thessaloniki (031–264321)

Ireland: Department of the Environment, Custan House, Dublin 1 (742961)

Italy: Ministry for Regional Co-ordination, Piazza Colonna 370, 00100 Rome (67–69)

Luxembourg: Ministry of the Interior, 19 rue Beaumont, Luxembourg (47–82–41)

Netherlands: Ministry of Housing and Physical Planning, P.O. box 20951, 2500 EZ The Hague (070–264201)

United Kingdom: Department of the Environment, 2 Marsham Street, London SW1P 3EB (01–212–3434); Scottish Office, Dover House, Whitehall, London SW1A 2AU (01–233–3000); Northern Ireland Office, Government Offices, Great George Street, London SW1P 3AJ (01–233–3000)

GOVERNMENT DEPARTMENTS FOR OVERSEAS AID/DEVELOPMENT

Belgium: Ministry of Development Co-operation, rue des Quatre-Bras 2, B–1000 Brussels

Denmark: Danida, Asiatisk Plads 2, DK–1448 Copenhagen K (01–92–00–00)

France: Ministry of Co-operation (Ministère de la Coopération) 20 rue Monsieur, 75700 Paris (567–55–90)

Germany: Ministry of Economic Co-operation, Karl Marx Strasse 4–6, D–5300 Bonn (5351)

Greece: Ministry of Co-ordination and Planning, Syntagma Square, Athens (323–0911)

Ireland: Department of Foreign Affairs, 80 St Stephen's Green, Dublin 2

Italy: Department of Co-operation and Development (Dipartimento per la Cooperazione allo Sviluppo), Ministry of Foreign Affairs, Farnesina, 00100 Rome

Luxembourg: Department of Foreign Trade and Development Aid, 5 rue Notre Dame, Luxembourg (478–1)

Netherlands: Directorate-General for International Co-operation, P.O. box 20061, 2500 EB The Hague (070–614–941)

United Kingdom: Overseas Development Administration, Eland House, Stag Place, London SW1E 5DH (01–213–3000)

GOVERNMENT PUBLICATIONS SALES OFFICES

Belgium: Inbel (Belgian Information and Documentation Institute), rue Montoyer 3, B–1040 Brussels (512–66–88)

France: La Documentation Française, 29 quai Voltaire, 75007 Paris (261–50–10)

Germany: Bundesanzeiger Verlaggesellschaft MbH, P.O. box 1320, D–5300 Bonn 1 (23–80–67)

Greece: General Secretariat for Press and Information, 8 Odos Zalokosta Kriezotou, Athens (363–0911)

Ireland: Stationery Office, Beggar's Bush, Dublin 4 (68–84–33)

Italy: Presidency of the Council of Ministers, Information and Copyright Service (Servizio delle informazioni e ufficio della proprieta letteraria), via Boncompagni 15, 00100 Rome (48–95–06)

Luxembourg: Service Information et Presse, 10 boulevard F. D. Roosevelt, Luxembourg

Netherlands: Government Printing Offices, P.O. box 20014, 2500 EA The Hague (070–78–99–11)

United Kingdom: HM Stationery Office, P.O. Box 569, London SE1 9NH (01–928–6977)

GOVERNMENT DEPARTMENTS FOR SOCIAL SECURITY

Belgium: Ministry of Social Security, rue Joseph II 30, B–1040 Brussels (219–00–50)

Denmark: Ministry of Social Affairs (Socialministeriet), Slotholmsgade 6, DK–1216 Copenhagen K (01–12–25–17)

France: Social Security Directorate (Direction de la Sécurité Sociale), 1 place de Fontenoy, 75700 Paris (567–55–44); Ministry of External Trade (Ministère du Commerce Extérieur), 41 quai Branly, 75700 Paris (550–71–11)

Germany: Ministry of Labour and Social Affairs, Rochus Strasse 1, D–5300 Bonn-Duisdorf (741)

Greece: Ministry of Social Services, Odos Aristotelous 17, Athens (523–2821)

Ireland: Department of Social Welfare, Aras Mhic Dhiarmada, Dublin 1 (786444)

Italy: Ministry of Labour and Social Security (Ministero del Lavoro e della Previdenza Sociale), via Flavia 6, 00100 Rome (4683)

Luxembourg: Ministry of Labour and Social Security, 55 and 57 boulevard de la Pétrusse, Luxembourg (4–08–1)

Netherlands: Directorate-General of Social Provision, P.O. box 20802, 2500 EV The Hague (070–624651)

United Kingdom: Department of Health and Social Security, Alexander Fleming House, Elephant and Castle, London SE1 6BY (01–407–5522)

NATIONAL STANDARDS INSTITUTIONS

Belgium: Belgian Standards Institute (Institut Belge de Normalisation), avenue de la Brabançonne 29, B–1040 Brussels (734–92–05)

Denmark: Danish Standards Institute (Dansk Standardiseringsraad), Aurehøjvej 12, P.O. box 77, DK–2900 Hellerup (01–62–93–15)

France: Association Française de Normalisation (AFNOR), 2 Tour Europe, 92400 Courbevoie Cedex 7 (788–11–11)

Germany: Deutsche Industrie Norm (DIN), Bruggrafenstrasse 4, D–1000–Berlin 30 (26011)
Greece: Hellenic Organization for Standardization, Didotou 15, Athens 144 (360–95–17)
Ireland: Institute for Industrial Research and Standards, Ballymun Road, Dublin 9 (370101)
Italy: Italian National Standards Bureau (Ente Nazionale Italiano di Unification), Piazza Diaz 2, 20123 Milan (876914)
Netherlands: Netherlands Standards Institute (Nederlands Normalisatie-instituut), Polakweg 5, P.O. box 5810, 2280 HV Rijkswijk ZH (070–90–68–00)
United Kingdom: British Standards Institution, 2 Park Street, London W1 (01–629–9000)

NATIONAL TRADES UNION ORGANIZATIONS

Belgium: Centre Générale des Syndicats Libéraux de Belgique, avenue Brédérode 2, B–1000 Brussels (511–15–95); Fédération Générale du Travail de Belgique, rue Haute 42; B–1000 Brussels (511–64–66); Confédération des Syndicats Chrétiens, rue de la Loi 121, B–1040 Brussels (735–60–50)
Denmark: Danish Federation of Trades Unions (Landsorganisationen i Danmark (LO)), Rosenøms Alle 12, DK–1970 Copenhagen V (01–35–35–41)
France: Confédération Générale du Travail, 213 rue La Fayette, 75480 Paris Cedex 10 (200–33–31); Confédération générale du Travail – Force Ouvrière (CGT – FO), 198 avenue du Maine, 75014 Paris; Confédération Française Démocratique du Travail (CFDT), 5 rue Cadet, 75439 Paris
Germany: Deutscher Gewerkschaftsbund (DGB), Hans Böcklerstrasse 39, D–4000 Düsseldorf 30 (430–11)
Greece: Greek General Confederation of Labour, Odos Patissiou 69, Athens
Ireland: Irish Congress of Trade Unions, Congress House, 19 Raglan Road, Ballsbridge, Dublin 4 (601011)
Italy: Confederation Nazionale Italiana Sindicati Lavoratori (CISL), via Po 21, 00198 Rome (867–841); Unione Italiana del Lavoro (UIL), via Lucullo 6, 00187 Rome (47–15–31); Confederazione Generale Italiana del Lavoro (CGIL), Corso d'Italia 25, 00195 Rome (86–88–41)
Luxembourg: Confédération Générale du Travail du Luxembourg, 4 rue P. Hentges, P.O. box 2031, Luxembourg
Netherlands: Netherlands Federation of Trade Unions, Plein '40–'45 No. 1, 1064 SW Amsterdam (20–13–46–26)
United Kingdom: Trades Union Congress, Great Russell Street, London WC1B 3MS (01–636–4030)

GOVERNMENT DEPARTMENTS FOR TRANSPORT

Belgium: Ministry of Communications (Department of Transport), Cantersteen 12, B–1000 Brussels (513–18–30)
Denmark: Ministry of Transport and Communications (Ministeriet for offentlige arbejder), Frederiksholms Kanal 25–27, DK–1220 Copenhagen K
France: Ministry of Transport (Ministère des Transports), 32 avenue du Président Kennedy, 75775 Paris Cedex 16 (524–52–34)
Germany: Ministry of Transport, Kennedy-Allee 72, D–5300 Bonn-Bad Godesberg (861)
Greece: Ministry of Transport and Communications, Xenofontos 13, Athens (923–3940)
Ireland: Department of Transport and Tourism, Kildare Street, Dublin 2 (789522)
Italy: Ministry of Transport (Ministero dei Trasporti), della Croce Rossa, 00100 Rome (84–90–1)
Luxembourg: Ministry of Transport and Energy, 19–21 boulevard Royal, Luxembourg (219–21)
Netherlands: Ministry of Transport and Public Works, P.O. box 20901, 2500 EX The Hague (070–747474)
United Kingdom: Department of Transport, 2 Marsham Street, London SW1P 3EB

DIRECTORY OF REPRESENTATIVE ORGANIZATIONS

The following is a list of major representative organizations established at Community level for industry, crafts, small and medium-sized enterprises, wholesale and retail trade, services industries, professions, trade unions, and consumers. As many of these organizations are known by acronyms not necessarily following their English titles, the commonly used acronym is shown after the name of each organization.

ORGANIZATIONS REPRESENTING INDUSTRY

Industry in general

Permanent Conference of Chambers of Commerce and Industry of the EEC (Conférence Permanente des Chambres de Commerce et d'Industrie de la Communauté Economique Européenne), Square Ambiorix, 30, P.O. box 57, B–1040 Brussels (Tel. 736–28–58; Tlx 25315 Chamce B)

European Centre of Public Enterprises (Centre Européen de l'Entreprise Publique – CEEP), 15 rue de la Charité, B–1040 Brussels (Tel. 219–14–84; 219–15–65)

Confederation of Industries of the European Community (Union des Industries de la Communauté Européenne – UNICE), 6 rue de Loxum, P.O. box 21, B–1000 Brussels (Tel. 513–45–61; Tlx 26013 b)

European Association of Industries of Branded Products (Association Européenne des Industries de Produits de Marque – AIM), 19 rue de l'Orme, B–1040 Brussels (Tel. 733–12–64/40; Tlx 61473 ecco b)

European Committee for Standardization (Comité Européen de Normalisation – CEN), 2 rue Bréderode, B–1000 Brussels (Tel. 513–55–64; Tlx 26257 cenlec)

European Committee for Electrotechnical Standardization (Comité Européen de Normalisation Electrotechnique – CENELEC), 2 rue Bréderode, B–1000 Brussels (Tel. 511–79–32)

Agriculture – general

Committee of Agricultural Organizations in the European Community (Comité des Organisations Professionelles Agricoles de la Communauté Européenne – COPA), 23/25 rue de la Science, P.O. box 3, B–1040 Brussels (Tel. 230–39–45)

General Committee for Agricultural Co-operatives (Comité Genéral de la Co-operation Agricole de la Communauté Européenne – COGECA), 23/25 rue de la Science, P.O. box 3, B–1040 Brussels (Tel. 230–39–45)

Agriculture – animal and vegetable fat industries

European Union of Renderers and Manufacturers of Animal Fats – UNEGA, 10 rue de la Paix, 75002 Paris (Tel. 261–66–21)

EEC Seed Crushers and Oil Processors' Federation – FEDIOL, rue de la Loi 74, P.O. box 4, B–1040 Brussels (Tel. 230–31–25; Tlx 23628 OLMA)

Association of the Margarine Industries of the Countries of the EEC – IMACE, rue de la Loi 74, P.O. box 4, B–1040 Brussels (Tel. 230–48–10; Tlx OLMA BRU 23628)

Federation of Olive Oil Industries of the EEC (Fédération de l'Industrie de l'Huile d'Olive de la CEE – FEDOLIVE), Via del Governo Vecchio 3, I–00186 Rome (Tel. 654–32–51; Tlx 610552)

Agriculture – food and agricultural products industries

Committee of Agricultural and Food Industries of the Union of Industries of the European Community – CIAA de l'UNICE, rue de Loxum 6, B–1000 Brussels (Tel. 513–45–62)

Liaison Centre of the Meat Processing Industries of the EEC – CLITRAVI, avenue de Cortenbergh 172, B–1040 Brussels (Tel. 735–81–70)

Association of the Dairy Industry of the EEC – ASSILEC, 140 boulevard Haussmann, 75008 Paris (Tel. 227–12–51; Tlx 280050)

Association of Preserved Milk Manufacturers of the Countries of the EEC – ASFALEC, 140 boulevard Haussmann, 75008 Paris (Tel. 622–40–63; Tlx 280050)

Association of the Cheese Processing Industry – ASSIFONTE, D–5300 Bonn, Schedestrasse 11 (Tel. 21–48–38; Tlx 0886625 varf)

Union of Associations of the Rice Industry of the EEC, c/o rue de Général Foy 25, 75008 Paris (Tel. 522–69–20)

International Industrial Bakers Association – AIBI, D–4000 Düsseldorf-Rath, In den Diken 33 (Tel. 65–30–86/88)

Common Market Committee of the European Committee of Sugar Manufacturers – CEFS, 45 avenue Montaigne, 75008 Paris (Tel. 359–76–07)

Association of the Sugar Products Industries of the EEC – CAOBISCO, rue de Rivoli 194, 75001 Paris 1 (Tel. 260–30–12; Tlx UNICHOCO 68553)

The Ice Cream Association of the EEC – EUROGLACES, 194 rue de Rivoli, 75001 Paris (Tel. 260–30–12)

Union of Associations of Pasta Manufacturers of the EEC, Via Po n. 102, 00198 Rome (Tel. 853–262; 852–191)

Association of Soluble Coffee Manufacturers of the Countries of the EEC – AFCASOL, 12 rue de 4 Septembre, 75002 Paris (Tel. 742–90–04)

Permanent International Committee of the Vinegar Industry of the EEC – CPIV, Reuterstrasse 151, D–5300 Bonn (Tel. 21–20–17)

Committee of the Mustard Industries of the EEC – CIMCEE, avenue de Cortenbergh 172, B–1040 Brussels (Tel. 735–81–70)

Committee of Mayonnaise and Sauce Industries of the EEC – CIMSCEE, avenue de Cortenbergh 172, B–1040 Brussels (Tel. 735–81–70)

European Federation of Manufacturers of Additives for Animal Nutrition – FEFANA, Adenauerallee 170, D–5300 Bonn (Tel. 21–38–37)

European Feed Manufacturers' Association – FEFAC, rue de la Loi 223, B–1040 Brussels (Tel. 734–39–70; Tlx 23993)

Association of the Industry of Fruit and Vegetables in Vinegar, Pickling Brine and Oil, and Similar Products, of the EEC, P.O. box 177, NL–2300 AD, Leiden (Tel. 15–40–41/42)

Committee of the Fruit and Vegetable Juice Industry of the EEC, 172 avenue de Cortenbergh, B–1040 Brussels (Tel. 735–81–70)

Association of European Fruit and Vegetable Processing Industries, rue du Long Chêne 78, B–1970 Wezembeek-Oppem (Tel. 731–66–45)

European Union of the Potato Processing Industry – UEITP, Van Stolkweg 31, NL–2585, JN's – Gravenhage (Tel. 51–24–61)

Association of European Tomato Processing Industries, rue du Long Chêne 78, B–1970 Wezembeek-Oppem (Tel. 731–66–45)

Association of the Fish Processing Industries of the EEC – AIPCEE, Pathoekeweg 48, B–8000 Brugge (Tel. 31–51–41)

Union of Associations of Fish Meal Manufacturers of the EEC, P.O. box 290403, D–2850 Bremerhaven 29 (Tel. 72022)

Group of Milling Associations of the Countries of the EEC, 19 rue de l'Orme, B–1040 Brussels (Tel. 733–12–64)

Association of Small and Medium Milling Organizations of the EEC, Baumschulallee 6, D–5300 Bonn (Tel. 63–30–66)

Union of Associations of the Semolina Industry of the EEC, via del Viminale 43, 00184 Rome (Tel. 48–06–41)

Group of Associations of Maize Processors of EEC Countries – EUROMAISERS, avenue de Cortenbergh 172, B–1040 Brussels (Tel. 735–81–70)

European Petfoods Industry Federation – FEDIAF, avenue de Cortenbergh 172, B–1040 Brussels (Tel. 735–81–70)

Association of European Meatmeal Producers, Javastraat 2, NL–2585 AM, The Hague (Tel. 46–94–22)

Federation of Associations of the Soup and Broth Industry of the EEC, rue de 4 Septembre 12, 75002 Paris (Tel. 742–50–78)

Association of the Dietetic Food Industries of the EEC – IDACE, 194 rue de Rivoli, 75001 Paris (Tel. 260–30–12)

Committee of the Bread Yeast Manufacturers of the EEC – COFALEC, rue du Louvre 15, 75001 Paris (Tel. 508–54–82)

Federation of the Raw Materials and Additives Industries for Baking and Pastry-making Industries in the EEC – FEDIMA, avenue de Cortenbergh 172, B–1040 Brussels (Tel. 735–81–70)

Federation of Associations of Oat and Barley Millers in the EEC, P.O. box 190 165, D–5300 Bonn 1 (Tel. 21–93–50)

Chemical and pharmaceutical products industries

European Council of Chemical Industry Federations – CEFIC, 250 avenue Louise, P.O. box 71, B–1050 Brussels (Tel. 640–20–95)

European Committee of Paint, Printing Ink and Artists' Colours Manufacturers' Associations, square Marie-Louise 49, B–1040 Brussels (Tel. 230–40–90)

Common Market Working Group of APEA (Association of European Nitrogen Producers), M. Meert, Chaussée de Charleroi 148, P.O. box 5, B–1060 Brussels (Tel. 538–60–16)

European Grouping of National Associations of Pesticide Manufacturers – GEFAP (EC Section), 12 rue Hamoir, B–1180 Brussels (Tel. 374–59–81; Tlx 62120)

International Association of the Soap and Detergent Industry of the EEC – AIS, square Marie-Louise 49, B–1040 Brussels (Tel. 230–40–90)

Liaison Committee of European Associations of the Perfume and Cosmetic Industry, 34 avenue de Tervueren, B–1040 Brussels (Tel. 736–20–64)

Federation of Associations of Cleaning Material and Products Manufacturers, square Marie-Louise 49, B–1040 Brussels (Tel. 230–40–90)

European Federation of Pharmaceutical Industries' Associations – EFPIA, 250 avenue Louise, P.O. box 91, B–1050 Brussels (Tel. 640–68–15)
European Union of Independent Lubricant Manufacturers, 33 rue Marbeuf, 75008 Paris (Tel. 359–12–36)
European Federation of Glue and Adhesive Industries, Steinstrasse 9–11, D–4000 Düsseldorf 1 (Tel. (0211) 44–53–36; Tlx 8 584 860 vcidd)

Clothing industry

European Association of the Clothing Industry, 20 avenue des Arts, B–1040 Brussels (Tel. 230–42–07)

Construction and Civil Engineering industries

European Union of Independent Housing Contractors, rue des Paroissiens 11, B–1000 Brussels (Tel. 511–47–90)
International European Construction Federation, rue de Berri 3, 75008 Paris (Tel. 563–11–44)
International Association of Electrical Contractors – AIE, 5 rue Hamelin, 75116 Paris (Tel. 727–97–49)
Committee for the Common Market Countries of the International Union of Associations of Heating, Ventilation and Air Conditioning Equipment Contractors, rue La Perouse 9, 75784 Paris Cedex 16 (Tel. 720–10–20)

Drinks industries

European Union for Alcohol, Brandies and Spirits, avenue de Tervueren 182, P.O. box 5, B–1150 Brussels (Tel. 771–77–35)
European Economic Community Committee of the Industries and Trade of Wines, Flavoured Wines, Sparkling Wines and Liqueur Wines, 13–15 rue de Livourne, B–1050 Brussels (Tel. 538–69–77)
Association of the Cider and Fruit Wine Industries of the EEC, avenue de Cortenbergh 172, B–1040 Brussels (Tel. 735–81–70)
Fedération Internationale des Industries du Commerce en Gros de Vins, Spiritueux, Eaux de Vie et Liqueurs – FIVS, 103 boulevard Haussmann, 75008 Paris (Tel. 266–38–12)
Working Committee of Common Market Brewers – CBMC, chaussée de la Hulpe 178, B–1170 Brussels (Tel. 672–23–91/2)
Working Committee of Maltsters of the EEC – EUROMALT, rue de l'Orme 19, B–1040 Brussels (Tel. 733–12–64)
European Grouping of National Mineral Water Springs of the Common Market – UNESEM, rue Clément Marot 10, 75008 Paris (Tel. 225–54–22)
Union of Aerated Drinks Associations of EEC Countries – UNESDA, avenue Général de Gaulle 51, B–1050 Brussels (Tel. 649–12–86)

Electricity, Gas and Water industries

International Federation of Self-generating Industrial Users of Electricity – FIPACE, 40 avenue Albert-Elisabeth, B–1200 Brussels (Tel. 734–56–65)
International Union of Producers and Distributors of Electrical Energy – UNIPEDE, 39 avenue de Friedland, 75008 Paris (Tel. 256–94–00)
Union of Gas Industries of Common Market Countries – MARCOGAZ, avenue Palmerston 4, B–1040 Brussels (Tel. 230–43–85)
European Liquefied Petroleum Gas Association, 4 avenue Hoche, 75008 Paris (Tel. 227–48–12)
Economic Research Committee of the Gas Industry – COMETEC-GAZ, avenue Palmerston 4, B–1040 Brussels (Tel. 230–43–85)
European Federation for Water Treatment – AQUA EUROPA, c/o Fabrimetal, 21 rue des Drapiers, B–1050 Brussels (Tel. 511–23–70)
Union of the Water Supply Associations from Countries of the European Community, 255 chaussée de Waterloo, P.O. box 6, B–1060 Brussels (Tel. 537–43–02)

Electrotechnical industries

European Electronic Component Manufacturers' Association – EECA, 7/8 Savile Row, London W1X 1AF (Tel. 437 4127)
Committee of European Associations of Manufacturers of Electronic Components – CEMEC, c/o ANIE, Gruppo Componenti Elettronici, Via Donizetti 30, I–20122 Milan (Tel. 794–485)

Extractive industries

Association of the Coal Producers of the European Community (Comité d'Etude des Producteurs de Charbon d'Europe Occidentale), avenue de Tervueren 168, P.O. box 11, B–1150 Brussels (Tel. 771–99–74; Tlx 24046 CEPCEO B)
Federation of the Marble Industry of the European Economic Community – FIMCEE, boulevard de la Cambre 12, B–1050 Brussels (Tel. 649–17–17)

Federation of the European Granite Industry (Federation de l'Industrie Granitière Européenne – FIGE), 3 rue Alfred Roll, 75849 Paris Cedex 17 (Tel. 766–03–64)

Film industry (technical industries of)

European Federation of Technical Industries in the Film Industry, 134 boulevard Haussmann, 75008 Paris (Tel. 227–43–01)

Committee of the European Community Cinematographic Industry, rue du Cirque 5, 75008 Paris (Tel. 225–70–63)

Footwear industry

European Confederation of the Footwear Industry, rue du Luxembourg 19, P.O. box 14, B–1040 Brussels (Tel. 513–06–20)

Leather and skins industries

Confederation of National Associations of Tanners and Leather-dressers of the European Community – COTANCE, 40 avenue Albert-Elisabeth, B–1200 Brussels (Tel. 734–56–65)

Metals (ferrous and non-ferrous) production and primary processing industries

European Confederation of the Iron and Steel Industry – EUROFER, 38/39 square de Mecûs, B–1040 Brussels (Tel. 512–15–80)

Liaison Committee for Non-Ferrous Metal Industries of the EEC, boulevard de Berlaimont 12, B–1000 Brussels (Tel. 218–35–04)

Metalwork, Electric and Non-electric Machines industries

European Metalworking Plantmakers Association – EMPA, 7 Ludgate Broadway, London EC4V 6DX (Tel. 248–1543)

Liaison Body for the European Engineering and Metal Industries – ORGALIME, rue de Stassart 99, B–1050 Brussels (Tel. 511–34–97)

European Committee for Boiler and Pressure Vessel Makers, Sternstrasse 36, D–4000 Düsseldorf 30 (Tel. 48–50–06)

European Secretariat of Light Metal Packages – SEFEL, rue des Drapiers 21, B–1050 Brussels (Tel. 511–23–70)

European Grouping of the Metal Furniture Industry – GEMM, rue des Drapiers 21, B–1050 Brussels (Tel. 511–23–70)

EEC Committee of the European Committee of Groupings of Agricultural Machinery – CEMA, 19 rue Jacques Bingen, 75017 Paris (Tel. 766–02–20)

Association of Sewing-machine Engineers of the EEC – ASCOMACE, via Brisa 3, 20123 Milan (Tel. 87–24–23)

Co-ordinating Committee for Common Market Associations of Manufacturers of Industrial Electrical Switchgear and Controlgear – CAPIEL, rue des Drapiers 21, B–1050 Brussels (Tel. 511–23–70)

Committee of European Manufacturers of Food Machinery – COCEMA, Lyonerstrasse 18, D–6000 Frankfurt am Main 71 (Tel. 6603–431)

Common Market Commission of the European Committee of Machinery Manufacturers for the Plastics and Rubber Industries – EUROMAP, 2 avenue Hoche, 75008 Paris (Tel. 267–20–07)

Federal Liaison Committee with the EEC of the European Federation of Handling Equipment – FEM, Kirchenweg 4, CH–8032 Zurich (Tel. 47–84–00; Tlx 54924)

European Committee of Laundry and Dry Cleaning Equipment Engineers – ELMO, c/o VDMA, P.O. box 71 01 09, D–6000 Frankfurt am Main (Tel. 6603–451)

European Committee of Manufacturers of Refrigeration Equipment – CECOMAF, avenue Hoche 10, 75382 Paris Cedex 08 (Tel. 563–02–00)

European Refrigeration Enterprises Association – AEEF, avenue de Cortenbergh 172, B–1040 Brussels (Tel. 735–81–70)

European Committee of Weighing Instrument Makers – CECIP, 36 avenue Hoche, 75008 Paris (Tel. 563–02–00)

Federation of European Aerosol Associations, square Marie-Louise 49, B–1040 Brussels (Tel. 230–40–90; Tlx 23 167 FECHIM B)

Mineral products industries (non-metallic)

EEC Committee of the European Federation of Tile and Brick Manufacturers – TBE, 23 rue de Cronstadt, 75015 Paris (Tel. 532–58–40)

Permanent Committee of the Glass Industries of the EEC, 20 rue du Commerce, P.O. box 3, B–1040 Brussels (Tel. 511–21–70)

Liaison Bureau of Ceramic Industries of the Common Market – CERAME UNIE, rue des Colonies 18–24, B–1000 Brussels (Tel. 511–30–12)

Common Market Commission of the European Federation of Porcelain and Earthenware, Tableware and Ornaments Industries – FEPF, rue des Colonies 18–24, B–1000 Brussels (Tel. 511–30–12)

Grouping of Ceramic Tile Producers of the Common Market – CMC, rue des Colonies 18–24, B–1000 Brussels (Tel. 511–30–12)

Grouping of EEC Producers of Insulators and Mineral Insulating Gear for Electrical Engineering – GOUPISOL, rue des Colonies 18–24, B–1000 Brussels (Tel. 511–30–12)

European Federation of Manufacturers of Sanitary Ceramic Ware – FECS, Piazza del Liberty 8, 20121 Milan (Tel. 793–780/749–08–79)

EEC Committee of the European Federation of Manufacturers of Refractory Products – PRE, Forchstrasse 95, CH–8032 Zurich (Tel. 53–77–77)

Paper and board industries

European Confederation of Pulp, Paper and Board Industries – CEPAC, rue de Crayer 14, B–1050 Brussels (Tel. 649–67–09/649–67–25; Tlx 22 713)

International Committee of Paper and Board Converting Industry (Common Market Group), Arndtstrasse 47, D–6000 Frankfurt am Main 1 (Tel. 75–10–38)

Precision instruments industries – optical and mechanical

European Federation of the Industry of Optical and Mechanical Precision Instruments – EUROM, 15 rue Beaujon, 75008 Paris (Tel. 924–88–56)

Printing and publishing industries

Graphic Industries Group of the European Community – EUROGRAF, 18 square Marie-Louise, P.O. box 25, B–1040 Brussels (Tel. 230–86–46)

Association of Book Publishers of the European Community, 111 avenue du Parc, B–1060 Brussels (Tel. 538–21–67)

European Association of Directory Publishers, rue Antoine Dansaert 42, B–1000 Brussels (Tel. 512–44–99)

Rubber and plastic processing industries

Liaison Bureau of the Rubber Industries of the EEC – BLIC, avenue des Arts 19, P.O. box 4, B–1040 Brussels (Tel. 218–49–40)

Committee of Western European Plastics Converters' Federations – EUTRAPLAST, rue des Drapiers 21, B–1050 Brussels (Tel. 511–23–70)

Starch products industry

Association of the Maize Starch Industries of the EEC – AAM, avenue de la Joyeuse Entrée 1–5, B–1040 Brussels (Tel. 735–68–17)

Association of the Wheat Starch Industry of the EEC, P.O. box 190 165, D–5300 Bonn 1 (Tel. 21–91–36; Tlx 88 66 54 STVBN)

Liaison Committee of the Rice Starch Industry of the EEC, Remy Products, Vaartdijk 3, B–3020 Wijgmaal Herent (Tel. 41–64–11)

Liaison Committee of the Glucose Producers in the EEC, avenue de Cortenbergh 134, B–1040 Brussels (Tel. 735–68–17)

Union of Professional Groups of the Potato Starch Industry of the EEC – UFE, Oude Boteringestraat 37, Groningen (Tel. 18–20–11)

Organization of Manufacturers of Cellulose Products for Foodstuffs in the EEC – OFCA, Waalbandijk 38, P.O. box 31, Nijmegen (Tel. 77–21–82)

Telecommunications, space industries

European Conference of Associations of Telecommunications Industries – EUCATEL, Leicester House, 8 Leicester Street, London WC2K 7BN (Tel. 437–0678)

European Industrial Group for Space Studies, 16 bis avenue Bosquet, 75007 Paris (Tel. 555–83–53)

Textile Industries (excluding clothing)

Co-ordination Committee for the Textile Industries in the EEC – COMITEXTIL, Comité de Co-ordination des Industries Textiles de la CEE, 24 rue Montoyer, B–1040 Brussels (Tel. 230–95–80)

Common Market Group of the International Rayon and Synthetic Fibres Committee – CIRFS, 29 rue de Courcelles, 75008 Paris (Tel. 563–87–10; Tlx 650931)

Common Market Working Group of the International Association of Users of Man-made Fibres – AIUFFAS, 5 rue d'Anjou, 75008 Paris (Tel. 266–11–11)

Committee of the Cotton and Allied Textile Industries of the EEC – EUROCOTON, rue Montoyer 24, B–1040 Brussels (Tel. 230–32–39)

Association of the Wool Textile Industries of the EEC – INTERLAINE, 19 rue du Luxembourg, P.O. box 14, B–1040 Brussels (Tel. 513–06–20)

International Flax and Hemp Confederation, 27 boulevard Malesherbes, 75008 Paris (Tel. 265–88–52, Tlx 290772 PUBLIN)

International Federation of Thread Manufacturers, 314 rue Solifernio, 59046 Lille Cedex (Tel. 56–92–20)

European Milling Association, 55 Monte de Choulans, Lyon 64005 (Tel. 846–15–06; Tlx 310917)

Committee of the Knitwear Industries of the EEC – MAILLEUROP, Frère Orbanlaan, B–9000 Gent (Tel. 25–76–31)

International Confederation of Carpet and Furnishing-Fabric Manufacturers – CITTA, Domagkweg 8, D–5600 Wuppertal-Elberfeld (Tel. 75–00–35)

EEC Group of the European Association for Ribbon, Braid and Elastic Material – AERTEL, Martelaarslaan 15, B–9000 Gent (Tel. 23–19–01)

EEC Committee of the International Liaison Committee of the Embroidery, Curtain and Lace Industry – CELIBRIDE CEE, rue Louis-le-Grand 7, 75002 Paris (Tel. 742–61–69)

Transport equipment industries

Liaison Committee for Automobile Construction for the EEC Countries, 5 square de Meeus, P.O. box 8, B–1040 Brussels (Tel. 512–79–30)

Liaison Committee of Automobile Part and Equipment Manufacturers – CLEPA, 112–114 avenue Charles de Gaulle, 92522 Neuilly-sur-Seine (Tel. 637–06–36)

Liaison Committee for Automobile Body Work and Trailers – CLCCR (EEC Committee), Westendstrasse 61, D–6000 Frankfurt am Main (Tel. 75701)

Liaison Committee for the Motorcycle Industry of the EEC Countries – COLIMO, square de l'avenue du Bois 5, 75116 Paris (Tel. 500–31–36)

Liaison Committee of Manufacturers of Two-wheeler Equipment and Parts, of the EEC Countries – COLIPED, rue des Drapiers 21, B–1050 Brussels (Tel. 511–23–70)

Liaison Committee of EEC Shipbreakers – CODENA, 13 place du Samedi, B–1000 Brussels (Tel. 217–99–92/3)

EEC Shipbuilders Linking Committee, 243 Knightsbridge, London SW7 1DG (Tel. 589–3488)

International Council of Marine Industry Associations, Boating Industry House, Vale Road, Oatlands, Weybridge, Surrey KT13 9NS (Tel. 54511)

Toy industry

European Toy Institute, 19 rue des Chartreux, B–1000 Brussels (Tel. 511–48–62)

Wood furniture industries

European Confederation of Woodworking Industries, 109–111 rue Royale, B–1000 Brussels (Tel. 217–63–65)

European Federation of Wood-fibre Board Manufacturers – FEROPA, Wilhelmstrasse 25, D–6300 Giessen (Tel. 715–96)

European Federation of Unions of Parquet Manufacturers, Gstückstrasse 12, CH–8308 Illnau 24 (Tel. 44–14–90)

EEC Executive Committee of the European Federation of the Brush and Paint-brush Industry, rue Royale 109–111, B–1000 Brussels (Tel. 217–63–65)

European Furniture Manufacturers' Federation, 15 rue de l'Association, B–1000 Brussels (Tel. 218–18–89)

European Federation of Associations of Particleboard Manufacturers – FESYP, Wilhelmstrasse 25, P.O. box 5423, D–6300 Giessen (Tel. 7–33–57; Tlx 048 28 77)

ORGANIZATIONS REPRESENTING CRAFTS

Crafts in general

Union of Craft Industry and Trades of the EEC – UACEE, 33 rue de Congrès, B–1000 Brussels (Tel. 219–34–34)

International Association of Crafts and Small and Medium-sized Enterprises, Schwartztorstrasse 26, CH–3001 Berne (Tel. 25–77–85)

Food Craft

Association of National Federations of the Baking and Pastry-making Trades of the EEC, 83 boulevard L. Mettewie, B–1080 Brussels (Tel. 465–20–00)

Hairdressing

Common Market Committee of the International Confederation of Hairdressing, 17 rue Notre-Dame-des-Victoires, 75082 Paris Cedex 02 (Tel. 261–53–24)

ORGANIZATIONS OF SMALL AND MEDIUM-SIZED ENTERPRISES

International Federation of Small and Medium-sized Enterprises – FIPMEC, Congresstraat 33, B–1000 Brussels (Tel. 219–34–34)

European Committee for Small and Medium-sized Industry – EUROPMI, 63 avenue de l'Emerande, B–1040 Brussels (Tel. 736–14–14)

ORGANIZATIONS REPRESENTING WHOLESALE AND RETAIL TRADE

Trade in general

Federation of European Wholesale and International Trade Associations – FEWITA, Zeestraat 78, NL–2518 AD 's-Gravenhage (Tel. 63–49–07)

International Federation of Retail Distributors – FIGED, 117 avenue de Castel, B–1200 Brussels (Tel. 736–59–42)

Foreign Trade Association – FTA, 5 avenue de Janvier, P.O. box 3, B–1200 Brussels (Tel. 762–05–51)

European Centre for Retail Trade – CECODE, Sachsenring 89, D–5000 Köln 1 (Tel. 32–20–91)

Federation of Commodity Associations, 416 avenue Louise, P.O. box 11 and 12, B–1050 Brussels (Tel. 640–05–33)

Agriculture and food products

European Liaison Committee for Agricultural and Food Trade (Comité Européen de Liaison des Commerces Agro-Alimentaires – CELCAA), 177 avenue Louise, P.O. box 1, B–1050 Brussels (Tel. 640–03–12)

International Association for the Distribution of Food Products and General Consumer Goods – AIDA, 34 rue Marianne, B–1180 Brussels (Tel. 345–99–23)

Chemical and pharmaceutical products trade

European Federation of Chemical Trade, 49 square Marie-Louise, B–1040 Brussels (Tel. 230–40–90)

International Groupings of Distributors of Pharmaceuticals of the Countries of the European Community – GIRP, rue St Bernard 60, B–1060 Brussels (Tel. 537–30–60)

European Federation of Retail Perfumers, rue des Maréchaux 16, 68100 Mulhouse (Tel. 45–62–44)

Common Market Commission of the Confederation of European Chemists – CED, Friedrich-Schmidt-Strasse 53, D–5000 Köln-Lindenthal (Tel. 40–10–38)

Union of the Fertilizer Trade of the Countries of the EEC, Luiker steenweg 37, D–3500 Hasselt (Tel. 22–30–98)

Construction materials trade

European Association of National Builders Merchants Associations – UFEMAT, 23 rue de la Limite, B–1030 Brussels (Tel. 217–97–25)

Drink trade

Association of the Coffee Trade and Industry in the EEC – ACICAFE, Markgravestraat 12, Antwerpen (Tel. 34–32–34)

European Tea Committee, P.O. box 1191, 3000 BD Rotterdam (Tel. (010) 65–58–44)

European Community of Associations of the Beer Wholesale Trade of the Countries of the EEC – CEGROB, Rosenstrasse 51, D–4000 Düsseldorf (Tel. 44–28–29)

EEC Wine and Spirit Importers Group, Five Kings House, Kennet Wharf Lane, Upper Thames Street, London EC4V 3BM (Tel. 248–53/77/8)

Mechanical, metallic and electrical products trade

International Organization for Motor Trades and Repairs – IOMTR (IOMTR Committee for Europe), Veraartlaan 12, NL–2280 AK Rijswijk (ZH) (Tel. 907–222)

EEC Committee of the International Association of Dealers and Enterprises for Service of Agricultural Machinery – CLIMMAR, Veraartlaan 12, NL–2280 AK Rijswijk (ZH) (Tel. 907–222)

Non-ferrous metal trade

Liaison Committee for Non-ferrous Metal Trade within the EEC, place du Samedi 13, B–1000 Brussels (Tel. 217–99–92)

Committee of the National Ferrous Scrap Federations and Associations of the Common Market – COFENAF, place du Samedi 13, B–1000 Brussels (Tel. 217–99–92/3)

Paper and cardboard trade

European Union of Paper, Board and Packaging Wholesalers – EUGROPA, 2 rue de l'Aurore, B–1050 Brussels (Tel. 647–12–98/647–24–47)

EEC Liaison Committee – Waste Paper Division – of the Bureau International de la Récuperation, place du Samedi 13, B–1000 Brussels (Tel. 217–82–51)

Petroleum products trade

Independent European Petroleum Union – UPEI, 134 boulevard Haussmann, 75008 Paris (Tel. 227–81–50)

Starch products trade

European Committee of Starch Products (and derivatives) Trade – CECPA, Corso Venezia 47–49, Milan 20121 (Tel. 70–55–43)

Textile trade

Common Market Committee of the European Association of National Organisations of Textile Retailers – AEDT, Sachsenring 89, D–5000 Köln 1 (Tel. 32–20–91; Tlx 88–81443)

Co-ordinating Committee of the Textile Recovery Trade of the EEC, c/o Confédération de la Récupération, 13 place du Samedi, B–1000 Brussels (Tel. 217–99–92/3)

Wood trade

Association of Organizations for the Internal Dealing in Wood (and derived products) of EEC Countries – AGNIB, 109–111 rue Royale, B–1000 Brussels (Tel. 219–28–32)

Union for the Tropical Wood Trade in the EEC, 109–111 rue Royale, B–1000 Brussels (Tel. 219–28–32)

ORGANIZATIONS REPRESENTING SERVICE INDUSTRIES

Advertising and public relations

International Union of Advertisers' Associations, 28 rue des Colonies, P.O. Box 6, B–1000 Brussels (Tel. 511–24–69)

European Association of Advertising Agencies – EAAA, 19 avenue Ernest Cambier, B–1030 Brussels (Tel. 241–52–13)

European Group of TV Advertising, Knighton House, 52–66 Mortimer Street, London W1N 8AN (Tel. 636–6866)

European Federation of Public Relations – CERP, c/o Union Minière SA, 1 rue de la Chancellerie, B–1000 Brussels (Tel. 513–14–63)

Auctioneers

Groupement des Organisateurs de Ventes Publiques de la Communauté Européenne, 3 rue du Parnasse, B–1040 Brussels (Tel. 513–90–10)

Financial services

Savings Bank Group of the EEC – GCE–CEE, square Plasky 92–94, B–1040 Brussels (Tel. 736–80–47)

European Insurance Committee – CEA, 3 rue Meyerbeer, 75009 Paris (Tel. 770–50–77)

Bureau International des Producteurs d'Assurances et de Réassurances – Commission Permanente du Marché Commun – BIPAR, avenue Albert-Elisabeth 40, B–1200 Brussels (Tel. 733–35–22)

The EEC Banking Federation (Fédération Bancaire de la CEE), avenue de Tervuren 168, P.O. box 5, B–1150 Brussels (Tel. 771–00–94; Telegram Fedbank; Tlx Fedbank Bru B235 16)

Committee of Stock Exchanges in the European Community, 2 rue H. Maus, B–1000 Brussels (Tel. 512–51–10; 511–26–44)

European Federation of Finance House Associations – EUROFINAS, 267 avenue de Tervuren, B–1150 Brussels (Tel. 771–21–07)

International Federation for Agricultural Credit – CICA, Beethoven-Strasse 24, CH–8002 Zurich (Tel. 201–68–48)

European Federation of Building Societies, Riehlerstrasse 33, D–5000 Köln 1 (Tel. 772–51)

European Federation of Investment Funds and Companies, Eschenheimer Anlage 28, P.O. box 2406, D–6000 Frankfurt Main 1 (Tel. 59–07–81)

European Federation of Equipment Leasing Company Associations, 267 avenue de Tervuren, B–1150 Brussels (Tel. 771––21–07)

European Community Mortgage Federation, 12 avenue de la Joyeuse Entrée B–1040 Brussels (Tel. 736–12–50)

Hospitals

Hospital Committee of the European Economic Community, Abdijstraat 34, B–3030 Heverle (Tel. 23–59–61)

European Committee of Private Hospitals, 441 avenue Louise, P.O. box 14, B–1050 Brussels (Tel. 649–39–46)

Hotel and catering

Liaison Committee of the Hotel and Catering Industry of the European Community, 89 rue du Faubourg Saint-Honoré, 75008 Paris (Tel. 266–92–35)

Shipping

Committee of Shipowners' Associations of the European Community, 5 rue Joseph II, B–1040 Brussels (Tel. 230–62–50)

Transport

European Liaison Committee of Common Market Forwarders – CLECAT, Passage Internationale 14, centre International Rogier, P.O. box 208, Res Pallas Box 10, B–1000 Brussels (Tel. 218–17–88)

Liaison Committee for Private Hauliers of the European Community – IRU, rue d'Arlon 108, B–1040 Brussels (Tel. 230–29–80)

Action Committee of Public Transport of the European Community, avenue de l'Uruguay 19, B-1050 Brussels (Tel. 673-33-25)

Liaison Committee of Professional Road Transport of the EC, rue d'Arlon 108, B-1040 Brussels (Tel. 230-29-80)

European Port Data Processing Association - EVHA, Stadhuis, B-2000 Antwerpen (Tel. 31-16-90)

Travel agents

Group of National Travel Agents' Associations within the EEC, Groupement CEE UPAV, Galerie Agora, 105 rue Marché aux Herbes, P.O. box 60, B-1000 Brussels (Tel. 512-23-45)

ORGANIZATIONS REPRESENTING PROFESSIONS

EEC Accountants' Study Group, rue Caroly 17, B-1040 Brussels (Tel. 513-42-65)

Liaison Committee of the Architects of United Europe, rue de Livourne 158, P.O. box 5, B-1050 Brussels (Tel. 647-06-69)

European Committee of Landscape Architects - CEGAP, Heerstrasse 65, D-5300 Bonn (Tel. 65-54-88)

Consultative Committee of the Bars and Law Societies of the European Community, avenue A.J. Slegers 356, B-1200 Brussels (Tel. 771-41-82)

Liaison Committee of Dental Practitioners of the EEC, 29 Kenilworth Square, Rathgan, Dublin 6 (Tel. 97-84-35)

European Fiscal Confederation, 9 rue Richepanse, 75008 Paris (Tel. 260-10-18)

European Group of Valuers of Fixed Assets, 103 Mount Street, London W1Y 6AS

Geometers' Liaison Committee, 12 Great George Street, London SW1P 3AD (Tel. 222-7000)

European Federation of National Associations of Engineers - FEANI, 4 rue de la Mission Marchand, 75016 Paris (Tel. 224-91-43)

European Committee of Consulting Engineers, Hotel Ravenstein, 3 rue Ravenstein, B-1000 Brussels (Tel. 511-52-94)

Liaison Committee of Podologists of the European Community, 97 avenue Crokaert, B-1150 Brussels (Tel. 770-50-86)

Consultative Group of Actuarial Associations of European Community Countries, Staple Inn Hall, High Holborn, London WC1V 7QJ (Tel. 242-0106)

Standing Committee of Doctors in the EEC, Irish Medical Association, 10 Fitzwilliam Place, Dublin 2 (Tel. 76-20-87; Tlx 265 929)

European Union of General Practitioners - UEMO, Lomanlaan 103, Utrecht (Tel. 88-54-11)

European Union of Medical Specialists - UEMS, avenue de la Couronne 20, B-1050 Brussels (Tel. 649-21-47)

Permanent Committee of Nurses in the EEC, rue de la Source 18, B-1060 Brussels (Tel. 537-01-93)

Association of Opticians of the European Common Market - GOMAC, 45 rue de Lancry, 75010 Paris (Tel. 206-07-31)

Pharmaceutical Group of the European Community, rue Archimède 11, B-1040 Brussels (Tel. 733-98-20)

Professional Association of Pharmacists of the Pharmaceutical Industry of the European Economic Community - GPPIP CEE, Delégation aux Affaires Extérieures, rue de Moerkerke 10, B-1030 Brussels (Tel. 216-63-46)

Federation of Veterinarians of the EEC, Alhambravej 15, DK-1826 København V (Tel. 22-17-88)

European Union of Practising Veterinary Surgeons - UEVP, Ludwigstrasse 29, D-6300 Giessen (Tel. 765-73)

Liaison Committee of Midwives of the European Community, 15 Mansfield Street, London W1M 0BE (Tel. 580-6523)

European Association of Hearing Aid Audiologists, rue du Midi 2, B-1000 Brussels (Tel. 513-90-30)

Bureau of European Designers Associations - BEDA, 12 Carlton House Terrace, London SW1Y 5AH (Tel. 930-1911)

Common Market Commission of the European Federation of Management Consultants - FEACO, 3 rue Léon Bonnat, 75016 Paris (Tel. 524-43-53)

ORGANIZATIONS REPRESENTING TRADE UNIONS

European Trade Union Confederation - Confedération Européene des Syndicats - CES, 37/41 rue Montagne aux Herbes Potagères, B-1000 Brussels (Tel. 219-10-90)

Public Services International, Hallstrom House, Central Way, Feltham, Middlesex (Tel. 751-0162)

European Federation of Agricultural Workers' Unions within the Community - EFA, 37 rue Montagne aux Herbes Potagéres, B-1000 Brussels (Tel. 218-53-08)

European Trade Union Committee of Food and Allied Workers, 37 rue Montagne aux Herbes Potagères, B-1000 Brussels (Tel. 218-53-08)

World Confederation of Organizations of the Teaching Profession, 5 avenue du Morlin, CH-1110 Morges (Tel. 71-74-67)

European Committee of the Postal, Telegraph and Telephone Employees, 36 avenue du Lignon, CH-1219 Le Lignon-Geneva (Tel. 96-83-11)

Committee of Transport Workers Unions in the European Community, 37 rue Montagne aux Herbes Potagères, B-1000 Brussels (Tel. 218-77-14)

European Regional Organization of the International Federation of Commercial, Clerical, Professional and Technical Employees, 15 avenue de Balexert, CH-1210 Chatelain-Geneva (Tel. 96-27-33)

European Metalworkers' Federation, 38 rue Fossé-aux-Loreps, P.O. box 4, B-1000 Brussels (Tel. 217-27-47)

Liaison Office of Miners' and Metalworkers' Free Trade Unions in the European Communities, 58 avenue de la Liberté, P.O. box 2006, Luxembourg (Tel. 48-44-37)

Co-ordinating Committee of Clerical and General Workers' Unions in the European Community, Konigsworther Platz 6, P.O. box 3037, D-3000 Hanover (Tel. 763-12-70)

ORGANIZATIONS REPRESENTING CONSUMERS

European Bureau of Consumers' Associations – BEUC, 29 rue Royale, B-1000 Brussels (Tel. 219-13-39)

European Community of Consumer Co-operatives – EURO-COOP, rue Archimède 17a, B-1040 Brussels (Tel. 733-21-29)

Committee of Family Organizations at European Community Level – COFACE, rue du Trône 125, B-1050 Brussels (Tel. 513-91-70)

INDEX

Abattoirs, 202
Abnormalities, congenital, 137, 216
Abteilung Innere Medizin I der RWTH Aachen, 188
Accessibility standards, 136
Accession, Treaty of, 15, 16, 18, *92–3*, 193, **233**
Accidents, at work, 166; home, 167; industrial, 198; major hazards, 55; pollution from, 186; reactor, 178, *210–11*
Accommodation, for foreign workers, 130
Account, units of, 29, 45, 52, 94, 96, 130, 134, 183, 197, 202, 204, 213, 228, **235**, 247
Accountants, **1**, 218, *244*; representative organization for, 279
Accounting and settlement mechanism, 96
Accounts, company, **29**, *127*, *138*; group, **29**, *127*, *138*
ACP states, **1**, 2, 9, 42, 59, 116, 183–4, 223
Action Committee for United States of Europe, **1**
Activated clotting factors, 188
Activating price, 200, 242
Actuaries, representative organization for, 279
Additives, food, 32, 124, **128**, 137, 162–3, 216
Adolescents, 166, **246**
Advance fixing, 212
Advertising, **1**, 31, 201; agents, 217; code, 2; representative organizations, 278
Advisory Committee on Foodstuffs, **2**, 31
Advocates-General, 91
Aeronautical research, 3
Aerosol dispensers, 137, 156
Aerospace, 172
Afghanistan, **2**
Africa, 1, 114–16
Agency loans, 20
Agreements, association, 1, **7**, 40, *107*, 134, 185, 223, 234; collective, 189; co-operation, 6, 125, 234; trade, 106, *107*, 109–121
Agricultural commodities, 223
Agricultural machinery, 158–160
Agricultural organizations in the European Community, Committee of, **22**, 208, 224
Agricultural products, 27, 39, 95, *107*, 133, 179, 181, 183, 184, 192, 202, 226, 234
Agricultural products industry, representative organizations, 271–2
Agricultural services, 217
Agricultural workers, 2, 3, 220
Agriculture, **2**, 22, 23, 36, 52, 72–74, *127*; co-operation, 183–4; credit, 3; government departments for, 264; holdings, 3; improvements, 175; pesticides, 142; production support, *5*; quality standards, *5*; representative organizations, 271; research, 2, 214, 215; statistics, 65, 123; structure policy, 2; training, *5*; waste, 205–6
Agriculture: Common Agricultural Policy, **2**, *4–5*, 8, 10, 11–12, 13–14, 17–18, 27, 32–3, 49, 52, 106, 134, 183, 185–6, 201, 202, 217, 225–6, 227–8, 230, 235–6
Agriculture: processing and marketing, **2**, *5*, *127*
Agriculture: production grouping, **3**, *5*, *127*
Agriculture: right of establishment, **3**, 218, *244*
Aid, bilateral, 3, *127*; emergency, 128; food, 2, 3, *107*, *126–7*, **129**, 170, 174, 175; normal, 129
Aid to developing countries, **3**, 106, *127*; government departments for, 269
Airbus, 3
Air compressors, 139
Aircraft, 3, 69, 232; sub-sonic, 194, *232*
Aircraft industry, **3**
Aircraft noise, *53*
Air pollution, **3**, *53*, 54
Air transport, 3, 74, 232
Albania, **6**
Alcoholic beverages, 45–6
Alcohol meters, hydrometers, 148
Aldrin, 55
Algeria, **6**, 87, 114, 185
Alternance, 246
Ambassadors, 22; Committee of, 183
Ambergris, 240
Ammunition, non-military, 155
Amsterdam, 59
Andorra, **6**
Angola, **6**, 33
Animal feed, 131, 200, 224; feedingstuffs, 124; inspection and prophylaxis, 218, 238
Animal health and meat inspection, **6**
Animal products, 6
Animals, health, *5*, **6**, 186; leucoses, 215; nutrition, 6; slaughter, 6, 217; transport, 6
Anionic surfactants, 142

Annual Report, **6**, 14, 102, 209, 214
Annuities, 124
Anti-dumping, code, 45; duty, *171*, 224; measures, 44–5, 224
Anti-oxidants, 128, 162
Antiques, 238
Apples, 131
Appliances, domestic, noise, 155; gas, 145; mechanical handling, 146
Approximation, 137
Approved credit institutions, 20
Apricots, 131
Aquatic environment, 54, 231
Arab Republic of Egypt *see* **Egypt**
Arbitration between member states, *92*
Architects, **7**, 218, *244*; representative organization for, 279
Architectural protection, 56
Ardèche, 3
Argentina, **7**, 120, 174, 229
Arms, non-military, 155
Arrangement regarding International Trade in Textiles, 174
Arsenic, 166, 231
Arterial pressure, measurement, 149
Artichokes, 131
Articulated lorries, 231
Asbestos, 166; fibre, 143
ASEAN *see* **Association of South East Asian Nations**
Asia, 114–115, 117–119, 133
Asian Development Bank, 194
Asparagus, 131, 183
Assembly, ECSC, 233
Association agreements, 1, **7**, 40, *107*, 134, 185, 223, 234
Association of South East Asian Nations, **7**, 119, 170, 193, 201, 219, 230; Joint Cooperation Committee, 7
Atmospheric pollutants, 6, 54
Atomic energy, 178, 235; *see also* **Nuclear energy**
Atomic Energy Authority, 178
Attorneys, 218
Auctioneers, representative organizations, 278
Auditing, 29, 39
Auditors, **7**, 29, *127*, *138*, *244*; Court of, **39**, *126*
Australia, **8**, 87, 106, 133, 174
Austria, **8**, 23, 30, 33, 59, 95, 104, 109, 133, 198

Bacon *see* **Pigmeat**
Baden Württemberg, *168*
Bahamas, **9**, 88, 116
Bahrain, **9**
Balance of payments, 16
Bangladesh, **9**, 117, 229
Bankruptcy, **9**, 29, *138*, *244*; Convention on, 9
Banks, 80, 217; central, 97; gene, 216
Barbados, **9**, 87, 116
Barcelona, 168
Barcelona Convention, 186
Barley, 17, 175
Bars and Law Societies of the European Community, Consultative Committee of the, 181
Basic price, 2, **9**, 131, 175, 201
Bas-Hérault, 124
Basket of currencies, 235
Basle Agreement, 99
Bathing waters *see* **Beaches**
Bauern Verband, 208
Bavaria, *168*
Beaches, **9**, *53*, 240
Beans, castor, **17**; cocoa, 173; field, **200**
Beef and veal, *4*, 6, **10**, 39, 73, 124, 135, 175, 183, 186, 215, 248
Beer, **10**, *32*, 228
Belgian Archives for the Social Sciences, 203
Belgium, 1, 3, **10**, 33, 44, 52, 61, 86, *92*, 94, 99, 104, *168*, 178, 187–9, 198, 203, 232, 233, 234
Belize, **10**, 88
Benefits, death, 217; maternity, 217; retirement, 58; sickness, 58, 217; social security, 58; unemployment, 96, 220, *221*, 246; widows', 58
Benelux, 217
Benin, **10**, 87, 116
Benthic coastal ecology, 57
Benzene, 143
Berlin, 105; Landtag, 101
Bermuda, **11**
Berne Convention, 44
Beverages, alcoholic, 45–6; manufacture, 218
Biesheuvel, Barend, 28
Bilateral aid, 3, *127*
Bilateral intervention, 97; limits, 96
Biodegradability, 142
Biological screen, 6, 56
Biology, 215
Birds, 240–242
Black lists, 209, 231
Blood, 187, 188
Board, recycling of, **205**
Board of Governors of the European Schools, 104
Boats, boat fittings, 139
Boilers, central heating, 145
Bolivia, **11**, 120
Border subsidies, 192
Bore holes, 133
Botswana, **11**, 87, 116
Bottles, 148
Brazil, **11**, 120, 174, 217, 229
Bread, **11**, 17, *32*
Breeding, cattle, 6; fish, 240; shellfish, 128, 240
Brewing meal, 224
Bridging payments, 198
Broken rice, 224
Brucelosis, 6
Brunei, **11**, 88
Brussels, 17, 23, 59, 104
Brussels, Treaty of *see* **Treaty of Accession**
Brussel sprouts, 131
Budget, 2, **11**, 26, 39, 83, 90, 102, 123, 125, *126*, 138, 198, 206, 221, 236, 237; Committee, *12*; financing, *12*; levy, 237; proposals, 13; rejection, *12*, 13, 102
Budgetary procedures, *12*, **12**, 102, *126*
Budget: net effects on member states, *12*, **13**, 126
Builders' hoists, 146
Bulbs and cut flowers, *5*, **14**

Bulgaria, **14**, 33, 229
Bulldozers, 140
Bulletin, European Parliament, 103
Bulletin of the European Communities, **14**, 104
Bureau for Questions affecting Women's Employment, 243
Bureau of the European Parliament, 100
Burundi, **14**, 87, 116
Business Co-operation Centre, *171*; *see also* **Small businesses**
Business services, 217
Businesses, small, *138*, *171*, **219**, 237; establishment of, 244
Butoir, 133
Butter, *4*, **14**, 191, 193
'Butter mountain', 14
Butter oil, 129, 170

Cabbage, 131
Cabinets, **16**; Chefs de, 16, 181
Cadmium, 231
Calibration, of instruments, 27; of tanks, 147
Cameroon, **16**, 87, 116
Camp sites, 218
Canada, **16**, 87, 122, 133, 174, 198
Canals, 96, *232*
Cancer, 166
Cane sugar, 226
CAP *see* **Common Agricultural Policy**
Cape Verde, **16**, 88, 116
Capital, **16**, 125, *127*, *138*; equity, 42; markets, *127*; movement, 16, 228
Capitalization, company, **29**, 37, 90, *127*, 138
Carbon monoxide in exhaust gases, measurement, 150
Carbon tetrachloride, 143
Cargoes, *232*
Caricom Secretariat, 88
Caribbean, 1
Carriers, international, 237
Carrots, 131, 183
Cascin, 191
Casein, caseinates, 162
Cassis de Dijon Case, **16**, 137, 195
Castor beans, **17**
Catastrophes, 128
Catholic Länder, *168*
Cattle, 6, 10, 39, 206; disease, 123
Cauliflowers, 131
Cayman Islands, **17**, 88
CBR *see* **Community Bureau of Reference**
CCC *see* **Consumer Consultative Committee**
CCT *see* **Common customs tariff**
Ceiling price, 174
Celery, white, 131
Cellular ageing, 216
Cement, 140
CEN *see* **European Committee for Standardization**
CENELEC *see* **European Committee for Electrotechnical Standardization**
Censure motions, 102
Central African Republic, **17**, 87, 116
Central banks, 97
Central heating boilers, 145
Central rates, 94, 97
Centre for Educational Research and Innovation (CERI), 198
Ceramic articles, 164; tiles, 140
CERD *see* **Committee for European Research and Development**
Cereals, *4*, **17**, 73, 129, 172, 175, 186, 201, 226, 230
Certificate and inspection standards, 137
Certificate of entitlement to treatment, 166
CET *see* **Common customs tariff**
Chad, **18**, 87, 116
Chains, 146
Chairman of the Conference of Foreign Ministers, 102, 104
Channel Islands and Isle of Man, **18**
Channel pilots, *53*
Charities, 131
Cheese, 191, 193–194; cheddar cheese, 194; processed, 194
Chefs de Cabinet, 16, 181
Chemical industry, representative organizations, 272
Chemicals, 69
Cherries, 131
Chestnut purée, *32*, **131**
Chicken *see* **Poultry**
Chicory, **21**, *32*, 131
Chile, **19**, 87, 120
China (People's Republic of), **19**, 111, 174, 229
Chlor-alkali-electrolysis, 55
Chlorofluorocarbons, 54
Chocolate, **21**, *32*; products, 161
Christian Democratic Party, 100
Cider vinegar case, 195
Cigarettes, 46, 230
Circus transport, 227
CIRD *see* **Research and Development Interservice Committee**
Citrus fruit, 131
City planning, 136, 214
Civil nuclear industry, *90*
Climatology, 57, 214
Clothing imports, 229
Clothing industry, 229; imports, 229; representative organizations, 273
Clover honey, 167
CMEA *see* **Council for Mutual Economic Assistance**
Coach driving, 44
Coaches, 232
Coal, **19**, *48*, *50*, 60–61, 82, *93*, *127*, *171*, 198, 208, 214, 215, 232, 233; **ECSC financial aid**, **19**, *50*, 61, *127*, *171*; gasification, *50*, 132; research, 19; stocking, 19, *50*, *127*; workers, 19
Coal and Steel Community, European, 10, 19, 49, 52, **60**, *92–3*, 95, 104, 130, 134, 170, 176, 184, 189, 193, 198, 208, 209, 214, 219, 232, 233, 235
Coalmining, working conditions, 19
Coastal ecology, 57
Coastal waters, 125, 231, 239
Cocoa, **21**, *32*, 172, 173; Agreement, International, 173; beans, 173; nib, 21; products, 161
Cocoa and chocolate, **21**

Code of Conduct for Community Firms in South Africa, 223
Codex Alimentarius, 36
Coffee, **21**, *32*, 46, 172, 173; Agreement, International, 173
Coffee and chicory, **21**
Coir, 170; products, 118
Coke, 19; stocking, 19, *50*
Collective agreements, 189
Collective investment undertakings for transferable securities (CIUTS), 236
Collective irrigation works, 124
Collectors' items, 238
Colombia, **21**, 120, 229
Colonial territories, 1
Colouring matter, food, 128, 162; medicinal products, 201
Comb honey, 167
COMECON *see* **Council for Mutual Economic Assistance**
Comitato Nazionale per l'Energie Nucleare (CNEN), 178
Comité de Co-ordination des Industries Textiles de la CEE *see* **Co-ordination Committee for the Textile Industries of the EEC**
Comité de Recherche Scientifique et Technique *see* **Committee on Scientific and Technical Research**
Comité des Organisations Professionnelles Agricoles de la CEE *see* **Committee of Agricultural Organizations in the European Community**
Comité des Représentants Permanents de la CEE *see* **Committee of Permanent Representatives**
Comité Européen de Normalisation *see* **European Committee for Standardization**
Comité Européen de Normalisation Electrotechnique *see* **European Committee for Electrotechnical Standardization**
Comité Européen de Recherche et de Développement *see* **Committee for European Research and Development**
COMITEXTIL *see* **Co-ordination Committee for the Textile Industries in the EEC**
Comm. *see* Commission document
Commercial co-operation agreement, 9
Commercial vehicle driving, hours and wages, 44
Commissariat de l'Énergie Atomique (CEA), 178
Commission, European, 1, 7, 9, 10, *12*, 13, 19, 21, 22, 23, 27, 28, 30, 31, 34, 39, 41, 45, 47, 53, 58, 59, 60, **61**, 90, 91, *92–3*, 95, 100, 102, 103, 104, 105, 106, 129, 130, 132, 134, 136, 167, 169, 171, 172, 175, 177, 181, *182*, 184, 185, 187, 189, 190, 195, 198, 199, 200, 201, 203, 205, 206, 207, 208, 209, 214, 216, 217, 219, 222, 224, 225, 227, 228, 230, 231, 239, 242, 245
Commission Consultative des Barreaux de la Communauté Européene (CCBE), 181
Commission Directory, 62–89
Commission document, 183
Commissioners, 16, 61; dismissal, 102
Commission of Human Rights, European, 34, 91, *92–3*
Commission of Women's Rights, 58
Commission on International Commodity Trade (CICT), 172
Committee for European Research and Development (CERD), **22**, 209, *210*, 214
Committee for Medical and Public Health Research (CRM), 23
Committee for Proprietary Medicinal Products, 200
Committee for Scientific and Technical Information and Documentation (CIDST), 23
Committee of Agricultural Organizations in the European Community (COPA), **22**, 208, 224; representative organizations, 271
Committee of Ambassadors, 183
Committee of Family Organizations in the European Community (COFACE), 31; representative organizations, 280
Committee of Foreign Ministers, *93*
Committee of Permanent Representatives, **22**, 90, 92, 172, *182*, 183, 203
Committee of Three Report, 28, *92*
Committee on European Co-operation in the Field of Scientific and Technical Research (COST), **23**, *211*
Committee on Scientific and Technical Research (CREST), **23**, 210, 214
Committee on Vocational Training, 181
Committees, European Community, **23**; European Parliament, **100**, *126–7*; management, 26, *92–3*, *182*, **185–6**
Common Agricultural Policy, **2**, *4–5*, 8, 10, 11–12, 13–14, 17–18, 27, 32–3, 49, 52, 106, 134, 183, 185–6, 201, 202, 217, 225–6, 227–8, 230, 235–6
Common catologue, *5*, **216**
Common customs tariff, 7, *12*, 18, **26**, 39, 65, 95, *107*, *126*, 133, 134, *138*, 185, 198; nomenclature, 26
Common external tariff *see* **Common customs tariff**
Common fisheries policy, 125
Common funding, research, *210*
Common market, 30, *93*, **94**, *127*, *138*, 191, 202, 219, 242
Common organization of markets, *4*
Common rules for exports, 106
Common rules for imports, 106
Common trading area, *92*
Common transport policy, 231
Commonwealth Preferences, 8
Common wheat, 224
Communist and Allied Group, 100
Communist Party, 100
Community administration, 52; *see also* **European Community**
Community Bureau of Reference (CBR), **26**, *211*
Community Committees, **23**
Community common catalogue, *5*, **216**
Community data transmission network, 59
Community delegations to Third Countries, 89
Community driving licence, **44**, *232*, 232

Community enlargement, 7, 27, **52**, *92–3*, 95, 134, 235
Community finance, audit, 39
Community Fusion Programme, 178
Community institutions, 61, 90, 91
Community law, **27**, 41, 42, 62, 91, *92*, 101, 181–183; enforcement, 27
Community obligations, *92*
Community passport, **199**
Community Patent Convention (CPC), 199
Community ports, 57
Community preference, **27**
Community reform, **27**, *92*
Community staff recruitment, 197, **205**
Community tax, 12
Community trade mark, **28**, 29
Community Trade Mark Office, 28
Community transit, 231
Comoros, **29**, 88, 116
Companies, 189; establishment of, 244; formation of, 244; investment, 236; limited liability, 189; multinational, 29; trust, 236
Company accounts, **29**, *127*, *138*
Company (group) accounts, **29**, *127*, *138*
Company capitalization, **29**, 37, 90, *127*, *138*
Company law, **29**, 37, *127*, *138*, 189, 245
Company statute, European, 29, **90**, *138*
Compensatory gross register tons (cgrt), 219
Competition, recruitment, 205
Competition policy, 27, **30**, 70, 94, *138*, 171, 201, 207, 219
Competitiveness, *210*, 214, 217, 228
Complaints, *92*
Component standards, 137
Compound fertilizers, 124
Compressors, 139, 194
Computer Information Network *see* **Euronet Diane**
Computerized information service, **59**
Concrete breakers, pneumatic, 139, 194
Concerted action research, *210*, 214
Condensed milk, *32*, **191**
Conditions of work, 95, 190, *210–11*, *214*, *221*, 244; *see also* **European Foundation for the Improvement of Living and Working Conditions**
Confederation of British Industries (CBI), 208
Confederation of Industries of the European Community (UNICE), **30**, 208, 224
Conference of Foreign Ministers, 104; Chairman, 102, 104
Conference on Women and Equality, 242
Congenital abnormalities, 137, 216
Congo, **30**, 87, 116
Congress, European Trade Union Confederation, 104
Conservation, 53–8, 205; energy, 49, 51–2, *126–7*
Conservative Party, 100
Consiglio Nazionale delle Ricerce (CNR), 178, 188
Consortium for Political Research, European, 203
Consortium of Posts and Telecommunications Administrations (PTTs), 59
Construction industry, 69, 137; materials, 140; plant, noise, *53*; plant and equipment, 137, 194; representative organizations, 273; site safety, 140
Consultative Assembly, *93*; Lomé Conventions, 184
Consultative Committee, Consumer, **31**, 105, 181; ECSC, **61**, *92–3*, 224
Consultative Committee of the Bars and Law Societies of the European Community, 181
Consumer Consultative Committee, **31**, 105, 181
Consumer credit, **31**
Consumer Price Index, **203**
Consumer protection, 1, 10, 11, 14, 16–17, 21, 31, **31**, 33, 37, 41, 42, 49, 65–6, 137, 165, 170, 194–5; advice, 31; credit, **31**, *32*, 165; contracts, 165; government departments for, 264; representative organizations, 280; surveys *see* **Public opinion polls**
Consumption tax, 237
Contract, insurance, 172
Contracts, development projects, 42; public supply, *138*, 197, **204**; public works, *138*, 197, **204**; research, 52
Convention for the Protection of the Rhine against Chemical Pollution, 209
Convention on Bankruptcy, Winding-up Arrangements, Composition and Similar Proceedings, 9
Convention on Human Rights, European, 34, 91
Convention on the Conservation of European Wildlife and Natural Habitats, 240
Convention of the Conservation of Migratory Species of Wild Animals, 240
Conversion projects, 19, 20, 61, 96, *171*
Conversion rates, 236
Conveyor belts, 146
Cookers, 145
Co-operation agreements, 6, 125, 234; economic, *107*
Cooperation Européenne dans le Domaine de la Recherche Scientifique et Technique *see* **Committee on European Co-operation in the Field of Scientific and Technical Research**
Coopération Scientifique et Technique *see* **Committee on European Co-operation in the Field of Scientific and Technical Research**
Co-operatives, 169
Co-ordination Committee for the Textile Industries in the EEC (COMITEXTIL), **32**, 208, 229
COPA *see* **Committee of Agriculture Organizations in the European Community**
Copenhagen, 59
Copper, 231
COREPER *see* **Committee of Permanent Representatives**
Co-responsibility levy, *4*, **32**, 191
Corporate establishment, *138*, 244
Corrosives, 142
Corsica, 3
Cosmetics, *32*, **33**, 141

COST *see* **Committee on European Co-operation in the Field of Scientific and Technical Research**
Costa Rica, 33
Côte d'Azur, 3
Cotton, 172; fabrics, hand-woven, 117, 118, 119, 120, 121; yarns, 230
Cotton seeds, 33
Council, European, 49, 90, **91**, 95, 96, 99, 104, 125, 193, 199
Council for Mutual Economic Assistance, 6, 14, **33**, *107*, 125, 134, 169, 176, 192, 202, 212, 235, 238, 247
Council of Europe, 33, 91, *93*, 105, 137, 240
Council of Ministers, 7, 12, 13, 14, 22, 23, 26, 28, 33, **34**, 34, 41, 47, 52, 53, 61, 62, 90, 91, 94, 95, 99, 100, 102, 103, 106, *107*, 124, 125, *126*, 130, 131, 134, 136, 137, 166, 172, 181, *182*, 184, 185, 189, 191, 193, 203, 205, 207, 208, 209, 212, 213, 217, 220, 222, 224, 225, 228, 234, 237, 242, 243, 246
Council of Ministers, ECSC, 233
Council of Ministers Secretariat, 23, **34**, 104, 205; Directorates-General, 34; Directory, 35–9
Council of European Communities, **34**
Council of Foreign Ministers Presidency, 104
Council Presidency, 28
Court of Auditors, 39, *126*
Court of Human Rights, European, 34, **91**, *92–3*
Court of Justice, ECSC, 233
Court of Justice, European, 11, 16, 27, 30, 58, **91**, *92–3*, 95, *138*, *182*, 189, 195, 197, 205, 224, 244
Court representation, 181
Craft projects, 206
Crafts industries, representative organizations, 276
Cream, 170
Credit, 31; agreements, 31; consumer, **31**; insurance, export, **106**; institutions, approved, 20
Credit mechanism, 98
Creditors, 189
Creil, 133
CREST *see* **Committee on Scientific and Technical Research**
Cross rates, 97
Crystal glass, 137, 141
Cuba, 33, **39**
Cucumbers, 131
Culham, 104, 178, 179
Cultural heritage, 95
Curly endive, 131
Currencies, 235–6; basket of, 235
Currency reserves, 97
Currency unit, European, **94**, 96, *126–7*
Current generators, 139
Customs, legislation, 65; processing, 39; valuation, 39
Customs and excise, government departments for, 265
Customs duties, *4*, 10, 15–16, 26, **39**, 44, 124, *126*, 131, 133, 137, 198, 206, 228
Customs union, 7, 26, 39, **39**, 40, 99, *107*, *138*, 185, 191, 207, 213
Customs Union Service, 65
Cut flowers, *5*, **14**
Cutting-up premises, 202
Cyprus, 7, 33, **40**, 112, 229
Czechoslovakia, 33, **40**

Dahomey *see* **Benin**
Dairy products, 193–194; measurement of fat content, 149; surpluses, 191
Dangerous substances, 31, *32*, 33, **41**, 55, 137, 166, 169, 231, 239; carriage, 151; *see also* **Toxic effluent**; **Waste**
Data banks, 228; access, 59–60; security, 228
Data-processing, 23, 69, *171*, 215, 228; *see also* **Telematics**
Data transmission network, 59
Davignon plan, 224
DDT, 231
Deafness, 187, 188, 194; *see also* Hearing
Death benefits, 217
Debates, European Parliament, 197
Debenture holders, 189
Decisions, 41, *182*, 197
Declining industries, 171, *221*
Declining regions, 220
Deep sea pilots *see* **Pilots**
Defective product liability, *32*, 165, **203**
Deficiency payments, 124, 198
Dehydrated milk, 161
Delegated powers, *92*, *182*
Dell, Edmund, 28
Demographic and social statistics, 64
Denmark, 33, 39, **41**, 44, 52, 61, 86, *92*, 95, 99, 104, *168*, 178, 187, 188–9, 198, 203–204, 217, 220, 232, 233, 246
Dental practitioners, 41, 218, *244*; representative organization for, 279
Dentists *see* **Dental practitioners**
Department für Biometrie und Medizinische Informatik der Medizinische Hochschule Hannover, 188
Department für Innere Medizin der Universität Ulm, 187
Designers, representative organization for, 279
Detergents, 9, 142
Deuterium, 178
Deutschemark, 97
Developing countries, 3, 39, *107*, 133; aid, **3**, 106, *127*
Development Fund, 3, **42**, 90, 106, *127*, 183, 246
Development project contracts, 42
Diagnostic criteria, 187
Diane *see* **Euronet Diane**
Dieldrin, 55
Dietetic foods, *32*, **42**
Dijon, Cassis de, **16**
Dimarso/Inra, 204
Direct action research, *210*
Direct elections, 99
Direct Information Access Network for Europe *see* **Euronet Diane**
Directives, 42, *182*, 197

Directorates-General, Council of Ministers Secretariat, 34
Directorates-General, European Commission, 62
Directorates-General, European Parliament Secretariat, 103
Directories: Committees, 23; Council of Ministers Secretariat, 35; Euratom Supply Agency, 86; European Commission, 62; European Commission Information Offices, 86; European Parliament Secretariat, 103; External Delegations to International Organizations, 89; External Delegations in Third Countries, 87; Joint Research Centre, 84; Members of the European Parliament, 249; National government departments of member states, 264; Office for Official Publications of the European Communities, 86; Representative organizations, 271
Directory of the Departments and Political Groups of the European Parliament, 103
Discount rates, 98
Discrimination, *221*; *see also* **Equality**
Discriminatory pricing, 30
Dismissal, 58, 189
Divergence intervention, 97; indicator, 94, 97; threshold, 97
Dividends, 29
Djibouti, **43**, 88
Doctors, 7, **43**, 190, 218, *244*; representative organization for, 279
Documentation, computerized, 59
Dollar, 97
Domestic appliances, noise, 155
Dominant positions, 30
Dominican Republic, **43**, 116
Dozers, 140
Drachma, 96
Drainage works, 124
Dried fodder, **43**, 186
Dried milk, *32*, **191**
Drink containers, 205
Drinking chocolate, 21
Drinking water, *53*, 54, 240
Drinks industry, representative organizations, 273
Driving hours, **44**, 227, *232*
Driving licences, **44**, *232*
Droit de suite, **44**
Drôme, 3
Drought, 129
Drugs *see* **Pharmaceuticals**
Dry-plucked poultry, 202
Dublin, 59
Dumping, **44**, 106, 231; *see also* Anti-dumping
Durum wheat, 4, 17, **45**
Duty-free, goods, 26; post, 45
Duty-free allowances, **45**, *138*, 228, *232*

EAEC *see* **European Atomic Energy Community**
EAGGF *see* **Farm Fund**
Early retirement, 20
Eating, drinking and lodging establishments, 218
EC *see* **European Community**
Ecology, coastal, 57
Economic and financial affairs, 68; self-employed activities in, 218
Economic and Social Committee (ESC), 47, *92*, *182*, 189, 197, 203, 207, 234
Economic Community, European, 7, 10, 28, 52, 60, *92–3*, 94, 104, 130, 134, 176, 184, 189, 193, 234, 235
Economic co-operation agreements, *107*
Economic policy, 98, 228
Economic statistics, 64
Eco-toxicity, 55
ECSC *see* **European Coal and Steel Community**
ECSC Consultative Committee, **61**, *92–3*, 224
ECSC financial aid, coal and steel, **19**, *50*, 61, *127*, *171*
ECSC High Authority, 233
ECU *see* **European currency unit**
Ecuador, **47**, 120
EDF *see* **Development Fund**
Education, 36, **47**, 48, 60, 78, 95, 127, 198; government departments for, 265; higher, co-operation, 48; higher, systems, 225; materials, 143; opportunity, *48*, 243; policy, *48*
Educational exchanges, *48*
Education grants, **48**, *48*, *127*
EEC *see* **European Economic Community**
EEC fertilizers, 124
EEC Savings Bank Group, 8
Efficiency, 27
Effluent, livestock, 215; toxic, **230**; *see also* **Dangerous substances**
EFTA *see* **European Free Trade Association**
Egg-collecting, 240
Eggs, *4*, *32*, **49**, 186, 219
Egypt, **49**, 88, 114, 229
EIB *see* **European Investment Bank**
Electrical engineering, 137
Electrical equipment, 143, 144; energy meters, 148; for use in explosive or potentially explosive atmospheres, 143, 144; lifts, 146
Electrical goods, 137
Electricity, 82; generation, 19, *50*, 127
Electricity industry, representative organizations, 273
Electro-cardiography, 187
Electro-medical equipment, 143
Electrotechnical Commission, International, 137
Electrotechnical industries, representative organizations, 273
Electrotechnical Standardization, European Committee for, **90**, *138*
Electronics, 172, 228; in measuring instruments, 149; *see also* **Telematics**
Ellice Islands *see* **Tuvalu**
El Salvador, **49**, 120
Emergency aid, 128
Emergency debates, 103
EMCF *see* European Monetary Co-operation Fund
EMF *see* European Monetary Fund
Emission levels, motor vehicles, *53*, 153
Emnid-Institut, 204

Employees, 189; protection, 29, 189
Employers, 183, 203, 222, 223, 234; organizations 14, 30, (national), 265
Employment, 172, 175, 190, 222, 223, 228, 243; government departments for, 266; public service, *244*; Standing Committee on, *92–3*, **223**; *see also* **Work and Employment**
EMS *see* **European Monetary System**
EMU *see* **European monetary union**
Emulsifiers, 128, 163
Endive, 131
Endrin, 55
Energy, 23, 37, **49**, *50*, 59, 81–2, *126–7*, 175, 197, 204, *210–11*; atomic, 178, 235; Commission responsibility, 81–2; conservation, 49, 52, 126–7; exploitation, *126–7*; geothermal, *50*, 52, *126–7*, **133**, 222; government departments for, 266; nuclear, *50*, 110, 113, 120, 122, *126–7*, 178, 187, **195**, *210–11*, 214–5; pricing, 49; solar, *50*, 52, *126–7*, 178, **222**; statistics, 65; supplies, 178, 214, 215
Energy meters, thermal, 148
Energy research programmes, *50*, **52**, *126–7*, *210–11*
Enforcement of Community law, 182
Engineering, mechanical, 137
Engineers, 217; representative organization for, 273
English Channel, *53*, 201
Enlargement of the Community, 7, 27, **52**, *92–3*, 95, 134, 235
Enquiry agents, 218
Environment, 3, 10, 31, 37, **53**, *53*, 96, *126–7*, 194, 201, 205, 209, 227, 239; action programme, *53*; aquatic, 54, 231; government departments for, 266; management, 56; projects, 175; protection, 66, 178; research, 53, 208, 215; safety, 60
Environment and Consumer Protection Service, 65–6
Environmental Directives, industry, 54
EPC *see* **European Political Co-operation**
Equality, **58**, *221*, 242
Equal opportunity, 58, 242
Equal pay, 58, 222
Equatorial Guinea, **58**, 116
Equipment, construction, 137, 194; electrical, 143, 144; electro-medical, 143; protective, 156; water supply works, 140
Equity capital, 42
ERDF *see* **Regional Fund**
ESA *see* **Euratom Supply Agency**
ESC *see* **Economic and Social Committee**
ESCAP *see* European Social and Community Action Programme
ESF *see* **Social Fund**
Establishment, freedom of, 1, 7, 18, 29, 34, 41, 43; right of, 134, 181, 190, **212**, *244*; agriculture, **3**, 218, 244
Estate agents, real estate, 218
Estuaries, 231
Ethiopia, **59**, 88, 116
ETUC *see* **European Trade Union Confederation**
ETUI *see* **European Trade Union Institute**
EUA *see* **Units of account**
Euratom *see* **European Atomic Energy Community**
Euratom, Safeguards Division, 59
Euratom Supply Agency (ESA), *50*, **59**; Directory, 86
Euro-barometer, Euro-barometre *see* **Public opinion polls**
Euro-beer, **10**, 17, *32*
Euro-loaf *see* **Bread**
Euronet Diane, **59**, 110, *210–11*
Europe, Council of, **33**, 91, *93*, 105, 137, 240
European Agricultural Guidance and Guarantee Fund *see* **Farm Fund**
European aircraft, 3
European Atomic Energy Community (Euratom), 10, *50*, 52, **60**, *92–3*, 95, 130, 134, 176, 178, 184, 189, 193, 195, *210–11*, 234, 235
European Atomic Energy Community Supply Agency *see* **Euratom Supply Agency**
European Centre for the Development of Vocational Training, *48*, **60**, 105, 246
European Bureau of Consumer Unions (BEUC), 31
European Centre of Public Enterprises (CEEP), 224
European Coal and Steel Community, 10, 19, 49, 52, **60**, *92–3*, 95, 104, 130, 134, 170, 176, 184, 189, 193, 198, 208, 209, 214, 219, 232, 233, 235
European Coal and Steel Community Consultative Committee, **61**, *92–3*, 224
European Commission, 1, 7, 9, 10, *12*, 13, 19, 21, 22, 23, 27, 28, 30, 31, 34, 39, 41, 45, 47, 53, 58, 59, 60, **61**, 90, 91, *92–3*, 95, 100, 102, 103, 104, 105, 106, 129, 130, 132, 134, 136, 167, 169, 171, 172, 175, 177, 181, *182*, 184, 185, 187, 189, 190, 195, 198, 199, 200, 201, 203, 205, 206, 207, 208, 209, 214, 216, 217, 219, 222, 224, 225, 227, 228, 230, 231, 239, 242, 245; Directorates-General, 62; Directory, 62–89
European Commission of Human Rights, 34, 91, *92–3*
European Commissioners, dismissal, 102
European Commission Information Offices, 86
European Committee for Electrotechnical Standardization (CENELEC), **90**, *138*
European Committee for Standardization (CEN), **90**, *138*
European Communities, Official Journal of, 13, 30, 39, 41, 45, 47, 52, 102, 103, 106, 133, 137, *182*, **197**, 203, 207, 208, 209, 220, 222, 236
European Community, 8, 18, 52, *53*, 60, 61, **90**, 95, 99, 104, 134, 176, 177, 183, 189, 193, 195, *207*, 213, *232*
European Community of Consumer Co-operatives (EUROCOOP), 31
European Company Statute, 29, **90**, *138*
European Consortium for Political Research, 203
European Convention on Human Rights, 34, 91
European Co-operation and Development *see* **Organization for European Co-operation and Development**

European Co-operation in the Field of Scientific and Technical Research, Committee on, **23**, *211*
European Council, 49, 90, **91**, 95, 96, 99, 104, 125, 193, 199
European Council of the Chemical Industry Federation, 208
European Court of Human Rights, 34, **91**, *92–3*
European Court of Justice, 11, 16, 27, 30, 58, **91**, *92–3*, 95, *138*, *182*, 189, 195, 197, 205, 224, 244
European Currency Unit (ECU), **94**, 96, *126–7*
European Democratic Group, 100
European Development Fund *see* **Development Fund**
European Economic Community (EEC), 7, 10, 28, 52, 60, *92–3*, 94, 104, 130, 134, 176, 184, 189, 193, 234, 235
European Export Bank, 106
European Footwear Manufacturers' Confederation, 129
European Foundation, *48*, **95**
European Foundation for the Improvement of Living and Working Conditions, 58, **95**, 105, *126–7*, 214, *221*
European Free Trade Association (EFTA), 8, 30, 41, 52, 90, **95**, 105, 106, 125, 170, 195, 202, 226, 229, 233, 235
European Institute for Vocational Training, *221*, 222
European institutions, 28–9, *92–3*
European integration, research, *48*, *126–7*, 236
European Investment Bank (EIB), *92–3*, **96**, 98, *126–7*, *171*, 175, 183, 206, 219, 236, 247
European Monetary Co-operation Fund (EMCF), 96
European Monetary Fund (EMF), 99, *126–7*
European Monetary System (EMS), 69, 90, 94, **96**, 99, *126–7*
European monetary union (EMU), **99**, *126–7*, 228
European Office of Consumer Unions (BEUC), 2, 208
European Omnibus Survey, 203
European Parliament, *12*, 13, 22, 28, 58, *92–3*, 95, **99**, 100, 104, 105, 134, *182*, 189, 197, 199, 200, 203, 205, 207, 209; Bureau, 100; committees, **100**, *126–7*; debates, 197; **electoral systems**, 102; members, *92–3*, 208, 249 (Directory); **powers**, *92–3*, 100, **102**; questions, 102, 103; **Secretariat** (directory), 103; **working methods**, 101, 102, **103**
European Patent Convention (EPC), 199
European Patent Office, 200
European People's Party, 100
European Political Co-operation (EPC), *92–3*, 102, **104**
European Regional Development Fund *see* **Regional Fund**
European Research and Development, Committee for, **22**, 209, *210*, 214
European schools, *48*, **104**; Board of Governors, 104
European Science Foundation, *210–11*, 214
European Social and Community Action Programme (ESCAP), 175
European Social Fund *see* **Social Fund**
European Trade mark, 28
European Trade Union Confederation (ETUC), 31, **104**, 105, 208, 224; Congress, 104; Executive Committee, 104
European Trade Union Institute (ETUI), **105**
European Union, 28
European unit of account *see* **Units of account**
European University Institute, *48*, **105**
Euro-products, 17
Evry, 136
Excavators, 140
Exchange rate mechanism, 96
Exchange rates, 96, *126–7*, 234
Exchange risk cover, 20, 96
Exchanges, educational, *48*; teacher and student, *126–7*
Exchange visits, **105**, *126–7*, 244, 246
Excise duties, 228
Executive Committee, European Trade Union Confederation, 104
Exhaust, gases, 3, 153; measurement of carbon monoxide in, 150; systems, 150, 194
Exhibitors, international fairs, 237
Explanatory statements, 103
Export credit insurance, **106**
Export earnings, stabilization, 106, *126–7*, 183, **223**
Export restitution payments, 2, *4–5*, 14, 18, 49, **106**, 124, *126–7*, 201, 212, 226
Exports, *4–5*, 18, 43, 44, 106, *107*, 172, 177, 183, 193, 212, 229, 246, 248; common rules for, 106; levies, 226; licences, sugar, 226; policy, 106; quotas, 173–4; restrictions, 2
Export Fund, 106, 235
Export subsidies, 2, *4–5*, 14, 18, 49, **106**, 124, *126–7*, 201, 212, 226
External affairs, government departments for, 267
External delegations, 42, 87, 89
External relations, 38, 66
External trade, 3, 6, 7, 9, **106**, *107*, *126–7*, *171*
Extracorporeal oxygenation, 216
Extractive industries, representative organizations, 273
Eye doctors *see* Opticians

Fabrics, cotton, hand-woven, 117, 118, 119, 120; silk, 117, 118, 119, 120, 121; wool, *4–5*, 193, **243**
Falkland Islands, **123**
Fallback price, 131
Family allowances, 58
Family Organizations in the European Community, Committee of, 31
Famines, 129
Farm accounting, 123
Farm Accounting Data Network, 123
Farm Fund, 2, 3, *4–5*, 18, 47, 73, 90, **123**, 124, 125, 128, 130, 131, 134, 169, 198, 213, 219
Farm information and training services, **123**, *126–7*
Farming, 3, 22, 208; co-operatives, 3; efficiency, 123; guidance, 123; in difficult regions of climate or terrain, *4–5*, **123**, *126–7*; information, *4–5*; training, 123

Farming marginal terrain, *4–5*, **123**, *126–7*
Farm modernization, *4–5*, 123, **123**, *126–7*
Farm retirement, *4–5*, **124**, *126–7*
Farms, low income, 124
Faroe Islands, 110
FAST *see* **Forecasting and Assessment in the field of Science and Technology**
Fats, oils and oilseeds, *4–5*, **124**, 186
Fauna, wild, 56
Federal Republic of Germany *see* **Germany**
Fédération Nationale des Syndicats d'Exploitants Agricoles (FNSEA), 208
Feedingstuffs, 124
FEOGA *see* **Farm Fund**
Fertilizers, *4–5*, *32*, **124**, 137; liquid, 124
Fibres, 128; asbestos, 143; synthetic, 229
Fibrinolytic system, 187
Field beans, **200**
Fiji, 88, 116, **125**
Film industry, representative organizations, 274; self-employed activities in, 218
Film production, distribution, 218
Finance, 11, 13, 14, **125**, *126–7*; government departments for, 267; self-employed activities in, 218
Financial aid, coal and steel, **19**, *50*, 61, *127*, *171*; ECSC, **19**, *50*, 61, *127*, *171*
Financial institutions, 80, 218
Financial markets, 96, 234
Financial mechanism, *12*, 14, **125**, *126–7*
Financial services industry, representative organizations, 278
Fines, 27
Finet Foundation *see* **Orphans**
Finland, 23, 30, 95, 104, 109, **125**, 133, 174
Fire extinguishers, 145
Fire protection, forest, 130
Fire resistance, 140
Fish, 54, 80, **125**, *126–7*; breeding, 240; extracts, 124; stocks, 128
Fisheries, 109, 110, 113, 122, 235; agreements, 125; Common policy, 125; government departments for, 264
Fishery products, 128, 186
Fishing, 123; inshore, 128
Fissile materials, 195
Five-axled lorries, 231
Flat glass, 140
Flavourings, 163
Flax, *4–5*, **128**, 186
Flemings, 102
Floods, 129
Floor price, 174, 201
Flora, wild, 56
Florence, 105
Florence Agreement, 136
Flowers, **14**
Fluorescent lighting luminaries, 144
Fodder, 43
Fodder, dried, **43**, 186
Fond Européen d'Orientation et de Garantie Agricole *see* **Farm Fund**
Fonds de la Recherce Scientifique Médicale (FRSM), 187
Fonds voor Geneeskundig Wetenschappelijk Onderzoek (FGWO), 187
Food, *4–5*, 31, 161, 186, 206; additives, 32, 124, **128**, 137, 162–3, 216; gelling agents, 128, 163; government departments for, 264; labelling, 162; law, 137; manufacture, 218; packaging, 32, **129**; perishable, 131; preservatives, 128, 163; technology, 23; thermal processing, 129; thickeners, 128, 163
Food, Scientific Committee for, 31, **216**
Food: additives, 32, 124, **128**, 137, 162–3, 216
Food aid, 2, 3, *107*, *126–7*, **129**, 170, 174, 175; Convention, International, 129
Food industry, representative organizations, 277
Food: packaging, 32, **129**
Foods, dietetic, **42**; frozen, 162
Foodstuffs, 2; Advisory Committee on, **2**, 31; animal – inspection and prophylaxis, 218; of animal origin, 238
Foodstuffs: labelling, 31, **129**
Footwear, *32*, **129**, *171*, 215, 216; Manufacturers' Confederation, European, 129; protective, 157
Footwear industry, Joint Commission of the, 129; representative organizations, 274
Forecasting and Assessment in the Field of Science and Technology (FAST), **130**, *210–11*
Foreign affairs, government departments for, 267
Foreign currency loans, 20
Foreign exchange markets, 98
Foreign language teaching, *48*
Foreign Ministers, Conference of, 104; General Council of, 34, *92–3*
Foreign workers, **130**, 190, *244*; accommodation, 130
Forestry, *4–5*, 3, 73, 124, *126–7*, **130**, 218, *244*
Form E111, 166
Forsøgsanleg Risø, 178
Foundation, European, **95**
Foundation for the Improvement of Living and Working Conditions, European, 58, **95**, 105, *126–7*, 214, *221*
Franc, 97
France, 1, 2, 3, 28, 33, 44, 52, 61, 86, *92–3*, 94, 99, 104, 124, 130, **130**, 136, *168*, 178, 187, 198, 203, 208, 217, 232, 233, 234, 246
Frankfurt, 59, 167
Frauenklinik der Universität Düsseldorf, 188
Freedom of establishment, 1, 7, 18, 29, 34, 41, 43
Freedom of movement, 18, 177, 217; capital, 16; workers, *244*
Free trade, agreements, *107*; area, 39
Free Trade Association, European, 8, 30, 41, 52, 90, **95**, 105, 106, 125, 170, 195, 202, 226, 229, 233, 235
Freight charges, 232
French Guyana, 89
French Overseas Territories, 220, 246
French Polynesia, 88
French West African Territory, 10
Frontier crossing, *232*

Frozen foods, 162
Frozen poultry, 202
Fruit, *4–5*, 9, 39, 73, **131**, 186; jams, *32*, **131**; jellies, **131**, 161; juices, **131**; nectar, 131; purée, 131; processed, **203**; trees, 123
Fruit and vegetables, **131**; processed, **203**
Fruit jams, jellies, marmalade and chestnut purée, 131
Fruit juices, *32*, **131**, 161
Fuel consumption by motor vehicles, 155
Fuels, 137; chemical content, *53*; lead content, 6, 145; liquefaction and gasification, 19, 222; nuclear, storage of, *50*; solid, 50; sulphur content, 3, 145
Fund: Development, 3, **42**, 90, 106, *127*, 183, 246; Export, 106, 235; Farm, 2, 3, *4–5*, 47, 18, 73, 90, **123**, 124, 125, 128, 130, 131, 134, 169, 198, 213, 219; Regional, 11, 13, 90, 96, *126–7*, 171, **206**, 207, *207*; Social, 13, 90, *126–7*, 136, 202, **220**, *221*, 222, 229, 242, 246
Furniture industry, representative organizations, 276
Fusion, *50*, 178, 215; Community programme, 178; reactor, 178; thermo-nuclear, 110, 113, 120, 122, 195
Futuna Island, 88

Gabon, 88, 116, **132**
Gallup Markedsanalyse, 204
Gambia, 88, 116, **132**
Game birds, 240
Garlic, 131
Gas, *50*, 82, **132**; appliances, 145; cylinders, 137, 156; exhaust, 3, 153; exploitation, *50*; liquefied petroleum, *50*, 132; pipelines, 146; prospecting and drilling, 218; volume meters, 148
Gasification of solid fuels, 19, *50*, 52, *126–7*, 222
Gas industry, representative organizations, 273
GATT *see* **General Agreement on Tariffs and Trade**
GATT Rounds, 132
Geel, 178
Gelling agents, food, 128, 163
Gene banks, 216
General Agreement on Tariffs and Trade (GATT), 8, 44, *107*, 124, **132**, 137, 167, 174, 194, 201, 229
General Assembly, European Trade Union Institute, 105
General Council of Foreign Ministers, 34, *92–3*
Generalized System of Preferences (GSP), 3, 39, *107*, *126–7*, **133**, 170, 212, 247
General meetings, public limited liability companies, 189
General Report *see* **Annual Report**
Generators, 139
Geneva, 89
Geometers, representative organization for, 279
Geothermal energy, *50*, 52, *126–7*, **133**, 222
German Democratic Republic, 33, **134**
Germany, 1, 16, 28, 33, 44, 52, 61, *92–3*, 94, 99, 104, **134**, *168*, 178, 198, 203, 208, 217, 232, 234
Germination standards, 216
Gezondheidsorganisatie TNO, 188
Ghana, 88, 116, **134**
Gherkins, 131
Gibraltar, **134**, 190
Gifts, duty free, 46
Glass, 164; crystal, 137, 141; flat, 140; products, 141
Global loans, 20, 96, 219
Glucose, 224
Glue, 142
Goats, 186
Goatmeat, 6
Gold, 98, 235
Gold-parity Unit of Account, 235
Goods vehicles, 155, 194, 227
Government departments of member states, agriculture, 264; aid to developing countries, 269; consumer protection, 264; customs and excise, 265; education, 265; employment, 266; energy, 266; environment, 266; external affairs, 267; finance, 267; fisheries, 264; food, 264; foreign affairs, 267; government publications sales offices, 269; health, 267; home affairs, 268; industry, 267; interior/internal affairs, 268; justice, 268; labour, 266; law, 268; law, 268; local government, 268; national employers organizations, 265; national trades union organizations, 270; overseas aid and development, 269; science, 265; social security, 269; trade, 267; transport, 270
Government publications sales offices, 269
Grain, 17; moisture content measurement, 149
Grapes, table, 131
Grass-cutting machines, 139
Grants, 2, 3, 17, 19, 33, 40, 42, 43, 44, *48*, 52, 61, 105, *107*, 123, *126–7*, 169, 170, 171, 175, 177, 191, 200, 206, 219, 223, 236, 242, 246; *for complete listing see 126–7*; *see also* **Finance**
Gratuities, 239
Greece, 7, 14, 28, 30, 33, 52, 59, 87, *92–3*, 96, **134**, 229
Greek Accession Treaty, 134
Green currencies, *4–5*, *126–7*, **134**, 191, 236
Greenland, 101, 220, 240, 246
Grenada, 88, 116, **135**
Grey lists, 209, 231
Grinding, machines, wheels, 147
Ground water, 239
Group accounts, **29**, *127*, 138
Group of the European Progressive Democrats, 100
GSP *see* **Generalized System of Preferences**
Guadeloupe, 88
Guaranteed minimum price, 17, 200
Guarantee Section (of Farm Fund), 123
Guatemala, 116, **135**, 229
Guidance Section (of Farm Fund), 123

Guide price, *4–5*, 10, 43, 124, **135**, 175, 198, 242
Guilder, 97
Guinea, 88, 116, **135**
Guinea-Bissau, 88, 116, **135**
Guyana, 88, 116, **135**

Hairdressers, **136**, 218, *244*; representative organizations, 276
Haiti, 121, **136**, 229
Hals-, Nasen und Ohrenklinik der Universität Münster, 187
Handicapped people, *126–7*, **136**, 166, 190, *221*; workers, 220
Hand-made products, 11, 19, 47, 49, 117, 118, 119, 120, 121, 167, 176, 181, 199, 200, 223, 236
Hand-woven cotton fabrics, 117, 118, 119, 120, 121
Hard-grain wheat, 45
Harmonization, 2, 3, 10, 17, 26, 28, 29, 30, 31, 39, 41, 44, *53*, *126–7*, **137**, 194, 228, 230, 231, *232*, 237, 240, *244*
Heads of government meetings, 91; *see also* **European Council**
Health, 231; care, 130; government departments for, 267; protection, 216
Health and safety, 31, **166**, *221*; standards, *32*
Health policies, national, 200
Hearing, 187, 194; *see also* Deafness
Heating systems, 51
Heavy-goods vehicle drivers, 44
Heavy-goods vehicles *see* Lorries
Helmets, 156
Hemp, *4–5*, **128**, 186
Heritage protection, 56
Hesse, 167
High Authority, ECSC, 233
Higher education, co-operation, *48*; systems, 225
Hill farming, *4–5*, 123
Hiring, moveable tangible property, 238
Holiday medical care, **166**, *232*
Holidays, **167**, *168*, 190, *232*
Holland *see* **Netherlands**
Home accidents, 167
Home affairs, government departments for, 268
Home safety, *32*, **167**
Honduras, 121, **167**
Honey, *32*, 161, **167**
Hong Kong, 118, 129, **167**, 229
Hooks, 146
Hops, *4–5*, *126–7*, **167**, 186
Horticulture, 3, 217, *244*
Hospitals, representative organizations, 278
Host language teaching, *48*
Hotel and catering industry, representative organizations, 278
Hotels, 218
Hot rock geothermics, 133
Hours, driving, **44**
Household preparations, 142
Household products, *32*, **169**
Household waste, 205
Housing, 20, *126–7*, 136; loans, 19, 20; projects, *171*
Human rights, European Convention on, 34, 91; European Court of, **91**
Hungary, 33, **169**, *229*
Hunting, 240
Husked rice, 212
Hydrogen, *50*, 52
Hydrometers, 148

Ice cream, 32, **170**
Iceland, 33, 95, 104, 109, **170**, 198
Immigration control, 199
Import price, 230
Imports, *4–5*, 9, 16, 18, 19, 39, 43, 45, *50*, *53*, *107*, 129, 130, 131, 133, 135, 171, 172, 183, 191, 193, 197, 203, 206, 212, 217, 224, 229, 237, 240, 243; clothing, 229; common rules for, 106; licences, *53*, 212, 240; restrictions, *4–5*; targets, *50*
Improvement of Living and Working Conditions, European Foundation for, 58, **95**, 105, *126–7*, 214, 221
Incomes, 71
Independent Review Body, 27
Index of prices, *31*, **203**
India, 117, 129, **170**, 174, 229
Indirect action research, *210–11*, 214
Indirect taxes, 228
Indonesia, 7, 118, **170**, 229
Industrial accidents, 198
Industrial co-operation, 113, 114, 115, 116, 183
Industrial growth, 172
Industrial policy, *126–7*, *138*, **170**, *171*
Industrial products, 111, 114, 115, 133, 179, 181, 192, 202, 212, 226, 234, 243
Industrial projects, 19, 20, *126–7*, 171, 206
Industrial property, 28
Industrial trucks, 146
Industrial waste, 205
Industries, nationalized, 30; technological, 171
Industry, 3, 30; aircraft, **3**; clothing, 229; environmental Directives, 54; government departments for, 267; nuclear, *90*; policy, 34; representative organizations, 271; *see also* **Industrial policy**
Industry: state aids, 18, *126–7*, **171**
Infrastructure, transport, 231
Infrastructure assistance, *126–7*, *207*
Infrastructure projects, 207
Inland waterways, 96, *232*
Inshore fishing, 128
Insolvency, 9
Institute de Sondages Lavialle, 204
Institut für Physiologie und Biokybernetik der Universität Erlangen-Nuremberg, 187
Institut Luxembourgeois de Recherches Sociales (ILRES), 204
Institut National de la Santé et de la Recherche Médicale (INSERM), 187
Instrument calibration, 27
Insurance, **172**, 218, 236; medical, 223
Insurance agents, brokers, 218
Integration, European, 236; research, *48*, *126–7*, 236

Inter-American Development Bank, 194
Interest, 98
Interest rates, 98, 106; subsidies, 98, 123, 206; *see also* Loans
Interior/internal affairs, government departments for, 268
Internal Community trade, 2, 3, 10, 17, 26, 28, 29, 30, 31, 39, 41, 44, *53*, *126–7*, **137**, 194, 228, 230, 231, *232*, 237, 240, *244*
International carriers, 237
International Cocoa Agreement, 173
International Coffee Agreement, 173
International Commission for the Protection of the Rhine against Pollution, 209
International Commodity Trade, Commission on, 172
International Confederation of Free Trade Unions, 104
International Convention on the Regulation of Whaling, 240
International Electrotechnical Commission (IEC), 137
International Energy Agency (IEA), 198, *210–11*
International fairs, exhibitors, 237
International Food Aid Convention, 129
International Olive Oil Agreement, 173, 198
International Organization for Legal Metrology (IOLM), 137
International Organization for Standardization (ISO), 137
International Organizations, Community delegations to, 89
International product agreements, **172**
International Sugar Agreement, 173
International Tin Agreement, 174
International Whaling Commission (IWC), 240
International Wheat Agreement, 174, **175**
Interservice Committee for Research and Development, **209**, *210–11*
Inter-University Consortium for Political and Social Research, 203
Intervention, bilateral, 97
Intervention agency, 10, **175**, 198, 201
Intervention mechanism, 96
Intervention price, *4–5*, 18, 33, 49, 123, 124, *126–7*, **175**, 191, 198, 201, 212, 225
Invalidity benefits, 217
Investment, 2, 8, 14, 19, *50*, *92–3*, 96, *126–7*, 171, **175**, *207*; companies, 236; loans, 19; trust companies, 236
Investment Bank, European, **96**
Investors, *126–7*, 225
Ionizing radiation, 187
Ionizing rays, 144
Iran, 118, **176**
Iraq, **176**
Ireland, 14, 33, 39, 52, 61, 87, *92–3*, 99, 124, *168*, **176**, 178, 187, 198, 203, 217, 232, 233, 246
Irish Marketing Surveys, 203
Iron, *48*, 198
Iron and steel industry, representative organizations, 274
Irrigation, 124
Isle of Man, **18**
Isoglucose, 186, 226
Ispra, 178, 195
Israel, 88, 115, **176**
Istituto per le Ricerche Statistiche e l'Analisi dell'Opinione Pubblica (DOXA), 204
Istituto superiore di sanità, 188
Italy, 1, 2, 3, 14, 28, 33, 41, 44, 52, 61, 87, *92–3*, 94, 99, 104, 124, 130, *168*, **176**, 178, 187, 191, 198, 203, 217, 220, 232, 233, 234, 246
Ivory Coast, 88, 116, **176**

Jack-hammers, 139, 194
Jamaica, **177**
Jams, *32*, **131**, 161
Japan, 88, *107*, *126–7*, 133, 174, **177**, 219; language study, 177; seminars for exporters to, 177
Jellies, *32*, **131**, 161
JET *see* **Joint European Torus**
Job creation, *207*, 221
Job information, **177**, 191, *244*
Job offers, 177
Joint Commission of the Footwear Industry, 129
Joint Committee (Lomé Conventions), 184
Joint Co-operation Committee (ASEAN), 7
Joint European Torus, *50*, **178**, 195, *210–11*
Joint Research Centre, *50*, 52, 84, *126–7*, **178**, 195, *210–11*, 209, 222; Directory, 84
Joint study programme, *48*
Jordan, 88, 115, **179**, 186
Journalism, 217
JRC *see* **Joint Research Centre**
Justice, government departments for, 268
Jute products, 117, 119, 170

Karlsruhe, 104, 178
Kenya, 88, 116, **180**
Kernforschungsanlage Jülich Gmbh (KFA), 178
Kiribati, 88, 116, **180**
Korea, Republic, 33, 118, 129, **180**, 217, 229
Krone, 97

Labelling, 21, *32*, 33, 41, 42, 51, 124; condensed and dried milk, 191; dangerous substances, 141; food, 129; foodstuffs, 162; honey, 167; household products, 169; seeds, 216; wine, 242
Labour, government departments for, 266
Lakes, wine, 242
Lamb, *4–5*, 124, 217; *see also* **Sheepmeat**
Länder, 96, 102, 167; Catholic, *168*
Land improvement, 124
Landscape architects, representative organization for, 279
Languages, 52; foreign, teaching of, *48*; official, 197
Language teaching, *48*; exchange, *126–7*
Language training, 130, 190
Languedoc-Roussilon, 3
Laos, 119, **181**
Lardarello, 133
Latin America, 120, 133

Law, company, **29**; food, 137; government departments for, 268; *see also* **Community law**
Lawn-mowers, 159
Lawyers, **181**, 218, *244*; representative organization for, 279
Lead, 6, 54, 166, 231
League of Nations, 193
Least developed countries, 1, 133, 183, 223, 229
Leather industry, representative organizations for, 274
Lebanon, 8, 115, **181**, 186
Leeks, 131
Legislation, 102; amendments, 102; national, 207; processes, *182*; proposals, 103
Legislative preparation, 41, 42, 62, **181**
Leisure, 124
Lesotho, 87, 116, **183**
Lettuce, 131
Leukosis, 6
Levies, *4–5*, 10, *12*, 13, 17, 18, 39, 49, 90, *126–7*, **183**, 192, 193, 198, 201, 206, 212, 219, 226, 228, 230; co-responsibility, **32**; export, 226
Liability for defective products *see* **Product liability**
Liberal and Democratic Group, 100
Liberia, 88, 116, **183**
Libya, **183**
Licences, driving, **44**
Liechtenstein, 33, **183**
Life assurance, 172, 218
Lifts, lifting apparatus, 137, 146
Limited liability companies, 189
Limits, bilateral intervention, 96
Linseed, *4–5*, **128**; meal, 200
Liquefaction of solid fuels, 19, *50*, 52, *126–7*, 222
Liquefied petroleum gas, *50*, 132
Liquid fertilizers, 124
Lire, 97
Lisbon, 167
Live plants, 14, 186
Livestock effluent, 215
Living conditions, 58, 95, *210–11*, 214, *221*, 244; *see also* **European Foundation for the Improvement of Living and Working Conditions**
Loaders, 140
Loans, 19, 42, 61, 90, 96, 98, *126–7*, *171*, 175, 206, 219, 223; for complete listing *see 126–7*; *see also* **Finance**
Lobby groups *see* **Representative organizations**
Local government, government departments for, 268
Lodging establishments, 218
Logging, 218
Lomé Conventions, 1, 3, 9, 42, 59, 96, 106, *126–7*, **183**, 194, 223, 226, 236; Joint Committee, 184
London, 59
London Convention, 186
Long-distance hauliers, 232
Lorries, articulated, 231; drivers, 44; five-axled, 231; goods vehicles, 155, 194, 227
Low-income farms, 124
Luxembourg, 1, 33, 44, 52, 59, 61, 87, *92–3*, 99, 104, *168*, 178, **184**, 198, 203, 232, 233, 234
Luxembourg Agreement, 34
Luxembourg Report, 104

Macao, 119, 229
Machines, 146–7
Machines industries, representative organizations, 274
Machine tools, 146–7
Madagascar, 88, 116, **185**
Madrid, 167
Maghreb countries, **185**
Mail order business, 213
Maize, 17, 175, 224
Maize groats, 224
Major accident hazards, 55
Malagasy Republic *see* **Madagascar**
Malawi, 88, 116, **185**
Malaysia, 7, 119, **185**, 229
Mali, 88, 116, **185**
Malt, 18
Malta, 7, 33, 104, 112, **185**, 229
Management Board, 245
Management Committee, European Trade Union Institute, 105
Management committees, 26, *92–3*, *182*, **185–6**
Management consultants, representative organization for, 279
Manometers, metallic, 149
Manual workers, *244*
Margarine, 124
Marginal terrain, farming, *4–5*, **123**, *126–7*
Marine pollution, *53*, 57, **186**, 201, 227, *232*
Maritime transport, *232*
Marjolin, Robert 28
Marketing, agriculture, **2**
Marmalade, *32*, **131**, 161
Martinique, 89
Mashreq countries, **186**
Maternity, 58; benefits, 217
Mauritania, 88, 116, **186**
Mauritius, 88, **186**, 229
Max-Planck-Gesellschaft zur Förderung der Wissenschaften c V-Institut fur Plasma Physik (IPP), 178
Mayotte, 88
MCAs *see* **Monetary compensation amounts**
Meal, brewing, 224; linseed and soya, 200
Measures of equivalent effect, 17
Measurement, 27; of arterial pressure, 149; of carbon monoxide in exhaust gases, 150; of fat content in dairy produce, 149; of moisture content in grain, 149; units of, 149
Measuring instruments, 137, 147
Meat, *4–5*, 6; inspection, *4–5*, **6**; products, 6
Mechanical engineering, 137
Mechanical handling appliances, 146
Medical care, 166; *see also* Health and **Holiday medical care**
Medical insurance, 223

Medical qualifications, 217
Medical and public health research, 21, *50*, *126–7*, **187**, 195, *210–11*, 216; Committee for, 23
Medical Research Council (MRC), 188
Medical Research Council of Ireland, 188
Medical training, 43
Medical X-ray equipment, 143
Medicinal products, 200; colouring matter, 201; proprietary, Committee for, 200
Medicine, 43
Mediterranean countries, 112
Mediterranean regions, 52, 130
Medium term financial assistance (MTFA), 98
Medium term loans for economic assistance, 98, *126–7*
Melun, 133
Members of the European Parliament, *92–3*, 208; Directory, 249
Member states, arbitration between, *92*; budget contribution, 13; Directory of government departments, 264
Member states, government departments of *see* Directory
MEPs *see* Members of the European Parliament
Mercury, 55, 231
Mergers, 29, *126–7*, *138*, **189**, *244*
Mergers: employee protection, **189**, *221*, *244*
Merger Treaty, 6, 22, 52, 61, *92–3*, **189**
Metallic manometers, 149
Metals production and primary processing industries, representative organizations, 274
Meteorology, 23, *210–11*
Metrology, 27, 137, 147; *see also* Measurement
Mexico, 121, **189**, 229
Mezzogiorno, 2, 124, 220, 246
MFA *see* Multi-fibre arrangement
Micro-electronic components, 228
Microprocessing, *171*
Midi-Pyrenées, 3
Midwives, **189**, 218, *244*
Migrant workers, *48*, 130, **190**, 217, *221*, *244*
Migration limits, 164
Milk, consumption, 191; dehydrated, 161; powder, 129; school, 32, *126–7*, **213**; skimmed, 170, 191
Milk and milk products, *4–5*, 14, 32, *32*, 123, *126–7*, 170, 186, **191**, 230
Milk: condensed and dried, *32*, **191**
Milkmen, 213
Mineral oils, 228
Mineral production, 183
Mineral products industries, representative organizations, 274
Mineral waters, natural, 161
Mine safety, 166, 216
Mining, quarrying, 218
Ministers, Council of, **34**
Mol, 104
Molasses, 226
Monaco, **191**
Monetary compensation amounts (MCAs), *4–5*, 18, *126–7*, **191**, 236
Monetary policy, 97
Monetary stability, 96, *126–7*
Monetary System, European, 69, 90, 94, **96**, 99, *126–7*
Monetary union, European, **99**, *126–7*, 228
Mongolia, 33, **192**
Monnet Committee, 1
Monopolies, 30
Mons, 104
Montserrat, **192**
Mopeds, 150
Morocco, 88, 114, 185, **192**, 229
Moscow, 33
Mother tongue teaching, 130, 191
Motor cycles, 150, 194
Motor vehicles, 3, 137, 150, 177, 194; components, 151; emission levels, *53*, 153; fuel consumption, 155; noise, *53*
Mountain, butter, 14
Movement of capital, **16**, 228
Mozambique, **192**
MTFA *see* Medium term financial assistance
Multi-fibre arrangement (MFA), 132, 170, 227, 229
Multilateral Trade Negotiations, 8, 132
Multinational companies, 29
Munich, 104
Mutton, *4–5*, 217; *see also* **Sheepmeat**

Nairobi Protocol, 136
Namibia, **193**
National employers organizations, 265
National Farmers' Union, 208
National government departments of member states, directory, 264
National health policies, 200
Nationalized industries, 30
National legislation, 207
National standards institutions, 269
National Swedish Board for Energy Source Development, 178
National trades union organizations, 270
Natural gas, prospecting and drilling, 218; *see also* Gas
Natural mineral waters, 161
Navigation qualifications, *232*
NCI *see* New Community Instrument for Borrowing or Lending
New Community Instrument for Borrowing or Lending (NCI), 175
Nederlands Instituut voor de Publieke Opinie (NIPO), 204
Nepal, **193**
Netherlands, 1, 33, 52, 61, 87, *92–3*, 94, 99, 104, 136, *168*, 178, 187, **193**, 198, 203, 232, 233, 234
Netherlands Antilles, 88
Network User Identifier (NUI), 60
New Caledonia, 88
New York, 89
New York dressed poultry, 202
New Zealand, 15, *107*, 133, **193**
Nicaragua, **194**
Niger, 88, 116, **194**
Nigeria, 88, 116, **194**
Noise, *53*, 139, **194**, *232*; aircraft, *53*; certificate, 194; domestic appliances, 155; machine,

166; motor vehicle, *53*; construction equipment, *53*
Noise levels, permissible, 137, 139, 140, 150, 155, 194
Non-associated states, 3, *126–7*, 170, **194**
Non-ferrous metals industries, representative organizations, 274
Non-ionic surfactants, 142
Non-military ammunition, 155
Non-obligatory expenditure, *12*, 13
Non-quota sector, regional aid, *207*
Non-tariff barriers to trade, 3, 17, 39, *138*, **194**
Non-technical barriers, 137, 195
Normal aid, 129
North American countries, 122
Northern Ireland, 220, 246
North Korea, **180**
North Rhine-Westphalia, 167
North Sea, 201
North Vietnam, **238**
Norway, 23, 30, 33, 95, 104, 109, 132, 133, **195**, 198, 233
Nuclear energy, *50*, 110, 113, 120, 122, *126–7*, 178, 187, **195**, *210–11*, 214–5
Nuclear fuels, *50*
Nuclear industry, 60; civil, *90*
Nuclear installations, 204
Nuclear materials, 59, 195
Nuclear safety, 59, 178
Nuclear suppliers, 59, 60
Nuisance, 58
Nurses, 189, **196**, 218, *244*; representative organization for, 279
Nutritive value, 129

Obligatory expenditure, *12*, 13
Oceanography, 23, *210–11*
Occupational diseases, 198
Occupational risks, 166
OECD *see* **Organization for Economic Co-operation and Development**
Office for Official Publications of the European Communities, Directory, 86
Official Journal of the European Communities, 13, 30, 39, 41, 45, 47, 52, 102, 103, 106, 133, 137, *182*, **197**, 203, 207, 208, 209, 220, 222, 236
Official languages, 197
Official listing, 225
Official publications of the European Communities, Office for, Directory, 86
Oil, *50*, **197**; imports, 49; mills, 17; olive, **197**; pipelines, 155; pollution, 57; prices, 49, *50*
Oils, *4–5*, **124**, 186; mineral, 228; waste, 55, **239**
Oilseeds, *4–5*, **124**
OJ *see* **Official Journal of the European Communities**
Old age pension, 217
Older workers, 220
Olive groves, *4–5*, *126–7*, 198; register of, 198
Olive oil, *4–5*, 124, *126–7*, 135, 172, 173, **197**; Agreement, International, 173, 198
Oman, 198
Onions, 131, 183
Operation Flood, 170
Opinion (of the European Parliament), 102, 103
Oporto, 167
Opticians, 218; representative organization for, 279
Organ bank, 187
Organization for Economic Co-operation and Development (OECD), *92–3*, **198**, *210–11*, 219
Ornamental objects, 143
Orphans, *48*, *171*, **198**
Ortoli facility, *126–7*, 175
Oslo Convention, 186
Overseas aid and development, government departments for, 269
Own resources, *12*, 13, 26, 90, *126–7*, 134, **198**, 237

Pacific states, 1, 88
Packaging, 21, *32*, 33, 41, 49, 124, 216, 231; dangerous substances, 141; food, **129**; materials, 155; plastic, 129
Paddy rice, 212
Paintings, 44
Paints, 142
Pakistan, 117, **199**, 229
Panama, 121, **199**
Paper, 69; pulp production, 231; recycling, 205
Paper and board industries, representative organizations, 275
Papua New Guinea, 88, 116, **199**
Paraguay, 121, **199**
Parental leave, 242
Paris, 59, 89
Paris, Treaty of, 19, 30, 52, 61, *92–3*, 102, *171*, 189, 207, 208, 224, **233**
Paris Convention, 186
Parliament, European, *12*, 13, 22, 28, 58, 92–3, 95, **99**, 100, 104, 105, 134, *182*, 189, 197, 199, 200, 203, 205, 207, 209
Parliamentary Committees, 100, 103, *126–7*
Parliament members, *92–3*, 208, 249 (Directory)
Parliamentary questions, 102, 103, 197
Participation *see* **Worker participation**
Passenger vehicles, 227
Passport Union, 199
Passports, 39, *138*, **199**, *232*
Pasta, 45
Paté de foie gras, 202
Patent Convention, European, 199
Patent Co-operation Treaty, 200
Patent law, 30, *138*, **199**
Patent Office, European, 200
Patronat, 208
Paul Finet Foundation *see* **Orphans**
Peaches, 131
Pears, 131
Peas, garden, 131
Peas and field beans, **200**
Pensioners, 190
Pension rights, 189
Pensions, 58, 217
Pension schemes, 223
People's Republic of China *see* **China**
Perfume, 46

Peri-natal monitoring, 187
Perishable foods, 131
Permanent Conference of Chambers of Commerce and Industry of the EEC, 208
Permanent Representatives, Committee of, **22**, 90, 92, 172, *182*, 183, 203
Permissible noise levels, 137, 139, 140, 150, 155, 194
Personal travel, *232*
Peru, 121, 174, **200**, 229
Pesticides, *4–5*, 9, 142, **200**, 231
Petitions, 102
Petrol, lead content, 6, 145
Petroleum, prospecting and drilling, 218
Petten, 178
Pharmaceutical products, representative organizations, 277
Pharmaceuticals, **200**
Pharmacists, 218; representative organization for, 279
Phillipines, 7, 119, **201**, 229
Physicians *see* **Doctors**
Pigmeat, *4–5*, 9, 175, 186, **201**, 206, 219
Pigs, 6, 206; feeding, 201
Pilots, *180*, 186, **201**, *232*; Channel, *53*
Pipes, PVC, 140
Pitcairn Island, 88, **202**
Planing machines, 147
Plant health, 14
Plant protein, 215
Plants, live, 14, 186
Plasma physics, 110, 113, 120, 122, 178, 215; *see also* **Nuclear energy**
Plastic arts, 44
Plastic packaging, 129
Plastic processing industry, representative organizations, 275
Plastic products, 239
Plastics, 231
Plastic tanks, 157
Plugs and sockets, 144
Plums, 131
Plutonium recycling, 215
Pneumatic concrete breakers, 139, 194
Poland, 33, **202**, 217, 229
Political Committee (of the Conference of Foreign Ministers), 104
Political and Social Research, Inter-University Consortium for, 203
Political Research, European Consortium for, 203
Political union, 90
Pollutants, 166; atmospheric, 6, 54
Polluter pays principle, *53*, 239
Pollution, 3, 9, 23, *53*, 205, 231, 239, 253; air, **3**, 32, *53*; costs to industry, 56; iron and steel, 215; marine, *53*, 57, **186**, 201, 227, 232; oil, 57
Polychlorinated biphenyls (PCBs), 55, 239
Polychlorinated terphenyls (PCTs), 55
Pork *see* **Pigmeat**
Ports, 227, 253
Portugal, 23, 28, 30, 33, 52, 87, *92–3*, 95, 113, *168*, 198, **202**, 229
Potatoes, *4–5*, **202**
Potato starch, 224
Poultry, *4–5*, 6, *32*, **202**, 219; storage, 202
Poultrymeat, 49, 186
Poverty, *126–7*, **202**, *221*, 223
Precious metals, 155
Precision instruments industries, representative organizations, 275
Preference, Community, **27**
Preferences, Commonwealth, 8; generalized system of, **133**
Prefixation subsidies, 14
Pregnancy, 58, 166
Preservatives, food, 128, 163
Presidency, Council of Foreign Ministers, 104
Presidency, European Commission, 61; European Council, 91; European Court of Justice, 91; European Parliament, 100
President of the Council, 34
Pressure gauges (tyres), 149, 150
Pressure vessels, 137, 156
Price display, 165
Price index, *31*, **203**
Prices, activating, 200, 242; basic, 2, **9**, 131, 175, 201; ceiling, 174; floor, 174, 201; guaranteed minimum, 17, 200; guide, *4–5*, 10, 43, 124, **135**, 175, 198, 242; intervention, *4–5*, 18, 33, 49, 123, 124, *126–7*, **175**, 191, 198, 201, 212, 225; reference, *4–5*, 10, 131, 201, **206**, 217; sluicegate, *4–5*, 49, 201, **219**; target, *4–5*, 9, 17, 135, 175, 191, 212, 213, 225, **227**, 230; threshold, *4–5*, 17, 27, 183, 191, 198, 206, 212, 219, 226, **230**
Price support, 2, *4–5*, *126–7*, 230
Primary legislation, *182*
Printing industry, representative organizations, 275
Processed cheese, 194
Processed fruit and vegetables, *4–5*, 131, **203**
Processing, agriculture, **2**, *5*, *127*
Producer associations, **3**
Producer co-operatives, 3
Producer groups, 169
Product agreements, international, **172**
Production grouping, agriculture, **3**, *5*, *127*
Production levy, sugar, 225
Production refunds, 224
Product liability, *32*, 165, **203**
Products processed from fruit and vegetables, 131
Professional occupations, *244*; representative organizations, 279
Projects in response to Community policies, *126–7*
Proportional representation, 101, 102
Proposals, *92–3*, 100, *182*, 197, **203**
Proprietary medicinal products, 200
Prospecting, petroleum and natural gas, 218
Prospectus, share, 225
Protected species, 240
Protection, consumer, 1, 10, 11, 14, 16–17, 21, **31**, 33, 37, 41, 42, 49, 65–6, 137, 165, 170, 194–5
Protective clothing and equipment, 156
Protective structures, construction plant and equipment, 140
Proteins, vegetable, 43
Provence, 3

Publications of the European Communities, Office for, Directory, 86
Public contracts, 34
Public health, 10, 41, 43, 166, 195, 200, 209, 216; research, 21, *50*, *126–7*, **187**, 195, *210–11*, 216
Public holidays, 167
Public opinion polls, 203
Public relations, representative organizations, 278
Public supply contracts, *138*, 197, **204**
Public transport vehicles, 154
Public works contracts, *138*, 197, **204**
Publishing industry, representative organizations, 275
Pulp, mills, 55; production, 231
Punt, 97

Qualifications, 1, 7, 41, 43, 44, 48, *53*, 189, 196, 201, 225, 232, 233, 238, 242, 243; medical, 217; navigation, *232*; recognition of, *244*
Quarrying, 218
Questions, Parliamentary, 102, 103
Quotas, Community haulage permits, 232; debtor and creditor, 98; export, 173–4; GSP, 133; sensitive textiles, 229, 230; steel production, 224; support price (sugar), 225
Quota sector, regional aid, *207*

Radiation, ionizing, 187
Radiation protection programme, 187
Radioactive hazard, 195
Radioactive waste, 215, 239
Radioactivity, *50*
Radio interference, suppression of, 144
Radio sets, 144
Rail transport, 232
Railways, 96; accounting systems, *232*
'Rallonge', 98
Rape, 124
Rapporteur, 103
Raw materials, 8, 209, 216
Raw sugar, 226
Raw tobacco, 230
Reactor accident, 178, *210–11*; simulation, *50*
Reactor safety, *50*, 195
Readaptation grants, 20
Real estate business, 218
Re-conversion projects, 20
Recruitment of Community staff, 197, **205**
Recycling, paper and board, 55; plutonium, 215
Recycling: paper, tyres and drink containers, *126–7*, **205**, 239
Recycling: tenders, *53*, **205**
Red mud, 231
Redundant workers, 19, 20
Redundancy costs, *126–7*, *171*
Reference materials, 26, 209
Reference price, *4–5*, 10, 131, 201, **206**, 217; for steel, *171*, 224
Reform *see* **Community reform**
Regenerated cellulose film, 164
Regional aid, 206; non-quota sector, *207*; quota sector, *207*
Regional development, *126–7*, 207
Regional Development Fund *see* **Regional Fund**
Regional economic differences, 172, 175, 246
Regional Fund (ERDF), 11, 13, 90, 96, *126–7*, 171, **206**, 207, *207*
Regional Fund Committee, 206, *207*
Regional policy, 34
Regional Policy Committee, *207*, **207**
Regional problems, *207*
Register of olive groves, 198
Regulations, 106, *182*, 197, **207**
Rehabilitation centres, 136
Reinsurance, 218
Remuneration, 190, 243
Renewable energy, *50*
Representative organizations, 22, 30, 61, *92–3*, **207**; accountants, 279; actuaries, 279, advertising, 278; agriculture, 271; architects, 279; auctioneers, 278; chemical industry, 272; clothing industry, 273; construction industry, 273; consumer protection, 280; crafts industries, 276; dental practitiones, 279; designers, 279; Directory, 271; doctors, 279; drinks industry, 273; electricity industry, 273; electrotechnical industry, 273; engineers, 273; extractive industries, 273; financial services industry, 278; food industry, 277; footwear industry, 274; furniture industry, 276; gas industry, 273; geometers, 279; hairdressers, 276; hospitals, 278; hotel and catering industry, 278; landscape architects, 279; machines industries, 274; management consultants, 279; metals production and primary processing industries, 279; nurses, 279; opticians, 279; paper and board industries, 275; pharmaceutical products, 277; pharamacists, 279; plastic processing industry, 275; precision instruments industries, 275; professional occupations, 279; public relations, 278; publishing industry, 275; retail trade, 277; rubber industry, 275; shipping industry, 276; small businesses, 276; space industry, 275; telecommunications industry, 275; textile industry, 275; toy industry, 276; trade unions, 279; transport equipment industries, 276; transport industry, 278; travel agents, 279; valuers, 279; veterinarians, 279; veterinary surgeons, 279; water industry, 273; wholesale trade, 277; woodworking industries, 276
Research, 22, 23, 27, 34, 59, 60, 61, 95, *126–7*, 130, 171, **208**, *210–11*, 214, 222, 236; aeronautical, 3; agricultural, 2; coal, 19, 20; Commission responsibility, 78; common funding, *210*; concerted action, *210*, 214; contracts, 52, 95; direct action, *210*; educational, *48*; energy, *50*, 52; environmental, 57; European integration, *48*, *126–7*, 236; grants, *171*; indirect action, *210–11*, 214; medical and public health, 21, *50*, *126–7*, **187**, 195, *210–11*, 216; national coordination, 23; priorities, *210–11*; scholarships, 209; scientific, 23; social, 21; steel, 20; technical, 23; university, *48*, 236
Research and Development Interservice Committee (CIRD), **209**, *210–11*
Research Centre *see* **Joint Research Centre**

Research programmes, energy, *50*, **52**, *126–7*, *210–11*
Reserve assets, 98
Reserve currency, 99
Reserve price, 131
Reserves, 98
Resettlement, *126–7*, 220, *221*; allowances, 20, *171*
Resolutions, 102, 103, *182*, **209**
Restitution payments, export, 2, *4–5*, 14, 18, 49, **106**, 124, *126–7*, 201, 212, 226
Restrictive practices, 30
Retail trade, representative organizations, 277
Retail trading, 218
Retirement, age, 224; benefits, 58; early, 20; from farms, 124; pensions, 217
Retraining, *126–7*, 220, *221*
Retrocession, reinsurance, 218
Réunion, 88
Rhine, *53*, **209**; Convention for the Protection against Chemical Pollution, 209
Rhineland-Palatinate, 167
Rice, 17, **212**; broken, 224
Right of establishment, 134, 181, 190, **212**, *244*; agriculture, **3**, 218, 244
Rivers, 231
Road haulage, 218
Roads, 96
Road safety, 44
Road transport, *232*; passenger operators, 218
Romania, 33, 111, **212**, 229
Rome, 59
Rome, Treaty of, 7, 11, 12, 16, 18, 22, 29, 30, 39, 47, 52, 58, 59, 60, 61, 91, *92–3*, 94, 96, 102, 103, 104, 105, 106, 130, 134, 137, *171*, 177, 189, 190, 195, 201, 207, 217, 219, 220, 222, 231, 233, **234**, 242, 243
Rotterdam, 136
Rounds, GATT, 132
Roundsmen, 213
Rubber, 205
Rubber industry, representative organizations, 275
Rubber tyres, recycling, 205
Rules of procedure, 103
Runner beans, 131
Rwanda, 89, 116, **212**
Rye, 17, 175

Saarland, 167
Saccarimeters, 149
Safety, *32*, *50*; at sea, 227; home, 167; mine, 166, 216; nuclear, 59, 178; reactor, *50*, 195; standards, toys, 231; technical, 60
St Helena, **213**
St Lucia, 116, **213**
St Pierre and Miquelon, 89
St Vincent and Grenadine, 116, **213**
Salazar, Antonio de Oliveira, 202
Sales practices, 31, **213**
Samoa, 88, 116
San Marino, **213**
Sao Tomé Principe, 116, **213**
SARA project, *50*, 178, *210–11*
Savers, 236
Scaffolding, 147
Scholarships for research, 209
School milk, 32, *126–7*, **213**
Schools, European, *48*, **104**
Science, 34; government departments for, 265; information, 59; research, 23
Science and technology, *126–7*, 209, *210–11*, **213**
Science Foundation, European, *210–11*, 214
Scientific and Technical Information and Documentation, Committee for, 23
Scientific and Technical Research, Committee on, **23**, 210, 214
Scientific Committee for Food, 128, **216**
Scissions, 29
Scotland, 167
Scrap and build policy, shipbuilding, 219
Screen, biological, 6, 56
Sculptures, 44
Secretary-General, European Parliament Secretariat, 103
Securities, 225
Security signs at places of work, 166
SEDOC *see* **Job information**
Seeds, *4–5*, 128, 186, **216**; cotton, **33**; potatoes, 202; sunflower, 124
Seeds: common catalogue, *4–5*, **216**
Segregation, 223
Self-employed, 166, 190, **217**, 238, *244*
Selling practices, 165
Seminars, for exporters to Japan, 177
Senegal, 89, 116, 217
Sensitive exports, 177
Sensitive products, *107*, *126–7*, 133, 229; textile imports, 230
Service projects, 206
Seveso, 55
Sewage, 9
Sewage sludge, 57, 215
Sex discrimination, 58, 242; *see also* **Equality** and **Women**
Seychelles, 116, 88, **217**
Shareholders, 189
Share issues, 29
Shares, 225; worker holdings, 244
Sheep, 186
Sheepmeat, *4–5*, 6, 39, 124, 193, **217**
Shell boilers, 156
Shellfish, 54; breeding, 128, 240
Shiftwork, 224
Shipbuilding, *126–7*, *171*, **217**; scrap and build policy, 219
Shipping, 57, 233
Shipping industry, representative organizations, 276
Shoes *see* **Footwear**
Short term monetary support (STMS), 98
Sickness, benefits, 58, 217; insurance, national schemes, 166
Sierra Leone, 89, 116, **219**
Silk fabrics, 117, 118, 119, 120, 121
Silkworms, *4–5*, **219**
Simple fertilizers, 124
Singapore, 7, 119, **219**, 229
Skimmed milk, 170, 191; powder, 129

Slaughter, animals, 6, 217
Slaughterhouses, 202
Sleep, 194
Sluicegate price, *4–5*, 49, 201, **219**
Small businesses, *138*, *171*, **219**, 237; establishment of, 244; representative organizations, 276
'Snake', 99
Social Action Programme, 136, 166, *221*, 242
Social and Community Action Programme, European, 175
Social conditions, *244*
Social Fund (ESF), 13, 90, *126–7*, 136, 202, **220**, *221*, 222, 229, 242, 246
Social Fund Advisory Committee, **222**
Socialist Group, 100
Social policy, 34, 60, *126–7*, 136, 166, 202, 207, *222*, 222, 242, *244*
Social problems, 214
Social research, 21
Social Security, 58; benefits, 130, 190, 217, 220, 242; entitlements, *244*; government departments for, 269
Social Surveys (Gallup Poll), 204
Soft drinks, **131**, 162
Software, 215, 228 *see also* Data processing; **Telematics**
Soft wheat, 17
Solar energy, *50*, 52, *126–7*, 178, **222**
Solid fuels, *50*; liquefaction and gasification, 19, *50*, 52, *126–7*, 222
Solomon Islands, 88, **223**
Solvents (dangerous), 142; *see also* **Dangerous substances**
Somalia, 89, 116, **223**
South Africa, **223**; Code of Conduct for Community Firms in, 223
South East Asia, 7
Southern France, 2, 124
South Korea, 129
South West Africa, 193
Soya, beans, 124; meal, 200
Space heaters, gas, 146
Space industry, representative organization, 275
Spain, 23, 28, 30, 33, 52, 59, 87, *92–3*, 113, 134, 167, *168*, 198, **223**
Spanish language, 14
Speech, 194
Spent nuclear fuels, *50*
Spierenburg Report, 27, *92–3*
Spinach, 131
Spirits, 228
Sri Lanka, 118, **223**, 229
STABEX *see* **Stabilization of export earnings**
Stabilizers, food, 128, 163
Stabilization of export earnings (STABEX), 106, 126–7, 183, **223**
Stainless steel materials, 164
Standards, certificate and inspection, 137; germination, 216; health and safety, *32*
Standing Committee on Employment, *92–3*, **223**
Starch, 163, **224**
Starch products industry, representative organizations, 275
State aids to industry, 18, *126–7*, **171**; *see also* **Industrial policy**
Statens laegevidenskabelige Forskningsråd, 187
State trading countries, 111, 217
Statistics, agriculture, 65, 123; economic, 64; energy, 65; European Community, 64
Steel, 19, 37, *48*, 52, 61, *92–3*, *126–7*, *171*, 198, 214, **224**, 232, 233; **ECSC financial aid**, **19**, *50*, *127*, *171*; industry, 61; industry, representative organizations, 274; research, 20
Stichting Medisch Wetenschappelijk Onderzoek FUNGO, 188
Stichting voor Fundamenteel Onderzoek der Materie (FOM), 178
STMS *see* Short term monetary support
Stock exchange: listing particulars, 29, *126–7*, *138*, **224**
Stockholm Treaty, 95
Storage, 43, 239, 242; coal, 19, *50*, *127*; coke, 19, *50*; nuclear fuels, *50*; poultry, 202
Storage centres, 18
Strawberries, 131
Student exchanges, *48*, *126–7*
Student handbook, *48*, **225**
Study visits, *126–7*
Sub-sonic aircraft, 194, *232*
Substances, dangerous, 31, *32*, 33, **41**, 55, 137, 166, 169, 231, 239; carriage, 151; *see also* **Toxic effluent**
Sudan, 89, 116, **225**
Sugar, *4–5*, 9, 30, *32*, 117, 125, 135, 172, 173, 177, 180, 185, 186, **225**, 226, 227, 234, 235, 248; Agreement, International, 173; beet, 225
Sulphur dioxide, 3, 6, 54
Summertime, **226**, *232*
Summit meetings, 91, *92–3*
Sunflower seeds, 124
Super-SARA experiment, 178, *210–11*
Supervisory Board, 245
Support price quotas, 225
Surface waters, 54, 239, 240
Surgeons *see* **Doctors**
Surgeons, veterinary, 218, **238**, *244*
Surinam, 89, 116, **226**
Surpluses, 2, 14, 18, 33; dairy products, 191
Surveys, consumer *see* **Public opinion polls**
Swaziland, 87, 116, **226**
Sweden, 23, 30, 33, 59, 95, 104, 110, 133, 174, 178, 198, 226
Swine fevers, 215
Switzerland, 23, 30, 59, 87, 95, 104, 110, 133, 198, **226**
Synthetic fibres, 229
Syria, 89, 115, 186, **226**
Syrup, 226
Système Européen de Diffusion des offres et des demandes d'emploi enregistrés en Compensation internationale *see* **Job information**

Tachographs, 44, **227**, *232*
Taiwan, 129, **227**, 229
Takeovers, 29
Tankers, *53*, 186, **227**, *232*
Tanks, calibration, 147; plastic, 157
Tanzania, 89, 116, **227**

Target price, *4–5*, 9, 17, 135, 175, 191, 212, 213, 225, **227**, 230
Tariffs, 137
Tariff agreements, *107*
Tariff duties, 133
Tariff preferences, 3, 133, 212
Taxable persons, 237
Taxation, 242
Tax consultants, attorneys, 218
Tax evasion, avoidance, 237
Taxes, indirect, 228
Tax-free allowances, 45, **46**
Taximeters, 148
Taxis, 154
Tax policies, *126–7*, **228**
Tax rates, *126–7*
Tea, 46
Teacher exchanges, *48*, *126–7*
Technical barriers, *138*
Technical Centre for Agricultural and Rural Co-operation, 184
Technical information, 59
Technical research, 23
Technical safety, 60
Technical standards, 137
Technological industries, 171
Technology, 34, 208, 213
Telecommunications, 23, 175, 204, *210–11*, 228
Telecommunications industry, representative organizations, 275
Telematics, 23, *126–7*, *171*, 172, **228**
Television peripherals, 144
Television sets, 144, 177
Textiles, 9, 14, 21, 32, 49, 52, *107*, *126–7*, 132, 133, 135, 136, 137, 157, 167, 169, 170, *171*, 172, 180, 181, 185, 189, 199, 200, 201, 212, 215, 219, 223, 227, **229**, 230, 236; fibre mixtures, 157; International Trade Arrangement, 174; names, 157; workers, 220, 229
Textile industry, representative organizations, 275
Thailand, 7, 89, 119, **230**
Thermal energy meters, 148
Thermal processing, food, 129
Thermometers, 147
Thermo-nuclear fusion, 110, 113, 120, 122, 195; reactors, 178
Thickeners, food, 128, 163
Third countries, Community delegations to, 89
Third country agreements, steel, *171*
Threshold prices, *4–5*, 17, 27, 183, 191, 198, 206, 212, 219, 226, **230**
Thrombosis, 187
Tiles, ceramic, 140
Tin Agreement, International, 174
Tide-over allowances, 20, *171*
Tipping, 239
Titanium dioxide, 55, 231, 239
Tobacco, *4–5*, 46, 186, 228, **230**; manufacture, 218
Togo, 89, 116, **230**
Tokyo Declaration, 132
Tokyo Round, 132
Tomatoes, 131, 183
Tomato products, 162
Tonga, 88, 116, **230**
Torus *see* **Joint European Torus**
Tower cranes, 139
Town planning, 216
Toxic effluent, *53*, 55, 209, **230**, 239; *see also* **Dangerous substances**
Toy industry, representative organizations, 276
Toys, 32, 157, **231**; safety standards for, 231
Tractors, 137, 158, 227; components, 158
Trade, 228; agreements, **106**, *107*, 109–21; external, 3, 6, 7, 9, *107*, *126–7*, *171*; government departments for, 277; internal Community, 2, 3, 10, 17, 26, 28, 29, 30, 31, 39, 41, 44, *53*, *126–7*, 137, 194, 228, 230, 231, *232*, 237, 240, *244*; preferences, *126–7*, textiles, International Agreement, 174; wholesale, 218
Trade Mark Registration Treaty, 28
Trade marks, 30; *see also* **Community trade mark**
Trade Mark Working Group, 28
Trade Negotiations, Multilateral, 8, 132
Trade Union Confederation, European, 31, **104**, 105, 208, 224
Trade Union Institute, European, 105
Trade unions, 203, 222, 223; black, 223; national organizations, 270; representative organizations, 279
Training, 41, 43, *126–7*, 136, *171*, 190, 196, 220, 222, 228, 238, 242, 246; farm, *5*, 123; with Japanese enterprise, 177
Transport, 23, 34, 96, 175, 204, 207, *210–11*, 218, **231**, *232*; business establishment, *232*; government departments for, 270; infrastructure, 231
Transport equipment industries, representative organizations, 276
Transport industry, representative organizations, 278
Travel, 45; personal, *232*
Travel agents, representative organizations, 279
Travel assistance operations, 172
Treaty of Accession, 15, 16, 18, *92–3*, 193, **233**
Treaty of Brussels, 233
Treaty of Paris, 19, 30, 52, 61, *92–3*, 102, *171*, 189, 207, 208, 224, **233**
Treaty of Rome, 7, 11, 12, 16, 18, 22, 29, 30, 39, 47, 52, 58, 59, 60, 61, 91, *92–3*, 94, 96, 102, 103, 104, 105, 106, 130, 134, 137, *171*, 177, 189, 190, 195, 201, 207, 217, 219, 220, 222, 231, 233, **234**, 242, 243
Trinidad and Tobago, 89, 116, **234**
Tripartite Conference, *92–3*, **234**, 244
Tris phosphate, 143
Trucks *see* Lorries
Trusts, unit, 29, *126–7*, **236**
Tuberculosis, 6
Tubers, 14
Tunisia, 89, 114, 185, 229, **234**
'Tunnel', 99
Turkey, 7, 23, 33, 87, 112, 198, **234**
Turkeys *see* **Poultry**
Turks and Caicos Islands, 88
Turnip rape, 124
Turnover tax, 237
Tuvalu, 88, 116, **234**

Tyres, 153; pressure gauges, 149, 150; recycling, **205**

Uganda, 89, 116, **235**
UK *see* **United Kingdom**
UN *see* United Nations
UN Convention on Code of Conduct for Liner Conferences, *232*
Underemployment, 220
Underground water sources, 231
UN Economic and Social Council (ECOSOC), 172
Unemployment, 96, 220, *221*, 246; benefits, 20, 58, 217, 223
UN Environment Programme (UNEP), 186
UNESCO Florence Agreement, 136
Uneviscerated poultry, 202
UN Inter-Governmental Maritime Consultative Organizations (IMCO), 186, 201
Union of Soviet Socialist Republics, 33, 173–4, **235**
United Arab Republic, 174
United Kingdom, 13, 18, 21, 28, 33, 39, 45, 52, 61, 87, *92–3*, 95, 96, 99, 104, *168*, 178, 187, 198, 203, 208, 217, 220, 232, 233, **235**, 246; contribution, 125
United Nations, 104, 193, 240
United Nations World Food Programme, 128
United States of America, 89, *107*, 122, 133, 173, 174, 198, **235**
United States of Europe, 1
Units of account (EUA), 29, 45, 52, 94, 96, 130, 134, 183, 197, 202, 204, 213, 228, **235**, 247
Units of measurement, 149
Unit trusts, 29, *126–7*, **236**
University Institute *see* **European University Institute**
University research, *48*, *126–7*, **236**
Upper Volta, 89, 116, **236**
Uranium, 8, 59
Urban atmospheres, 54
Urban concentration, 56
Urban planning, 136, 214, 216
Urban waste, 205
Uruguay, 121, 229, **236**
USA *see* **United States of America**
Used goods, 238
USSR *see* **Union of Soviet Socialist Republics**

Value-added tax, *12*, 13, 44, 90, *126–7*, 134, 198, 224, **237**
Valuers, representative organization for, 279
Varèse, 104
Vanuatu, 88, **238**
Varnishes, 142
VAT *see* **Value added tax**
Vatican City State, **238**
Veal *see* **Beef and veal**
Vegetables, *4–5*, 9, 39, **131**, 186, 206; processed, **203**
Vegetable fats, 124
Vegetable proteins, 43
Vehicle component standards, 137, 150 et seq, 231
Vehicle emission levels, 3, 151, 153
Venezuela, 89, 174, **238**
Ventilation systems, 51
Very short term financing, 98
Veterinarians, representative organization for, 279
Veterinary medicinal products, 218
Veterinary surgeons, 218, **238**, *244*; representative organization for, 279
Vienna, 89
Vietnam, 33, **238**
Vines, 123, 242
Vinyl monomer, 129, 164
Virgin Islands, **238**
Vocational rehabilitation, 136
Vocational training, 20, 48, 105, 136, *171*, 198, 246; Committee on, 181; European Institute for, *221*, 222; *see also* **Education**

Wallis Island, 88
Walloons, 102
War, 233
Waste, *53*, 55, 205, 231, **239**; agriculture, 205–6; disposal, 231; household, 205; industrial, 205; prevention, 53; radioactive, 215, 239; urban, 205
Waste oils, *53*, 55, **239**
Water, 54, 204, 209, 214, **240**; bathing, *53* (*see also* **Beaches**); coastal, 125, 231, 239; drinking, *53*, 54, 240; ground, 239; pollution, 9, 54, 58; surface, 239; underground, 231
Water control works, 124
Water industry, representative organizations, 273
Water meters, 148
Water supply works, 175; equipment, 140
Waterways, inland, 96, *232*
Weighing machines, 148, 149
Weights, 149
Western Samoa, 116, **240**
Whale products, 53, 56, **240**; imports, 56
Whaling, International Commission, 240; International Convention on the Regulation of, 240
Wheat, 4, 17, 45, 172, 175, 224
Wheat Agreement, International, 174, **175**
Wheat Trading Convention, 174, 175
Whey powder, 191
White celery, 131
White sugar, 226
Wholesale trade, representative organizations, 277
Wholesale trading, 218
Widows' benefits, 58
Wild fauna, 56
Wild flora, 56
Wildlife, 34, 58, **240**; Convention on Conservation of, 240; protection, 53
Winding-up, 9
Wine, *4–5*, *32*, 46, 186, 228, **242**
Wine lakes, 242
Wire ropes, 146
Women, 58, *126–7*, 220, *221*, **242**; Conference on, 242; Employment, Bureau for Questions affecting, 243
Women of Europe, journal, 243

Women's rights, Commission of, 58
Wood, 69; imports, 130; pulp mills, 55
Woodworking industries, representative organizations, 276
Woodworking machines, 147
Wool, 4–5, 193, 243
Work and employment, *126–7*, 136, 137, 177, 190, 217, *221*, **244**, *244*
Worker participation, 29, *221*
Worker participation: company assets, **244**, *244*
Worker participation: company structure, *244*, **245**
Workers, agricultural, 2, 3, 200; coal, 19; foreign, **130**, 190, 244; handicapped, 220; manual, *244*; migrant, *48*, 130, **190**, 217, *221*, *244*; older, 220; redundant, 19, 20; textile, 220, 229; young, **246**
Working conditions, 95, 190, *210–11*, 214, *221*, 244; coal mining, 19; *see also* **European Foundation for the Improvement of Living and Working Conditions**
Working week, 224
Work sharing, 242
Works of art, 238
World Bank, 42
World Food Programme, 128

X-ray equipment, 143

Yaoundé Agreements, 1, 42, 106, **246**
Yemen Arab Republic, **246**
Young people, 220
Young workers, 105, *126–7*, *221*, *244*, **246**
Yugoslavia, 23, 33, 89, 113, 229, **247**

Zaire, 89, 116, **248**
Zambia, 89, 116, **248**
Zentrum für Innere Medizin der Universität Giessen, 187
Zimbabwe, 116, **248**